the telegraph pole on that street

심상을 활용한 **인지치료**

심상을 활용한 **인지치료**

Ann Hackmann, James Bennett-Levy, Emily A. Holmes 지음

권정혜, 이종선 옮김

∑ 시그마프레스

심상을 활용한 인지치료

발행일 | 2017년 1월 20일 1쇄 발행

저자 | Ann Hackmann, James Bennett-Levy, Emily A. Holmes
역자 | 권정혜, 이종선
발행인 | 강학경
발행처 | (주)시그마프레스
디자인 | 김은경
편집 | 류미숙

등록번호 | 제10-2642호
주소 | 서울특별시 영등포구 양평로 22길 21 선유도코오롱디지털타워 A401~403호
전자우편 | sigma@spress.co.kr
홈페이지 | http://www.sigmapress.co.kr
전화 | (02)323-4845, (02)2062-5184~8
팩스 | (02)323-4197

ISBN | 978-89-6866-448-9

OXFORD GUIDE TO IMAGERY IN COGNITIVE THERAPY

＊ 책값은 책 뒤표지에 있습니다.

이 도서의 국립중앙도서관 출판예정도서목록(CIP)은 서지정보유통지원시스템 홈페이지(http://seoji.nl.go.kr)와 국가자료공동목록시스템(http://www.nl.go.kr/kolisnet)에서 이용하실 수 있습니다.(CIP제어번호 : CIP2017000324)

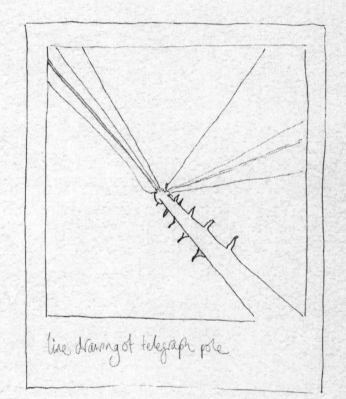

line drawing of telegraph pole

심상(imagery)은 인지행동치료에 깊이를 더해 주고 적용 범위를 넓혀줄 수 있는 새로운 도구이다. 심상이 인지행동치료 초창기부터 관심을 받았었다는 점을 고려해 볼 때 최근에야 그 가치가 새롭게 조명 받고 있다는 사실은 뒤늦은 감이 있다. 인지행동치료가 진화해 온 과정을 살펴보면 내담자의 문제를 해결하기 위해서는 내담자의 사고나 관점을 바꾸어야 한다는 기본 전제 외에 모든 것이 변화해 왔다고 해도 과언이 아니다. 인지행동치료의 초창기에는 내담자의 잘못된 사고를 찾아내서 그 내용을 합리적이고 논리적인 수준에서 수정해 주어야 한다는 점이 강조되었다. 그렇지만 최근에는 사고의 내용을 다루는 것보다 사고를 바라보는 틀을 바꾸어 주는 것이 더 중요하다는 주장도 등장하고 있다. 초창기에는 정서가 사고를 바꾸는 보조 역할에 불과했다면 이제는 정서가 사고를 바꾸는 데 핵심적인 역할을 하는 것으로 받아들여지고 있다. 이런 진화 과정에서 심상은 인지행동치료가 한 단계 더 발전해 가는 데 새로운 역할을 할 수 있을 것으로 보인다. 왜냐하면 심상이야말로 개인의 사고와 정서와 동기와 행동을 종합적으로 다룰 수 있는 효과적인 도구이기 때문이다.

필자는 지난 20여 년간 인지행동치료를 해오면서 그 탁월한 효과에 매료되면서도 때로 치료자로서 한계를 느끼는 순간들이 있었다. 최근 심상을 활용하게 되면서 심상이야말로 인지행동치료의 벽을 느끼는 치료자나 내담자들에게 치료의 돌파를 가져다줄 수 있는 유용한 도구라고 생각하게 되었다. 심상을 통해 내담자의 인지를 다루게 되면 보다 깊은 수준에서 의미체계의 변화를 일으킬 수 있을 뿐 아니라 내담자의 정서나 동기도 다루면서 행동 변화를 촉진할 수 있다는 장점이 있다. 이 책은 인지행동치료에서 심상을 적극적으로 활용하는 데 앞장섰던 Ann Hackmann, James Bennett-Levy, Emily Holmes의 역작이다. 세 명의 저자 모두 임상 장면에서 내담자들을 치료한 경험이 많아 치료자의 눈높이에 맞춰 심상을 활용하는 법을 잘 소개하고 있다. 각각의 기법을 아주 친절하게 설명하고 있을 뿐 아니라 많은 사례들을 제시함으로써 독자들의 이해를 도울 뿐 아니라 실제 치료에서 활용해 보고 싶은 마음과 용기를 준다.

이 책 전반부(1, 2, 3, 4, 5, 7, 14장, 초청 에세이)는 이종선 교수가 번역하였으며, 후반부(6, 8, 9, 10, 11, 12, 13장)는 필자가 번역하였다. 이 책을 번역하는 데 필자의 심상 강의를 듣고, 이 책에서 소개된 기법들을 실제 치료에서 활용해 보고 많은 피드백을 주었던 박사 과정생들에게 감사의 마음을 전한다. 학부생 최영환은 원고 정리를 하는 데 큰 도움을 주어 이 자리를 빌려 감사의 마음을 전한다. 또한 이종선 교수를 도와 1차 초벌 번역 과정과 교정에 큰 도움을 주었던 조수연 서울대 석사 대학원생, 그리고 강원대 석사 대학원생들에게도 감사의 말을 전한다. 이종선 교수는 영국 킹스컬리지대학에서 심상을 활용한 인지편향수정법(CBM)으로 박사학위를 받고 귀국한 심상연구전문가로서 이 책에서 나온 용어들이 정확하게 번역되는 데 많은 공을 들였다. 한국의 인지행동치료자들에게 이 책을 빨리 소개하고 싶은 마음에 두 사람 모두 처음에는 의욕을 가지고 번역하기 시작하였지만, 두 사람의 문체나 용어를 통일시키는 일뿐 아니라 영어의 미묘한 맛을 살리면서도 정확하게 표현하는 데 역자들의 능력이 충분치 못함을 절감하였다.

　부족하지만 이 책을 통해서 한국의 인지행동치료자들에게 심상의 가치가 다시 부각되고 치료에서 심상이 더 많이 활용되기를 기대해 본다. 이 책이 출판될 수 있도록 도와주신 (주)시그마프레스의 강학경 사장님과 편집부 여러분에게 다시 한 번 감사드린다.

아론 벡

정신병리에 대한 인지이론을 발전시키는 과정에서 처음에 환자들이 자신의 내적인 인지를 말해 주고 알려주어 이들의 능력에 힘입은 바가 크다. 이 과정에서 특히 심상기법이 상당히 도움이 되었다(Beck, 1970). 이런 의미에서 심상은 인지치료 이론과 임상실무 장면에 크게 기여를 해왔다고 볼 수 있다. 그러나 인지이론의 원리들이 명료화되는 데 심상이 중요한 역할을 하였음에도 불구하고, 연구와 임상 장면에서 심상을 중요하게 다룬 지는 고작 10년에 불과하다. 심상을 활용한 인지치료(Coxford Guide to Imagery in Cognitive Therapy)에는 심상을 적용한 실험적이고 임상적인 결과들이 잘 정리되어 있다. 이는 이 분야에서 심상을 이해하는 데 크게 기여할 것이라고 생각한다. Ann Hackmann과 Emily Holmes는 인지치료 심상연구 분야의 선구자이며 임상전문가들이다. 이들은 James Bennett-Levy와 함께 임상 및 편집 경험의 전문성을 바탕으로 심상 기반 연구와 임상실무를 위한 매력적이고 열정적인 안내서를 집필했다.

이 책은 임상가들을 위한 실용적인 안내서이자 연구자들을 위한 소중한 참고서로 사용될 수 있을 것이다. 심상기법을 적용하는 치료 경험이 부족한 임상가들이 쉽게 접근할 수 있는 책이다. 독자들은 임상 경험에 바탕을 둔 수많은 예와 삽화를 통해 심상기법에 빨리 친숙해질 것이라고 생각한다. 심상 기반 치료에 좀 더 많은 경험을 가지고 있는 임상가들은 그들의 기술을 정교화시킬 수 있는 좋은 기회가 될 것이라고 생각한다. 또한 이 책을 통해 심상 기반 치료를 새로운 집단 및 심리장애 진단에 적용시킬 수 있는 방법에 대해 배움으로써 임상가들의 지식과 임상 경험의 범주를 확장시키는 데 도움이 될 것이라고 생각한다.

정신병리의 발달, 유지, 그리고 치료에 있어 심상의 중요성에 대한 관심이 점점 높아져 가는 가운데 나온 이 책은 심상에서 중요한 개념과 발상을 이해하는 데 시기적절하고 필수적인 안내서가 될 수 있다고 생각한다. 더욱이 이 책은 앞으로 인지심리학과 인지신경과학의 심상실험 연구에 큰 영향을 미칠 것이다.

심상은 인지치료의 새로운 개척 분야 중 하나다. 우리의 경험상 심상은 임상가들과 연구자들에게 매우 흥미로운 분야이며 내담자들의 문제를 치료하는 데 큰 역할을 할 것이다. 이 책을 통해 저자들은 임상가와 연구자들에게 인지치료에서의 심상연구와 임상실무에 관한 최신의 관점을 제공하고자 노력했다. 또한 임상가들이 심상기술을 배우고 확장하여 임상 장면에서 심상을 활용하는 데 있어 자신감을 가질 수 있도록 돕고자 하는 마음에서 이 책을 집필하게 되었다. 두 번째로는 한창 발전하고 있는 심상 분야에 더 많은 연구가 진행되도록 영감을 주기 위해서였다. 우리는 또한 심상이 매우 흥미롭고 유익한 분야가 될 것이라고 믿는데, 이러한 우리의 열정을 같이 나누었으면 하는 마음이다.

우리는 많은 전문가들이 심상연구에 대한 지식이 부족하고 임상 장면에서 심상을 사용하는 경우가 많지 않다는 것을 잘 알고 있다. 물론 몇몇 치료자들은 치료 장면에서 심상을 자주 사용하고 있겠지만 그들의 임상실무 기술을 향상시킬 만한 자원은 아직 부족할 것이다. 우리는 이 책이 유용한 정보를 전달함과 동시에 임상 장면에서 활동하는 치료전문가들과 연구자들에게 유용한 가이드라인을 제공할 수 있기를 바란다. 즉, 우리는 임상 장면에서 심상을 가치 있게 활용할 수 있는 다양한 방법을 전문가들에게 알리고, 개별 내담자와 그들의 상황에 적합한 심상을 독창적이고 효과적으로 활용할 수 있는 가이드라인을 제공하는 데 목적을 두고 있다.

1950년대와 1960년대에 심상은 체계적 둔감화, 홍수법과 같은 행동치료 및 라자러스(Arnold Lazarus)의 다중양식치료에서 중요한 역할을 했다. 1970년 인지치료가 발전되기 시작할 무렵, 심상의 중요성을 처음 인지한 사람은 바로 아론 벡(Aaron T. Beck)이었다. 1980년대 말과 1990년대 초에는 David Edwards, Jeff Young 그리고 Mary-Anne Layden 같은 치료 전문가들이 인지치료 틀 안에서 심상기법들을 적용시킬 수 있는 방법에 대해 좀 더 자세한 정보를 내놓기 시작했다. 그러나 임상전문가와 연구자들이 심상이 인간의 인지와 정신병리에 중요한 역할을 할 수 있다는 점에 관심을 두고 면밀히 관찰한 지는 고작 10년이 채 지나지 않았다.

21세기 초반은 심상을 연구함에 있어 무척이나 흥미진진한 시간이었다. 우리는 심상기반의 이론들과 심상에 대한 이해 및 심상을 활용한 치료법들이 확장되는 것을 지켜보았고, 앞으로도 심상연구와 치료가 인지치료와 다른 심리치료에 더 적극적으로 활용되기를 고대한다. 지금이야말로 심상에 대한 현대 지식을 엮어 다양한 경력과 수준을 갖춘 모든 임상전문가들과 연구자들에게 가치 있을 책을 쓸 때라고 생각했다.

책을 집필함에 있어 우리가 가장 중요하게 생각했던 목표 중 하나는 바로 임상가들을 위한 안내서를 만드는 것이었다. 지금까지 임상 장면에서의 심상이란 주로 다양한 관찰과 기법들이 그냥 섞여 있는 혼합물에 불과했다. 임상적 현상학은 다양한 장애들에 따라 각기 다른 깊이로 설명되었다. 몇몇 치료 프로토콜에는 심상에 바탕을 둔 치료기법들이 크게 강조된 반면, 다른 곳에는 (현재) 명시조차 되어 있지 않은 경우가 많다. 우리는 이 책을 집필하면서 진단 활용에 의의를 두고 일관된 내용을 전달하는 데 신경을 썼다. 특정 장애에 치중하기보다는 치료 과정에 중점을 두고 실험적 연구와 이론 및 임상현장 간 연결고리를 강조하려 한다. 이러한 접근법이 임상연구자와 임상전문가가 이 책에 대한 가치를 두는 데 큰 역할을 할 수 있기를 바란다. 심상은 기회가 무궁무진한 흥미로운 분야임에 틀림없다. 이 책은 나아가 미래 연구자들에게 심상에 대한 흥미를 불러일으키고 영감을 불어넣을 수 있는 계기를 만드는 데 목적이 있다.

명확한 것은 아니지만 우리는 다음과 같은 내용들로 방향을 잡아 보려고 노력했다.

1. 심상을 활용한 임상 및 실험과학 분야에서 이 책이 주춧돌 역할을 할 수 있도록 하는 것
2. 치료전문가들을 위해 이 분야에 대한 매뉴얼을 개발하는 것
3. 임상현장에서 심상이 창의적으로 활용될 수 있는 방법을 임상가들이 모색해 볼 수 있도록 다양한 임상사례들을 기술하는 것

작은 책자로 시작하여 많은 양이 불어났다. 우리는 이 책에 포함되어야 할 내용과 배제될 내용들을 철저히 분리했다. 심상의 과거를 논하기보다는 현재의 심상과 미래에 심상연구가 나아가야 할 방향을 제시하는 데 강조점을 두었다. 따라서 이 책은 인지치료 초기에 중요한 역할을 했던 체계적 둔감화와 홍수법에 집중하지 않고, 인지치료에서의 은유 사용과 자비중심치료 등 새로이 개발되고 있는 심리치료 접근방법들에 더 치중하였다.

우리는 또한 치료의 다양한 종류를 논하기보다는 심상 개입의 과정을 설명하는 데 더 의의를 두고자 했다. 따라서 심상을 활용하고 있는 스키마중심치료와 마음챙김치료, 메타인지치료, 안구운동 민감소실 재처리과정(EMDR) 등과 같은 치료의 가치를 알고 있

음에도 불구하고 심상과 관련한 이 치료법들에 대해서 자세히 설명하지는 않았다. 이 부분에 대한 설명은 본 책의 범위를 넘어서는 것으로 보인다. 그보다는 이론 과정과 기법에 집중하여 책 전반에 걸쳐 이들 치료법의 핵심적인 부분들을 강조하여 기술하였다. 예를 들면, 우리는 메타인지적 믿음, 마음챙김 상태, 재체험 기법들이 아동기 기억과 외상 관련 기억들에 접근하고 작업하는 데 중요한 역할을 한다는 점을 강조하였다.

이 책의 본론에 들어가기 전 우리는 감사하게도 David Edwards의 초청 에세이 '고대 샤머니즘적 치유에서 21세기 심리치료까지 : 심리 변화를 위한 심상기법들의 주요 역할'을 소개하게 되었다. Edwards가 언급했듯, 심상은 인간 의식과 치료에 최소 20,000년 동안 중요한 역할을 해왔고, 그 가치는 심리치료 발달의 초기서부터 인식되어 왔다.

이 책은 크게 5부로 나누어져 있다. 제1부 '맥락 내에서의 심상'에서는 역사적, 이론적, 현상학적, 그리고 실험적 지식을 제공하였다. 제1장은 심상에 대한 연구와 심상 관련 치료기법들이 벡 인지치료의 이론적 그리고 철학적 맥락에 어떻게 부합하는지에 대해 설명하고 있다. 제2장은 심상이 어떻게 다양한 장애들에서 나타나는지 그리고 새로운 기억이론의 발달 덕분에 최근에서야 이해가 되기 시작한 현상학에 대해 알아본다. 제2장의 마지막에는 이 책에서 사용될 용어들의 정의와 사용법을 안내한다. 제3장은 심상의 실험적 증거들을 살펴본다. 정서와 심상 사이의 연결고리를 강조함으로써 임상 현장에서의 심상 기반 치료적 개입의 의의에 대해 설명한다. 제4장은 이론과 실험들을 살펴보는데, 특히 '심상 개입의 효과적인 요소가 무엇인가?'라는 질문에 답하는 데 집중한다. 여기서 나온 답들은 제3부와 4부의 내용들을 설명하는 데 있어 중요한 기반이 될 것이다.

심상 개입을 위한 준비라는 주제를 다루는 제2부는 총 3개의 장으로 구성되어 있다. 제5장은 임상가들에게 실용적인 정보를 제공하고 있는데, 내담자들에게 심상 기반 치료적 개입에 대해 소개할 때 필요한 일반적인 원칙들과 '해야 할 것 그리고 하지 말아야 할 것'에 대한 정보를 소개하고 있다. 제6장은 내담자의 심상을 평가하기 위한 방법들과 효과에 초점을 맞추어 살펴본다. 제7장에서 우리는 새로운 유형의 인지치료 사례 개념화인, '미니 사례 개념화'에 대해 소개할 것인데, 미니 개념화에서는 특히 내담자의 임상 증상에 심상이 미치게 될 역할에 대해 집중적으로 설명할 것이다.

제3부와 4부는 치료적 개입방법에 대해 설명할 것이다. 인지치료를 받기 위해 찾아오는 내담자들은 주로 부정적이며 고통을 주는 심상(예 : 해로운 이미지, 기억, 혹은 악몽)을 보고한다. 제3부 '심상 개입 : 부정적 심상 제거 및 변형하기'에서는 출발점으로 부정

적인 이미지를 찾아내 이미지의 내용과 의미를 변형할 수 있는 방법들에 대해 다룬다. 제3부를 구성하고 있는 장들에서는 주간에 나타나는 침습적 심상(제8장) 내담자가 자신의 기억에서 비롯되었다고 인지하는 심상(제9장), '꿈과 악몽 등 야간에 나타나는 심상(제10장), 그리고 메타포 심상(제11장)에 대해 다룬다. 우리는 동일한 틀을 사용해서 명확히 정의할 수 있는 단계와 과정으로 각각의 장을 나누어 구성함으로써 독자들에게 명확한 가이드라인을 제공하고자 노력했다. 그 단계는 다음과 같다.

- 소개하기
- 심상 떠올리기와 평가하기
- 미니 개념화
- 조작하기
- 변별하기
- 변형하기
- 과거와 잇는 정서적 가교 만들기
- 심상을 새로 창조하기

우리는 이 틀이 처음에는 혼란스러울 수 있는 다양한 형태의 치료적 개입방법들을 이해하는 데 있어 도움이 되길 바란다.

'심상 개입 : 긍정적 심상 만들기'라는 제목의 제4부는 2개의 장으로 구성되어 있다. 제12장에서는 목표 설정 및 기술 개발하기와 문제 해결에 대해, 제13장에서는 새로운 존재방식 창조에 대해 설명한다. 2개 장 모두 부정적인 심상을 수정하기보다는 긍정적인 심상을 새로 창조하는 데서 시작한다. 제12장은 모든 내담자와 사용해 볼 수 있는(예 : 목표 설정) 전통적인 인지치료 기법들을 심상을 통해 어떻게 향상시킬 수 있는지에 대해 다룬다. 제13장은 낮은 자존감과 자기-자비가 부족한 내담자들, 혹은 성격장애가 있는 내담자들과 같은 장기적이고 만성적인 장애를 겪고 있는 내담자들을 위한 심상 기반 치료적 개입의 가치를 구체적으로 살펴본다. 이러한 내담자들은 종종 그들 자신에 대한 긍정적 믿음이나 이미지에 접근하기 어려워한다. 따라서 치료의 초점은 새로운 긍정 이미지를 구축하는 데 둔다.

마지막 '결론'에 해당하는 제5부는 1개 장으로 구성되어 있으며 미래에 나아갈 방향들에 대해 살펴본다. 우리는 이 장을 통해 우리가 심리치료 개입의 도구로써 활용할 심상의 잠재력에 대한 탐색을 하는 데 있어 출발선에 서 있다는 점을 명확히 밝히고자 한다.

이 책은 우리에게 다양한 즐거움을 주었다. 그중 가장 영광스러웠던 것은 인지치료의 창시자인 아론 벡이 직접 추천사를 작성해 주신 것이다. 인지치료의 시초서부터 벡은 심상의 중요성을 알리는 혜안이 있었고, 우리는 30년이 지난 후에야 그의 경지에 천천히 도달하려 노력하고 있다. 제1장에서 밝혔듯 이 책에서 소개하는 논평들은 모두 그로부터 영감을 얻은 것이다.

우리는 또한 인지치료에 '심상에 대한 자리를 마련'하는 데 크게 기여한 David Edwards에게 감사를 표하며, 초청 에세이를 작성해 준 것에 대해 진심으로 감사한다. 심상의 역사를 꼼꼼하게 조사해 작성해 주었다.

우리는 또한 이 책 삽화를 그려준 Charlotte Holmes에게도 감사한다는 말을 전하고 싶다. 아름다운 책 표지를 제공해 주었을 뿐만 아니라 그녀의 예술적 감각을 각 장 주제에 잘 반영해 디자인해 주었다.

마지막으로 우리는 우리와 함께 이 길을 걸어와 준 수많은 동료들과 은사님들과 친구들에게 감사를 표하고 싶다. 몇몇 동료들은 친절하게도 각 장에 실을 수 있는 임상적 사례를 제공해 책을 더욱 알차게 해주었다. 그들이 제공한 사례와 증거 기반의 심리치료 임상 현장에서 심상이 갖는 자리를 확고히 해준 점 등 그들의 공헌에 감사할 따름이다. 그리고 독자들이 미래 연구를 진행할 때 이 책 말미에 수록한 출처 목록들을 통해 영감을 얻었으면 한다.

무엇보다 우리는 이 책의 10년 후 모습을 기대한다. 심상을 향한 우리의 믿음에도 불구하고, 우리가 10년 후 이루게 될 진보를 가히 상상이나 할 수 있을지 짐작도 못하겠다!

4 심상 개입 : 긍정적 심상 만들기

5 결론

Images have been the basis for healing practices going back at least 20,000 years

고대 샤머니즘적 치유에서 21세기 심리치료까지 : 심리 변화를 위한 심상기법들의 주요 역할

David Edwards

> '심리치료에서의 심상 사용은 방대하고 풍부한 역사를 지니고 있을 뿐만 아니라
> 현대 전방에 여전히 존재하고 있다.'
>
> 아흐터베르크(1986, p. 149)

의식적·무의식적 인지 과정을 변화시키는 데 심상이 활용된 것은 최소 20,000년 전 샤머니즘적 치유 장면에서부터다(Achterberg 1985). 꿈 배양 기법들은 고대 이집트 임호텝 신전에서 쓰였고, BCE 5세기부터는 고대 그리스 아스클레피오스 신전에서(Meier 2003; Oberhelman 1983) 번창했다. 아스클레피오스 신전에서 사람이 누웠던 침대는 '클라인(*cline*)'이라고 불렸다고 하는데, 이는 지금의 '클리닉(clinic)'의 어원이 되었고, 간병인을 일컫던 '테라푸에테스(*therapeutes*)'는 오늘날 치료자의 어원이 되었다. 티베트 불교에서는 신에 대한 명상적 시각화 기법을 사용했는데, 이는 최소 CE 8세기 전까지 거슬러 올라간다(Beer 2004; Samuels and Samuels 1975). 스페인 사람인 이냐시오 데 로욜라(Ignatius de Loyola, 1491~1556)는 이탈리아에서 성인(聖人)들의 일화에 대해 영감을 불어넣는데 시각화 방법을 사용할 것을 장려했다(Haraguchi 2009). 서양의 철학과 의학에서 '상상(imagination)'이라는 단어는 아리스토텔레스(384BCE~322BCE), 갈레노스(129CE~199CE)와 파라켈수스(1493~1541)에 의해 믿음, 태도, 이미지에 대한 개인적인 의미를 표현하기 위한 것으로 사용되기도 했다. 갈레노스는 청년시절 페르가몬에 위치한 아스클레피오스 신전에서 테라푸에테스(치료자)로 일했었는데, 당시 아스클레피오스(의술의 신)가 꿈에 나타나기도 했다고 한다(Oberelman 1983). 이전에는 신체유동체의 균형 또는 신경계 활동과 같은 신체 요인으로만 경험과 행동을 설명하곤 했는데, 상상이라는 개념이 소개되면서 심리적 차원에 대해 생각하는 계기가 되었다(Achterberg 1985; Jackson 1990; Samuels and Samuels 1975). Robert Burton(1577~1640)은 그의 책

멜랑콜리의 해부(*Anatony of Melancholy*, 1961)에서 강렬하고 불안한 정서를 불러일으키는 상상의 힘에 대해 기술했다. 한편, 그는 '정반대의 원칙'을 언급하며 상상이 강렬한 정서를 불러일으키는 힘이 있을 뿐 아니라 이런 정서를 감소시키는 치유의 목적으로도 쓰일 수 있다는 점을 지적했다. 정반대의 원칙은 Thomas Fienus(1567~1613)에 의해 먼저 언급되기도 했는데, 그는 의사가 '정반대의 열정을 불러일으킬 수도 있는 정반대 종류의 이미지'를 내담자에게 유도함으로써 상상이 가지고 있는 두 가지 특성을 치료에 이용할 수 있다고 보았던 것 같다(Jackson 1990, p. 347). 그러나 이런 방법들은 오늘날의 심상 유도법(guided imagery methods)과 유사하기보다는 치유에 대한 기대감을 형성했던 주술이나 마법 혹은 어떤 종류의 극적 상연 형태로 진행되었던 것 같다.

'동물자기'에서 심리치료까지

18세기 후반 Franz Anton Mesmer(1743~1815)는 외상사건의 재체험과 생생한 이미지를 불러일으키는 의식 상태의 변화를 유도하기 위한 치유법을 대중화했다. 그러나 최면술사들은 치료의 힘을 심상보다는 '동물자기(animal magnetism)'라는 힘의 장에 더 두었다. 1813년, '동물자기'로 실험하던 두 네덜란드 의사가 몇 개월 동안 한 노인을 돌보다가 노인의 죽음 후 피로, 공황 상태, 소화불량, 근육 경련에 시달리던 하녀를 진료한 일이 있었다. 그녀는 임종 당시에 대한 악몽에 시달렸으며, 치료를 받았던 6개월 동안, '자기화된(magnetized)' 상태에서, 노인이 죽음에 이르기까지 견뎌야 했던 고통을 깨어 있는 상태에서보다 점점 더 정확하고 생생하게 기억해 냈다. 그녀를 돌본 의사는 이 현상이 상상이 아닌 '자기'에 의한 것이라고 결론지었다(Vijselaar and Van der Hart 1992, p. 2). Mesmer의 주장은 반박되긴 했지만 이 방법들은 의학계와 정신학계에 받아들여져 '최면치료'라는 새로운 이름하에 상상과 암시의 형태로 이해되었다. Bernheim(1840~1919)이 프랑스 낭시에서 진행한 연구는 꽤나 영향력이 있었다.

19세기에 들어서서 정신병리에 미치는 심리적 요인들의 역할에 많은 관심이 모아졌다(Ellengerger 1970, Van der Hart and Horst 1989). 처음으로 치료사례를 문서화했던 것은 1851년 네덜란드에서였는데, 문서를 보면 임상가들이 외상 경험에 대한 재통합 과정에서 치료적 효과가 나타난다는 것을 인식했음을 알 수 있다(Van der Hart and Van der Valden 1987). 22세의 리카는 자살하라는 환각을 포함하여 여러 가지 증상으로 '5개월 동안 정신이상' 상태에 있었는데, 이런 증상이 시작된 것은 그녀의 약혼자가 그녀와 헤어진 후 익사하고 난 후부터였다. 그녀의 심각한 증상들은 1년간 매일 치료자를 만나 어릴 적 외상사건은 물론 약혼자의 죽음을 둘러싼 일련의 사건들을 다시 체험한 뒤 사라졌다.

1880년경 프랑스인 Pierre Janet은 최면술을 통해 외상을 재체험하는 것에 대한 연구를 광범위하게 진행했으며 해리적 정신병리에 대한 종합적이고 임상적인 특징들에 대한 자료를 제공했다. 그의 이론과 치료기법은 오늘날의 이론과 임상 장면에서의 실무에 기반이 되었다(Ellenberger 1970; Van der Hart, Brown and Van der Kolk, 1989). 그는 단순히 외상을 찾아내고 체험하고 서사적 기억으로 전환하는 것이 증상을 없애는 데 충분하지 않다는 것을 인지했다. 외상 기억들의 영향을 쇄신하기 위해서는 심상을 포함한 다양한 방법들을 각 치료회기에 적용해 보아야 한다고 생각했고, 이를 실천했다. 1890년, 그는 저스틴이라는 내담자에게 사이코드라마 대화 방법을 사용했다. 저스틴은 어렸을 적 콜레라로 사망한 두 사람의 시신을 본 뒤 그 역시도 콜레라로 죽을지 모른다는 공포에 사로잡혀 있었다.

> ……환자가 외쳤다. "콜레라! 콜레라가 절 죽일 거예요!" …… Janet은 물었다. "그 콜레라는 어디에 있습니까?" 그녀는 대답했다. "여기! 콜레라가 보여요! 푸르고 악취를 풍기는 것이요!" Janet은 곧 그녀와 대화를 시작했고 위기 상황에서 이야기를 이끌어 나가며 마침내 위기의 상황을 평범한 최면 상태로 변형했다."
> (Ellenberger 1970, p. 367)

Janet은 또한 외상 이미지들을 중성적이거나 긍정적인 이미지로 대체하는 작업에 집중했다. 그는 아이들을 잃고 외상적 슬픔에 힘들어하는 한 여성이 죽은 아이들의 이미지를 피어나는 꽃으로 대체하는 것을 도와주기도 했다. 1897년, 그는 마리의 치료에 대해서도 언급했는데, 마리는 몇 가지의 외상 관련 증상을 나타내고 있었고, 그 증상들을 치료하는 데 심상 변형 방법을 사용하였다. Janet은 한쪽 눈의 시력을 상실한 그녀를 오랜 기간 끝에 치료했는데, 그녀는 경미한 정도의 화농성 피부감염질병에 걸린 아이와 같은 침대를 사용한 이후 이 증상이 시작되었다는 것을 알아냈다. Janet은 그녀와 침대를 공유한 친구가 화농성 피부감염질병에 걸리지 않았을 뿐만 아니라 친절하기까지 한 모습을 상상하도록 도와주었다. 또한 그녀가 친구의 얼굴을 쓰다듬어 주는 상상도 하게 했다. 그녀는 초경 때 심한 수치심을 느꼈고 차가운 물에 뛰어들어 월경을 멈추려고까지 했다. 월경이 5년간 멈춘 후 다시 시작되었을 때는 경련과 떨림을 동반한 심각한 증상들이 함께 찾아왔다. Janet은 내담자가 초경을 경험할 당시로 돌아가 그 경험이 창피한 것이 아님을 상상하도록 도와주었고, 그러자 증상은 모두 멈추었고 월경은 정상적으로 진행되었다(이 사례에 대한 자세한 내용은 Edwards 2007; Ellenberger 1970; Janet 1914 참조).

19세기 후반 해리장애와 변화된 의식 상태(와 그와 관련된 초자연적인 현상들)를 탐구하려는 노력과 이에 대한 폭넓은 견해들은 "꿈, 비전, 환각 및 정상적 정신심상을 과학적으로 이해하는 데 있어 중요한 심리치료적 발전을 이끌었다."(Taylor 200, p. 1030) '정신치료법(psycho-therapeutics)'이라는 단어는 1872년에, '심리치료(psychotherapy)'라는 단어는 1891년에 처음으로 사용되었다(Shamdasani 2005, p. 2). 20세기를 맞이하여 심리치료는 유럽과 북미에서 행해졌고 목회 상담 및 지금은 인지적·행동적 방법들이라 불리는 치료법들, 그리고 해리 상태를 포함한 의학적, 스트레스 관련 문제들을 치유하기 위한 최면치료 기법들로부터 꽤 다양한 실용적인 개입방법들이 도출되었다. 많은 임상가들은 심상에 대한 열정적인 관찰자였다. Morton Prince는 한 여성에게 공황장애가 오기 전의 전조에 대해 설명했다. 최면하에 그녀는 가족불화 장면을 목격하고 너무나 감정적으로 충격을 받은 나머지 기절할 뻔했던 어린시절 일화를 기억해 냈다.

> [거울 안을 들여다보며] 그녀는 자신의 모습에서 그녀의 두 눈을 상징하는 '2개의 검은 점이 있는 희고 동그란 물체'를 보았다. 무시무시한 생각이 그녀의 뇌리를 강타했다. '이게 과연 죽음일까?'(Prince 1909 ch4/5 p. 421.)

Prince는 정확한 개입방법이 구체화되지는 않았지만, 그녀가 '적절한 정신-치료법으로 치유되었고', 심상 개입법들이 심리치료 초반기에 평가와 치료 모두에 사용되었음이 명백하다고 밝혔다.

20세기의 외상 체험

19세기 동안 외상기억들을 처리하는 과정에 대한 토론은 20세기까지 이어졌다. 그중 많은 토론이 지금까지도 진행되고 있다. 1892년 프로이트가 '정화반응(abreaction)'이라 명한 것은 억눌린 감정의 해방 그 자체일까, 아니면 인지적 변화가 증상의 치료로 이어지는 것을 말한 것일까(Van der Hart and Brown 1992)? 내담자가 외상기억을 밀쳐두도록 강화시키는 것이 나을까, 아니면 인지적 통합에 집중하도록 하는 치료를 하는 것이 나을까? 프로이트가 초반에 보여주었던 열정에도 불구하고 외상기억을 회복시키거나 말로 설명하여 기술하는 방법으로는 충분하지 않다는 것을 깨달았다. Breuer의 유명한 사례로 나오는 애나 O는 이 방법으로 일시적인 안정을 취하기는 했지만 치료를 중단되는 4개월 동안 요양원에 입원해야 했고, 그 후에도 꾸준히 입원 신세를 져야 했다(Kimball 2000).

프로이트는 Bernheim을 따라 내담자의 머리를 잡거나 이마를 누르며 머릿속에 이미
지를 만들도록 강력히 지시해 심상을 유인했다(Ellenberger 1970). 그러나 1990년이 되
기 전 이 방법을 버리고 단어 연상에 집중했고 끝내 심상연구로부터 영원히 떠나고 말
았다. Ferenczi(1945, 1950)는 이를 받아들이지 않았고 상상한 이미지에 정서를 연결시
키는 방법들에 대해 설명했다. 그의 '이완 및 네오카타르시스' 방법을 보면, 사례들은 내
담자들의 현재 문제들과 관련된 발달사에 대한 이해를 통해 개념화되었고, 치료방법으
로는 어릴 적 외상사건들 다시 체험하기, 대화를 통해 외상사건 작업하기 그리고 재양
육(reparenting) 등을 포함하고 있다(Ferenczi 1930, 1955). 그러나 심리분석이라는 정의
를 내린 건 프로이트였고(Shamdasani 2005), 그 전통에 따라 내담자가 만들어 낸 심상
은 저항의 형태로(Suler 1989), 저항과 전이를 분석하는 과정에서의 간섭으로 보였다.
그럼에도 불구하고 심상에 대한 작업과 어릴 적 외상으로 회귀하는 작업이 주기적으
로 이루어졌다. 그 예로, Clark(1925)의 유아기에서의 엄마-아이 관계 재정립이라든가
Reyher(1963, 1978)의 '심상 노출법'은 아래에 설명할 최면치료자들의 작업들과 너무나
비슷한 점이 많다.

Janet이 제안했듯 외상기억이 현재 우리가 일컫는 자서전적 기억으로 통합되기 위해
서는 외상사건에 대한 재체험과 연령 퇴행기법이 필요하다고 생각한 많은 최면치료가
들에 의해 계속적으로 사용되었다. 제1차 세계대전에 참전해 외상 경험이 있는 군인들
을 대상으로 한 치료 심포지엄에서 Brown(1921, p. 19)은 정화반응 그 자체만으로도 치
유가 된다고 제안했지만, 그와 함께 다음과 같이 강조하기도 했다.

> 과거 기억들의 분석 자료를 검토한 전문가들이 밝힌 위대한 치료적 효과…… 그
> 방법은…… 내담자의 과거 기억들 속에서 정서적 가치들의 재조정을 도출하는 것
> 이다……. 상대적 해리 상태에서 정신적 조화와 통합의 상태로 넘어가는 과정에서
> 치료의 진전이 나타난다.

같은 심포지엄에서 McDougall(1921, p. 25)은 "필수적인 치료 단계로 고려해야 할 것
은 해리의 경감이다. 정서적 방출이 일정 부분 기여를 하긴 하겠지만, 그렇다고 반드시
필수적인 것은 아니다."라며 치유의 좀 더 구체적인 메커니즘에 대해 언급했다. 정서적
방출에 대한 상대적인 역할과 해리성 삽화들의 회복 및 인지 통합에 대한 논란은 제2차
세계대전 동안은 물론 훗날 해리성 인격장애라는 주제에서도 계속 논의되었다(Vander

de Hart and Brown 1992; Watkins 1992, chapter 4).

Kline(1968)과 Watkins(1992)는 고통스러운 아동기 사건들에 접근하기 위해 최면성 연령퇴행기법을 사용하고, 정신역동 사례 개념화를 통해 문제를 해결하고 통합하는 작업을 하는 것에 대해 '최면 분석'이라는 용어를 사용한다. Janet과 Ferenczi의 초기 방법에서처럼 그들은 다양한 심상기술들을 사용했다. Kline(1952)은 한 내담자 사례를 소개하고 있는데, 내담자는 어둠 속에 홀로 있을 때면 희미하게 나타나는 어떤 형상이 감지되어서 홀로 앉아 있을 수가 없었다. 그 형상은 모자로 얼굴을 가리고 있는 마녀의 형상이었다. Klein은 이 이미지를 통해 내담자의 의절된 자아에 대한 작업을 시도했다. 최면하에 Klein은 내담자에게 어둠 속에 있는 형상을 자세히 관찰하라고 지시했고, 그녀는 곧 그 마녀가 자기 자신이었음을 깨달았다. 치료자는 내담자가 마녀와 대화를 해보도록 청했고 마녀는 곧 그녀가 염원했지만 어머니의 처벌이 두려워서 할 수 없었던 모든 것들을 상징한다는 것을 깨달았다. 의절된 자아의 일부와 통합을 위해 치료자는 내담자에게 마녀와 그녀가 하나가 되는 상상을 해보도록 제안했다. 치료 마지막에 내담자는 마녀에게 "결국 마녀는 제 과거일 뿐이겠지요. 왜냐면 지금은 제가 그 마녀이니까요. 참 마음에 드네요."라고 말하게 되었다(p. 166).

1961년에 발간된 논문에서 John Watkins(1971)는 '정동 가교' 기법(이 책에서는 '정서적 가교'로 표현했다. 제6장 참조)에 대해 설명했다. 내담자는 과거의 기억으로 '건너가기' 위해 현재의 고통스러운 감정에 집중한다. 치료자는 "당신은 아주, 아주, 아주 오랜 옛날로 돌아갑니다……. 이 감정을 처음으로 느꼈던 그때로 말입니다……."라고 지시한다. Watkins는 통제하기 힘든 폭식으로 과체중이 된 사례를 예로 들면서, 충족되지 못한 유아기적 욕구들의 확인과 만족이 어떻게 증상을 완화시킬 수 있는지를 기술했다. 정서 가교 기법을 사용해 시간을 거슬러 가 보았고, 내담자는 아기 침대에 누워 엄지를 물고 싶었으나 '엄마가 쓴맛이 나는 검은 빛깔의 천을 엄지에 묶어 그럴 수 없었다.'는 기억을 떠올렸다. 치료자는 내담자로 하여금 당시 충족되지 못한 욕구를 보상하도록 아기 침대에 누워 엄지를 물게 하였고, 내담자는 15분 정도 그녀가 원치 않을 때까지 엄지를 물었다. 이런 종류의 퇴행은 그녀의 식욕 감소와 체중 감량으로 이어졌다. Mary Watkins(1984)는 재구조화를 위한 다른 기법들을 설명했는데, 가령 여성 내담자에게는 자신의 몸을 지키기 위해 아동 성추행자를 밀어내고 자신을 보호하는 모습을 상상하게 하거나 어른이 되어 아이의 손을 잡아 주며 더 이상 두려워할 것이 없다는 상상을 하게 함으로써 재양육 방법을 사용하기도 했다. 최면치료 문헌들에는 이런 종류의 기억 및 대화 작업을 적용한 기법들(Dowd 2000; Kline 1968; Murray-Jobsis 1989)에 대해 소개하고 있다. Fienus, Burton과 Janet이 주장한 고대 정반대 이론(principle of contraries) 또한 Watkins(1992, p. 66)에 의해 명쾌하게 진술되어 있다. "만약 현실의 기억이 증상의 원인이라면 환자의 복지를 위해서는 현재의 기억을 더 긍정적인 기억으로 대체하는 것이다."

메타포 심상과 심상 여행

심상은 트라우마 기억을 처리하는 것 외의 다른 분야에도 적용된다. 심리적 삶의 일면들이 그림, 조각상, 춤 및 다른 형태의 예술에 투사되어 나타나듯 심상에도 투사되어 구현될 수 있다. 심상에 대한 칼 융(Carl Jung 1977)의 관심은 본인의 선명한 꿈과 깨어 있을 때의 심상을 기반으로 가속화되었다(Jung 1977). 그의 능동적 상상력은 다양한 출처에서 영향을 받아 형성되었는데, 그중에서 해리 상태와 초자연적인 현상들에 대한 본인의 연구와 어떻게 깨어 있는 상태와 수면 상태를 왔다갔다 하면서 문제를 메타포 이미지로 변형했는지(Swan 2008)를 기술한 Silberer의 문서(1909)에서 영향을 받았다. 융은 환자가 그들의 기분이나 느낌에 집중하도록 한 뒤 '정서의 풍부함과 명료화'가 이루어지도록 그들의 이미지를 떠오르는 대로 내버려 두도록 하였다(Jung 1916/1960, p. 82). 그리고 환자가 상상한 장면을 때때로 인물들 간의 대화를 통해 점점 더 발전할 수 있도록 했다. 융이 개인적으로 상상했던 많은 내용들은 개인적인 발달사보다는 상징적이고 초개인적(융은 이를 원형이라 함) 것들이었다. 가령 Philemon과 나누었던 대화에 나오는 영적인 종류의 것들이었다고 볼 수 있다(Jung 1977). Hannah(1981)는 다양한 사례를 통해 몇 주 또는 몇 달에 걸쳐 능동적인 상상의 내용들을 펼쳐 문서화했다. 그러나 그녀는 현재의 심상 재구성법과 반대로 실제 사람을 대상으로 작업을 하고, 환자가 집에서 혼자 상상한 뒤 치료자에게 보고하는 형식으로 작업이 이루어지는 것이 좋다고 권고하고 있다.

융의 접근에 영향을 받은 Jelinek는 말을 더듬는 현상이나 기타 언어 능력 관련 문제들을 치료함에 있어 적용할 수 있는 다양한 심상 개입방법에 대해 소개했다(Jellinek 1949). 내담자들은 평온 또는 능숙함과 연관된 이미지(예 : 빗속을 걷는다거나 왕홀을 들고 왕좌에 앉아 있는 상상)를 찾아보고 다음에 불안하거나 위협을 느낄 때마다 이 이미지를 상상하도록 지시받는다. 어떤 내담자는 자신의 다른 모습 두 가지를 상상했는데, 하나는 초라하게 차려입은 말더듬이였고 다른 하나는 멋지게 차려입은 달변가였다. 그는 '잘 차려입은 소년을 그의 옆에 두는' 방법을 배웠다(p. 386). 이와 비슷한 개입은 오늘날의 사회공포증의 인지치료에 사용된다(Clark and Wells 1995). Jelinek는 말더듬는 현상이 내담자를 쫓아다닌다는 느낌에 시달리고 있는 사례에 대해서도 설명했다(Jellineck 1949). 내담자에게 이 느낌을 이미지로 상상하라고 하자 어깨 위의 난쟁이를 떠올렸다. "만약 당신이 천천히 말하게 되면, 그 악마를 굶길 수 있을 것이고 결국 그는 죽을 거예요."라고 Jelinek는 내담자에게 말했다(p. 380). 다른 내담자는 자신이 짙은 색의 담요로 덮여 있는 도로 위에 선 모습을 상상했다. Jelinek는 그 도로 끝 햇살이 비치는 곳으로 가도록 인도했고 짙은 담요가 흰색으로 바뀌는 걸 보라고 지시했다[이와 비슷한 개입을 보려면 Fromm(1968) 참조]. Jelinek는 내담자들이 보고하는 심상 장면에 신화적 내용들이 포함되어 있기도 하고 때로는 이러한 심상에 강렬한 정서적 표현이 동반되어 있다고 기술했다.

　1930년대에 Carl Happich와 Robert Desoille는 길잡이식 백일몽을 통해 메타포 요소들을 탐구했다. 평원, 산, 동굴 입구 등의 전경을 의도적으로 시각화하면서 심상 여행을 시작할 수 있는데, 이런 시각화를 통해 위험과 도전 과제들이 제기되거나 또는 위협이 되거나 도움을 받을 수도 있는 인물(동물, 인간, 영적 존재)들을 만나게 될 수도 있다. Desoille는 이것을 종합적인 변화 과정의 일부라고 보았는데, 여기에는 내담자의 "부적응적 역동 패턴들……, 이러한 부적응적 패턴의 탈조건화……, [그리고] 새롭고 적절한 역동적 패턴의 확립"에 대한 평가가 포함되어 있다(Desoille 1965, p. 21). Desoille의 책(1945)은 Hans Carl Leuner에게 영향을 미쳤는데, 그의 정동 심상 유도기법은 다양한 임상적 문제들에 적용되었다. Roberto Assagiolo의 정신 통합요법(psychosynthesis : 정신분석이론과 명상법을 결합한 치료법)도 이런 심상기법들을 포용했으며 1960년대부터 그는 이 기법들을 치료자들에게 널리 알렸을 뿐만 아니라 개인적·영적 발전을 위해 실험적 기법들을 활용하는 데에 관심 있는 이들에게까지 알렸다(Gerard 1961; Crampton 1969).

　최면치료자들도 메타포 심상을 사용했다. Van der Hart는 무월경 증상이 있는 내담자에게 메타포 심상을 적용한 두 가지 사례를 소개했다(Van der Hart 1895b). 그중 하나는 단일 회기의 심상치료 후 생활방식에서의 극적인 변화로 이어진 사례였다(Van der Hart 1985a). 다른 하나는 범불안장애, 사회적 철수 및 정서적 불안정성을 겪고 있던 한 여성의 성공적인 치료 사례인데, 이 여성은 꽉 조인 자신의 코르셋을 느슨하게 푼 다음 코르셋을 벗어던지고 척추가 성장하는 심상을 떠올렸다(Witztum et al. 1988). 메타포 심상은 현대 인지치료에도 큰 역할을 하고 있다. 제11장은 현재 메타포가 언제 어떻게 사용되느지, 내담자로부터 메타포를 이끌어 내는 데 강조되어야 할 점은 무엇인지 그리고 변화를 일으키는 서곡으로서 메타포가 개인에게 어떤 의미들을 가지고 있는지에 대해서 설명한다.

사이코드라마, 펄스와 인본주의적 움직임

1930년대에 발전한 제이콥 모레노(Jacob Moreno)의 사이코드라마는 모레노가 정신병을 앓고 있는 한 여성을 치료한 경험에 대해 기술한 발췌문에서 보는 바와 같이 심상 기법들과 여러 면에서 닮았다. 그녀는 바닥에 누운 채 눈을 감고는 "저는 지금 상자 안에 있습니다. 저는 죽었고 심해의 바닥에 있는데 안전합니다……. (아이처럼 운다.) …… 오, 상자가 점점 떠오르기 시작합니다……. 저는 상자와 함께 점점 더 높이 떠오릅니다. 상자가 열리고 저는 다시 태어납니다. 저는 신생아입니다……. 그곳에는 열린 창문과 잎이 가득 돋아나 있는 아름다운 나무가 있습니다. 햇살은 너무나도 따듯합니다." (Moreno 1939, pp. 12-13).

이와 비슷한 기법들은 프리츠 펄스(Fritz Perls)의 게슈탈트치료에서도 두드러지게 나타나고 있다(Edwards 2007). 펄스는 생애 후반부에 워크숍을 진행했는데, 이 워크숍에서 지원자는 '뜨거운 의자'에 앉아 심상과 각색을 사용해 집중적으로 작업해 나갔다. 꿈과 작업하며 내담자들은 꿈속의 다양한 인물들이 되어 그들의 경험에서 이야기해 보도록 지시받았다(Edwards 1989). 인물 간의 대화도 할 수 있도록 했다. 펄스는 또한 내담자들이 순간(moment-to-moment) 단위의 경험들에 집중해서 그 경험을 하나의 감정이나 문장 혹은 하나의 이미지로 떠올릴 수 있도록 지시했는데, 이는 Gendlin이 '포커싱(focusing)'이라고 불렀던 기법을 적용하기 위한 것이었다(Gendlin 1978). 이 방법들은 펄스의 표현예술에 대한 열렬한 관심으로부터 발전된 것이었다. 그는 청년 시절 독일 실험극장에서 활동했는데(Perls 1969) 그때 모레노의 기법에 대해 알게 되었다. 게슈탈트치료자인 John Wymore는 인터뷰에서 "빈 의자는 프리츠 펄스로부터 탄생한 게 아닙니다……. 유럽에서 펄스는 다양한 극단 사람들을 알았고, 그중에는 제이콥 모레노가 있었습니다."(Madewell and Shaughnessy 2009, p. 2)

펄스의 워크숍 강의 녹취록은 1970년대 심상과 드라마 기법들을 치료자들에게뿐만 아니라 자기탐색과 경험적 학습을 촉구했던 인본주의 학파 내에서 대중화시키는 데도 큰 역할을 했다(Perls 1971, 1973). 저자는 1978년에 서리대학교의 성인 학습에 대한 John Herron의 연구를 통해 처음으로 이 학문을 접했다. 그는 '게슈탈트 기법'이라는 치료법을 사용하고 널리 퍼트리는 데 공헌한 이들 중 하나였다. 협력 상담 기법 메뉴얼 (Heron 1974-현재 인터넷에서 구매 가능 : Herron 1998)과 교사들을 위한 협력 상담 안 내서(Herron 1978)에는 과거의 고통스러운 사건들을 정서와 연결시키는 데 심상과 다른 방법들을 어떻게 사용할 수 있는지, 또한 대화와 연극방법으로 어떻게 종결을 맺을 수 있는지에 대한 정보가 나와 있다.

행동치료와 인지치료에서의 심상

한편, 심상을 바탕으로 한 기법들은 점점 행동치료와 인지치료에서도 큰 역할을 했다. 라자러스(Lazarus)는 조셉 울프(Joseph Wolpe)로부터 체계적 둔감법을 배워, 1955년 남 아프리카공화국에서 만난 내담자들에게 시각화 기법을 적용해 보기도 했다. '행동치료' 라는 표현을 처음 쓴 사람은 라자러스였다. 체계적 둔감법은 행동치료 개념을 확립하 는 데 있어 중요한 역할을 했다. 라자러스의 행동적 접근법은 다중양식치료라고도 불렸 다. 라자러스는 불안을 둔감화하는 데 심상을 사용했을 뿐만 아니라 자기주장 훈련, 문 제 해결 그리고 미래 도전 과제들에 대한 대처 연습(자세한 내용은 제12장 참조)에도 심 상을 사용하였다. 또한 고혈압, 경직 결장, 피부염 등 스트레스와 관련된 상황들을 완화 하는 데도 심상을 사용하였다. 1970년대에 Cautela는 조건화 절차들에 심상을 체계적 으로 적용해 갔다(Cautela and McCullough 1978). 내재적 민감화(covert sensitization)에서 는 문제행동들을 고통스러운 결과와 연관시킴으로써 치료하는 기법이다. 가령 먹는 걸 조절할 수 없는 내담자들에게는 달콤한 케이크를 먹는 상상을 하게 한 다음 속이 메스 꺼워지거나 구토를 하는 것을 생각하게 한다. 성적 노출증으로 입건된 내담자들에게는 노출을 하는 상상을 하게 한 다음 동시에 체포되어 수감되는 생각을 하게 한다(Cautela 1967).

Singer는 행동치료와 인지치료에서 심상이 이용되는 사례들을 상당수 개괄할 수 있 었다(Singer 1974). 그가 모은 자료들 중에서는 내파치료(Stampfl and Levis 1967)도 포함 되어 있었는데, 이 기법은 혐오증이 있는 내담자들에게 그들이 가장 두려워하는 대상 을 생생하게 상상하게 한 다음 최악의 상황을 최대한 부풀려서 말해 보도록 하는 기법 이다. 문제가 되는 정서적 반응을 제거하기 위한 수단으로 내파치료가 학습이론의 범위 내에서 틀이 잡혀지긴 했지만, 정서적으로 강렬한 시나리오를 발전시키는 데는 정신역 동적 원리들이 사용되었다. 그리고 훗날 Silverman은 내파 심상의 효과적인 사용이 정신 분석 틀 내에서 이루어졌다고 보고했다(Silverman 1987).

심상 리허설 기술은 최면치료에도 활용되었다고 보고되고 있다. Fromm은 고소공포증이 있는 내담자를 치료했는데, 내담자에게 당당한 자신을 시각화한 뒤 그 자신과 하나가 되는 상상을 하게 하고, 높은 발코니로 올라가 미시간 호수를 내려다보게 했으며(Fromm 1968) "우리는 무아지경 상태에서 내담자에게 스트레스가 되는 상황을 탐색하여 알아낸 뒤 내담자가 그것을 경험해 보도록 하고 내담자는 배운 기법들을 적용해서 스트레스 상황을 다룰 수 있게 한다."라고 썼다(p. 177).

현대의 통합적 접근방법에서의 심상

이 모든 것은 1970년대와 1980년대 초반의 '정신적 심상을 향한 폭발적 관심'의 일환이었다. 30~40년 전부터 심리적 · 신체적 문제들에 심상기법이 활용되고 있음을 몇몇 책을 통해 보고되었다(Achterberg 1985; Singer and Pope 1978; Samuels and Samuels 1975, Sheikh 1984; Shorr 1983; Singer 1974). 1990년대에는 인지행동치료 내에서 드라마와 대화방법을 활용한 '심상 재구성'이라는 방법을 통해 내현적 수준의 인지를 재구성하는 가능성이 주목을 받게 되었다. 이 글의 저자는 벡으로부터 교육받은 인지치료자 중 한 명이고, 벡은 게슈탈트치료 전문가들과의 경험에 의해 영향을 받기도 했다. 이 외 다른 사람들로는 스키마치료를 발전시킨 Jeff Young 그리고 심상 재구성 및 심상 재처리 치료를 발전시킨 Merv Smucker다. 1990년대 초반에는 이러한 방법들이 인지치료에 통합되었다(Beck et al., 1990; Edwards 1989, 1990, 2007; Layden et al. 1993; Smucker and Dancu 1999; Young 1990). 이 방법들은 이제 스키마치료(Young et al. 2003), 정서중심치료(Greenberg 2004), 자비/자애중심치료(Gilbert 2009)와 같은 현대 통합적 심리치료 접근법에 중요한 자료가 되었다.

지금까지 검토된 자료들은 이 책을 통해 앞으로 소개할 심상기법이 19세기부터 심리치료의 한 부분을 차지해 왔다는 것과 그보다 훨씬 전에는 정서적 · 신체적 증상들을 치료하는 데 중요한 역할을 했다는 것을 말해 주고 있다. Fienus의 모순원리는 치료자가 만든 극화(dramatization)기법들이 한 사람이 긍정적인 믿음을 가질 수 있도록 하는 데 기반이 되었다. 고대 아스클레피오스 신전들의 신관들은 신전을 방문하는 사람들의 마음에 긍정적인 변화를 유도하기 위해서 신들의 방문을 극화시켰다. 이러한 방법들은 여러 문화권의 치료자들에 의해서도 활용되었다고 보고되고 있다. Janet과 그 이후의 최면치료자들이 사용한 심상 치환 방법에도 이와 같은 원리가 적용되었고, 이는 오늘날의 심상 재구성과 제8장에 소개될 다른 방법들을 통해 심상을 변형하는 매우 세부적이고 집중된 방법들로 진화해 왔다.

19세기에는 과거의 외상사건들이 심리적 어려움에 미치는 영향에 대해 크게 주목했다. 심지어 외상기억들을 다른 인지적 시스템으로부터 구별해야 할 필요성은 Janet과 Prince 이전부터 제기되었고, 외상기억들을 회복하고 해리 증상을 완화하는 기법들에 대해서도 19세기 후반에서 20세기에 이르기까지 널리 논의되고 기술되었다. 제9장에서 설명하겠지만 이런 방법들은 외상기억들을 치료하기 위해 현재 우리가 사용하는 심상기법들의 예시가 될 수 있다. 20세기 동안 최면 분석가들은 아동기의 고통스러운 기억을 불러내고 다양한 방법을 이용해 그 기억들과 적극적으로 작업해 나가면서 Janet과 Prince의 연구를 계속 이어나갔다. 제6장에서 설명하는 **정서적 가교 기법**(emotional bridge method)은 19세기의 최면치료에 기원을 둔다. 현재 정서 상태에 대한 자각을 높이고 심상을 떠올리게 하는 것은 융(Jung 1916/1960)의 능동적 상상기법의 기반이 되었다. 또한 심상을 사용하여 아동기 기억에 연결시키는 Gendlin(1978)의 기법은 Watkins에 의해 '정서 가교'라고 불렸다.

자아의 일부를 가지고 작업하는 건 심리치료 내에서도 긴 역사를 지니고 있다. 이는 융의 능동적 상상력, 모레노의 사이코드라마에서도 사용되었고, 20세기 후반기에는 Klein의 최면 분석, 상호교류 분석(Barms 1977; Goulding and Goulding 1979), Watkins의 자아상태치료(Watkins 1978; Watkins and Johnson 1982)와 펄스의 게슈탈트치료 방법들에서도 사용되었다. 어떤 기법들은 무대 위에서의 사이코드라마에서 나타나기도 하고 빈 의자 기법들에서 사용하기도 하는데, 많은 기법들이 심상을 사용한다. 우리는 또한 다른 형태의 메타포 심상이 어떻게 능동적 상상, 유도된 백일몽, 최면치료의 발달(예 : Fromm 1968; Jellineck 1949; Leuner 1978; van der Hart 1985a, 1985b)에서 심리치료의 일반적인 특성으로 자리잡을 수 있었는지에 대해 확인할 수 있었다. 마지막으로 둔감화, 민감화, 그리고 새로운 기술과 습관을 학습하기 위해 리허설하는 과정에서 심상기법을 인지적, 행동적으로 적용한 것이 1950년대 후반부터라고 하긴 하지만, 이런 종류의 기법들이 최면치료에서도 사용되었기 때문에 아마 심상기법이 적용된 것은 20세기로 넘어가는 시점부터였다고 보아야 할 것 같다.

현재 우리가 심리치료에서의 심상을 이해하는 것과 21세기 초반에서의 심상을 이해하는 것은 두 가지 면에서 다르다. 우선 현재 심상에 대한 정보 공유를 더욱더 원활하게 할 수 있다는 이점은 옛날에 비해 이런 기법에 대한 지식을 습득하고 널리 퍼트리는 데 더 쉬워졌다는 뜻이다. 이는 심상기법을 알고 있는 치료자들만이 심상기법을 활용할 수 있었던 과거와는 뚜렷이 구별된다. 두 번째로 연구의 발전이 증거 기반으로 간다는 것은 심상기술의 효과를 평가하는 데 더 이상 비공식적인 사례에 의존하지 않아도 됨을 의미한다. 심상기법이 실증적인 임상적 개입에 중요한 역할을 하고 있다는 증거가 실험연구, 체계적인 임상관찰 및 통제연구를 통해 점점 지지되고 있다. 이 책은 과거 많은 심리치료 기법들의 일부로 사용되었던 심상기법들이 다양한 심리적 문제들을 다루는 오늘날의 증거 기반 기법들에서 어떻게 사용되는지에 대한 새로운 정보를 제공한다.

성인 공황장애 사례 뒤에 숨어 있는 겁에 질린 아이 발견하기

David Edwards

Rhodes University, Grahamstown,
South Africa

티라크의 공황발작은 그의 누이가 조현병으로 병원에 입원하면서 시작되었다. 그는 자신 또한 미칠 지도 모른다는 생각에 두려워했다. 인지치료는 증상을 완화하기는 했지만 근원적인 공포를 제거하지는 못했다.

나는 그의 마음을 가라앉힌 뒤 계속 공포를 조장하는 그의 일부분을 이미지화하라고 말했다. 그는 자기를 괴롭히는 것을 즐기는 작은 악마를 보았다. 나는 치료에서 우리가 진지하게 고려할 필요가 있다고 생각하는 악마가 무엇인지 드러날 수 있도록 좀 더 질문을 해보았다. 어떤 기억들이 차례로 떠올랐는데, 그가 6~7세였을 때의 일이었고 그 내용은 다음과 같았다. 배가 아프지 않음에도 불구하고 아프다고 말하기 위해 밤중에 부모님의 방으로 갔는데, 이유는 그가 두렵다고 말하면 부모님은 그의 말을 무시했기 때문이었다. 차에 혼자 있을 때 누군가에게 납치될까 봐 두려워 떨었는데, 그의 아버지는 무언가를 가지러 가버렸다. 재앙이 닥칠 것을 두려워하며 집에 남아 누이들을 돌봐야 한다는 책임감을 느끼면서도 자신이 그 역할에 적절하지 않다고 느꼈던 일, 부모님이 그를 보호하거나 훈련시키기 위해 일부러 그에게 겁을 줬던 일 등에 대한 기억이었다. 티라크는 경찰이 집을 수색하는 일 또한 겪었었다.

이러한 정보들은 발달적 사례 개념화를 수정하는 데 결정적인 역할을 했다. 그는 아이였을 때 공포와 수치심으로 가득 차 있었고, 이에 맞서기 위해 단단하고 경고한 자신을 만들어 보상해 왔다. 누이의 입원으로 그 보상은 무로 돌아갔고 어린 시절 겁에 질려 있던 소년이 돌아온 것이었다. 나는 내적 아이를 재구조화하고 치료 종결에 대한 심상회기를 두 번 더 가졌다. 그는 마지막 세 번째 치료가 치료의 전체 내용 중에서 가장 의미 있었다고 보고했다.

1

맥락 내에서의 심상

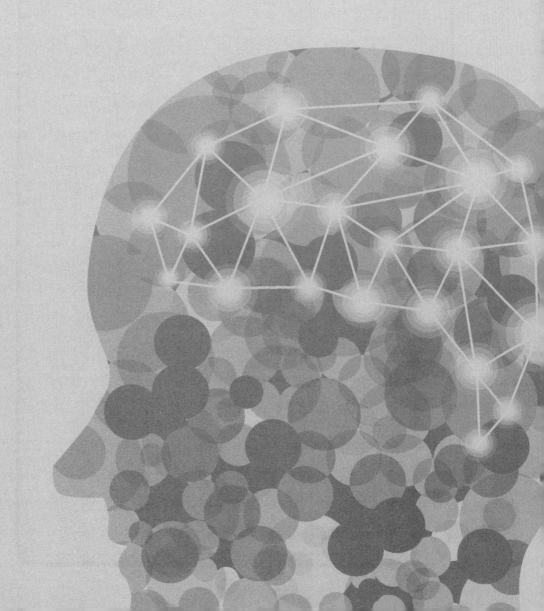

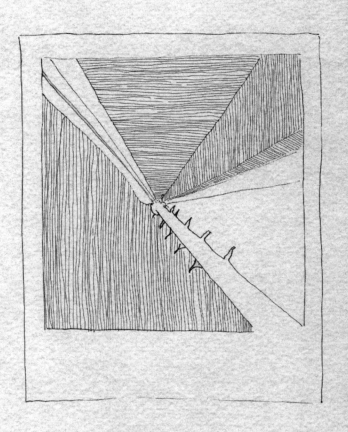

Beck saw imagery as important and crucial to our understanding of human distress

1장

벡 인지치료 전통에서의 심상

'상상은 지식보다 중요하다.'

앨버트 아인슈타인, **세터데이 이브닝 포스트**, 1929년 10월 26일

인간의 의식에서 생각이 드러날 수 있도록 하는 핵심방법 중 하나는 바로 이미지를 들여다보는 것이다. 심상(imagery)*은 감각을 동반한 다양한 정신 표상으로 이루어져 있다. 인지치료가 발전되던 초반에 정신과 의사인 아론 벡(Aaron T. Beck)은 심상이 인간의 고통을 이해하는 데 중요한 매개체가 될 수 있다고 보았다(Beck 1970, 1971; Beck et al. 1985). 우리가 경험에 부여하는 의미들(평가들)은 인지치료에서 다루는 핵심요소인데, 벡(1971)은 이미지, 환상, 기억과 꿈이 이러한 의미들(평가들)에 접근하는 데 있어 중요한 매개체가 될 수 있다고 제안했다.

인지치료에 심상기법이 포함된 것은 벡의 철학과 임상적 경험에 바탕이 된 것이다. 이에 대한 근거로 우리는 체계적인 자료 수집과 이론보다 연구방법론에 강조점을 두고 통합적인 심리치료 기법들을 적용했었던 벡의 시도들을 소개하려고 한다. 또한 정신병리를 이해함에 있어 다양한 현상학에 호기심을 가지고 과학자-임상가 모델을 바탕으로 전략적인 치료법들을 적용했었던 벡의 다양한 모습을 이 장에서 살펴보고자 한다.

---

*역주 : 외부 자극 없이 일어나는 유사-감각적 경험(혹은 그 결과)을 통칭하는 'imagery'는 심상으로, 마음속의 그림이나 표상을 지칭하는 'image'는 이미지로 번역하였다.

벡의 초기 연구

벡은 정신과 의사와 정신분석가가 되기 위한 교육을 받았다. 그의 초기 연구는 꿈에 대한 것이었는데, 이는 은사였던 정신분석가 Leon Saul로부터 초기 실험적 방법들을 전수받아 진행되었다. Saul은 꿈 분석 방법을 Franz Alexander로부터 전수받았다(Rosner 2002 참조).[1] 벡은 사회과학에서 사용하는 방법론을 적용하여 우울과 관련된 꿈에 대한 정신분석적 가설을 검증하였고, 처음에는 우울증이 피학적 소망에서 비롯될 수 있다는 생각을 지지하는 듯한 증거들을 찾았다. 그러나 벡은 실험적 과학의 인식론에 기반하여 이론보다는 데이터에 더 신뢰감을 갖게 되었고, 결과적으로 비록 우울증에 걸린 사람들의 꿈에 고통, 상실, 실패 등의 주제가 나오기는 하나 우울증에 걸린 내담자가 그런 고통을 소망한다는 점을 지지할 만한 증거는 찾을 수 없었다고 밝혔다(Beck and Hurvich 1959; Beck and Ward 1961). 또한 벡은 우울증에 걸린 사람들의 꿈에 등장하는 주제들이 낮 동안 경험하는 부정적인 자동적 사고들과 유사하다는 사실을 알아냈다. 1971년 그는 꿈과 백일몽 사이의 인지적 패턴들에 대한 논문을 쓰며, 다양한 임상집단에서 장애별로 동일한 인지적 주제들이 나타난다는 점을 확인하였다(Beck 1971, Special Issue on Cognitive Therapy and Dreams, Rosner et al. 2002에 재수록)

통합적 접근

이론이 정립되던 이 시기에 벡은 정신분석학회에서 카렌 호나이(Karen Horney), 알프레드 아들러(Alfred Adler) 등의 신프로이트 학파와 함께 자신이 발견한 것들을 지속적으로 발표하였다. 아들러는 초기 기억과 메타포를 가지고 작업하기 위한 기법들을 사용하였고, 이 기법들은 이 책 후반부에 소개될 인지행동치료자들이 사용하는 기술들과 다르지 않다. 벡의 접근방법은 정신분석의 맥락에서도 인정을 받았지만 이후 인지행동치료 발달에 기반이 되었던 행동치료 분야에서 더 큰 지지를 받았다. 그는 다양한 학파의 다양한 치료기법을 인지행동치료에 적용하고자 하는 통합적인 접근방법을 사용했다(Beck 1991).

  벡은 아놀드 라자러스(Arnold Lazarus)와 조셉 울프(Joseph Wolpe) 같은 행동치료자

---

1 벡의 경력에 대한 전기적 정보들은 Rosner의 기사를 참고하였음

들과 적극적인 만남을 가졌다(Rosner 2002 참조). 그는 울프의 탈민감화에 적용되는 심상이 다소 제한적이라고 느꼈다. 벡은 그보다는 '강화가 동반되는 시간 투사' 기법처럼 우울증에 걸린 내담자가 미래의 긍정적인 이미지를 상상함으로써 그들의 동기와 행동에 변화를 일으키는 라자러스의 심상수정기법들에 관심이 더 많았다(Lazarus 1968). 벡은 '판타지'에 관한 논문에서 "비현실적인 그림과 같은 이미지는 내담자의 정서, 동기뿐 아니라 행동에도 명백히 영향을 미친다."는 임상적 증거가 있다고 주장했다(Beck 1970, p.15). 동시에 그는 내담자들의 부정적이며 자동적인 사고, 환상, 백일몽 혹은 꿈을 통해 다양한 장애군에서 보일 수 있는 인지적 주제들에 관한 정보를 계속 수집했다.

이중믿음체계

1985년, 벡과 동료들은 *Anxiety Disorders and Phobias : A Cognitive Perspective*(Beck et al. 1985)라는 제목으로 불안장애를 위한 인지치료 책을 출판했다. 이 책에서 저자들은 '이중믿음체계(dual belief systems)'에 대해 자세히 설명하였는데, 임상적 관찰을 통해 내담자들이 믿음 체계하에서 잠재적 위험 요소로부터 멀어진다고 생각하게 되면 재앙을 경험할 확률이 적어진다고 인식하고, 반대로 예기한 위험에 점점 가까워진다고 생각하게 되면 재앙이 닥칠 확률이 커진다고 인식하는 점에 대해 소개했다. 예기한 위험에서 내가 얼마나 멀리 떨어져 있느냐에 대한 믿음의 정도에서 오는 차이가 바로 '이중믿음체계'의 이론을 확립하는 데 중요한 출발점이 되었다.

벡은 또한 사람이 실제적 감각 촉발자극(예 : 큰 소음, 빨리 뛰는 심박)에 노출되면 고통스러운 이미지들이 떠오르기 시작하며 곧 다가올 위협(예 : 곧 있을 교통사고, 뇌졸중)에 대한 신호를 감지하게 되는데, 이 시점에서 재앙이 일어날 것이라는 믿음이 점점 고조될 것이라고 밝혔다. 벡은 임상적 관찰을 통해 부정적 평가와 믿음을 더 깊이 이해하기 위해서는 고통을 야기하는 (현실의 혹은 허상의) 촉발자극들을 찾아내는 것이 중요하다고 강조하였다. 이런 촉발자극들은 부정적 심상 내 강렬한 정서가 동반된 뜨거운 인지에 빠르게 접근할 수 있도록 돕는다.

벡은 심리치료에서 널리 받아들여지고 있는 정보처리에 대한 두 가지 접근법이 존재한다는 생각을 지속시켜 갔는데, 한 시스템은 좀 더 이성적인 것에 기반을 두고 있으며, 다른 시스템은 즉각적이고 원초적인 것에 기반을 둔다. 벡은 정신병리에서 원초적인 시스템이 상대적으로 좀 더 쉽게 작동되고 다양한 인지적 반응들을 이끌어 내는데 도움이 된다고 보았는데, 이 반응들은 언어적인 것에서 시각적인 요소들의 연속선상에 놓여진 반응들로 자동적 사고, 백일몽, 약물로 유도된 환각 그리고 꿈과 같은 것들이라고 소개했다(Beck 1971). 또한 정신증에서 나타나는 플래시백 또는 환각과 같은 종류의 심상도 여기에 포함될 수 있다고 설명했다. 그는 꿈이 '실제적 현실'과는 다른 왜곡된 평가에 대해 일종의 생체검사(biopsy)를 하는 것과 같은 기능을 한다고 제안했다.

벡의 정보처리에 대한 관찰은 정서처리에 대해 다룬 Rachman의 두 논문에서 더 깊게 다루어졌다(Rachman 1980, 2001). Rachman은 침습적인 부정적 생각, 이미지, 기억, 꿈, 악몽의 중요성을 강조하며 이들은 '정서처리'가 필요하다는 것을 알리는 지표라고 제안했다(Rachman 1980, 2001). 그는 치료 과정 중 변화에 대한 객관적인 지표들이 필요하며 침습적 사고, 이미지, 기억과 같은 현상들이 줄어들거나 사라지는 것 역시 이러한 지표 중 하나라고 제안했다. 정서처리에 변화를 주기 위해서 다양한 기술들이 사용될 수 있다. 1980년도에 대표논문을 출간한 후 21년째 되던 해, Rachman은 정서처리에 대한 개관논문(2001)에서 행동치료와 '인지 혁명'이 일구어 낸 방대한 성과물들에 대해 찬사를 보냈다. 그가 유독 기뻐한 성과 중 하나는 침습적 기억 이미지들을 주 목표로 한 PTSD 치료법의 발전이었다.

과학자-임상가 접근

Barlow와 동료들(1984)이 '과학자-임상가'라고 불렀던 벡에 대해 다시 이야기해 보자. 벡은 Kelly(1955)가 했던 것처럼 치료실에 가상 검증 방법을 가져왔다. 그는 연구자, 치료자, 내담자 모두가 과학자들이 사용하는 관찰, 반영, 가설 실험, 이론 도출의 과정에 함께 참여할 수 있다고 보았다. 내담자들은 자신의 인지, 정서, 행동을 면밀히 관찰하고 자신의 인지적 평가가 어떠한지를 살펴보고, 인지적 내용이 얼마나 현실적인지 실험할 계획을 짜고, 실제로 실험을 해보며, 타당화를 검토하는 과정에 참여하게 된다. 치료자와 내담자는 협력적 경험주의라는 정신 아래 함께 작업한다. 이런 과정들은 '체험적 학습 순환'(Kolb 1984)의 효과를 최대화한다. '체험적 학습 순환'은 인지치료 행동 실험에서의 치료 과정에 대한 귀중한 자료로 사용되어 왔으며(Bennett-Levy et al.

2004), 이 책에서 핵심 구성요소로 사용된다.

동일한 원리가 인지치료에서의 심상 작업에도 적용될 수 있다. 우리는 내담자에게 상상의 또는 현실적 단서에 의해 유발되는 이미지를 관찰해 보도록 격려하고, 그 내용이 무엇인지, 내포된 의미는 무엇인지, 그것의 중요성에 대한 메타인지적 평가를 고찰해 보라고 촉구한다. 찾아낸 의미와 인지적 평가들이 얼마나 현실에 타당한지를 밝히기 위해서 다양한 방법을 통해 실험해 본다. 실험 후의 결과는 다시 심사숙고되고 믿음에 대한 새로운 평정 결과에 주목한다. 이에 대한 더 자세한 내용은 제4장에서 확인할 수 있다. 심상에 대한 평가 내용은 심상의 특성(심상의 생생함, 빈도, 심상과 관련된 정서적 불편감, 믿음 평정 등) 및 증상학에 기반하여 구성될 수 있다.

한편, 치료자들과 연구자들은 벡이 마련해 놓은 토대 위에서 연구의 진척을 일궈 나갔고 다양한 장애를 대상으로 심상의 구체적인 현상학을 조사했다. 연구자들은 또한 인지와 정서를 변화시키고자 하는 노력에서 정신병리에서의 침습적 심상과 기억 간의 연관성, 심상과 정서의 연관성 및 심상이 미치는 직 · 간접적인 효과를 살펴보았다.

결론

인지치료에서 심상에 대해 작업하는 것은 벡이 생각했던 체계와 잘 맞는다. 우리에게는 다양한 장애에 대해 심상의 현상학에 초점을 두고 연구한 많은 자료가 축적되어 있고(제2장), 심상과 다른 인지 과정들 사이의 관계를 파헤치는 다양한 연구결과도 갖고 있다(제3장). 우리는 또한 고통스러운 심상을 정복함에 있어 도움이 되는 공통적인 요소들이 무엇인지 이해하고 있다(제4장). 우리는 또한 심상과 관련된 근본적인 요인들의 다양한 조합으로 이루어진 여러 범위의 기법들을 가지고 있으며 심상을 목표로 한 다양한 치료 프로그램의 효과성을 검토하는 증거 기반의 연구들도 있다는 것을 소개하려고 한다(제5장부터 제14장). 다음 장부터 이에 대해 좀 더 자세히 살펴보기로 하겠다.

사례예시

(불안을 가라앉히기 위한) 미래에 대한 현실적 이미지 구현하기

Judith Beck

Beck Institute for Cognitive Therapy and Research and University of Pennsylvania, Philadelphia, Pennsylvania, USA

미혼모인 베스는 점점 더 불안해지고 있었다. 그녀의 딸 에밀리는 8세로 경미한 지적장애가 있었다. 베스는 매일 작고 어두운 방에 홀로 앉아 외로움에 떨며 우는 21세 에밀리에 대한 고통스러운 이미지를 가지고 있었다. 베스는 치료자와 함께 현실적인 시나리오에 대해 논의했는데, 이 시나리오는 그녀가 취해야 할 구체적인 단계들과 정보들에 대한 것이었다. 이를 통해 좀 더 긍정적인 시나리오가 구성되었다. 이후 베스의 불안은 감소했다. 베스는 에밀리의 미래를 오직 자신이 다 해결해야 하는 것은 아니라는 사실을 알게 되었다. 베스는 가족, 친구들, 에밀리 학교 친구들의 부모님들, 학교 선생님들, 에밀리 주치의, 지역사회의 사회복지사, 그리고 그녀가 아직 만나 보지 못한 수많은 사람들에게 도움을 요청할 수 있다는 점을 알게 되었다.

다음 회기에서 치료자는 베스가 에밀리의 미래에 대해 좀 더 구체적인 이미지를 형성하도록 도움을 주었다. 베스는 21세 에밀리의 평범한 하루를, 아침에 일어나는 시간부터 밤에 잠이 드는 순간까지 무척 구체적으로 상상했다. 그녀는 에밀리가 그룹홈의 정돈된 침실에서 일어나 옷을 입고 아침을 먹고 친절한 직원 및 이웃들과 이야기를 나누는 모습을 상상했다. 또한 에밀리가 일하고 있는 요양원으로 가기 위해 그룹홈의 다른 거주자와 함께 버스를 타는 모습을 상상했다. 베스는 에밀리가 꽤 만족할 만한 기분으로 잠이 드는 것을 볼 때까지 이런 이미지를 계속 상상해 나갔다.

베스는 몇 주 동안 이 이미지를 매일 연습했고 점점 더 세부 사항들을 늘려 나갔다. 그녀는 상상한 내용을 다른 가족 구성원 및 친구들과 공유했고, 그들은 그녀의 이미지가 좀 더 좋은 방향으로 발전될 수 있도록 도움을 주었다. 에밀리를 위해 현실적인 시나리오를 구성하는 것은 베스의 불안을 감소시켰고 구체적인 이미지를 꾸준히 반복해 상상하는 과정은 그녀의 불안을 더 큰 폭으로 감소시켰다.

Imagery contains distressing material from memory

2장

임상 장면에서의 심상 현상학

'상상이 없는 곳에는 공포도 없다.'

아서 코난 도일, **주홍색 연구**(1888)

서론

제1장에서 살펴보았듯이 벡과 동료들(1985)은 심상기법이 불안장애에서 중요한 역할을 할 수 있다는 점에 주목했다. 벡은 불안한 사람들을 관찰하면서 이들이 상황에 대해 서로 상반된 믿음(기능적 · 역기능적 믿음)을 가지고 있다는 것을 알게 되었는데, 이를 이중믿음체계라고 불렀다. 위험으로부터 멀리 있을 때는 재앙을 경험할 가능성이 적다고 믿겠지만(기능적) 그 거리가 좁혀질수록 재앙의 가능성은 무한으로 커지고 재앙과 관련된 심상과 정서가 나타나기 시작한다(역기능적). 불안한 사람은 자신이 두려워하는 재앙을 환상으로 경험하기 시작한다.

벡과 동료들(1985, p. 128)은 고소공포증이 있는 한 여성에 대해 기술했다. 그 여성은 언덕의 정상에 올랐을 때 "어지럽고 비틀거림이 시작되며, 누군가 자신을 절벽 너머로 미는 것 같다."고 기술했다. 또한 고층건물의 40층에 서게 되었을 때 그 층이 가파른 각도로 기울어질 것 같다고도 기술했다.

이 사례를 보면 심상이 주변 환경의 단서에서 시작되었음을 알 수 있다. 또한 시각을 넘어서서 다양한 감각과 강한 정서가 동반되어 있을 뿐 아니라 믿음 평정도 상승됨을 알 수 있다. 이는 불안장애에서뿐만 아니라 다양한 장애에서도 관찰할 수 있는 특징이다.

정신병리에서 심상은 새로운 연구 분야라고 할 수 있으며 지난 20년 동안 급속도로 발전해 왔다. 내담자들에게 그들의 심상이 어떤 것인지 묻고 작업하게 된다면(예 : 왜 내담자들의 심상은 늘 고통스럽고 생생한지), 임상가와 연구자들이 흥미로워할 만한 많은 것들을 발견하게 될 것이다. 이 과정에서 발견한 것들은 심상이 정신장애의 발전과 유지에 어떻게 관여하는지에 대한 실험 가능한 가설들을 세우는 데 도움을 줄 것이다. 이 장에서 우리는 임상 장면에서 관찰하듯 심상의 현상에 대한 구체적인 정보들을 살펴보려고 한다. 이 장은 4개의 섹션으로 구성되어 있다.

심상의 일반적 특성

우리는 심상에 관한 일반적 특성들에 대해 기술한 논문들을 살펴볼 것인데, 여기에는 다음과 같은 내용들이 포함되어 있다.

- ◆ 심상이 얼마나 자주 생생하고 고통스럽게 다가오는가?
- ◆ 심상이 얼마나 현실적이고 중요한 것으로 다가오는가?
- ◆ 심상이 얼마나 긍정적 또는 부정적일 수 있는가?
- ◆ 심상이 어떻게 발현되나?
- ◆ 심상이 어떻게 행동에 영향을 미치게 되나?
- ◆ 심상에서의 '다양한 관점 취해 보기'가 얼마나 정서적 경험에 영향을 미치나?
- ◆ 심상이 어떻게 다양한 감각적 양상으로 경험될 수 있는가?
- ◆ 심상을 다루는 것이 어떻게 새로운 통찰력으로 이어질 수 있는가?

장애별 심상의 구체적인 내용

심상은 장애에 따라 다양한 형태로 표현되며 종종 구체적 사건들로 이루어진 자서전적인 기억들과 연관되어 있다. 이 장에서 우리는 불안장애, 기분장애, 섭식장애, 신체이형장애, 유년기의 트라우마와 정신병에서의 심상 현상학에 대해 살펴볼 것이다.

심상의 메타인지 평가

심상의 내용이 중요할 뿐만 아니라 애초부터 사람들이 이미지에 부여하는 의미가 무엇인지도 중요하다(예 : 어떤 사람들은 부정적 생각을 하는 것 자체가 그들이 '미쳐가는' 것이라고 생각하기도 함). 이 장의 세 번째 섹션에서는 내담자들이 보고하는 이미지 중 도움이 되지 않는 의미나 믿음에 대해 살펴볼 것인데, 이는 치료 장면에서도 다루어질 부분이기도 하다.

심상의 정의

마지막 부분에서 심상이 무엇인지 정의하고 책에서 설명할 다양한 종류의 심상과 그 차이들을 살펴볼 것이다.

심상의 일반적 특성

생생하고 자주 나타나는 고통스러운 이미지에는 내담자의 구체적인 걱정거리가 반영되어 있다.

최근 연구결과에 의하면 내담자들이 호소하는 특정 걱정거리(예 : 신체상)에는 내담자들의 심상에 자주 등장하는 생생하고 고통스러운 이미지(예 : '뚱뚱해진다'는 생생한 이미지)가 나타난다고 한다. 이는 다양한 장애에서 관찰되는 공통 특징이다. 심각한 장애의 경우에는 이런 면이 더욱더 확연히 드러난다. 선행 연구결과들은 다음과 같은 사항을 제안한다.

- ◆ PTSD의 심상은 특히 생생하고 고통스러우며 무엇인가 곧 일어날 것 같은 신호를 보내는 것 같은 감각들을 포함하고 있다(Ehlers et al. 2002). 이런 이미지가 매우 극단적인 형태로 나타날 경우 내담자는 해리 상태의 플래시백을 경험할 수도 있다. 이때 내담자는 주변 상황에 대한 의식을 완전히 잃어버린 채 과거의 트라우마를 재경험하게 된다.
- ◆ 거미공포증이 있는 사람들은 대조군과 비교하여 거미에 대해 생생하고 고통스러우며 더 자발적 혹은 비자발적으로 떠오르는 이미지를 갖고 있었지만 나비에 대한 이미지는 대조군과 다르지 않았다(Pratt et al. 2004).
- ◆ 뱀공포증을 가지고 있는 사람들 중에서 뱀을 가장 두려워하며 피하는 사람들이 가장 생생하고 무서운 이미지들을 보고했다(Hunt et al. 2006).
- ◆ 강박장애에서 나타나는 침습적 심상은 의례적인 것 그리고 회피나 고통과 연관된 이미지들을 포함하고 있었다(Speckens et al. 2007). 이미지의 형태로 자주 나타나는 강박은 언어적 사고 형태로 나타나는 강박에 비해 더 높은 강도의 죄책감 및 책임감이 동반되어 있다. 침습적 이미지 빈도는 강박장애를 가지고 있는 내담

자들이 스트레스를 받는 상황에서 더 자주 나타난다(de Silva 1986; Rachman and Hodgson 1980).

◆ 우울의 심각도는 침습적 기억들의 빈도와 연관이 있다(Brewin et al. 1998; Kuyken and Brewin 1994). 침습적 기억들에 대한 부정적인 해석은 우울한 대학생들의 우울증 심각도와 연관이 있다(Starr and Moulds 2006).

◆ 폭식증 내담자들은 다이어트를 하거나 다이어트를 하지 않는 대조군과 비교해 더 생생하면서도 불쾌감을 유발하는 외모 관련 이미지를 보고했다(Somerville et al. 2007).

◆ 신체이형장애 내담자들은 통제군과 비교해 외모에 대해 더 생생하고 고통스러운 이미지를 갖고 있었다(Osman et al. 2004).

성공적인 치료 과정은 침습적 이미지의 빈도, 생생함, 고통스러운 정도를 줄이는 데 있다.

다음의 예시들은 인지행동치료가 PTSD에서의 침습적 기억들에 미치는 영향과 (Hackmann et al. 2004; Speckens et al. 2006) 심상 리허설 치료가 악몽에 미치는 영향을 보여준다(예 : Germain et al. 2004; Krakow and Zandra 2006).

심상은 또한 현재 일상생활에서의 걱정거리들을 반영할 수도 있다.

◆ 스트레스가 증가하면 고통스러운 이미지의 빈도도 증가한다. 예를 들면 수술을 앞둔 아이를 둔 부모는 대조군과 비교해 수술 전과 수술 중 고통스러운 이미지들을 더 자주 경험할 수 있지만 수술 후에는 이런 이미지들이 사라진다(Parkinson and Rachman 1981).

◆ 트라우마에 간접적으로 노출된 경우(예 : 텔레비전을 통해 외상 사건을 시청하는 것)에 침습적 이미지 증상을 경험할 수 있다. 가령 뉴욕에서 2001년 9 · 11 테러 사건이 발생한 후 몇 개월 동안 상당 부분의 런던 거주 아동들이 침습적 이미지 증상을 반복적으로 경험했다. 이와 같은 침습적 이미지들은 자신이 그 당시 위험에 처해 있었을지도 모른다고 믿는 아동들에게 더 자주 나타났다(Holmes et al. 2007c).

심상은 자주 현실에서 경험되는 것처럼 생생하고 중요하게 다가온다

이미지는 감각적 특성 및 감각에 동반되는 정서로 인해 무척 실감나게 느껴질 수 있는데, Conway는 이를 '근접 경험(experience near)'이라고 설명했다(Conway 2001). 이 현상은 특히 PTSD에서 자주 나타나는데 침습적 이미지로 인한 현재 위협 정도는 이미지에 동반되는 '현재성(nowness)'에 의해 일부 결정된다. 침습적 이미지의 '현실감'은 정신병에서 또는 완전한 해리적 플래시백을 경험하는 동안 더 뚜렷이 나타날 수 있다.

심상은 종종 과거, 현재 또는 미래의 중요한 일들에 대해 신호를 보내고 있는 것 같기 때문에 실제처럼 느껴지고 사실로 생각되며 종종 행동 반응을 이끌어 내기도 한다.

> 한 내담자는 어린 시절 부모님의 집에서 밤중에 홀로 남겨진 이미지를 갖고 있었다. 이 이미지는 내담자가 춥다고 느낄 때 촉발되었다. 이런 상황에 놓일 때마다 내담자는 이미지에 동반되는 한기와 외로움을 잊기 위해 하룻밤 성적 상대를 찾아 나서곤 했다. 이를 통해 얻게 되는 안락함은 부모님이 일로 집을 비우는 동안 밤에 추운 집에서 홀로 남아 있던 아이로서 경험했던 '느껴진 감각'과는 정반대의 것이었다.

심상은 실제 경험처럼 생생하게 전달되기 때문에 새롭고 건설적인 심상을 그려 나가는 것은 인지, 정서, 행동에 강력한 효과를 미칠 수 있다.

심상은 긍정적일 수도 부정적일 수도 있다

심상은 긍정적일 수도 부정적일 수도 있다. 침습적 (혹은 원치 않은) 이미지들은 정신병리에서 흔히 관찰되는 것으로 심상 기반 치료에서 다루어질 주요 초점 대상이다(제8~11장 참조). 내담자들은 종종 긍정적이거나 적응적 이미지를 경험하지 못한다. 예를 들면 우울증이나 범불안장애가 있는 사람들은 행복하고 예측 가능한 미래를 떠올리지 못하는 경향이 있다. 긍정적인 이미지를 생성하기 위한 전략들에 대해서는 특히 제12장과 제13장을 참조하기 바란다.

긍정적인 이미지라고 해서 늘 도움이 되는 것은 아니다. Holmes와 동료들(2007b)은 우울증 내담자들이 떠올리는 자살 이미지는 편안함과 안도감(고통도 포함)을 포함하여 다소 긍정적일 수 있으며, 이런 특성은 자살의 실현 가능성을 높일 수 있다고 지적한다. 아울러 Holmes와 동료들(2008a)은 아주 긍정적인 이미지(예 : 스스로를 상을 받은 작가로 상상하는 일)는 사람을 조증으로 몰고 갈 수 있다고 제안했다. 조증 관련 목표들(예 : 하루 종일 소설을 쓰며 자지 않는 것)을 다 성취하려고 하는 것은 사람을 소진 상태에 이르게 할 수 있다. 또한 조울증을 겪는 사람들은 모든 정신질환 중에서 가장 높은 자살률을 보이고 있다. Holmes와 동료들(2008b)은 자살을 어떻게 실행할 것인지에 대한 구체적이고 생생한 이미지 또는 자살이 가져다줄 '편안함'에 대한 이미지를 갖고 있는 내담자가 이 이미지를 실행할 강한 추동을 느끼게 되면 자살할 가능성이 높아진다고 보았고, 이런 기제가 바로 조울증의 높은 자살률을 설명할 수 있는 이유 중의 하나가 될 수 있다고 보았다.

선행연구는 역기능적 긍정 이미지들이 갈망 또는 열망이 있는 상황에서 떠오를 수 있다고 보았다(May et al. 2004). 중독 증상이 있는 내담자는 의도적으로 심상의 매력을 세세히 기술하는데, 열망하는 결과가 실현이 되지 않을 경우에는 결국 부정적인 정서에 이르게 되고, 열망도 점점 커지게 된다.

위에서 말한 바와 같이 내담자들은 그들이 경험한 이미지가 의미 있고, 생생하며 중요한 것을 전달하는 것으로 볼 수 있다. 심상치료가 필요한 경우는 침습적이고 부정적인 심상이 많을 경우, 도움이 되지 않는 긍정적인 심상이 많을 경우, 또는 긍정적이고 적응적 심상이 부족한 경우다.

심상은 상황 단서들에 의해 인출되는데 그 과정이 의도적일 수도 비의도적일 수도 있다

Conway와 Pleydell-Pearce는 마음속에 이미지를 떠올리기 위해 의도적으로 주의를 집중하는 '의도적 인출'과 자발적이고 불수의적으로 떠오르는 '직접적 인출'의 차이를 구분해 왔다(Conway and Pleydell-Pearce 2000). 심상은 다른 사람들의 비판에 답변하기 위해 새로운 기술들을 머릿속으로 미리 리허설해 보는 것과 같이 의도적으로 떠올릴 수도 있고(제12장 참조), 혹은 낮은 감각적 신호(예 : 가게의 밝은 조명이 이전에 자동차 사고를 당했을 때 보았던 헤드라이트를 상기시킬 때)나 의미 있는 자극(직장 상사에게 받은 질책이 어렸을 적 당한 학교 폭력을 상기시킬 때)에 의해 심상이 자발적으로 떠오를 수도 있다. 자발적으로 그려진 심상은 종종 현재 위협에 대한 신호로 경험될 수 있으며(Ehlers and Clark 2000; Martin and Wiliams 1990), 그러나 심상 유발자극이 의식적으로는 인지되지 못할 수도 있다.

외상후 스트레스 장애를 경험하고 있는 한 여자는 식당에서 불현듯 기분이 나빠졌는데, 그녀는 뒤늦게야 그 이유가 맞은편 테이블에 앉아 있는 남자의 수염이 자신을 폭행했던 사람의 수염과 닮아 있기 때문이었음을 알아차리게 되었다.

어떤 심상이 자발적으로 경험되었을 경우 내담자는 그 심상이 현재의 혹은 다가올 위협을 예고하는 신호가 아니라 과거 기억의 일부가 상기되었기 때문이라는 사실을 깨닫는 데 어려움이 있다. 내담자들에게 있어서 기억('과거의 일')과 현재 경험('지금의 일') 사이를 구별하는 것은 치료적으로 중요한 의미가 있다(제9장 참조).

심상이 행동에 미치는 영향

침습적이고 부정적인 심상은 내담자들의 행동과 인지적 전략에 막대한 영향을 미친다. 부정적인 침습적 심상을 떠올리는 단서는 주로 애써서 회피되거나 억눌려지거나 중립화된다.

예를 들자면 외상후 스트레스 장애를 경험하는 내담자는 기억이나 플래시백을 떠올릴 만한 상황들은 피할 것이다. 또는 부정적인 이미지들을 걱정이나 반추를 통해(최소한 단기간) 주의전환 또는 회피 전략을 사용하여 억누를 것이다. 범불안장애에서는 걱정을 언어적으로 표현하는 행위가 정서적 심상을 억누른다고 제안되어 왔다(Borkovec and Inz 1990). 반추는 또한 고통스러운 이미지와 기억에 대한 동기화된 회피로 기능한다. 침습적 심상을 경험하고 있는 우울증 내담자들은 높은 수준의 반추를 나타냈다. 그러나 심상 재구성화를 통해 침습적 기억들이 흐려지면서 반추의 빈도도 줄어들었다(Brewin et al. 2009). 또한 내담자들은 부정적인 심상을 해결하기 위해 심상을 중립적으로 변경하거나 또는 다른 안전한 행동들을 해보기도 한다(Muse et al. in press; Speckens et al. 2007).

모든 침습적 이미지들을 피할 수 있는 것은 아니다. 위에서 보았듯이 건강하지 않은 긍정적인 이미지들(예 : 갈망에 관련된 이미지들, 혹은 미래 자살에 뒤따를 평안을 담은 이미지들)은 의도적으로 정교화될 수 있고 충동적인 행동들로 이어질 수 있다. 심상과 인지평가 및 행동 사이의 관련성은 평가방법을 소개하고 있는 제6장과 미니 개념화를 설명하는 제7장에서 더 깊이 있게 탐구될 것이다.

심상에서 내담자가 취하는 관점은 임상적으로 중요할 수 있다

기억의 정서적 영향은 기억이 회상되는 시점에 따라 변형된다고 알려져 왔다(예 : Nigro and Neisser 1983). '1인칭' 시점의 기억은 자신의 눈으로 보는 것처럼 본다. '관찰자' 시점의 기억은 다른 사람의 눈을 통해 보는 것처럼 본다.

관찰자 시점의 심상은 정신병리에 중요한 역할을 한다. Wells와 Clark은 사회공포증 모델의 중심에 내담자 자신을 향한 부정적이고 왜곡된 관찰자 시점이 있다고 제안했다(Wells and Clark 1997). 자신을 향한 관찰자 시점의 자기 이미지는 사회공포증이 없는 사람들보다 있는 사람들에게서 더 흔히 관찰된다(Hackmann et al. 1988). 관찰자 시점 이미지는 신체이형장애가 있는 내담자들에게서도 발견되는데, 이들은 통제군과 달리 거울에 비친 자신의 모습을 타인의 눈으로 본 모습으로 그린다(Osman et al. 2004). 관찰자 시점의 이미지는 우울증에 걸리지 않은 성인 혹은 청소년보다 우울증에 걸린 성인 혹은 청소년에게 더 자주 나타난다(Kuyken and Howell 2006). 최근 한 연구는 관찰자 시점에서 보는 긍정적인 심상조차 정서에 부정적인 영향을 미칠 수 있다고 제안했다. 해석편향수정 훈련 실험에 참여한 참가자들은 관찰자의 시점에서 긍정적인 결과를 상상하려 했을 때 기뻐지기보다는 오히려 슬퍼졌다고 보고했다(Holmes et al. 2008a).

이런 결과는 임상적, 이론적으로 중요한 의미를 지닌다. 사회공포증에서 부정적이며 왜곡된 관찰자 시점의 이미지를 가지게 되면 부정적 영향을 미칠 수 있다. 가령 몇몇 연구들은 실험 참여자들이 중립적인 자기상을 마음속에 유지할 때와 비교하여 관찰자 시점에서 부정적 자기상을 마음속에 유지할 때, 본인 및 타인이 평정한 결과 모두에서 불안 수준이 유의하게 높아지고 과제 수행 수준도 낮아지는 것을 확인하였다(Hirsch et al. 2003, 2004). 이런 연구들은 관찰자 시점 심상이 사회공포증과 다른 정신장애에서 원인 제공의 역할을 한다는 것을 보여준다. 일반적으로 관찰자 시점 심상을 경험한다고 밝힌 내담자들은 이 과정이 행위 주체감을 상실시켜 그들로 하여금 무기력하고 동떨어진 느낌, 즉 한 사람이라기보다는 한 물체가 된 것처럼 느끼게 만든다고 종종 호소하곤 한다. 치료에서 내담자들은 관찰자 시점 심상에 집중하지 않고 1인칭 시점을 취하여 그들 스스로의 눈으로 사건, 기억, 이미지를 보도록 격려된다.

심상은 다양한 감각 양상(시각뿐만 아니라)을 통해서 나타날 수 있다

HarperCollins(1995) 사전에서는 심상을 설명할 때 시각적인 양상을 강조한다. 그러나 심상은 다양한 종류의 감각, 혹은 감각 전체를 모두 아우를 수 있다(Kosslyn et al. 2001, 제3장 참조). 시각, 소리, 맛, 냄새, 신체적 감각(때때로 유기적 감각, 피부 감각, 촉감 및 근감각으로 세분화)과 같은 다양한 감각 양상들이 다양한 장애에서 더 혹은 덜 두드러져 나타날 수 있다. 대부분의 장애에서는 시각과 신체적 양상들이 가장 잘 나타난다. 그보다 자주 나타나지는 않지만 청각 침습적 심상 혹은 그보다 더 드물게 미각과 후각 침습적 심상이 나타나기도 한다.

내담자의 심상에 대한 신체적 경험들을 살펴보는 것은 특히 흥미로운 일일 수 있다. 예를 들어, 외상후 스트레스 장애에서는 외상기억이 자극되면 내담자들이 가끔 '신체적 기억'을 보고하는데, 당시의 고통, 열기, 추위, 기절할 것만 같은 기분, 메스꺼움 등을 다시 경험한다고 한다(van der Kolk 1994; Rothschild 2000).

> 한 대형 트럭이 자신의 차를 친 사건에 대한 플래시백을 경험하는 동안, 빌은 자신을 아주 작은 사람으로 그리고 도로는 아주 거대한 것으로 느꼈다. 그는 4살 때 아버지가 자신을 때려 벽에 부딪쳤을 때 경험했던 것과 아주 유사한 느낌을 받았다.

다른 많은 장애에서 신체적 양상들은 높은 수준의 정서 증상 이상의 의미를 갖는다. 예컨대 신체에 대한 심상을 가지고 있는 사회공포증 내담자들에게는 신체에 대한 느껴진 감각(felt sense)이 종종 왜곡되어 나타날 수 있다(Hackmann et al. 1998, 2000).

> 존은 늘씬한 청년임에도 불구하고 사회불안을 느낄 때는 과거 사춘기였을 당시처럼 95.25kg의 체중이 나가는 청년이 된 것 같은 기분이 들었다.
> 폴은 그가 존재해야 할 공간에 존재하지 않는 듯한 기분을 느꼈는데, 그는 자신이 '무의 존재'가 됨을 경험했다.

건강불안에 대한 한 연구에서 어떤 내담자는 죽음에 대한 공포를 느낄 때 '지옥으로 떨어지는' 경험을 했다고 밝혔다. 이는 신체적인 감각이었다.

강박장애에서 이미지는 다양한 양상으로 나타난다. 예를 들면 정액이 나에게 달라붙는 느낌, 소변과 주름살로 가득 찬 얼굴을 한 나 자신을 보는 것, 너는 태어나서는 안 됐다고 어머니가 소리지르는 걸 듣는 것, 아버지가 내 얼굴을 음식이 담긴 접시에 처박았을 때 느낀 구운 콩 냄새, 남자친구의 집에서 먹은 샌드위치에서 머리카락 맛을 느끼고 몸이 아픈 느낌 등이 있다(Speckens et al. 2007).

Brewin과 Patel(2010)은 목소리를 듣는 게 정신병에만 국한된 현상이 아니라고 보고했다. 저자들은 반복적이며 비판적인 내용의 목소리를 듣는 것은 외상후 스트레스 장애에서 흔히 나타날 수 있으며 우울증에서도 종종 나타난다는 사실을 발견했다. 이 연구는 우리가 심상에 대해 충분히 묻지 않는다면 내담자의 증상에 대한 전체 그림을 놓칠 수도 있다는 점을 강조한다(제5장 참조). Brewin과 Patel은 내담자들에게 청각적 심상을 느낀 적이 있는지 구체적으로 물어보았다. 그중 많은 이들이 자신의 생각과 더불어 목소리를 들었다고 대답했다. 이 목소리는 정서에 중대한 영향을 미쳤으며 자아감에도 변화를 가져왔다. 내담자들은 (정신병이 있는 내담자들과 달리) 이 목소리가 자신의 마음에서 비롯되었다는 사실을 완전히 인지하고 있었다.

심상의 다양한 감각 양상이 기분장애에서는 많이 탐색되지 않았다. Birrer와 동료들은 외상후 스트레스 장애를 경험하고 있는 내담자들의 침습적 기억 이미지들을 트라우마 또는 유사한 사건이지만 트라우마는 아닌 사건을 경험하고 있는 우울한 내담자들의 기억 이미지들과 비교해 보았다(Birrer et al. 2007). 이미지의 양상은 비슷했으나 트라우마 사건을 겪은 내담자들이 우울증을 경험하는 내담자들에 비해 시각적 양상을 더 자주 보고했다.

조현병에서의 환상은 자주 청각적 양상을 띤다(예 : Aleman et al. 2002l Morrison 1995; Slad and Bentall 1988). Morrison과 동료들은 정신병을 앓는 대다수의 내담자들은 청각적 환각이나 망상이 동반된 시각적 이미지를 보고한다고 밝혔다(예 : 목소리를 들으며 특정 얼굴을 상상하는 것, 혹은 피해망상적인 사고를 하며 공격당하는 이미지를 떠올리는 것)(Morrison et al. 2002).

심상 작업을 통해 통찰력이 생길 수 있다

심상을 피하고 무시하기보다 접근함으로써 새로운 주제가 나타날 수 있다는 건 흥미로운 사실이다. 융이 밝힌 것처럼 "정신적 이미지에 집중할 경우 그 이미지는 점차 움직임을 시도하는데, 이 이미지에 구체적이고 세세한 것들이 붙여지면서 보다 풍부해지고, 따라서 새로운 움직임이 일어나며 발전하게 된다."(Jung 1935, p.193) 이는 과거, 현재, 혹은 미래의 현실을 돌아보는 것 또는 꿈처럼 상징적, 메타포적 심상을 포함하며 모든 종류의 심상에서 나타나는 것이다.

심상이 완전히 떠오르면 심상은 더욱 생생하고 정교해지며 예상했던 것보다 더욱 강렬한 정서를 동반한다. 이전에는 떠올려지지 않았던 사건의 부분들이 이때 인출될 수 있다. 심상은 가끔 그 이면에 내포되어 있는 의미를 드러내기도 하는데, 이 의미들은 이전에는 인지하지 못했던 것일 수 있으며 왜곡된 형태로 여겨질 수도 있다.

심상을 떠올려 그 내용을 살펴보는 것은 자신의 왜곡된 사고나 문제 해결책을 알아차리는 계기가 될 수 있기 때문에 자동적인 인지 변화를 야기할 수 있다. 이 과정은 특정 이미지 그리고 이와 관련된 이전의 기억들 사이의 관계를 일깨워 준다. 이 책에는 심상을 마음속으로 그려보는 것만으로도 치료 변화가 일어나는 수많은 예들을 소개하고 있다. 이에 대한 더 자세한 설명은 제4장을 참조하길 바란다.

장애별 심상의 구체적인 내용

많은 연구들은 부정적인 심상이 여러 심리장애들에 광범위하게 나타나는 인지적 특성이라고 지적한다. 그러나 흥미롭게도 심상의 내용은 종종 장애 특이적이다. 장애별 심상 주제 및 내용에 관한 예시들은 참고문헌과 함께 표 2.1에 소개해 놓았다. 좀 더 자세한 리뷰를 위해서는 Hackman과 Holmes(2004)를, 불안장애의 심상에 대한 리뷰를 위해서는 Hirsh와 Holmes(2007)의 연구를 참고하길 바란다.

상당한 개인차가 있긴 하지만 확실히 장애별 심상의 내용이나 의미에 특징적인 패턴이 존재한다. 심상의 빈도나 생생함 정도는 내담자가 현재 직면하고 있는 근심거리들의 강도 및 위협이나 스트레스의 근접성 정도에 따라 감소하거나 증가하기도 한다.

심상과 자서전적 기억의 관계

심상과 자서전적 기억의 관계는 외상후 스트레스 장애에서 특히 더 명확히 드러난다. 내담자들은 트라우마 사건의 의미가 대개는 나쁜 쪽으로 변화되었을 경우 특정 순간의 심상을 반복해서 경험하게 된다고 보고한다(Ehlers et al. 2002). 이때의 심상은 트라우마 사건에서 정서가 가장 많이 실려 있는 순간과 연결되며, 이런 순간을 '핫스폿(hot spot)'이라고 부른다(Holmes et al. 2005). 침습적 기억들과 이미지들이 다른 장애에서도 나타난다는 것은 연구와 임상 관찰을 통해 알 수 있다. 고통스러운 과거의 경험은 종종 반복되는 침습적 이미지들에 내포되어 있는데, 이들은 외상후 스트레스 장애에서 마치 '핫스폿'처럼 작동한다.

표 2.1에서 언급하고 있는 대부분 연구들은 내담자가 현재 보고하는 심상의 역사적 기원을 찾으려는 데 초점을 두었다. 즉, 내담자들에게 그들이 보고한 이미지와 유사한 경험을 한 적이 있는지 기억나는 대로 이야기해 보라고 한 것이다. 이는 제6장과 제8장에서 설명할 '정서적 가교 기법' 기술을 이용해 탐색한다. 내담자들은 자주 현재의

표 2.1 장애별 문제가 되는 침습적 이미지의 예

장애와 출처	주 우려 대상	이미지 종류	예시 확대
외상후 스트레스 장애 (PTSD) Ehlers et al. 2002, 2004 Grey and Holmes 2008 Holmes et al. 2005 Krakow et al. 2001b Speckens et al. 2007	신체적 혹은 정신적 자아를 향한 위험	• 과거 트라우마로의 회상, 예 : 신체적 위험, 극도의 모욕감을 경험한 순간 • 악몽	• 침대 옆에 칼을 든 누군가를 보는 것 • 바닥에 쓰러진 자신을 어느 집단이 둘러싸고 내려다보며 자신의 약점을 비웃는 것 • 주제면에서 트라우마 악몽과 관련성이 있는 것
사회공포증 Hackmann et al. 1998, 2000	불안, 수치감, 모욕감을 느낄 만한 단서를 보여주는 것에 대한 공포	거절/거부감을 유발하는 무언가를 행하는 자신의 이미지에 대한 관찰자 시점	파티에서 어색하게 휘청이며 이상한 소리를 내는 자신을 보는 것
공황장애 Ottaviani and Beck 1987	신체적 혹은 정신적 재앙에 대한 공포	갑자기 쓰러지거나 통제 능력을 상실한 자신	심장마비로 쓰러지는 자신의 모습
광장공포증 Day et al. 2004 Hackmann et al. 2009	공황발작이 일어났을 때 수치스럽거나 도망칠 수 없는 장소 또는 상황에 놓인 것에 대한 공포	갇히거나 겁에 질리거나 버려지는 등 임박해 있는 신체적 혹은 정신적 재앙의 여파에 대응하지 못하는 자신	쓰러지거나 몸을 압박하는 구속복에 갇혀 병원으로 실려가는 자신의 모습. 절대 풀려나지 못함
강박장애(OCD) de Silva 1986 de Silva and Marks 1999 Rachman 2007 Speckens et al. 2007	오염당하거나 누군가를 해친 것에 대한 책임을 지게 되는 것에 대한 공포	불결하거나 자아 이질적인 강박적인 이미지	세균으로 뒤덮인 성적으로 도발적인 성모 마리아의 이미지
단순공포증 Beck et al. 1985 Hunt et al. 2006 Pratt et al. 2004	외부로부터의 위험에 대한 공포	• 공포스러운 대상의 무시무시한 이미지들 • 특정 환경에서의 재앙에 대한 이미지들	• 눈에 악을 품은 커다랗고 털이 잔뜩 난 거미 • 자신의 얼굴에 이를 박아 넣는 뱀 • 통제 능력을 잃고 절벽 아래로 몸을 던지는 것 • 작동을 멈춘 엘리베이터에서 숨이 막히는 것

표 2.1 장애별 문제가 되는 침습적 이미지의 예(계속)

장애와 출처	주 우려 대상	이미지 종류	예시 확대
건강불안 Muse et al. 2010 Wells and Hackmann 1993	심각한 질병을 앓게 될 가능성이나 이미 앓고 있을지 모른다는 것에 대한 집착	본인, 질병, 죽음에 대한 부정적인 이미지들	• 죽었는데 신체에 갇혀 있는 걸 인지하는 이미지 • 자신의 심각한 질병이나 장례식, 슬픔에 잠긴 친지들에 대한 이미지
우울증 Beck and Hurvich 1959 Beck and Ward 1961 Brewin et al. 1996 Holmes et al. 2007b Kuyken and Brewin 1994	실패, 상실, 죄책감, 모멸감을 느낌	• 과도하게 일반화되고 부정적인 의미를 전달하는 특정 사건에 대한 부정적인 기억들 • 과거의 사건에 대한 부정적인 이미지들이 비슷한 방법으로 되풀이되는 것 • 미래 자살에 대한 장면	• 부모가 싸울 때 어찌할 바를 모르는 자신에 대한 이미지 기억 • 새로운 집에 침입한 전남편이 언어적으로 폭력을 가하는 이미지 • 시험에 떨어지는 꿈 • 자살에 대한 이미지와 그에 대한 긍정적이며 안도가 되는 요소들
조울증 Holmes et al. 2008b	앞으로 있을 긍정적 또는 부정적 인생 경험에 대한 과장된 생각들	부정적이거나 긍정적인 기분을 '증폭시키는' 역할을 하는 심상	• 벌어질 수 있는 극단의 부정적인 사건들 • 자살에 대한 이미지와 그에 대한 긍정적이며 안도가 되는 요소들 • 도박에서 크게 승리한 자신
섭식장애 Shafran quoted by Rachman 2007(p. 403) Somerville et al. 2007	체형과 몸무게에 대한 집착	부정적이며 왜곡된 신체 이미지	• 허리의 겹친 지방 • 속옷 위로 쏟아져 나오는 살 • '너는 역겨워!'라고 말하는 자신의 목소리
신체이형장애 Osman et al. 2004	자기 모습에 대한 심각한 우려	부정적이며 관찰자 시점인 자신의 모습	• 비율에 맞지 않는 전신 • 다른 사람들보다 머리 2개는 더 큰 자신의 모습

(계속)

표 2.1 장애별 문제가 되는 침습적 이미지의 예(계속)

장애와 출처	주 우려 대상	이미지 종류	예시 확대
아동기 심리적 외상 Arntz and Weertman 1999 Layden et al. 1993 Smucker et al. 1995	자신, 다른 사람, 그리고 세상에 대한 부정적인 스키마	• 반복적으로 나타나는 다양한 감각이 반영된 이미지들 • 초기 외상기억과 관련된 느껴진 감각 • 침습적 초기 기억	• 작고 완전히 한심하게 느껴지는 자신 • 폭력에 대한 기억 • '너는 악마!'라고 말하는 어머니에 대한 어릴 적 기억
정신병 Morrison et al. 2002, 2004	자신, 타인, 여러 다른 것들을 향한 위협	• 공격당하거나 언어적 폭력을 당하거나 부정적일 수 있는 가능한 시나리오 • 환각적 목소리	• 공격당하는 이미지 • 하얀색 뱀이 쫓아오는 이미지 • 환각적 목소리와 동반되는 얼굴 이미지 • 과거의 사건들과 종종 관련된 반복적인 이미지
갈망과 약물 남용 May et al. 2004	갈망하는 약물로부터 원하는 효과들	• 갈망하는 약물을 향한 자발적인 이미지와 약물 흡입에 대한 생각 • 침입적 이미지가 상세히 기술됨. 그러나 고갈을 인지하게 되면 이런 상세한 이미지는 오히려 부정적 정서를 유발함	• 커피의 향, 커피를 마셨을 때의 느낌 • 자신을 위해 좋은 와인을 맛보는 것

심상을 과거의 특정 기억과 연관시키는데, 이 기억들은 종종 현재 떠올리는 심상과 유사한 감각적 내용이나 의미를 지니고 있으며 현재에도 그들에게 중요한 의미를 내포하고 있는 것들이다. 현재 경험을 윤색하고 있는 과거 사건에 대한 기억들은 '부정적인 자기 정의적 순간들(negative self-defining moments)'로 언급되어 왔다(Conway and Pleydell-Pearce 2000; Conway 2001). 이는 제3장에서 더 자세히 알아볼 것이다. 우리는 이제 외상후 스트레스 장애를 제외한 다른 다양한 장애들에서 나타나는 심상과 기억 사이의 연관성을 살펴보고자 한다.

불안장애

선행연구들은 사회공포증, 광장공포증, 건강불안 그리고 강박장애를 겪고 있는 사람들이 종종 공포 이미지를 반복적으로 떠올린다는 점을 확인하였는데, 이들이 경험하는 이미지들은 과거 불쾌한 기억과 종종 연관되어 있다. 예컨대 사회공포증을 가지고 있는 사람들이 반복적으로 보고하는 이미지와 그들의 기억 속에 나타나는 주제들은 모욕감, 폭력/왕따, 비난 혹은 거부 등이었는데 주로 내담자들이 10대에 경험했던 것들이다(Hackmann et al. 2000). 그들이 떠올리는 이미지와 기억 속에 내포된 의미는 그들이 사랑스럽지 않다는 것 그리고 거부와 관련된 것이다. 대부분의 내담자들은 사회공포증이 괴로운 사건들 이후 시작되거나 심화되었다고 보고했다.

광장공포증을 겪는 내담자들이 보고하는 반복적 이미지와 연관된 기억들은 실제적 신체 위험뿐 아니라 이별 사건, 방치 또는 보호를 잘 받지 못했던 것과 관련된 주제들이다(Day et al. 2004; Hackmann et al. 2009). 보편적인 주제로는 아무도 그들을 도와주지 않을 것이라는 믿음, 비웃음당하리라는 믿음, 그들이 아프면 사랑하는 사람들과 이별할 것이라는 믿음 등이다. Day와 동료들의 연구에 따르면 몇몇 내담자들이 이전에는 알아차리지는 못했지만 그들이 반복적으로 떠올리는 '이미지'에 충격적 기억과 연관된 유사한 내용들이 반영되어 있다는 사실에 놀라워했다고 한다(Day et al. 2004). 저자들은 이와 같은 통찰력이 자신의 불안 문제를 바라보는 내담자들의 시점에 변화를 가지고 왔고, 이는 인터뷰 연구에 참여한 집단의 회피 평균 점수에 작지만 의미 있는 감소를 가지고 왔다고 보고했다(Day et al. 2004).

건강불안을 가지고 있는 내담자들은 부모에 의한 방치 또는 독단적이고 처벌적인 종교적 환경에 놓여졌던 기억들을 보고했다. 이런 기억들은 훗날의 질병이나 죽음의 결과에 대한 인지적 평가에 영향을 미치는 것으로 나타났는데, 병에 걸리거나 심지어는 죽은 뒤에 홀로 남겨지고 방치되거나 벌을 받는 등의 미래 침습적 이미지도 반영되어 나타났다(Wells and Hackmann 1993). 내담자들은 또한 과거에 있었던 자신의 질병 혹은 가족 내의 질병, 죽음에 대한 기억을 보고할 수도 있다. 이에 담긴 내용의 일부는 미래 자신에게 닥칠 질병이나 죽음 그리고 이로 인해 주변인들에게 미칠 수 있는 피해에 관한 것들이다(Muse et al. 2010).

Speckens와 동료들은 강박장애에서 반복적으로 나타나는 이미지들에 대해 연구했다(Speckens et al. 2007). 내담자들은 그들이 보고하는 이미지들이 자서전적 기억인지에 대한 질문을 받았는데 1/3이 그렇다고 대답했다. 나머지 대부분의 이미지들은 내담자들이 판단하기에 충격적 기억들과 관련된 비슷비슷한 내용들이 내포된 추상적인 것이라고 대답했다(Speckens et al. 2007). 절반이 넘는 내담자들은 주요 사건이 일어나기 전에는 강박증상들이 없었다고 말했고, 나머지 내담자들은 사건 이후 증상들이 심해졌다고 전했다. 이와 같은 결과는 트라우마 경험이 강박장애 발현에 미치는 영향을 강조한 다른 학자들의 관찰들과 일관된다(de Silva and Marks 1999; Janet 1903; Pitman 1993).

따라서 불안장애는 종종 충격적 의미가 내포된 과거 사건의 핵심 기억들과 연관되어 있으며, 그 기억들은 미래에 일어날 재앙과 그로 인한 결과를 보여주는 이미지 속에 투영된다.

기분장애

심상은 기분장애에도 중요한 역할을 하는데, 이는 제9장에서 자세히 설명될 것이다. 심상의 중요한 역할에도 불구하고 대부분의 기분장애 연구에서 처음에는 심상의 역할에 관심을 두지 않았다(불안에서의 심상과 비교할 경우). 대신 내담자들이 침습적 기억을 갖고 있는지에 대해 살펴보았다.

우울한 내담자들은 외상후 스트레스를 경험하고 있는 내담자들과 유사하게 스트레스 사건에 대한 높은 수준의 침습적 기억들을 보고한다(Grewin et al. 1996). 가령 우울증에 걸리지 않은 내담자들과 비교했을 때 우울증에 걸린 내담자들은 유의하게 더 많은 침습적 기억을 보고했고(주로 부상, 질병, 죽음과 관한 것들) 더 높은 수준의 무기력감에 빠져 있었다(Brewin et al. 1998).

우울증에서의 침습적 기억들은 아동 학대에 대한 것이거나(Kuyken and Brewin 1994) 또는 죽음, 질병, 가정불화와 같은 더 최근의 스트레스에 관한 것일 수도 있다(Brewin et al. 1996). 내담자들이 보고하는 기억들과 연관된 정서로 슬픔을 들 수 있는데, 이 외에도 죄책감, 수치감, 모멸감 또는 두려움 등이 있을 수 있다. 그러나 외상후 스트레스 장애와 달리 우울증에서의 침습적 기억들은 현재의 상태에 중요한 영향을 미치기는 하나 '현재 일어나고 있는' 것 같은 느낌의 강도는 외상후 스트레스 장애보다 덜하다고 볼 수 있다(Birrer et al. 2007).

제9장에서 살펴보겠지만 기억을 재구성하는 심상은 우울증에 효과적인 치료적 개

입이 될 수 있다.

섭식장애

자아에 대한 왜곡된 침습 이미지는 신경성 폭식증(Bulimia Nervosa, BN)에서(Somerville et al. 2007) 흔히 나타나는데, 이런 이미지는 고통스러운 아동기 기억과 연결될 때가 많다. 이는 섭식장애와 불안장애에서 심상이 맡고 있는 역할에 유사점이 있다는 것을 시사한다. Somerville과 동료들은 다이어트를 하거나 다이어트를 하지 않는 통제군과 신경성 폭식증을 가지고 있는 내담자들이 보고하는 자발적 심상을 조사해 보았다 (Somerville et al. 2007). 연구결과 신경성 폭식증이 있는 집단이 다이어트를 하지 않는 집단에 비해 더 자발적인 외모 관련 이미지를 보고했다. 다른 두 대조군과 비교할 때 신경성 폭식증이 있는 내담자들이 보고하는 이미지는 더 부정적이었고, 더 높은 수준의 불안을 유발하였으며, 더 반복적으로 나타났다. 신경성 폭식증에서 보이는 이미지들은 고통스러운 아동기 시절의 기억과 빈번히 연결되어 있었으며 이미지와 이들의 기억 간 유사성이 매우 높은 것으로 나타났다.

신체이형장애

신체이형장애(Body Dysmorphic Disorder, BDD)의 심상도 이전 장애들과 유사한 패턴을 보인다. 가령 Osman과 동료들은 신체이형장애를 가지고 있는 사람들이 보고하는 신체 이미지들은 통제군보다 훨씬 더 자세하였고 스트레스를 일으킬 만한 기억과 연결되어 있었으며, 발병 시점의 평균 나이는 11세였다고 보고했다(Osman et al. 2004). 기억들에 등장하는 주제로는 못생겼다고 놀림을 당하거나 자신의 경험 일부에 대한 자의식을 느끼는 것이었다. 예를 들어 한 내담자는 한 소년에게 왜 자신을 좋아하지 않느냐고 물었고, 소년은 "왜냐하면 넌 못 생겼으니까."라고 대답했다고 한다. 다른 내담자는 창문에 반사된 자신의 모습을 보며 "내 얼굴과 몸은 비율에 맞지도 않고 다른 사람들보다 머리 두 개는 더 크다."라고 기술했다. 통제군에서 보고된 침습적 이미지와 연관된 기억은 덜 고통스럽고, 더 최근의 사건들이었다.

아동기 심리적 외상과 지속적인 대인관계 문제

성격장애의 발병과 유지에 아동기의 외상 경험과 침습적 기억들이 어떤 역할을 하는지에 관심이 많았다. Layden과 동료들은 트라우마를 경험하는 시점의 연령이 정보가 저장되는 방식에 영향을 미칠지 모른다는 가설을 세웠다(Layden et al. 1993). 매우 어린 아이들(1~2세)은 저자들이 지칭한 용어인 '구름' 형태로 정보를 부호화하는데, 이 구름은 따뜻함, 차가움, 평온 또는 고통, 목소리의 높낮이와 같이 감각으로 둘러싸여 있다. 1~2년 후에 아이들은 정보를 주로 시각 형태로 부호화하고 처리하는 것으로 보인다.

언어가 발달하면서 아이들은 정보를 언어로 부호화하기 시작한다. 따라서 Layden과 동료들은 어린 시절 형성된 스키마를 확인하기 위해서는 불쾌한 정서를 동반한 그 어떤 형태의 심상이든 주의 깊게 살펴보는 것이 중요하다고 제안했다(Layden et al. 1993). 만일 이 심상이 의식상에 있다면 더 어린 시절에 형성된 이와 비슷한 감각적이고 의미적 요소를 지닌 기억에 접근하는 것이 가능할 수도 있고, 이런 정보가 치료에서 활용될 수 있다. 이처럼 심상에 반영되어 있는 역기능적 스키마와 불쾌한 기억들을 확인하는 유사한 기법들이 Beck과 동료들(1990), Edwards(1990), 그리고 Young과 동료들(2003)에 의해 소개되었다.

저자들은 오랫동안 지속되어 온 대인관계 문제가 있는 사람들이 긍정적 이미지를 잘 보고하지 못한다는 점에 대해 자주 언급했으며, 유쾌한 기억이 부족한 것을 이들의 주요 특징으로 제안했다(예 : Gilbert 2005a; Layden et al. 1993). '새로운 존재 방식(new ways of being)'을 알아내기 위한 묘책으로 긍정적 심상을 사용해 보는 것에 대해서는 제13장에서 언급할 것인데, 이 장에서는 '제자리에 있는 마음'(Teasdale 1997)이 안내될 필요가 있는 상황에서 사용되는 자비심 훈련(Gilbert 2010; Lee 2005), 오래된 체계-새로운 체계 작업(Padesky and Mooney 2005) 및 COMET 훈련(Korrelboom et al. 2009)에 대해서도 소개할 것이다. 새로운 심상을 작업하는 과정에서 내담자가 이끌어 낼 수 있는 과거 긍정적 경험이 매우 적을 수 있기 때문에 긍정적 이미지를 떠올리고 긍정적 경험을 하기 위한 새로운 방법들을 만들기 위해서는 많은 노력이 필요하다.

정신병

정신병에서의 환각은 외상후 스트레스 장애에서의 침습 때 보여지는 강도 높은 정서와 종종 관련되어 있다(Nayani and David 1996). 모든 임상가들이 알고 있듯이 정신병적 증상을 보이는 내담자들은 자신이 보는 이미지가 그들의 마음속에서 일어나는 사건이 아니라 실제 상황으로 인식한다.

정신병을 연구하는 학자들은 트라우마와 정신병의 관계에 관심을 기울여 왔다. 정신병을 지닌 대다수의 내담자들은 환각 및 망상과 연관된 이미지가 반복적으로 나타난다고 보고한다(Morrison et al. 2002). 구체적으로 물을 경우 내담자는 이미지 내용을 그들이 경험했던 과거 사건과 연관시킬 수 도 있다. Morrison과 동료들은 트라우마 사건들이 정신병의 침습적 이미지의 일부분을 유발하기도 하는데 각 개인들은 처음에는 이 둘 간의 관계를 인지하지 못하는 경우가 많다고 결론내렸다(Morrison et al. 2002). 정신병에서 이미지가 지속되는 주원인은 침습적 심상 자체의 성격 때문이라기보다는 이미지들을 '진짜' 현상(아래 참조)이라고 믿는 잘못된 메타인지적 평가 때문일 것이다. 사례연구에 대한 자세한 내용은 Morrison(2004)의 논문을 살펴보기 바란다.

Morrison과 동료들(2003)은 내적 사건들을 외부 귀인으로 돌리는 것이 특징인 정신병일 경우에는 내담자가 보고하는 침습적 이미지가 과거 트라우마와 연관되지 않을 수도 있다고 지적했다(Bentall 1990). Morrison과 동료들이 내린 결론 중 하나는 치료에서 심상과 현실 사이의 관계를 살펴보는 것이 도움이 될 것이라는 것이다.

다른 연구자들은 정신병을 지닌 개인들이 잘못된 정보처리에 관여함으로써 높은 빈도의 침습적 심상을 경험할 수도 있음을 관찰했다. 스트레스 경험을 현실적인 사건으로 통합하려는 능력이 잘못된 인지적 과정에 의해 방해받을 수 있다는 것이다. 이에 대한 증거를 보기 위해서는 Steel, Mahmood 및 Holmes(2008)의 개괄논문을 살펴보기 바란다. 정신분열형과 침습적 이미지에 대한 관계를 살펴보려면 Holmes와 Steel(2004)의 연구를 참고하기 바란다.

정신병에서도 다른 장애들과 유사하게 반복되어 나타나는 심상을 관찰할 수 있다. 내담자는 이미지를 '실제'처럼 지각하고 이미지가 의미 있고 중요한 메시지를 전달하고 있다고 생각한다. 또한 이미지 내용에는 종종 과거 트라우마 사건이 반영되어 있기도 한다. 정신병을 겪고 있는 내담자들이 심상과 과거 사건을 연관 짓는 일은 거의 없지만, 이미지가 가지고 있는 의미에 대해서 정신분열형 메타인지적 믿음을 가질 수는 있다. 예를 들자면 아동기에 경험한 학대에 대한 일부 감각적 기억들을 악마가 현재 공격하는 것으로 해석할 수 있다.

심상의 메타인지적 평가

우리는 이 장에서 지금까지 내담자들의 정서 상태나 증상에 영향을 미치는 심상의 내용과 의미들에 대해 살펴보았다. 이 외에도 이미지를 기반으로 한 정신병리의 평가와 치료에서 중요하게 고려해야 할 부분이 있는데 바로 내담자들이 보고하는 이미지들이 갖는 의미와 중요성에 대한 메타인지적 믿음이다.

메타인지적 믿음은 치료 과정에 크게 영향을 줄 수도 있다(Butler et al. 2008). 이를 테면 어떤 내담자들은 심상이 정신적 산물이라는 것을 인지할 수도 있지만 다른 내담자들은 심상을 실제로 일어나는 일인 것처럼 경험할 수도 있다(특히 해리성 플래시백이나 환청에서). DSM-IV에서 환각을 "외부의 자극 없이 관련 감각 기관이 반응하여 현실과 같이 생생하게 느끼는 감각 지각"으로 정의했는데, 심상의 '현실성'이 바로 이 환각의 정의에서 잘 기술되고 있다.

내담자들은 자신들이 경험하는 심상의 근원이 무엇인지에 대해서 알아차릴 수도 있지만 그 의미를 왜곡, 해석함으로써 심상을 불길한 전조 또는 좋은 방향으로든 나쁜 방향으로든 현실에 영향을 미치는 어떤 것이라고 가정할 수 있다. 표 2.2는 치료 중 다룰 필요가 있는 메타인지적 믿음의 예들과 임상 관찰을 통해 발견한 메타인지적 믿음과 관련된 행동들을 기술하고 있다.

침습적 심상과 역기능적 행동들을 지속시키는 데 있어서 메타인지적 믿음의 역할은 평가와 함께 제6장에서 다루어질 것이고, 제7장에서는 미니 개념화에 대해 다룰 것이다.

이 책에서 쓰인 심상의 정의와 용어

본론에 본격적으로 들어가기 전 우리는 이 책에서 쓰인 용어들을 정의하고자 한다. Horowitz는 심상을 '감각적 특성을 지닌 정신적 내용'이라고 정의했다(Horowitz 1970). 이 정의에 의하면 심상은 꿈과 깨어 있는 상태의 다양한 심상 모두를 포함한다. 심상은 언어적이며 추상적인 정신 활동과는 구분된다.

이런 정의는 심상의 현상학을 포괄하는 매우 광범위한 개념이다. 즉, 실제적 어떤 형태의 또는 모든 형태의 감각 양식을 표현하는 문자 그대로인 이미지들 그리고 메타포 이미지들(또는 아론 벡의 용어로 '판타지들'), 침습적인 자서전적 기억, 환각, 꿈, 백

표 2.2 메타인지적 믿음, 관련된 행동, 그리고 흔히 발견되는 장애

메타인지적 믿음	관련 행동	흔히 발견되는 장애
이미지는 현실, 과거, 현재, 혹은 미래를 그대로 반영한다.	외부 현실에 따라 행동을 조절하기보다 심상에 집중한다.	불안, 기분장애, 신체이형장애, 섭식장애, 정신병, 아동기 심리적 외상 등을 포함한 모든 장애
이미지는 외부 현실에서 원하지 않는 일부다.	심상을 일으키는 그 어떠한 행동도 회피한다. 안전한 행동을 실행한다.	정신병, 외상후 스트레스 장애, 아동기 외상
이미지는 미래의 위협을 경고한다.	위협이 나타날 수 있는 상황을 회피한다.	모든 장애
이미지는 미래를 예견한다.	무력감과 무망감을 느끼고 철수적 행동을 나타낸다.	건강불안, 강박장애, 외상후 스트레스 장애
특정 이미지를 마음속에 유지해야 현실이 좋은 방향으로 바뀐다.	특정 이미지를 만들기 위해 각별히 노력한다.	강박장애, 건강불안
특정 이미지를 마음속에 유지해야 현실이 나쁜 방향으로 바뀐다(예 : 신의 눈총을 산다, 나쁜 운이 온다 등).	특정 이미지를 중성화시키거나 억제하려고 한다. 다른 곳으로 신경을 돌리려 한다. 이미지 유발 원인을 피한다.	강박장애, 건강불안, 외상후 스트레스 장애
특정 이미지를 마음속에 유지하면 미치거나 죽거나 통제력을 잃게 된다.	이미지 유발 원인을 피한다. 이미지를 불러오거나 그 이미지를 주제로 이야기하는 것을 거부한다.	광장공포증, 공황장애, PTSD, 우울증
이미지를 떠올리면 영구적인 그리고 압도적인 슬픔, 공포 혹은 분노를 경험하게 된다.	이미지 유발 원인을 피한다, 이미지를 불러오거나 그 이미지를 주제로 이야기하는 것을 거부한다.	외상후 스트레스 장애, 우울증, 범불안장애, 광장공포증, 건강불안, 아동기 심리적 외상

일몽, 그리고 악몽 등 특정 형태의 또는 모든 형태의 감각 양식을 표현하는 이미지는 모두 심상에 포함된다.

　　HarperCollins(1995) 영어 사전은 이미지를 "직접적인 자극에 의해서가 아닌 기억과 상상으로부터 구현된 어떤 것의 정신적 표상(특히 시각적인 물체)"이라고 정의한다.

제3장에서 알아볼 테지만 Kosslyn과 동료들(Kosslyn et al. 2001, p. 635)은 이미지와 기억의 관련성을 강조해 왔는데, 저자들은 다음과 같이 진술했다. 즉, "정신적 심상은 기억에 저장된 지각적 정보에 접근했을 때 생긴다." 또는 "저장된 지각적 정보들을 참신한 방법으로 합치거나 수정할 때 생겨난다." 따라서 심상은 '마음의 눈으로 보는 것', '마음의 귀로 듣는 것'을 가능하게 한다. 그러나 내담자는 이미지가 현재나 미래의 무언가를 암시하는 것이라고 생각할 수도 있고 이미지의 내용이 과거 기억으로부터 왔다는 것을 인지하지 못할 수도 있다.

심상과 기억 : 실용적 차이

가끔 이미지와 기억을 구분하기가 어려울 수도 있는데, 이는 정신적 심상이 기억의 지각적 정보를 포함하고 있기 때문이다. 현재 혹은 미래의 '이미지'라는 것이 현재나 미래의 위협을 암시하는 것 같기도 하나 여기에는 필연적으로 과거의 경험에서 비롯된 요소들이 포함되어 있다. 앞서 살펴보았듯이 다양한 장애들에서 반복적으로 나타나는 이미지는 기억에서 비롯된 추상적 내용을 포함하고 있을 수도 있고 심지어는 내담자들이 처음에는 알아차리지 못하는 특정 자서전적 기억의 단편일 수도 있다.

이 책에서 우리는 내담자가 이해하는 이미지의 의미와 출처에 따라 침습적 이미지와 침습적 기억을 구분하고 이에 대해 정의하였다. 우리가 내린 정의에 의하면 침습적 이미지는(제8장에서 더 자세히 명시됨) 내담자에게 현재 혹은 미래에 대한 어떤 것을 보여주는 것이지만 기억은 명백히 과거의 사건으로부터 기인한 것이고 처음부터 내담자들은 이들의 차이를 잘 인지하고 있다. 물론 실제적 '기억'이라고 생각하는 것이 실제로 벌어진 사건과 다를 수도 있고 직접적 경험에 의한 것이라기보다는 전체적으로 혹은 부분적으로 상상에 의해 만들어진 것일 수도 있다. 감각적 내용은 정확할 수 있으나 이에 대한 인지적 평가는 왜곡될 수도 있다. 따라서 제8장에서는 내담자들이 자신의 현재나 미래를 보여주는 것이라고 믿는 침습적 이미지들에 대해 설명하고 제9장은 내담자들이 기억이라고 지각하는 이미지들을 다루는 방법에 대해 소개하고자 한다.

(꿈을 포함한) 낮 시간대의 심상과 밤 시간대의 심상

낮에 나타나는 심상과 밤에 나타나는 심상에 대해서도 구분해 볼 필요가 있다. 제8장과 제9장이 주로 낮에 나타나는 심상에 대해 집중적으로 설명하고 있다면, 제10장은 꿈을 포함해 밤에 나타나는 심상에 대해 설명하고 있다.

실제적 심상과 메타포 심상

심상을 더 세분화하자면 실제적 심상(예 : 자동차 사고)과 메타포 심상(예 : 어두운 공간)으로 구분할 수 있다. 다시 말해 현상학적 측면에서는 이 둘의 경계가 모호할 수도 있다. 내담자가 처음에는 인지하지 못하지만 메타포 또는 상징적인 심상의 뿌리가 기억에서 비롯되었을 수도 있기 때문이다.

> 엘리자벳은 정서적 주제에 대해 이야기하는 것을 거부했는데, 이유는 치료자가 그렇게 하는 순간 그녀가 스스로를 어둠 속으로 밀어 넣게 될 것이기 때문이라고 했다. 치료자와 엘리자벳은 어린 시절 그녀가 매우 화가 났을 때 숨을 참는 동안 의식을 잃을지도 모른다는 두려움이 있었다는 것을 알고 나서는 왜 그녀가 정서적 주제에 대해 이야기하는 걸 회피하는지에 대해 명확히 이해를 하게 되었다. 이는 그녀가 계모로부터 부당한 대우를 받았을 때 일어난 일이었으며 그녀는 종종 이 때문에 병원에 실려 가곤 했다.

메타포 이미지가 어디서 나온 것인지를 명확히 알게 되면 기억과 작업하는 것이 가능해진다. 물론 메타포 이미지의 상징들이 무엇을 의미하는지에 대해 직접적으로 작업하는 것도 가능하다. 제11장에서 이에 대해 더 자세히 살펴볼 것이다.

부정적 침습적 심상과 의식적인 노력하에서 떠올린 긍정적인 심상

우리가 설명하는 심상의 대부분은 정신병리와 관련된 부정적인 심상이며, 이는 우리가 기피하고 싶은 과거의 사건이나 미래에 일어날 것을 피하고자 하는 소망과 연관되어 있다. 그러나 우리는 심상의 또 다른 중요한 기능에 대해 간과해서는 안 된다. Taylor와 동료들(1998) 그리고 Wells(2000)와 Gilbert(2005)가 말했듯이, 일상생활에서의 사건들에 반응하고 여러 경험을 하는 동안의 적응에 필요한 새로운 대처방법을 연습할 수도 있다. 또한 새로운 존재방식을 만들기 위해 또는 새로운 결과를 이끌어 내기 위해 의도적으로 노력해서 새로운 심상을 만들어 볼 수도 있다. 이와 같은 형태의 의도적 심상은 책 후반부에 설명될 것이며 특히 제12장과 제13장에서 집중적으로 다루어질 것이다.

결론

이 장에서 우리는 심상의 다음과 같은 일반적인 특징들을 살펴보았다.

◆ 증상과 심상의 생생함과 빈도 사이의 관련성

◆ 심상이 얼마나 현실적이고 중요한 것으로 다가올 수 있는지에 관한 것

◆ 심상은 부정적일 수도 긍정적일 수도 있다는 것

◆ 심상이 인출될 수 있는 방법

◆ 어떤 관점(1인칭 또는 관찰자)을 취하는가의 중요성

◆ 심상에서의 감각적 양식

◆ 심상에 관여하는 것 그 자체로 유익한 통찰력을 이끌 수 있다는 점

우리는 다양한 장애에서 나타나는 심상의 세부적인 특징에 대해 알아보았고 장애별 심상과 자서전적 기억 간의 연관성, 심상의 메타인지적 평가에 대한 중요성에 대해 살펴보았다. 우리는 마지막으로 심상을 정의했고 이를 이미지와 기억, 낮 시간대의 이미지와 꿈을 포함한 밤 시간대의 이미지로 구분해 살펴보았다. 이 심상들은 모두 실제적 혹은 메타포적인 내용을 포함하고 있다. 우리는 또한 자발적 침습적 이미지와 의식적인 노력하에 생성된 긍정적인 이미지의 차이를 언급했다. 책에서 다룰 영역들을 이 장에서 살펴보았고, 다음 장에서는 정신세계에서 심상이 갖는 중요성을 뒷받침할 연구들을 살펴보기로 하겠다.

만성적 고통 파국화에서의 심상 : 최악의 경우를 향한 갑작스러운 상상

David Gillanders

University of Edinburgh & NHS Lothian Chronic Pain Service, Edinburgh, UK

알렉산더는 등, 어깨, 목에 만성적인 통증을 호소해 왔다. 이런 증상은 몇 년간 지속되어 왔는데, 아마도 군 생활을 하는 동안 과격한 신체활동으로 인한 크고 작은 신체적 손상들 그리고 자동차 사고로 인한 척추 부상이 합쳐지면서 기인했을 가능성이 있다. 그는 40대에 부상 때문에 은퇴할 때 군의관으로부터 척추가 손상받기 쉬운 상태라 힘든 활동을 할 때 주의하라는 소견을 받은 것을 기억했다.

나는 통증 클리닉 임상심리학 파트에서 주로 하는 일반적 평가의 일부로 그에게 허리 통증이 갑자기 심해질 때 마음속으로 어떤 생각을 하는지에 대해 물어보았다. 내담자는 그의 허리에 금이 가 틈이 벌어져 있고 휠체어에 앉아 있는 미래의 자신을 그려 나갔다. 이런 이미지들은 고통, 근긴장, 그리고 근경련 및 회피와 관련이 있는 것으로 나타났다.

첫 회기에서부터 그는 이미지를 떠올리는 동안 천천히 호흡하며 잘 따라와 주었고, 이미지와 관련된 통증이 가라앉을 때까지 호흡법을 잘 유지하여 사용하였다. 알렉산더는 이 이미지가 그가 경험하는 통증에 대한 자신의 엄청난 두려움을 나타내고 있다는 것을 알게 되었다. 또한 그가 떠올리는 이미지는 반드시 그렇게 된다는 필연적인 미래의 모습이 아닌 가능한 미래의 모습일 수 있음을 자발적으로 인식하게 되었다.

이 예시에서 내담자는 자신이 떠올린 미래 결과가 반드시 필연이 아님을 시간 코드(time code)와 인지 평가를 통해 최신화해 갔는데, 이에 대한 작업은 치료 과정에서 단순한 심상 노출만으로도 충분했다. 동시에 치료자는 내담자의 인지적 평가 중 일부가 비언어적일 수도 있다는 것을 배웠다.

3장

심상에 대한 실험연구 : 임상 실무를 위한 시사점

'상상이 잠들 때 언어는 그 의미를 잃는다.'

알베르 카뮈, 레지스탕스, 반란, 그리고 죽음(1961)

서론

임상적 경험에서 얻은 지식과 지혜는 심상 작업의 발전에 많은 도움이 되었다. 최근까지만 해도 심상에 기저하는 기초 과학적 메커니즘을 이해하려는 노력은 다른 학문에 비해 어떤 면에서 뒤처져 있었다고 볼 수 있다. 심상은 실험심리학에서 오랜 시간 탐구되고 논쟁거리가 되었던 주제이다. 심상연구는 과학적 가치에 대한 의구심으로 극단적인 평이 오가는 등 인지심리학의 다른 어떤 주제보다 논쟁이 많았는데, 이는 심상연구가 대부분 내성법에 기반하고 있다는 인상 때문인 것으로 보인다. 그러나 지난 10년간 실험에 기반한 심상연구는 새로운 실험기법들과 뇌영상 연구들을 통해 발전되어 왔다. 이에 맞춰 새로운 측정방법도 발전되어 왔으며 심상연구에 대한 신뢰성도 높아졌다.

이 장의 목표는 왜 심상이 정신장애 현상학에서 중요한 부분을 차지하고 인지행동치료에서의 변화를 유도할 수 있는 중요한 전략이 될 수 있는지에 대한 실험적 연구들을 소개하는 것이다. 우리는 인지심리학과 실험적 정신병리학에 기반한 실증적 연구들의 맥락에서 심상을 살펴볼 것이다. 그렇다면 심상을 고려하는 데 있어 왜 우리가 임상 실무보다 실험연구에 더 강조점을 두기로 한 것일까? 이론 기반 치료를 발전시키는 데 있어 인지행동치료의 목표는 심리학과 인지과학에 대한 지식을 이해하고 활용하는 데 있다(Salkovskis 2002). 따라서 심상 현상학을 이해하고 효과적인 개입방법들을 알아보기 위해서는 심상과 관련된 심리학적이고 이론적인 기반을 살펴보는 것이 특히 중요하다.

이 장에서 우리는 기억 및 정서와 같은 인지의 다른 특성들과 심상의 관계를 살펴볼 것이다. 특히 우리는 심상이 언어보다는 정서와 특별한 연관성을 가지고 있다는 주장에 대해 집중적으로 살펴볼 것이다. 사실 심상과 정서의 관계를 살펴보는 것은 왜 심상이 인지치료에서 중요한 역할을 하는지를 설명하는 핵심이다. 또한 우리는 심상과 정서의 관계를 실험심리학과 임상이론들을 고려하여 살펴볼 것이고, 여기서 나온 연구결과들을 다른 장에서 소개할 심상기술을 이해하는 데 연결시키고자 한다.

심상이 정서에 미치는 영향

심상이 왜 임상 장면에서 중요한 것일까에 대해 생각해 보자. 그 이유는 심상이 정서와 특별한 관계를 가지고 있고, 정서적 처리는 치료에서 작업하고자 하는 핵심이기 때문이다. 임상 및 실험심리학에서는 오랫동안 심상이 정서와 특별한 관계가 있다고 믿어 왔다. 그러나 최근까지도 이를 증명할 만한 실험적 증거는 매우 부족했다. 심상을 설명하는 데 가장 각광받았던 이론은 지각이었고 정서에 대해서는 별다른 언급이 없었다(Kosslyn 1980, 1994). 그러나 Kosslyn은 1994년 출판된 그의 책 *Image and Brain*에서 "심상이 정서 주제를 다루는 데 특별한 역할을 하게 될 것이다."(p. 405)라고 언급하며 심상연구의 다음 단계로 정서에 관심을 가져야 한다고 강조했다. 그러나 '다음 단계'가 수행되기까지 10년이라는 세월이 더 흘렀다(Holmes and Mathews 2005; Holmes et al. 2006, 2003d의 연구 참조).

임상적 견지에서 볼 때 다양한 정신장애에서 나타나는 극단적 정서 경험은 내담자가 보고하는 이미지에 동반되어 있는 것으로 보인다(제2장 참조). 이에 대한 대표적인 예로 외상후 스트레스 장애에서 나타나는 침습적 이미지나 플래시백을 들 수 있다(American Psychiatric Association 1994; Brewin and Holmes 2003; Ehlers et al. 2002). 많은 정신장애치료에서 임상가들은 심상이 정서에 접근할 수 있는 그리고 정서를 치료할 수 있는 효과적인 방법이라고 가정하고 있다. 이에 대해서는 공포증 치료에 효과적인 것으로 알려진 체계적 둔감화(Wolpe 1958) 기법에서부터 오늘날 심상 전략을 사용하는 여러 인지치료(Holmes et al. 2007a)기법들을 보면 알 수 있다. 그러나 심상과 정서의 관계는 실험적 연구보다는 임상적 경험에서 도출되었다. 이에 대해 Watts(1997,

p. 175)는 다음과 같은 내용을 발표했다.

> 이미지와 생각의 정서-유발 특성에서 가장 흥미로운 점은 정서에 접근하는 데 있어서 그들의 상대적 효과성이다. …… 또한 고통이나 여러 가지 복잡하게 뒤섞여 있는 주제들은 언어적 형태보다 시각적 형태로 더 잘 인출될 수 있다. 하지만 이런 주장들은 임상 관찰을 통한 사례보고에 기반해 나온 것들이다.

심상이 언어적 생각보다 기분에 더 큰 영향을 줄 수 있다는 임상적 가정이 있었음에도 불구하고, Watts가 위의 말을 쓸 당시에는 심상과 기분의 관계에 대한 연구가 거의 부재한 실정이었다.

심상과 정서 관계에 대한 초기 연구

Peter Lang은 심상연구의 선구자라 볼 수 있다. Lang 연구팀은 심상을 '잘 못' 떠올리는 사람들에 비해 심상을 '잘' 떠올리는 사람들이 글로 쓰여 있는 정서적 스크립트를 상상하라고 했을 때 더 큰 생리적 활동을 나타낸다는 점을 알아냈다(Miller et al. 1987).

그러나 심상이 언어적 처리(인지행동치료에서 다른 형태의 중요한 인지 양식이라고 알려진)와 비교하여 정서적 반응에 더 큰 영향을 미칠 수 있음에 대해 살펴본 연구는 그 당시 단 한 편이었다. Vrana와 동료들은 다양한 상황을 설명하는 문장들을 사용해 신체적 · 행동적 반응에 대한 정보량을 조작해 보았다(예 : 연설자의 심장박동에 대한 정보를 포함하거나 포함하지 않는 두 종류의 연설문)(Vrana et al. 1986). 실험 참가자들은 처음에는 속으로 문장을 되뇌이고, 그다음에는 문장에서 기술하는 상황을 상상해 보라고 지시받았다. 그 결과 공포스러운 상황을 상상할 때가 문장으로 되뇌어볼 때보다 심박동수가 더 증가했다. 이는 문장을 언어로 처리하는 것보다 심상으로 처리할 때 더욱 정서적일 수 있다는 것을 의미한다. 이 연구에서는 정서적 반응과 연관될 수 있다고 생각한 생리적 반응을 심박률로 측정하였지만, 참가자들이 직접 자신의 정서 상태를 평정해 보도록 하는 것도 유용한 정보를 줄 수 있지 않았을까 하는 생각이 든다. 그러나 이 실험 디자인에서 치명적인 오류가 있었는데, 모든 참가자들이 언어정보처리를 한 다음 다시 심상처리를 한 점이다. 즉, 이 두 조건 사이의 차이는 수행된 과제(언어 조건과 심상 조건)의 순서 효과 때문일 수도 있다는 점을 배제할 수가 없다.

또 다른 연구에서는 심상 효과를 살펴보는 데 있어 학습심리학에서의 조건화

(conditioning)를 적용했다. Dadds와 동료들(1997)은 다음과 같은 가설을 세웠다. (a) 조건화 과정은 정신장애의 발달과 유지에 기여할 것이다, (b) 이미지(예 : 무는 개에 대한 이미지)는 물리적 자극(예 : 공포스럽게 짖고 있는 개)과 같은 조건화 과정에서와 동일한 기능을 할 수 있다(Dadds et al. 1997). 저자들은 후자의 가설을 검증하였는데, 이미지가 조건화된 자극과 무조건화된 자극 모두를 대체할 수 있었고 따라서 심상이 고전적 조건 반응의 강도를 강화하거나 감소시킬 수 있다는 점을 알게 되었다.

학생들을 대상으로 한 설문조사 연구에서 Dadds와 동료들은 예상한 대로 높은 심상 능력과 특정 공포(예 : 음식 성분, 사람, 장소에 대한 혐오) 사이에 정적 상관이 있음을 알아냈다(Dadds et al. 2004). 이와 비슷한 논리를 임상적 정서 연구에 적용해 보면 공포 대상에 대한 두려움을 소거하기 위해서는 공포 대상을 상상함으로써 소거할 수 있다고 주장할 수 있다. 예를 들어 공포를 유발하는 대상에 실제로 노출되었든지 아니면 그 대상을 상상했든지의 여부와 상관없이 불안장애를 치료하는 데 노출치료의 사용은 효과적임이 밝혀졌다(Foa et al. 1980). 실제로 Dadds와 동료들은 비합리적인 공포치료에 대한 개괄논문에서 '표상적 접근'(예 : 심상)을 사용한 방법과 합리적 반론(명제적 인지)을 사용한 치료의 차이점을 구분했다(Dadds et al. 1997). 이 논문에서 저자들은 심상이 정서적 변화와 성공적인 문제 해결을 이끌어 내는 데 효과적임을 주장했다.

결론적으로 우리는 심상이 정서와 유의한 연관성이 있기 때문에 치료에 중요한 역할을 할 수 있다고 주장한다. 그러나 이 가정을 지지할 만한 실험적 증거는 부족하고 위 연구들에 의해서도 증명되지는 않는다. 최근 실험적 연구들에서는 이 주제를 좀 더 직접적으로 다루었고, 이에 관한 연구결과들을 다음에 소개하고자 한다.

심상과 정서 관계에 대한 최신 증거

Holmes, Mathews와 동료들은 정서에 미치는 언어적 정보처리와 심상의 상대적 효과 연구를 해왔다. 초기 실험들은 Mathews와 동료들의 작업을 기반으로 이루어졌는데, 바로 '인지편향수정(Cognitive Bias Modification, CBM)' 패러다임이다(S. Grey and Mathews 2000; Mathews and Mackintosh 2000; Mathews and MacLeod 2002). 이 패러다임에서 참가자들은 실험실로 안내되어 일상생활에서 흔히 경험할 수 있는 100개 정도의 시나리오를 듣는다. 시나리오는 참가자가 할당된 조건에 따라 부정적 또는 중립적 내용으로 구성되어 있다. 시나리오는 모호한 내용으로 시작해서 마지막에는 부정적 또는 중립적인 내용으로 결론을 맺는다. 예를 들어 부정 조건에 할당된 참가자는 "골목을 걷고 있는데 뒤에서 누군가의 발걸음 소리가 들린다. 뒤에서 다가오는 발소리를 들으며 **누군가가 공격할 것이다**고 생각한다."라는 문장을 듣는다. 중립 조건에 할당된 참가자는 "골목을 걷고 있는데 뒤에서 누군가의 발걸음 소리가 들린다. 뒤에서 다가오는 발소리를 들으며 **친구가 다가온다**고 생각한다."라는 문장을 듣는다. 한 집단의 참여자들은 시나리오를 듣고 단어와 그 뜻에 대해 생각하라는 지시(언어 조건)가 주어진다. 다른 집단은 시나리오를 들으며 상상하라는 지시(심상 조건)가 주어진다. 흥미로운 결과는 그림 3.1에 나와 있는 것처럼 부정 시나리오를 읽고 심상 조건에 할당되었던 참여자들의 불안 수준은 언어 조건에 할당되었던 참여자들의 불안 수준보다 유의하게 더 높았다(Holmes and Mathews 2005).

또 다른 실험(Holmes et al. 2006)에서는 심상 조건이 언어 조건에 비해 긍정 정서에 더 강력한 영향을 미칠 것이라고 예측하였다. 이 실험에서는 긍정적인 시나리오로만 인지편향수정 프로그램이 구성되었다(긍정 시나리오 예 : "오늘은 당신의 생일이고 친구가 선물을 들고 찾아왔다. 당신은 선물을 열었고 무척 행복한 기분을 느낀다.") (Holmes et al. 2006). 이 실험에서 한 집단은 시각, 청각 등의 오감을 사용하여 시나리오가 실제 눈앞에 펼쳐지는 것처럼 상상하도록 지시를 받았고(심상 조건), 다른 한 집단은 시나리오를 들으며 단어와 문장의 의미에 집중하도록 지시를 받았다(언어 조건). 그 결과 긍정적 시나리오를 상상한 집단이 단어의 의미에 집중한 집단보다 더 높은 긍

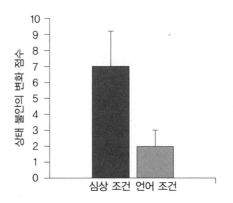

그림 3.1 부정적 시나리오를 상상하라고 지시받은 참가자들은 시나리오의 단어와 의미에 집중하라고 지시받은 참가자들보다 더 높은 수준의 불안 상태를 보고했다(Holmes and Mathews 2005).

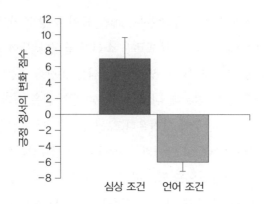

그림 3.2 긍정 시나리오를 상상하라고 지시받은 참가자들은 긍정 시나리오의 단어와 의미에 집중하라고 지시받은 참가자들보다 더 높은 수준의 긍정 정서를 보고했다(Holmes and Mathews 2005).

정 정서를 보고하였다. 이는 동일한 시나리오를 접하지만 상상하라는 지시가 언어적 의미를 해석하라는 지시보다 우리의 정서에 더 긍정적인 효과를 이끌어 낼 수 있다는 점을 보여준다. 이는 그림 3.2에 묘사되어 있다.

위에 제시된 두 실험 결과는 심상이 언어보다 정서에 더 강력한 영향을 미친다는 것을 보여준다. 물론 이런 결과가 특정 실험연구에서만 나온 결과라는 점에서 반박될 수도 있다. 가령 위 두 실험연구는 인지편향수정 패러다임을 사용해 참가자가 글로 쓰인 시나리오를 듣고 단순히 심상기법을 추가하여 심상의 효과를 알아본 연구다. 연구 설계의 단점을 보완하기 위해 Holmes와 동료들은 '평가 조건화(evaluate conditioning)'라고 하는 또 다른 실험 패러다임을 사용해 가설을 검증해 보았다(Holmes et al. 2008d). 새로운 패러다임에서는 그림과 단어가 짝지워 제시되었는데, 한 단어는 긍정적 해석이, 다른 한 단어는 부정적 해석어 유도되었다(그림 3.3 참조).

심상 조건의 참가자들은 "그림과 단어가 합쳐진 상황을 상상하시오."라는 지시를 받았다. 언어 조건의 피험자들은 같은 자극을 보고 "다음 그림과 단어를 합쳐 문장을 만드시오."라는 지시를 받았다. 실험 결과 부정 그림-단어 조합을 제시받은 언어 조건의 집단에 비해 심상 조건을 제시받은 집단이 훈련 후 더 높은 수준의 상태 불안을 보고했다. 긍정 그림-단어 조합에서는 언어 조건과 비교하여 심상 조건에서 불안의 유의한 감소가 나타났다. 이런 결과는 부정 및 긍정 그림-단어 조합을 이용한 패러다임을 적용할 때 심상을 사용하는 것이 언어를 사용하는 것보다 정서에 더 큰 영향을 미칠 수 있을 것이라는 가설을 지지해 준다.

풍경   점프

그림 3.3 Holmes와 동료들(2008d)이 제시한 긍정적 혹은 부정적 그림-단어 조합 예

위 실험(인지편향수정과 평가적 조건화 실험)에서 수렴된 증거는 긍정적 그리고 부정적인 내용으로 구성된 자료 모두에서 심상이 언어처리보다 정서에 더 강력한 효과를 미친다는 것이다. 위 두 실험의 결과는 최소한 불안 및 긍정 정서에 관해 실험적 그리고 임상적 가정을 지지하는 체계적 증거를 최초로 제공했다고 볼 수 있다. 따라서 위 실험들은 인지처리와 정서에 대한 우리의 이해를 증진시키는 데 큰 역할을 했다고 볼 수 있다. 특히 침습적 이미지들이 강도 높은 정서와 빈번히 연관되어 있고 잠재적인 '핫스폿'일 수 있다는 임상 관찰에 근거한 가설에 대해 실험적 증거들을 제공했다는 데 의의가 있다.

심상은 왜 정서를 유발하는 것일까

우리는 지금까지 언어보다 심상으로 정보처리를 할 때 정서가 더 쉽게 유발될 수 있다는 증거들을 살펴보았다. 그렇다면 왜 언어정보처리보다 심상이 정서를 더 잘 유발할 수 있는 것일까? Holmes와 Mathews는 이에 대해 다양한 관점들을 개괄했다(Holmes and Mathews 2010). 한 가지 가능성은 정서를 생성하는 데 관련하는 시스템이 특히 심상에 민감하기 때문일 수도 있다는 것이다. 적어도 공포와 불안에 있어 관련 있을 법한 가설이 Öhman과 Mineka에 의해 주장되었다(Öhman and Mineka 2001). 저자들의 주장에 의하면, 진화적으로 '공포 모듈'은 최근에 발전된 표상 시스템인 언어보다 더 오래전에 발전된 표상 시스템인 지각 형태(peceptual form)에 더 민감하게 반응할 수 있다고 한다. 만일 정신적 심상이 실제 지각과 비슷하다면(Kosslyn et al. 2001), 당연히 이미지들은 단어보다 정서에 더 쉽고 빠르게 접근할 것이다. 임상 경험에서도 제안되었듯이, Conway는 우리가 정서적인 경험들을 기억하는 방법으로 언어보다는 심상을 더 선호할 수도 있다고 제안했다(Conway 2001).

심상과 지각 표상

이미지는 직접적 감각 경험들로부터 나온 지각 표상과 공통 특성을 지니고 있는 것으로 보인다(Denis et al. 2004; Kosslyn et al. 2001). 만일 이미지가 실제 지각과 비슷한 특성들을 갖고 있다면(Kosslyn et al. 2001), 우리는 이미지 안의 위협적 물체를 실제 위협적인 물체인 것처럼 지각하고 반응할 수 있기 때문에 이미지가 언어보다 정서에 더 빠르고 쉽게 접근할 수 있다고 볼 수 있다. 제2장에서 Kosslyn과 동료들은 심상에 대한 정의를 내리며 심상이 지각과 연관되어 있음을 강조했다(Kosslyn et al. 2001, p. 635).

"심상은 지각적 정보가 기억으로부터 접근되었을 때 발생하며 '마음의 눈으로 본다', '마음의 귀로 듣는다' 등의 경험을 낳는다……. 심상은 단순히 과거에 관찰된 물체나 사건으로부터 나올 필요는 없다. 저장된 지각정보를 새로운 방법으로 수정하고 혼합하여 심상을 생성할 수 있다."(Kosslyn et al. 2001)

Kosslyn과 동료들이 진행한 실험 결과는 심상이 담당하는 뇌 영역이 실제 지각이 담당하는 뇌 영역과 동일하다는 것을 보여준다(Kosslyn et al. 2001). 예를 들어, Kosslyn과 동료들은 피험자에게 머릿속으로 다양한 크기의 물건을 선을 이용해 그려 보라고 지시했다(Kosslyn et al. 1995). 뇌 영상 스캐너 안에서 피험자들은 다른 시각적인 자극을 개입시키지 않기 위해 눈을 계속 감고 있었다. 그 결과 통제집단(청각적 단서는 동일하게 제시되었지만 심상 지시는 받지 않은)과 비교하여 동일한 조건의 심상 지시를 받은 집단원들의 '17번 뇌 영역'이 활성화되었다. 초기의 시각피질은 17번과 18번 뇌 영역으로 구성되어 있으며, 이 부위는 눈으로부터 자극을 받아들이는 첫 번째 영역이다. 이 결과는 시각적 자극을 상상할 때 초기 시각적 지각을 담당하는 뇌 영역과 동일한 곳에서 활성화가 일어난다는 것을 의미한다. 이 실험에서 또한 상상한 그림의 크기에 따라 활성화되는 영역이 달라진다는 것도 알아냈다. 상상한 그림의 크기가 크면 좌전 조거구(calcarine sulcus, 17번 영역의 주요 해부학상 부위)가 활성화되었는데, 이는 커다란 물체를 실제로 볼 때 활성화되는 영역이다.

심상 과제의 종류에 따라 다른 뇌 영역이 활성화된다는 연구결과도 있었다. fMRI

를 사용한 다른 연구에서 O'Craven과 Kanwisher는 피험자들이 얼굴을 상상할 때 뇌의 하측엽에 있는 방추 모양 얼굴 영역(Fusiform Face Area, FFA)이 활성화된다는 것을 알아냈다(O'Craven and Kanwisher 2000). 하지만 피험자들이 공간적 레이아웃을 그려내는 실내 혹은 실외를 상상하라는 지시를 받았을 때는 부해마회 영역(Para-hippocampal Place Area, PPA)이 활성화되었다. 얼굴을 상상하는 동안에는 PPA의 활성화가 관찰되지 않았고 공간적 레이아웃을 상상하는 동안은 FFA의 활성화가 관찰되지 않았다. 활성화된 영역들은 피험자들이 실제로 얼굴이나 장소를 시각적으로 보았을 때 관찰되는 영역과 비슷했다.

Kosslyn과 동료들은 따라서 '기능적 등가(functional equivalence)'라는 이론을 제시하여 지각에 관여하는 신경학적 구조들에 심상이 관여할 수 있고 그 신경학적 구조들은 신체에 다양한 반응을 이끌어 낼 수 있다고 주장했다(Kosslyn et al. 2001, p. 641). 저자들은 "물체를 상상하는 것은 실제로 물체를 보는 것처럼 신체에 같은 영향을 미친다."라고 서술했다(p. 641). 이 주장은 심상이 '신체 효과'처럼 정서에 특별한 영향을 줄 수 있다는 그리고 생리적 반응이 정서적 반응과 긴밀히 연관되어 있다는 가설을 지지하는 견해이다.

심상과 자서전적 기억

자서전적 기억은 어떤 형태일까? Conway와 동료들은 자서전적 기억에 대한 모델을 제안하였는데, 이 모델에서 저자들은 감각적 지각의 정보를 포함하는 일화적 기억과 일반적인 사건 및 생애 기간에 대한 개념적 지식을 저장하는 기억 구조 간의 차이를 설명했다(Conway and Pleydell-Pearce 2000). 자신에게 일어난 특정 정서 사건들은(일반적 사건이나 사실에 기반한 기억과 달리) 이미지 형태로 저장될 수 있다. Conway가 제안한(Conway 2001) 감각 지각적 일화 개념에 의하면 강도 높은 정서적 경험들을 회상할 때, 우리는 다른 형태보다는 심상을 우세하게 사용하는 것으로 보인다. 자서전적 기억과 심상의 관계는 다양한 정신장애에서 나타나는 침습적이고 고통스러운 심상(예 : 부정적 경험과 관련된 기억들에 기반하여 직접적으로 인출된 이미지들, 제2장, 4장 참조)을 통해 설명될 수 있다(Conway 2001; Conway and Holmes 2005; Conway et al. 2004; Conway and Pleydell-Pearce 2000). 심상은 (언어와 비교해서) 자서전적 기억에 저장된 정서 관련 사건들의 표상에 우선적으로 접근이 가능하기 때문에 우리의 정서에 영향을 줄 수 있다. 이런 관점은 정서가 개입되어 있든 없든 더 복잡한 형태의 사회 정서적 상태(예: 존경)를 포함해 심상이 강력한 정서적 반응들과 연관되어 있음을 시사한다. 중요한 것은 심상을 바탕으로 한 기억들은 직접적으로 인출될 수 있으며 예상 밖의 기억이 떠오를 때 우리의 주의를 '빼앗을 수 있다'는 점이다.

Conway와 동료들은 정신장애에서 나타나는 침습적 이미지가 자기감과 현재 경험에 상당한 영향을 줄 수 있다고 제안했다(Conway and Pleydell-Pearce 2000). 외상후 스트레스 장애를 생각하면 쉽게 이해가 갈 것이다(Conway and Holmes 2005; Conway et al. 2004). 아마도 심상이 심리적 고통을 야기하는 핵심 이유 중 하나인 것은 구체적 이미지 형태로 정보가 처리될 때(감각 지각적 일화 기억에서와 같이) 부정적 정서에 대한 접근이 상대적으로 더 쉽기 때문일 것이다. 반대로 자기에 관한 정보가 언어 의미론적 지식의 형태로 처리되고 이미지가 마음속에 떠오르지 않을 때는 부정적이고 정서적인 정보에 쉽게 접근되지 않을 가능성이 있다(Holmes and Mathews 2005).

심상과 정서의 특별한 관계 : 가능한 이론적 설명의 요약

요약해서 이 장에서는 왜 심상이 언어에 기반한 정보처리보다 더 쉽게 정서(예: 불안, 긍정 정서)를 유발할 수 있는지에 대해 설명할 수 있는 가능한 대안들을 살펴보았다. 곰곰이 생각해 보면 이미지는 몇 가지 이유에서 언어적 표상보다 정서에 더 쉽게 접근할 수 있다(Holmes and Mathews 2010). 그 이유들 중 하나는 심상이 지각적 표상과 유사한 특성들을 가지고 있기 때문인데, 이는 이미지가 마치 실제 대상이나 환경을 지각하는 것과 동일한 반응을 이끌어 낼 수 있다는 점을 시사한다(Kosslyn et al. 2001). 자서전적 기억 이론에 의하면 자기와 관련된 강도 높은 정서 경험을 회상할 때는 언어 형태보다 심상 형태로 회상하는 것을 더 선호할 수 있다(Conway 2001). 즉, 심상은 언어와 비교하여 자서전적 기억에 저장된 정서 관련 사건들의 표상에 더 쉽게 접근할 수 있고, 따라서 정서에 더 큰 영향을 미친다고 볼 수 있다. 예를 들어 정서 부호화에 대해 생각해 보면 우리의 공포 시스템은 거미, 뱀, 또는 포효하는 호랑이와 같은 지각적 자극에 특히 더 민감하게 반응한다(Bennett-Levy and Marteau 1984; Öhman and Mineka 2001). 진화적 관점에서도 심상은 언어보다 정서와 더 특별한 관련성이 있다고 볼 수 있다. 이에 대해서는 좀 더 깊이 살펴볼 필요가 있다.

실험심리학과 임상심리학의 모델 : 심상과 언어 유형 처리의 차이

위에 소개된 실험 결과들은 비언어적, 심상적 그리고 언어적 유형처리 간 차이가 있다고 제안해 온 전통적 심리학 모델들의 관점과 맥을 같이한다. 실험심리학에서 언급되는 Paivio의 이중 부호화 이론은 심상과 언어적 부호화 사이에 독립적이지만 서로 연결된 2개의 시스템이 존재한다고 제안했다(Paivio 1971). 좀 더 최신 이론인 다양한 입력과 모듈러 기억 시스템(Johnson 1983; Johnson and Multhaup 1992)은 지각적 기억 시스템과 반사적 기억 시스템의 차이를 구분하고 있다. 특히 인지행동치료에서 인지 하위 체계 상호작용 모형(Interacting Cognitive Subsystems, ICS) 이론은 우울에 유용하게 적용되었으며, 도식적, 명제적, 분석적 그리고 연합적 표상 시스템(Schematic, Propositional, Analogical and Associative Representational Systems, SPAARS)은 정서와 심상을 모델화할 수 있는 잠재력을 가지고 있다고 볼 수 있다(Power and Dalgleish 1997).

자서전적 기억 이론가인 Brown, Kulik 및 Pilemer는 강도 높은 정서 사건들(긍정적이든 부정적이든 둘 다)에 관한 침습적 이미지들이 상황적 단서에 의해 자동적으로 활성화된다고 보았다. 위 이론가들은 서로 독립적인 이미지 기반과 서술 기반 시스템으로 구성된 더 단순한 기억 모델을 제안하기도 했다. 자서전적 기억에서의 언어 기반 및 심상 기반 특성은 Conway가 제시한 자서전적 기억 모델(자기 기억 시스템)의 핵심 특징이기도 하다.

임상적 모델들도 이와 비슷하게 구분된다. 가령 외상후 스트레스 장애에서 나타나는 기억을 설명하기 위해 이중표상이론이 제안되었는데, 이 이론은 위에서 설명한 것과 유사한 접근법을 취하고 있음을 알 수 있다. Brewin과 동료들은 트라우마 기억이 2개의 시스템을 통해 처리되고 2개의 분리된 표상을 만들어 낸다고 제안했다(Brewin et al. 1996). 상대적으로 높은 수준의 의식적 처리를 거치는 정보는 이후에 의도적 인출이 가능한 형태로 언어적으로 접근 가능한 기억(Verbally Accessible Memory, VAM) 시스템에 저장된다. 언어적으로 접근 가능한 기억(VAM) 시스템은 트라우마를 언어적으로 설명하는 데 기반이 되는 시스템이다. 의식하에 정보를 처리하긴 하지만 언어적으로 접근 가능한 기억 시스템에 들어갈 정도의 정보가 아닌 경우는 상황적으로 접근 가능한 기억(Situationally Accessible Memory, SAM) 시스템에 저장된다. 상황적으로 접근 가능한 기억(SAM) 시스템은 시공간적 입력과 같은 주로 세부적인 감각적 정보들을 부호화한다. 이 시스템에 있는 정보는 관련 단서에 대한 노출만으로도 자동적으로 접근할 수 있으며, 트라우마 경험에서 강렬한 각성 반응이 일어나는 순간들에 대한 세부적인 시각적 이미지, 정서적 반응, 정서로 가득찬 플래시백을 통해 자발적으로 재경험될 수 있다. 그러나 이 모델과 후속 모델에서는 심상이 왜 정서와 특별한 관계가 있는지에 대한 설명보다는 임상 현상에 대해 기술하고 있다(예 : 외상후 스트레스 장애에서의 플래시백이 언어적 인지보다는 감각적 이미지 형태를 취하고 있으며 이런 것들이 어떻게 유발될 수 있는지에 대한 설명).

Ehlers와 Clark이 제시한 PTSD 임상 모델을 보면, 부호화 과정은 침습적 기억(플래시백)의 발달에 영향을 미칠 수 있다(Ehlers and Clark 2000). 저자들은 논문에서 Roediger와 McDermott과 같은 인지심리학자들이 정의한 '데이터 주도적(data-driven)' 처리와 '개념적인(conceptual)' 처리 간 차이(Roediger and McDermott 1993)를 인용하며, '데이터 주도적'(심상–바탕) 방법으로 정보를 처리하는 것은 트라우마의 침습적 기억을 증가시킬 가능성이 높다고 제안했다. 반면 더 '개념적으로'(언어적으로) 처리된 정보는 침습적 기억을 감소시키는 경향이 있다고 지적했다. 이는 트라우마에서 심상 형태의 플래시백이 언어적 인지보다는 정서와 관련성이 있을 것이라는 주장을 지지한다. 또한 직접적 인출과 간접적 인출 사이에 차이가 있다는 Conway의 자서전적 기억이론을 지지한다(Conway and Pleydell-Pearce 2000).

심상이 사건 발생 가능성의 지각에 미치는 영향

특정 사건이 일어날 수 있는 확률은 어떻게 예측될까? 임상과 관련하여 심상의 효과에 대해 생각해 볼 수 있는 또 다른 측면은 어떻게 심상이 미래에 대한 우리의 믿음에 영향을 주는지에 관한 것이다. 사회심리학에서는 정신적 심상과 미래 사건이 일어날 확률의 관계에 대해 연구해 왔다. 어느 특정 정당이 다른 정당을 제치고 다음 선거에서 승리하는 것을 상상하는 것은 그 사건이 실제로 일어날 것이라는 우리의 예측도를 증가시킨다(Carroll 1978). 투표하는 장면을 상상하는 것은 실제 총선거 투표에 임할 것인가의 여부를 결정하는 데 영향을 준다(Libby et al. 2007). 질병의 증상을 상상하는 것은 실제 질병을 얻을 확률과도 연관이 있다(Sherman et al. 1985). 만약 심상이 사람들이 무슨 일이 일어날 것이라고 믿는 정도를 증가시키거나 사람들이 상상하는 것을 실제 행동으로 옮길 확률을 높인다면 이는 임상적으로 우리에게 염려스러운 부분이 아닐 수 없다. 예를 들어 Holmes와 동료들은 내담자들이 언어보다는 심상으로 자살 생각을 할 때 이를 자살 행동으로 옮길 위험이 더 높다고 지적했다(Holmes et al. 2007b). 자살 관련 이미지는 실제 자살 행위(예 : 약을 복용하거나 절벽 아래로 뛰어내리는 것)부터 자살 후 다른 이들에게 미칠 영향(예 : 장례식)까지 다양한 형태로 나타날 수 있다. 심상은 또한 조울증의 충동성에도 영향을 미칠 수 있다(Holmes et al. 2008b; Goodwin and Holmes 2009). 예를 들어 조증 심화기에 있는 조울증 환자가 도박에서 큰 판돈을 벌어 영웅이 된 자신을 상상한다면 환자가 도박을 할 확률이 높다고 예측할 수 있다.

임상 실무 장면에서의 실험연구와 심상기법의 연관성

앞서 설명한 심상과 정서 관계에 관한 연구결과는 임상 장면에서 정서적 반응을 불러일으키고 정서를 변화시키는 데 심상을 사용하는 것에 대한 실증적인 정당성을 부여한다. 이 접근은 크게 긍정적인 심상을 촉진하는 기술들(제12장, 13장 참조)과 부정적인 심상의 영향을 감소시키기 위한 기술들(제8~11장 참조)로 나누어진다. 이에 대해서는 책의 후반부에서 좀 더 집중적으로 다룬다. 이 단락의 목표는 앞서 소개한 연구 및 이론을 다양한 기술들과 연결시키는 것이다.

먼저 '심상 떠올리기'에 대해 소개하고자 한다(제4장 참조). 공포에 기반한 이미지를 치료하는 데 사용되어 온 체계적이고 성공적인 심상기술로는 심상 노출(Foa et al. 1980)과 체계적 둔감화(Wolpe 1958)를 들 수 있다. 심상 노출에서 내담자는 두려워하는 대상/결과를 최대한 자세하고 생생하게 상상하도록 지시받는데, 이때 공포를 억제하지 않으면서 공포가 가라앉기 시작하는 시점까지 심상에 계속 집중하는 것이 중요하다(습관화 처리). 이 치료법은 Öhman과 Mineka가 주장하는 바와 유사한 기법인데, 이들은 인지치료에서 공포증을 치료하는 데 있어 '공포 모듈'이 자동적으로 활성화되는 것을 막기 위해서는 언어에 초점을 두는 것만으로는 충분하지 않기 때문에 내담자가 공포자극에 직면하는 것이 필수적이라고 주장했다(Öhman and Mineka 2001). Öhman과 Mineka는 실제 공포자극(예 : 거미, 뱀)에 노출되는 것이 중요하다고 주장하긴 했지만, 상상으로 만들어 낸 이미지를 사람들이 실제 상황처럼 받아들여 반응한다면(Kosslyn et al. 2001) 심상 노출도 실제 노출만큼이나 동일한 효과를 발휘할 수 있다고 보았다. 실제로 심상 노출은 현실에서는 존재하지 않는 부정적 이미지(예 : 무시무시한 거미 같은 생물체를 상상하여 만들어 내는 것)를 치료하는 데 특히 유용할 수 있으며, 또한 실제 노출에서는 완전히 재생하기는 어려운 공포 기억(예 : 외상적 신체 공격)을 표상하는 이미지들에 대한 작업이 필요할 때도 효과적인 기법이 될 수 있다.

Öhman과 Mineka(2001)의 연구에서 제안한 것처럼 공포 이미지에 대한 개입이 필요할 때, '부정적인 생각'을 오직 언어로만 작업하는 것(예 : 언어로 부정적인 생각에 대해 타당화 작업을 하는 것)은 심상으로 작업하는 것과 비교하여 효과가 덜 하거나 효과가 없을 수도 있다. 이런 점에서 심상기법은 인지행동치료 효과에 중요한 영향을 미친다고 볼 수 있다. 한편, 임상 문헌에서는 수치감이나 죄책감과 같이 공포에 기반하지 않은 이미지들을 치료하는 데 있어 노출기법만 사용하는 것은 그리 효과적이지 않다고 제시하고 있다(N. Grey et al. 2001). 이 경우에는 심상과 언어적 기법을 같이 사용하거나 심상 재구성법과 같이 이미지를 구체적으로 변형하는 방법을 사용하는 것이 유용하다.

이 책에서 우리는 내담자의 심상을 작업하는 데 있어 '메타인지적 믿음'의 중요성에 대해서도 언급했다(예 : 제2장, 8장 참조). 심상은 사건을 더 생생하게 만드는 것 같다. '논리적으로'는 있을 수 없다고 생각하는 사건들(예 : 큰 이빨로 사람들을 잡아먹는 거미)은 현실에서 경험한 적은 없지만 더 실제 같다고 느끼거나 기억의 일부 같다고 느끼게 할 수도 있다. 만일 부정적 심상이 부정적 정서를 촉진하는 이유가 사람들이 심상을 '실제'인 것처럼 받아들이기 때문이라면(Kosslyn et al. 2001) 부정적 이미지에 나오는 자극이나 사건이 현실에 존재하거나 현실에서 일어나는 것이 아니라 내담자 마음속에서 일어나는 이미지이고 내담자 마음 상태를 나타내는 정신적 표상이라는 것을 의식화하여 도와주는 작업이 회기 내에서 필요하다. 이는 치료적으로 메타인지적 접근(Wells 2000)이나 마음챙김 인지치료(Segal et al. 2002)를 통해 작업할 수 있을 것으로 생각된다. Öhman과 Mineka(2001)의 접근은 심상이 공포에 미치는 영향이 매우 빠르고 직접적이며, 메타인지적 기법을 통해 공포가 증폭되는 것을 감소시킬 수 있다고 제안한다. 부정적 이미지를 치료하는 데 노출과 마음챙김 기법 중 어느 것이 더 효과적인지에 대해서는 후속연구에서 다룰 만한 중요한 주제이다.

제4장에서 우리는 인지행동치료 기반 심상 작업에서 내담자가 새로운 의미들을 발전시켜 가도록 돕는 데 필요한 상반된 정보의 가치에 대해 살펴볼 것이다. 여기에는 '이미지 변형'과 변형된 이미지를 리허설해 보는 과정이 포함된다. 임상 장면에서 이 기법들은 내담자가 사전에 구체적인 부정적 심상을 가지고 있는 경우에 사용된다. 이 기법에서 내담자는 '심상 재구성' 등의 방법을 통해 문제가 되는 부정적인 이미지를 새롭고 무해한 긍정적인 이미지로 바꿔 보라는 지시를 받는다(Arntz and Weertman 1999; N. Grey et al. 2002; Hackmann 1998; Harvey et al. 2000; Holmes et al. 2007a; Smucker and Dancu 1999). 이 기법은 사회공포증이나 외상후 스트레스 장애 내담자들에게서 전형적으로 나타나는 부정적 이미지에 사용할 경우 유용하다. 심상 재구성은 경계선 인격장애치료를 위해 Arntz와 동료들이 발전시킨 증거 기반 스키마치료의 핵심 구성요소이다(Giesen-Bloo et al. 2006).

만약에 부정적 이미지를 대체할 만한 구체적이고 긍정적인 심상에 대한 작업이 효과적이라면 이는 자서전적 기억이론에서 설명하는 것과 유사한 점이 있다. 개입을 통해 변형된 긍정적인 이미지가 (실제일 수도 있고 실제가 아닐 수도 있는) 부정적인 이미지만큼이나 똑같이 실제적이고 실제 같다고 믿게 만들 수 있다는 점에 주목해 치료에 적용할 수 있다. 현실-모니터링(The reality-monitoring)에 대한 연구에서는 피험자들이 실제와 허구의 사건들을 구별할 수 있는지에 대해 조사했다(Johnson 1997). Hyman과 Pentland는 한 집단에는 피험자들에게 일어나지 않은 사건을 이미지로 상상해 보게 하고(예 : 어렸을 적 결혼식에서 음료가 담긴 그릇을 엎는 일) 다른 한 집단에는 같은 사건에 대해서 언어적으로 '생각해 보라고' 지시했다(Hyman and Pentland 1996). 실험 결과 '가공의 유년기 사건'을 실제 사건으로 보고한 확률은 언어 집단보다 심상 집단에서 더 높게 나타났다. 사람들이 상상한 사건과 실제 기억을 혼동하는 이유는 사건을 상상할 때와 실제 사건을 자서전적으로 회상할 때 동일한 현상학적 요소들이 관여하기 때문이다(예 : Conway 2001; Mazzoni and Memon 2003; Garry et al. 1996). 현실-모니터링 연구는 '거짓된 기억'을 진짜라고 믿게 되었을 때(예 : 유년기 성학대에 대한 거짓 진술) 미치게 되는 부정적인 영향에 초점을 두었다. 그러나 그러한 부정적 이미지를 긍정 또는 해롭지 않은 이미지로 대체 작업을 하는 것은 치료에 유용할 수 있다. 변형된 이미지를 리허설해 보는 것은 본래의 부정적 이미지에 대체된 긍정적 이미지에 접근할 확률을 높일 수 있다.

미래 실현 가능한 심상기법 실험연구 신기술

이 책에서 설명하는 치료기법들 외에도 현재 개발 중인 치료 개입법들이 있다. 부정적인 심상은 정서에 부정적인 영향을 끼칠 수 있기 때문에 부정적인 심상을 줄이면 정서적 영향도 같이 줄어들어야 할 것이다. (방해 과제가 아닌) 심상 경쟁적인 과제는 침습적이며 부정적인 심상의 영향을 줄이는 데 도움을 줄 것이다. 예를 들어, 원치 않는 이미지가 떠오를 경우 이와 유사한 형태의 시공간적 과제를 동시에 수행하는 것이 도움이 된다. '자원 경쟁' 원리에 따르면 한 번에 처리할 수 있는 자원이 제한되어 있기 때문에 부정적인 이미지를 마음속에 유지하면서 이와 유사한 형태의 인지적 자원을 동시에 사용해야 하는 과제를 수행하는 것은 부정적 이미지의 처리를 늦출 수 있다 (Baddeley and Andrade 2000; Holmes et al. 2004; Holmes et al. 2009a; Kavanagh et al. 200). 이런 방법은 부정적인 이미지를 변형하는 작업이 어려울 경우 또는 부정적 이미지를 변형하기에 적당한 이유를 찾기 어려운 상황에서 부정적인 이미지의 영향력을 줄이는 데 도움이 될 수 있다. 한 실험연구에서는 테트리스 컴퓨터 게임(색, 모양, 움직임을 사용한 상위 수준의 시공간적 능력을 요구하는 게임)을 하는 것이 트라우마 관련 비디오를 본 후 플래시백 이미지가 형성되는 것을 막을 수 있다는 것을 보여주었다 (Holmes et al. 2009a). 플래시백 빈도를 줄이는 데 실험적으로 사용될 수 있는 또 다른 과제로는 찰흙 모델링을 들 수 있다(Stuart et al. 2006).

PTSD 외에도 중독과 관련된 갈망 분야에서 흥미로운 연구들이 소개되고 있다 (Kavanagh et al. 2005; May et al. 2008, 2010). 지금까지의 연구들에서 밝힌 중요한 결과는 심상 과제가 도움이 되는 한편 언어적 과제는 오히려 유해한 영향을 미칠 수 있다는 점이다. 예를 들어 우리는 실험을 통해서 언어적 과제가 향후 침습을 증가시킬 수 있음을 확인했다(Bourne et al. 2010). 이는 심상과 언어적 생각이 다르게 작동한다는 것을 알려주며(Hagenaars et al. 2010) 이 둘 간의 차이를 인지행동치료에서 주목할 필요가 있음을 말해 준다.

'심상 경쟁적인 과제'에 관한 연구결과는 EMDR(eye movement desensitization and reprocessing therapy)과 같은 치료와 관련되어 있을 가능성이 있다(Shapiro 1996). EMDR은 외상후 스트레스 장애에 효과가 있는 것으로 보고되고 있지만 왜 효과적인지에 대해서 과학적으로 설명하기는 어렵다. 아마도 안구운동(또는 다른 공간적 과제들)이 부정적인 심상을 방해하는 데 도움을 주는 것 같다(Andrade et al. 1997). 실제로 우리는 외상후 스트레스를 겪고 있는 내담자들에게 플래시백을 경험하는 동안 실험적 안구운동 과제를 시킨 결과 부정적 심상이 줄어드는 효과가 있음을 확인할 수 있었다 (Lilley et al. 2009). 이는 내담자들이 부정적인 이미지를 떠올리는 동안 이런 이미지가 방해 과제가 아닌 경쟁적인 다른 과제, 즉 구체적인 시공간적 과제(예 : 그림 그리기, 털실 짜기, 시각적 컴퓨터 게임하기, 찰흙 모델링하기)로 인해 희미해질 수 있다는 것을 의미한다.

실험적 정신병리에서는 최근 컴퓨터 기반 인지편향수정(Cognitive Bias Modification, CBM) 프로그램을 발전시켰다(Koster et al. 2009; MacLeod et al. 2009). 이 패러다임은 (인지행동치료에서처럼) 심리적 어려움이 인지정보처리의 편향(예 : 우울할 때 반쯤 차 있는 잔을 반쯤 비었다고 생각하거나 미래가 희망적이기보다는 절망적이라고 생각 하는 것)과 관련 있다고 가정한다. CBM은 컴퓨터를 활용한 반복적인 학습 과제를 통해 인지 과정에서의 부정적인 편향성을 더 적응적이고 긍정적인 방향으로 바꾸는 것을 목표로 한다. 이 장의 초반부에서 인지편향수정 프로그램에 대해 잠시 소개했는데, 가령 피험자는 컴퓨터 화면에서 모호한 내용(예 : 뒤에서 다가오는 발소리를 들으며 당신은……)으로 시작되어 긍정적(예 : ……친구가 다가오고 있음을 알아차렸다.)으로 결론이 나는 시나리오를 반복적으로 읽거나 귀로 듣는 훈련을 받는다(Holmes et al. 2006). 특히 Holmes와 동료들은 CBM 훈련 과정에서 심상처리가 언어처리에 비해 정서에 더 긍정적인 효과가 있음을 확인하였다(Holmes et al. 2006). 우울한 기분은 언어적 반추(Lyubomirsky and Nolen-Hoeksema 1995) 및 긍정적인 미래를 떠올리는 데 어려움이 있는 것과 관련되어 있다(Holmes et al. 2008c). 따라서 우울증을 겪는 사람들로 하여금 심상을 이용해 긍정적인 해석 훈련을 시키는 것은 치료적으로 유용할 수 있다 (Holmes et al. 2009b).

CBM 기법은 좀 더 긍정적이고 낙관적인 심상(언어가 아닌)을 습관적으로 사용하도록 촉진하는 데 활용될 수 있다. 우리는 처음에 일반인들을 대상으로 CBM 절차를 발전시켰고(Holmes et al. 2009c; T. J. Lang et al. 2009) 이후 우울증 및 정신병이 있는 내담자들을 대상으로 예비연구를 수행했다(Backwell and Holmes 2010; Steel et al. 2010). 초기 연구결과에 따르면 3인칭('관찰자') 시점보다는 실제로 그 사건을 경험하는 것처럼 느끼는 1인칭('실제 현장') 시점으로 심상을 사용할 때 행복감이 더 높아질 수 있다

(Holmes et al. 2008a). 긍정적인 심상을 하도록 훈련시키는 CBM은 일상생활에서 직면하는 애매모호한 사건에 대해 부정 해석을 하는 사람들(우울 혹은 불안을 경험하는 사람들)에게 특히 유용할 수 있다. 긍정적인 심상 훈련은 새로운 자극에 직면하여 긍정 심상을 할 수 있도록 돕는다. 말하자면 좀 더 적응적인 '장밋빛' 세상을 상상하고 낙관적인 미래를 마음속에 그릴 수 있는 것을 촉진하고 돕는다(긍정적인 심상 훈련의 다른 예는 제13장 참조). 아직 시작 단계에 있는 분야이기는 하나 CBM은 부정적인 심상을 줄이고 긍정적이고 적응적인 심상을 좀 더 습관적인 사고 패턴이 되도록 돕는 데 도움이 되는 프로그램이다.

결론

임상심리학과 기초 인지심리학의 발전을 융합하는 데에는 앞으로도 많은 연구가 필요할 것이다. 우리는 이 장을 통해 심상이 언어적 처리보다 긍정적 그리고 부정적 자극을 해석하는 데 있어 정서 반응에 더 큰 영향을 미친다는 가설을 지지하는 설득력 있는 증거들을 제시하고자 노력했다. 실제로 심상과 정서 사이의 특별한 관계는 정신적 심상이 인지치료에 왜 이리 중요한지에 대한 이유를 설명하는 핵심이다. 심상과 정서에 대한 실험심리학과 임상이론들도 살펴보았다. 특히 우리는 실제 지각 경험을 개인적인 기억 형태에 연결시킴으로써 심상이 왜 정서에 영향을 미치는지에 대한 이유를 살펴보았다. 심상은 우리가 어떤 일이 발생하리라고 믿을 확률도 증가시킨다. 이 장에서 제시된 연구결과들이 가지는 함의는 다른 장에서 제시된 몇몇 심상기법들을 이해하는 데 연결고리를 만들어 주는 역할을 한다는 점이다. 이 장은 추후 연구 주도적 심리치료 프로그램에 대해 생각해 볼 수 있는 기회를 제공한다. 정리하자면 실험연구에서 얻은 결과는 심상 개입이 고통스러우며 원치 않은 부정적인 심상을 감소시키고 긍정적인 심상을 촉진시키는 데 활용되어야 함을 시사한다.

우울증에서 부정적 생활사건에 대한 침습적 기억을 줄이기 위한 심상 노출 사용하기

Michelle Moulds

University of New South Wales, Sydney, Australia

아론은 연인과의 이별 후 심각한 우울증 삽화를 겪고 있었다. 그는 이별에 대해 두 종류의 중요한 침습적 기억을 보고했는데, 하나는 이별에 이르게 했던 연인과의 마지막 다툼이었고, 다른 하나는 이별 전에 벌어졌던 또 다른 다툼이었다. 아론은 기억의 첫 순간들이 더 침습적이며 더 고통스럽다고 (예 : 100/100) 말했다. 아론은 이런 침습적 기억들을 경험할 때마다 그 기억들을 능동적으로 억제하고 스스로를 바쁘게 만들어 주의를 딴 데로 돌리려고 노력했다. 그는 침습적 기억들에 대한 부정적인 해석에 동감했으며, 이런 침습적 기억을 경험하는 것은 그가 모자라고 대처능력이 부족한 사람임을 뜻한다고 믿었다.

치료는 아론이 가장 최근의 침습적 기억을 다시 되살려 회상하도록 하는 것이었다. 외상후 스트레스 장애 치료에서의 심상 노출(Imaginal Exposure, IE)과 같이 그가 겪은 사건을 상상하면서 1인칭 시점으로 계속해서 언어로 표현하도록 했다. 그는 사건 당시 그가 경험한 정서적·신체적 반응들을 상세히 기술했다. 각 심상 노출(IE) 회기는 50분간 진행이 되었고, 다시 숙제로 매일 되풀이했다. 세 번째 회기 후, 기억 경험 횟수가 줄었고 기억에 대한 고통감도 줄어들었음을 확인할 수 있었다.

그다음 회기 동안에는 두 번째로 자주 반복되는 침습적 기억을 다루었다. 치료 후 아론은 일주일 동안 전혀 침습적 기억을 경험하지 않았다고 말했다. 6개월 후 아론은 이별에 대한 침습적 기억을 경험하긴 했지만 빈번하지는 않았으며, 더 이상 고통을 동반하지도 않았다고 전했다(예 : 0/100). 또한 더 이상 침습적 기억을 경험하는 것이 그가 모자라다거나 대처능력이 부족한 사람임을 말해 주는 증거는 아니라고 평가하게 되었다.

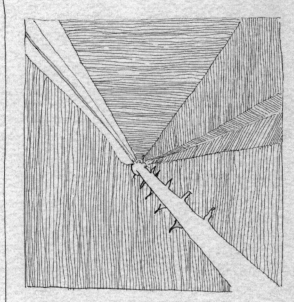

We have a wide range of treatment techniques
for working with imagery

4장

심상 개입의 효과적인 요소

'생각은 장난이나 운동이나 장애물이 아니다.
생각은 사람의 전체, 온전한 그다.'

D. H. 로렌스, **생각**

서론

우리는 긍정적이거나 또는 동시에 부정적인 심상을 직 · 간접적으로 다루기 위한 다양한 종류의 기법들을 알고 있다. 심상을 직접적으로 혹은 간접적인 방식으로 작업하는 것의 차이는 캔버스에 직접 물감을 칠하는 것(직접적 심상 작업)과 그림을 보고 심사숙고하며 새로운 각도에서 그림을 바라보는 것(간접적 심상 작업)의 차이라고 볼 수 있다. 전자의 경우에는 작업 전 의도적으로 심상을 떠올려 보도록 한다. 후자의 경우에는 마음챙김 인지치료(Williams et al. 2007)나 인지편향수정 프로그램과 같은 긍정적인 해석 훈련(Holmes et al. 2006)을 통해 심상의 빈도 및 심상의 영향력 정도를 좀 더 간접적인 방식으로 수정한다.

'심상'기법에는 놀랍게도 수많은 종류가 있다. 여기서는 심상기법을 직접적 · 간접적 방법들 그리고 부정적 · 긍정적 정서가라는 두 차원으로 나누어 살펴볼 것이다(표 4.1 참조). 표 4.1의 위, 아래에는 정서가에 대한 개념이 수록되어 있다. 심상에 대해 작업하는 것은 이미 존재하는 부정적인 심상(위)을 다루고 새로운 긍정적인 심상(아래)을 촉진하거나 또는 두 가지 모두를 동시에 작업하는 것을 포함한다. 이에 대한 좀 더 자세한 설명은 Holmes의 연구(Holmes et al. 2006)를 참고하길 바란다.

이 책에서 우리는 심상에 대해 직접적으로 작업하는 다양한 방법에 대해 살펴보고

표 4.1 심상기법의 예비 분류

	직접적인 방법	간접적인 방법
부정적인 심상 다루기	• 심상 떠올리기(노출) • 심상 조작 • 심상과 현실의 차이 식별 • 이미지, 기억, 꿈의 변형 • 메타포 이미지를 대상으로 한 작업	• 마음챙김 인지치료 • 기타 메타인지적 접근방법 • 심상-경쟁 과제
긍정적인 심상 촉진하기	• 목표와 능력에 대한 긍정적인 심상 • 새로운 나로 거듭날 수 있는 긍정적인 심상	• 심상을 통한 긍정적인 해석 훈련

자 한다. 표 4.1의 왼쪽을 보면 직접적인 방법에는 심상을 떠올리고 심사숙고하기(심상 노출), 심상이 가지고 있는 의미에 대한 믿음 변화시키기, 심상과 현실의 차이 식별하기, 이미지·기억·꿈 변형하기, 메타포 이미지를 대상으로 작업하기, 새로운 긍정적인 심상 만들기 등이 포함되어 있다. 표 4.1의 오른쪽에는 심상의 빈도나 영향력을 조정할 수 있는 간접적인 방법들의 예가 나열되어 있는데, 여기에는 마음챙김 인지치료(Williams et al. 2007), 기타 메타인지적 접근방법(Wells 2000), 심상-경쟁 과제(Lilley et al. 2009), 혹은 긍정적인 해석 훈련(Holmes et al. 2006)이 포함되어 있다. 심상에 있어서의 능동적인 변화보다 인지정보처리에 기본적인 변화를 야기하는 간접적인 기법들의 효과를 입증할 만한 증거가 아직은 부족하다. 긍정적 해석 훈련에 대해서는 제3장에 간략하게 설명되어 있으며 가능성이 엿보이는 기타 실용적인 간접적인 방법들은 마지막 장에서 논의한다.

심상을 다루는 몇몇 인지행동치료 프로토콜에서는 심상에 대한 개념화 그리고/혹은 치료기법들을 명확하게 기술하고 있다[예 : 외상후 스트레스 장애에서의 Ehlers와 Clark(2000)의 연구, Grunert 등(2007)의 연구, 사회공포증에서의 Clark과 Wells(1995)의 연구, Wild 등(2007, 2008)의 연구, 그리고 성격장애에서의 Arntz와 Weertman(1999)의 연구, Weertman과 Arntz(2007)의 연구]. 그러나 각 치료에 대한 증거가 충분하지 않기 때문에 특정 기법을 자신 있게 선택한다는 게 쉽지 않을 수 있다.

이 장에서 우리의 주목적은 인지행동치료에서 심상을 다룰 때 인지와 정서적 변화를 야기하는 치료의 주된 요소들을 설명하는 것이다. 총 세 가지의 요소가 있다고 볼 수 있는데, 심상을 작업하는 동안 심사숙고하는 태도를 유지하는 것, 고통스러운 심상을 떠올리는 것, 그리고 새로운 의미를 찾고 발전시키기 위해 의도적으로 상반된 정보를 소개하는 것이 이에 해당된다. 이 요소들은 모두 정서처리를 촉진하는 데 목표를 두고 있으며, 이 장에서 우리는 이에 대한 설명으로 시작할 것이다. 이 책의 제3부와 제4부에서 이 세 가지 요소를 혼합한 효과적인 전략들에 대해 좀 더 자세히 설명할 것이다.

심상 개입의 목적

Rachman의 견해(Rachman 1980)에 이어 우리는 심상 개입의 효과가 고통스러운 정서를 얼마나 성공적으로 처리하고 변형시킬 수 있는지의 정도에 달려 있다고 제안한다. Rachman은 1980년도에 출간된 그의 논문에서 '정서처리'에 대한 조작적 정의를 내렸다. 그는 프로이트가 애나 O를 치료하며 정서적 경험이 어떻게 수년간이나 반향을 일으킬 수 있는지에 대해 기술한 부분을 소개했다. 애나 O는 플래시백, 이미지, 악몽, 그리고 감각적 요소를 동반한 기억을 포함하여 여러 유형의 침습적 심상을 호소했고, Rachman은 이를 "맥락에 맞지 않은, 균형이 맞지 않는, 또는 단순히 시간적으로 맞지 않은(out of context or out of proportion, or simply out of time)" 것으로 기술했다 (Rachman 1980, p. 51).

성공적인 정서처리는 정서적 고통이 감소되고 따라서 다른 경험들과 행동들이 침습적 심상 등으로부터 방해 없이 진행될 수 있는 과정이라고 정의한다. Rachman은 정서처리 과정의 성공 여부를 판단할 수 있는 방법들을 제안했다. 공격적인 정서와 인지를 불러일으킨(침습적 심상과 같은) 이전 자극이 더 이상 동일한 결과를 가져오지 않아야 한다. 반두라(Albert Bandura)와 동료들은 뱀을 두려워하는 사람들이 치료 후 파충류에 대한 악몽에서 벗어날 수 있었다고 보고했는데(Bandura et al. 1977), 이것이 좋은 예가 될 수 있겠다. 우리는 Rachman에게 존경을 표하는데, 그 이유는 이 기본적인 전제가 지금까지도 여전히 받아들여지고 있기 때문이다. 우리가 성취하고자 하는 성공적인 개입의 실용적인 정의를 다음과 같이 내릴 수 있다. "침습적인 심상이 사라지거나 그것의 발생 빈도, 고통 또는 파괴적인 정도가 감소되었을 경우 우리의 개입은 성공적이다."

이 장에서는 다양한 정신장애에서 나타나는 침습적 심상에 대한 치료 개입 시 보고

되었던 연구결과들과 임상 장면에서 관찰되었던 것들을 통합하여 소개하고자 한다. Rachman(1980)이 제안한 것처럼 이 전략은 심상에 변화를 가져오는 다양한 기법 혹은 전략에 기저하는 공통적인 요소들을 취합하는 최상의 절약 원리를 적용해 보는 것이다.

심상 변화 기법의 핵심요소

이 장에서 우리는 다음과 같은 공통적인 요소들을 살펴보고자 한다. 침습적 심상을 다루는 데 있어 다음과 같은 세 가지 기본 요소가 존재한다.

1. 심사숙고하는 메타인지적 태도 확립하기. 내담자는 주체적으로 자신의 심상(혹은 심상의 부족)을 관찰하고 심사숙고하며 그 깨달음을 인식해 더 넓은 관점을 확보할 수 있는 기회를 얻는다.
2. 고통스러운 심상과 그 심상에 내포되어 있는 의미와 정서 그리고/혹은 건강한 심상이 부족한 것에 대해 인식하고 깨닫기. 내담자는 이를 통해 심사숙고와 인지적 그리고 메타인지적 변화를 일으킬 수 있는 기회를 얻는다.
3. 부정적 심상 그리고/또는 그 심상에 내포되어 있는 의미에 변화를 일으키기 위해 과거의 또는 새로운 상반된 정보를 의도적으로 찾아보고, 긍정적 심상을 만들어 새로운 가능성에 대해 심상 리허설을 해본다.

심상 작업 동안 심사숙고하는 태도 유지하기

임상적 관찰과 실험적 연구에 따르면 심상을 직접적으로 다룰 때 필요한 두 가지 요소는 고통감을 주는 심상을 떠올리는 것(혹은 긍정적 심상의 부족에 대한 심사숙고) 그리고 새로운 심상 이미지를 생성할 목적으로 기존 이미지와는 상반되는 새로운 정보를 제공하는 것이다. 이제 우리는 이 작업을 위해 필요한 것들이 무엇인지에 대해 살펴보기로 하겠다.

Teasdale은 인지 하위 체계 상호 작용 모델(Interacting Cognitive Sub-systems model, ICS)의 맥락에서 정서처리를 설명한다(Teasdale 1999). 그는 단순히 정서적인 주제만 가지고 생각하는 것은 적어도 우울증에서 서로 상반된 의견이 나올 수 있다고 제안했다. 그는 정서를 직접적으로 불러일으킬 수 있는 정신적 표상이 활성화되어야 한다고 제안하고 있다. 이는 오직 특별한 방법으로만 행해져야 하는데, 의식하에 인식된 정보에 즉각적으로 반응하지 않아야 한다. 그 이유는 '아무 생각 없이 감정만을 과도하게 표출(mindless emoting)'하는 것으로 이어질 수 있기 때문이다. 대신 정보들을 의식하에 두면서 다양한 종류의 정보들을 모으고 고려할 필요가 있다. 이 과정은 내담자가 정서적 내용에 대해 어떠한 자기비판이나 반추도 하지 않으면서, 정서적 주제들을 의식하에 두고 곰곰이 생각해 볼 수 있는 기회를 갖게끔 촉진하는 상황에서 가장 잘 이루어질 수 있다. 심사숙고하는 마음의 틀에서는 심상에 대한 새로운 메타인지적 평가에 대한 구체적인 예는 물론이고 새로운 패턴의 의미를 조합해 보는 "생각해 볼 수 있는 공간"이 가능해진다(예 : "나는 지금 안전하다, 이건 단지 심상일 뿐이다." 등).

개인의 경험에 대한 객관적인 심사숙고는 Kolb의 학습 사이클(그림 4.1)에서도 명확히 나타난다(Kolb 1984). Kolb가 제안한 학습 모델을 보면 경험, 관찰, 심사숙고, 그리고 계획의 네 가지 요소가 포함되어 있다. 이 템플릿은 인지치료에서의 행동실험에서 유용하게 적용되어 왔다(Bennett-Levy et al. 2004).

학습 사이클 단계를 심상에 적용하면 다음과 같다.

◆ 경험 : 심상을 불러일으키는 실제 혹은 상상된 단서에 노출되는 것
◆ 관찰 : 심상을 불러일으킨 주제, 감각적 요소, 정서, 내용의 의미, 이미지가 가지는 중요성에 대한 평가, 행동적 반응 등 심상의 여러 측면에 대해 객관적으로 인식하는 것

경험 : 실제 혹은 상상으로 만들어진 단서에 노출

심상 내용, 의미, 중요성, 정서, 영향력, 행동에 대한 **관찰**

심상 평가의 타당성과 심상에 대한 반응의 **심사숙고**. 대안 고려

다각도 관점에서의 의미 관찰 새로운 관점을 실험하기 위한 **계획**

그림 4.1 심상에 적용한 학습 사이클

- ◆ 심사숙고 : 분석하기, 이해하기, 이미지 경험을 개념화하고 현재와 과거의 경험들, 지식, 그리고 아이디어에 연결시키기, 새로운 관점들을 조직화하는 것
- ◆ 계획 : 다각도 관점에서 실용적인 의미들 고려해 보기. 새로운 관점의 특성들을 어떻게 실험할지 생각해 보는 것에 관한 것

효과적인 심상처리에 심사숙고하는 태도가 핵심요소라고 생각되기는 하지만, 때때로 내담자들의 정서가 너무 고양되어 있으면 심사숙고 자체가 가능하지 않을 수 있다. 또한 내담자의 정신분열형(마법 혹은 미신적인) 믿음이 강할 경우에는 내담자가 심상에 접근하는 것은 물론 객관적인 태도를 유지하도록 치료자가 유도하는 것이 쉽지 않을 수 있다. 해리성 플래시백에서 경험되는 것처럼 정서에 너무 압도되어 현재의 현실 또는 과거의 지식 및 경험에 접근하는 것이 어려울 수도 있다. 이런 경우 치료자는 내담자의 정서를 합리적인 수준에서 유지시켜야 하는데, 이는 내담자가 관련 정보들을 처리하고 자신의 생각들을 최신화할 수 있게끔 돕는다. 정서가 너무 높으면 내담자가 치료를 중단하거나 치료자와 내담자의 치료적 동맹에 균열이 생기는 일이 발생할 수 있다. 내담자가 적절한 메타인지적 태도를 유지하도록 촉진하는 구체적인 방법들은 이 책의 제2~4부에서 다룰 것이다. 제5장은 그중에서도 특히 심상 작업 전 내담자를 어떻게 준비시켜야 하는지에 대한 구체적인 정보가 명시되어 있다.

고통감을 주는 심상 떠올리기

침습적 심상을 의도적으로 떠올리기 위한 인지행동치료 기법으로는 외상후 스트레스 장애에서 외상기억들을 '재경험하는' 기법(예 : Foa and Rothbaum 1998), 체계적 둔감화(Wolpe 1958), 심상 홍수법(Stampfl and Levis 1967), 내현적 민감화(Cautela 1966), 그리고 EMDR(Shaprio 2001) 등이 있다. 치료자들은 여러 프로토콜을 사용해 다양한 구조와 수준에서의 심상 노출 치료법들을 제공해 왔다. 심상 노출에는 두 가지 주요한 목표가 있는데, 개념화에 필요한 정보 수집과 이를 핵심치료 전략으로 사용하는 것이다.

이 절에서 우리는 심상을 떠올리게 하는 두 가지 핵심요소, 즉 개념화에 필요한 정보를 수집하는 데 있어 고통감이 느껴지는 심상 떠올리기, 치료의 핵심요소로서 반복적 또는 지속적 심상 떠올리기에 대해 논의할 것이다. 그리고 세 번째 요소로서 심상 떠올리기의 변화 메커니즘을 소개할 것인데, 이는 심상을 의도적으로 떠올리는 동안

자발적이고 자동적인 변화가 어떻게 일어나는지를 이해하는 데 도움을 줄 것이다.

개념화에 필요한 정보 수집을 위해 고통감이 느껴지는 심상 떠올리기

임상적으로 심상을 떠올리는 것은 정서가 많이 실려 있는 상황과 이에 대한 반응, 그리고 내담자가 그 상황에 대해 부여한 의미에 대한 정보를 모으는 데 뛰어난 방법이다. 일반적으로 말하는 것보다는 심상을 떠올렸을 때 더 많은 정보들이 드러났다. 정서적 자극 상황의 세부 정보들, 그리고 그에 대한 내담자의 반응은 내담자가 기술하는 심상에서 생생히 확인할 수 있었다. 내담자들은 종종 자신들이 보고한 심상에 놀라기도 한다(예 : 정서의 강도, 잊어버렸거나 알아차리지 못했던 세부사항, 심상에 그들이 부여한 의미 등).

외상후 스트레스 장애를 치료하는 동안 내담자들은 가끔 외상사건을 '다시 경험하도록' 지시받는데, 이때 내담자는 1인칭과 현재시점을 사용하여 가능한 한 사건의 다양한 측면을 전달하도록 지시받는다(예 : Ehlers and Clark 2000; Foa and Rothbaum 1998; Marks et al. 1998; Tarrier et al. 1999). 사건을 재경험하는 것은 매우 생생하고 고통스러운 심상을 떠올리게 하거나 내담자를 해리성 플래시백에 빠지게 할 수도 있다(현상학에 대해서는 제2장 참조). 내담자가 이 과정을 너무 힘들어한다면 심상 일부에 대한 세세한 정보는 글로 적게 하거나 컴퓨터로 작성하게 함으로써 정서에 대한 영향력의 정도를 줄일 수 있다(Brewin and Lennard 1999; Pennebaker 1997).

인지치료에서는 '뜨거운', '차가운' 인지에 대한 차이를 구분했고 '뜨거운' 인지(예 : 행동으로 이어질 가능성이 농후한 강한 정서를 동반하며 자동적으로 유발되는 것)를 찾아내기 위한 시도가 지속되어 왔다. '뜨거운' 심상에 접근하는 방법은 다음과 같다. 내담자에게 최근에 일어난 구체적인 에피소드를 기술해 보라고 지시한다. 이때 내담자는 당시에 경험했던 감각적 요소들, 그리고 그 당시에 했던 평가 등을 포함해서 세세하고 구체적으로 설명해야 한다. 이 과정은 외상사건을 다시 경험하는 것과 비슷한 것으로 종종 사건에 대한 핵심인지들이 반영되어 있는 심상을 불러일으키기도 한다. 심상에 대한 기술이 상세하면 상세할수록 더 많은 심상들이 나오게 된다.

이와 비슷하게 내담자가 치료 중 혹은 치료회기 사이에 의도적이든 또는 비의도적이든 내담자가 실제 경험했던 정서적인 상황에 직면하게 될 때 침습적 심상이 표현될 수 있다. 이런 심상을 잘 탐색해 보면 내담자가 현재 혹은 미래를 어떻게 생각하는지,

심상에 어떻게 반응할 계획인지, 그리고 심상이 고통스러운 과거 경험에 대한 기억에 기반을 두고 있는지 아닌지를 이해하는 데 도움이 될 만한 실마리를 찾을 수 있다. 다시 말해 실제 상황에 노출되는 것은 화나는 일에 대해 그저 말로 설명하는 것보다 더 많은 심상과 정서를 떠올리게 한다.

위에 설명한 바와 같이 내담자에게 심상을 표현하게 하면 내담자의 삶에서 문제가 되는 측면을 개념화하는 데 도움을 줄 뿐 아니라 내담자에 의한 자동적 재평가가 나오기도 한다.

> PTSD를 겪고 있는 내담자는 차 사고의 현장을 다시 방문하는 걸 꺼렸고 도착했을 때 잔뜩 긴장한 상태였다. 내담자는 갑자기 안도의 눈물을 터뜨렸다. 그녀가 상상한 장면은 현실과 같지 않았기 때문이다. 그녀의 심상에서는 '나는 사고를 피할 수도 있었다.'로 전달되었다. 도로가 꺾여 있는 정도를 실제로 보고 상대 운전자가 도로의 반대편에 있었다는 걸 기억한 후 그녀는 사고가 피할 수 없었던 사건이라는 걸 다시 인식하게 되었다.

치료의 핵심요소인 반복적 또는 지속적 심상 떠올리기

인지행동치료에서 반복적이고 지속적으로 심상을 떠올리는 것에 대한 효과는 이미 입증된 바 있다. 지금까지는 심상 노출 또는 상황적 단서에 대한 노출 방법을 통해 심상에 접근해 왔다. 노출은 재경험이나 홍수법 그리고 실제 노출치료처럼 길 수도 있고, 둔감화나 EMDR처럼 훨씬 더 짧지만 반복적일 수도 있다. 침습적 심상을 반복적으로 그리고 지속적으로 떠올린 후 나타나는 일반적 반응에는 불완전한 정서처리의 감소 그리고 심상과 관련된 정서적 고통감의 감소이다.

반복적이고 지속적인 심상 떠올리기의 영향에 대해서는 행동치료(Foa and Kozak 1986; Rachman 2001) 및 인지행동치료의 최신 문헌(예 : Ehlers and Clark 2000)에 잘 설명되어 있다. Foa와 Kozak(1986) 및 Rachman(2001)은 노출치료를 실시하는 데 있어 사용할 수 있는 다양한 방법들의 효과성을 보여주는 증거들에 대해 포괄적인 견해를 제시했다(예 : 노출의 길이와 전달 매체, 반복의 효과, 노출에서 사용해 볼 수 있는 접근 가능한 요소 등). Ehlers와 Clark은 외상기억의 재경험과 단서에 대한 노출이 인지에 초점을 두는 다른 치료 전략들과 더불어 중요한 역할을 한다고 보는데, Ehlers와 Clark의 이런 접근법에 기반을 두고 진행된 외상후 스트레스 장애 연구들은 인치치료 과정

동안 침습적 심상의 빈도, 고통스러운 정도, 생생함, '현장감'이 지속적으로 낮아졌다는 것을 보여주었다(Hackmann et al. 2004; Speckens et al. 2006).

현재는 치료의 인지적인 요소들, 심상에 관한 이론적 모델들과의 관계, 그리고 변화를 가져오는 메커니즘에 대해 상당한 관심이 모아지고 있다. 변화의 세 번째 요소에 대해 설명(내담자가 심상에 대해 새로운 의미를 생성할 수 있도록 심상에 부합되지 않는 정보를 제공하는 것)하기 전 의도적인 심상 떠올리기에서 종종 나타나는 자동적인 변화를 이끄는 메커니즘이 무엇인지 알아보려고 한다.

심상 떠올리기 중 나타나는 변화 메커니즘

연구자들은 침습적 심상 떠올리기의 결과로 나타나는 변화 메커니즘에 대한 다양한 의견들을 제시해 왔다. 여기에는 의미의 자동적 재구성, 습관화, 치료 환경에서의 안전 정보에 대한 지식, 외상과 비외상사건의 변별, 기억을 떠올리는 것이 통제감 상실로 이어지지 않는다는 사실을 깨닫는 것, 부정적 평가를 야기하는 외상 요소들에 집중하고 그들을 수정하는 것, 통합되지 못한 이미지의 의미를 구체화하고 심사숙고할 수 있는 풍부한 환경의 제공 등이 포함된다.

앞서 언급했듯 고통스러운 주제나 그 주제가 지니는 의미에 접근하는 데 있어 언어로 작업하는 것은 심상 또는 실제 노출만큼 효과적이지는 않다. 일단 고통스러운 주제나 그 주제가 지니는 의미에 접근하면 의식하에 있는 주제들을 심사숙고하거나 재평가할 수 있는 기회를 가질 수 있으며, 반복적인 노출을 통해 의미의 재구성이 자동적으로 일어나는 것을 꽤 자주 관찰할 수 있다.

> 한 내담자는 그의 첫 외상기억을 재경험하는 과정에서 파손된 차에 갇혀 있는 소녀에게 다가가고 있는 그를 친구들이 막았던 장면을 떠올리며 무척 분노했다. 그는 어떻게든 소녀를 구하고 싶었는데 그렇게 할 수 없는 상황에 절망감을 느꼈다. 그다음 치료회기에서 그는 몇 번이나 차에 다가갔고, 차가 얼마나 훼손되었는지 확인하고 소녀로부터 그 어떤 응답도 들을 수 없었다는 것을 기억해 냈다. 그는 또한 경찰로부터 소녀의 맥박이 멈추었고 죽은 것으로 확신한다는 말을 전해 들었던 것도 기억해 냈다.

위에 언급된 부분적 기억들이 이전에는 서로 연결되지 못했었다. 외상기억에 대한 재경험 전 그는 자신이 소녀를 버렸다고 믿었으며, 그를 붙잡은 친구들을 원망했다.

부분적 기억들이 커다란 틀에서 정리되자 그는 그 누구도 소녀를 구하지 못했을 것이라는 점에 슬픔을 느끼긴 했지만 예전보다 죄책감과 분노를 훨씬 덜 느끼게 되었다.

심상에서의 자동적인 변화들 그리고 이와 연관된 의미와 중요성이 체계적 둔감화와 심상 홍수법(예 : Levis 1980; Weitzman 1967) 행동치료 문헌에서 가끔 언급되었다. Levis는 '최악의 시나리오'를 적용한 심상 홍수법을 사용하는 과정에서 과거의 외상사건에 대한 기억들을 종종 떠올릴 수 있었고 이 과정이 치료적으로 효과가 있었다고 언급했다. 가령 외상사건을 재회상하는 과정에서 내담자는 그가 보고한 고통스러운 심상이 곧 벌어질 일을 예견하는 것이 아니라 그저 과거 기억들의 일부를 반영하고 있다는 것을 깨닫게 된다는 것이다.

EMDR에서는 특정 이미지를 마음속에 유지하면서 다른 이미지와 기억들을 떠올리고 이 과정에서 마음속에 유지하던 이미지들이 긍정적인 방향으로 변화되어 가는 것을 인지적 변화라고 설명한다(Shapiro 2001). 만약 이 현상이 자발적으로 나타나지 않으면 인지적 변화를 장려하기 위한 다른 기술들이 활용될 수 있다.

치료자들이 흔히 갖고 있는 생각 중 하나는 노출과 심상 떠올리기를 포함한 치료기법의 효과적인 메커니즘이 습관화라는 것이다. 그러나 Foa는 그보다 좀 더 복잡한 형태의 인지적인 접근법을 제안했는데, Foa와 Kozak은 '공포 구조'를 최대한 불러일으키면서 병리적인 요소들과 상반되는 정보를 제공할 필요가 있다고 소개했다(Foa and Kozak 1986). 습관화는 정보를 수정하는 데 필요한 하나의 정보원이 될 수 있다. 내담자는 불안감이 점점 옅어지고 불안을 피하고자 하는 열망이 줄어들면서 불안이 영원히 지속되지 않는다는 것을 배우게 된다. 그러나 습관화는 여러 변화 메커니즘 중 하나일 뿐이다.

Jaycox와 Foa는 외상후 스트레스 장애의 침습적 심상 노출과 함께 치료에 진전을 보이는 데 관여하는 것으로 보이는 다른 치료 메커니즘에 대해서도 소개했다(Jaycox and Foa 1998).

(a) 치료 환경에서 안전정보를 소개하는 것(예 : 내담자는 자신이 치료자와 함께 안전한 장소에 있다는 걸 끊임없이 인지하고 의도적으로 이와 관련된 심상을 구현한다.)

(b) 외상과 비외상사건들의 차이를 관찰하는 기회를 제공하는 것

ⓒ 기억을 불러와 들여다보는 것이 통제감 상실로 이어지는 것이 아니라는 것을 깨
달게 하는 것(예 : 미칠 것 같은 것, 무너질 것 같은 것, 죽을 것 같은 것 등)

ⓓ 부정적인 평가를 야기하는 외상 요소들에 집중하고 수정할 수 있는 기회를 갖는 것

또한 반복 노출을 통해 외상에 대한 통합되고 일관성 있는 서술이 나타나기 시작한
다(Goa et al. 1995). 이는 그 자체만으로도 도움이 되는데, 왜냐하면 무언가 곧 닥칠지
도 모른다는 내담자의 두려움이 훗날 최악의 상황이 일어나지는 않는다는 경험에 연
결이 되기 때문이다. 이론상 심상 노출 그 자체는 기억의 일부를 활성화시키고, 심사
숙고 과정을 통해 얻은 것과 수정된 정보를 통합하게 하며 인지정서를 처리할 수 있는
기회를 부여한다. 어떤 내담자들은 위에 제시한 방식으로 진행해도 효과가 있는 반면,
어떤 내담자들은 치료자로부터 더 높은 수준의 지지와 촉진을 필요로 하기도 한다(다
음 단락 참조).

Ehlers와 Clark은 외상후 스트레스 장애에서의 재경험과 실제 노출기법의 다양한 기
능을 분석하여 심상에서의 변화 메커니즘에 대해 보고했다(Ehlers and Clark 2000). 즉,
재경험과 실제 노출기법을 통해 침습적 심상의 고통스러운 일부 장면들이 좀 더 세부
적으로 정교화될 수도 있고 다른 지식과 기억의 광범위한 맥락 내에서 고통스러운 장
면들을 볼 수도 있다. 의식적 자각하에 이미지를 마음속에 유지하면서 그 이미지가 지
니는 의미를 단어로 표현해 보면 이전의 평가가 왜곡되었다는 것을 볼 수 있는 기회를
제공한다. 이 맥락에서 다른 자서전적 기억들은 이전 외상사건이 주는 영향을 제약하
는 데 사용되어 궁극적으로 일관성 있는 이야기를 발전시킬 수 있게끔 한다. 가령 차
사고가 나서 자신의 아이가 죽을 것이라고 생각하고 있는 사람은 마음속에서 그리는
끔직한 생각과 아이가 살아 있다는 실제 현실 간의 연결고리를 만들어 볼 수 있다. 더
나아가 기억에 '시간 코드(time code)'를 적용시키게 되면 내담자는 지금 현재 끔직한
일이 벌어질 것이라고 생각하는 대신 침습적 심상은 단지 정신적 산물에 불과하다는
것을 인식하게 되고 결국 침습적 심상은 '지금' 아무런 영향도 미칠 수 없다는 점을 깨
닫게 된다.

외상후 스트레스 장애 외 다른 장애에서의 침습적 이미지 또한 과거 경험의 일부를
반영하고 있는데, 외상후 스트레스 장애에서 그러하듯 의도적으로 심상을 떠올리는
작업은 자발적인 최신화와 재평가 기회를 만들게 된다. 광장공포증에서의 이미지들에

대한 연구를 살펴보면 좀 더 잘 이해가 되는데(Day et al. 2004), 가령 인터뷰에 참여한 모든 내담자들이 반복적으로 침습적 심상을 경험했으며, 대다수가 이전의 외상 경험을 그들이 보고한 심상과 연결시킬 수 있었다. 그중 몇몇 내담자는 이전에는 단 한 번도 심상과 과거의 일을 연결시킬 생각을 하지 못했으며, 이 연결이 획기적이었다고 보고하기도 했다. 인터뷰를 한 지 일주일 후, 그룹 전체에서 회피 점수가 유의하게 감소했다. 이는 심상 떠올리기가 자발적인 최신화와 재평가를 이끌었다는 것을 시사한다. 내담자들은 공포 이미지가 현실보다 과거와 더 관련된다는 점을 깨닫고 과거와 현재를 구분하려는 동기를 키웠을 것이다.

결론적으로 연구자들은 침습적 이미지를 의도적으로 떠올렸을 때, 효과적인 정서 처리가 일어난다는 것을 알게 되었고, 이를 통해 수많은 변화 메커니즘을 밝히게 되었다. 그러나 아쉽게도 자발적인 변화가 항상 일어나는 것은 아니다. 다음 단락에서는 치료에서 진전을 보이지 않는 내담자를 어떻게 하면 좀 더 능동적으로 개입시킬 수 있는지에 대해 알아보려고 한다.

새로운 의미를 발전시키기 위한 상반된 정보의 의도적인 소개

위에서 우리는 고통감을 주는 이미지를 의도적으로 떠올려 보고 이에 대한 노출을 통해 자동적인 인지 변화가 일어나는 방법들에 대해 기술했다. 이 단락에서는 치료자가 의도적으로 인지적 변화를 촉진하기 위해 취할 수 있는 중요한 방법 몇 가지를 설명하려고 한다. 내담자의 이미지를 불러오기 위해 치료자가 시도했으나 기대하였던 변화가 나타나지 않을 때 이 방법들을 사용할 수 있을 것이다. 이 세 가지 방법이란 (1) 언어적, (2) 심상적, (3) 행동적 전략이다.

새로운 관점을 안내하기 위한 언어 전략

Ehlers와 Clark은 외상후 스트레스 장애에서 재경험과 실제 노출이 항상 의미 재구성으로 이어지지는 않는다는 점에 주목했다(Ehlers and Clark 2000). 외상에 대한 그리고 외상으로부터 파생되는 결과의 의미에 대한 인지적 왜곡이 뚜렷할 때는 길잡이식 발견법(guided discovery)과 같은 인지적 기법들 그리고 자동적 사고에 대한 반박기법들을 사용해 볼 수 있다. 수많은 무작위 대조군 치료연구들은 (노출 없는) 인지치료가 노출치료만큼이나 효과적이지만 두 접근방법을 같이 묶어 치료 효과를 살펴보았을 때 어느 한 치료의 추가적인 이득은 없었음을 확인할 수 있었다(예 : Marks et al. 1998; Tarrier et al. 1999). 그러나 이 실험들에서의 한계점은 두 접근방법이 별도의 치료회기로 나뉘어서 시행되었다는 점이다.

반대로 Ehlers와 Clark은 언어적·체험적 요소들이 더 밀접하게 섞인다면 추가적인 이득이 생길 수도 있다고 보았다(Ehlers and Clark 2000). 이를 바탕으로 외상후 스트레스 장애를 치료하기 위한 2개의 무작위 대조군 치료 실험을 하였는데 Ehlers와 동료들은 이 두 연구에서 굉장히 큰 치료 효과를 얻었다(Ehlers et al. 2003, 2005). 두 연구에서 치료의 방향을 노출기법만을 적용했을 때보다 재경험에 대한 회기는 줄이고 언어와 심상 전략을 함께 사용해 왜곡되고 '뜨거운' 인지 전략들에 접근하고 도전하는 데 초점을 두었다. 이와 비슷하게 Arntz와 동료들은 외상후 스트레스 장애 치료에서는 심상 노출과 기억에 대한 심상 재구성이 오직 심상 노출만 활용한 치료보다 더 효과적이었다고 보고했다(Arntz et al. 2007). 구체적으로 치료를 중단한 내담자의 수도 더 적었고 치료자들의 무기력감도 더 줄어들었다. 이 치료법은 분노, 적대심, 죄책감의 일면을 줄이는데도 효과적이었다. 이에 대한 더 심도 깊은 논의는 제9장에서 확인하길 바란다.

축적된 임상 경험을 통해 알아낸 것은 심상 재료가 '뜨거운 것'일 필요가 있다는 것이다(예 : 강력한 정서를 자극할 수 있어야 함). 언어적 작업이 반드시 정서를 직접적으로 자극하는 정신적 표상에 접근하지는 않기 때문에, 이와 같은 주제는 상황적 혹은 심상적 단서에 의한 노출을 통해 접근할 필요가 있다고 제안한다. 심상에 접근한 다음에는 심상이 지니는 의미에 대해 그리고 심상이 가지고 있는 새로운 관점에 대해 탐색할 필요가 있다. 언어적 작업이 이 과정에서 유용하긴 하지만 이는 '마음'이 아닌 '머리'만을 확신하는 효과를 지닐지도 모르겠다. 논리만으로는 누군가가 느끼는 방식에 대해 바꾸기는 어려울지도 모른다. 새로운 관점을 갖도록 강화시키기 위해서는 어떤 체험적인(새롭고 현실적인, 또는 상상에 바탕한 경험에서 오는) 것이 필요할지도 모른다.

외상후 스트레스 장애에서 인지정서처리를 강화할 수 있는 몇 가지 방법이 있다. 내담자는 외상사건을 다시 떠올린 후 길잡이식 발견법을 통해 외상사건의 새로운 의미를 통합하라는 지시를 받는다(Ehlers and Clark 2000; Grey et al. 2002). Grey와 동료들은 이 기법을 '재경험에서의 인지적 재구성'이라고 불렀다. 내담자가 고통스러운 장면을 떠올릴 때 치료자가 "그래서 지금 당신이 그 일에 대해 알고 있는 사실은 무엇인가요?"라는 질문을 던지게 되는데, 이 작업은 내담자가 고통스러운 외상 장면에 대해 가지고 있는 의미를 최신화할 수 있는 기회를 준다. 이런 방법을 사용하면 좀 더 광범위한 관점에서 사건에 대한 대안적(좀 더 긍정적인 방향으로) 해석이 도출될 수 있다.

> 차가 충돌하는 순간 다리를 잃을지도 모른다는 심상을 떠올린 내담자는(실제로 다리를 잃지 않음) 사건 재경험에서 다음과 같은 질문을 받았다. "당신의 다리에 무슨 일이 생길지도 모른다고 했는데, 지금 당신이 알고 있는 사실은 무엇인가요?"

이런 식으로 새로운 정보를 통합하는 것은 기억의 일부분이 부호화될 때 사용했던 평가의 유해한 측면을 줄이는 것으로 나타났다. Ehlers와 Clark 연구팀이 사용한 또 다른 유용한 방법은 외상사건과 관련된 내용들을 칠판에 정리하는 것인데, 이때 시간 순서대로 정확히 사건을 기록하고 중요한 세부 내용들이 모두 시야 안에 들어올 수 있도록 해야 한다. 어떤 내담자는 사건 당시에 했던 모든 고통스러운 인지적 평가와 치료 회기에 와서 알게 된 관련 핵심 사항들을 글로 적어 봄으로써 치료 효과를 보기도 한다(제9장 참조). 임상적으로 이런 기법들은 새롭게 얻은 정보를 통해 트라우마 기억들을 최신화하고 맥락화시킬 수 있는 기회를 제공하는 것으로 보인다.

새로운 관점을 안내하기 위한 심상 전략

심상기법을 사용하는 것은 종종 외상사건에 대한 서술을 바꾸는 것뿐 아니라 기억 표상의 감각적 측면들을 수정하는 데에도 도움이 된다. 특히 내담자가 외상사건에 대해 무슨 일이 일어났는지에 대해 이해하고 사건을 재해석하는 다른 방법이 있다는 것도 알기는 하지만 사건에 대한 그들의 정서와 믿음 평정에는 변화가 없을 경우 적용할 수 있는 유용한 기법이다.

> 사이먼은 병원 부지에서 차를 박았다. 그는 처음에는 자신이 금방 구조될 것이라고 생각했는데 그 순간 두 간호사가 그를 보지 않고 지나쳤다. 그는 방관적인 부모님과 함께 우울하고 외로운 유년 시절을 보냈기에 평상시에 생각했던 대로, 그 누구도 그를 도와주지 않을 것이라는 결론에 바로 도달했다. 사실 몇 초 후 몇몇 사람들이 그를 돕기 위해 달려왔다는 것을 알았음에도 불구하고 도움을 받지 못했던 짧은 순간에 대한 플래시백을 경험했다. 이런 정보를 그의 기억 표상에 넣기 위해서 동일한 사건을 하늘에서 내려다보면서 다시 경험해 보도록 제안하였고 그는 간호사들이 걸어서 그를 지나쳐 가긴 했지만 그와 동시에 다른 사람들이 그를 도와

주러 뛰어오는 모습을 볼 수 있었다. 이 재경험 회기는 (다른 관점에서 보게 된) 그의 고통감을 줄여주었다.

심상 재구성을 위한 다양한 다른 기법에 대해서는 제9장에서 좀 더 자세히 설명될 것이다. 이 기법들에서 심상은 모두 '뜨거운' 기억들 혹은 이미지에 대한 새로운 관점을 의도적으로 소개하기 위해 사용된다. 예를 들어 Hunt와 Fenton은 뱀공포증이 있는 사람을 대상으로 노출기법과 심상 재구성법의 치료 효과를 비교했다(Hunt and Fenton 2007). 두 치료기법 모두 효과적이었는데 두 방법을 합쳐 사용했을 때 그 효과는 더욱 커졌다. Grunert와 동료들(Grunert et al. 2007)에 의해 소개된 효과적인 재구성 전략도 있는데, 가령 외상후 스트레스 장애를 겪고 있는 내담자가 지속노출치료에 반응하지 않을 경우 현재 '생존해 있는 자아'가 외상으로 상처 입은 과거 속의 자아를 방문하도록 함으로써 외상사건에 더 효과적으로 대처하고 그 사건을 더 잘 처리할 수 있도록 돕게 한다.

초기의 기억들을 재구성하는 방법은 성격장애나 아동 학대를 위한 인지치료에서 종종 사용되어 왔다(예 : Arntz and Weertman 1999; Edwards 1990; Layden et al. 1993; Smucker et al. 1995; Weertman and Arntz 2007; Young et al. 2003). 그러나 우울증(Wheatley et al. 2007, 2009)과 사회공포증(Wild et al. 2007, 2008) 및 폭식증(Cooper et al. 2007)을 가진 사람들을 대상으로 한 최근 연구결과를 보면, 초기 기억 재구성 방법을 좀 더 넓은 범위의 환자군에게 확장시켜 보는 것도 도움이 될 수 있다는 점을 시사한다.

과거에 부여한 의미에 부합하지 않는 정보를 소개해 주기 위해 인지행동치료자들이 고안한 최근의 전략들은 긍정적인 심상의 개발로 이어졌다. 치료자는 내담자가 과거의 부정적인 심상을 분해하기보다는 새롭고 긍정적인 심상을 구축하도록 돕는다(Gilbert 2009; Padesky 2005). 자신, 세계, 그리고 미래에 대한 긍정적인 이미지를 내담자가 떠올리지 못할 때 치료자는 내담자의 자신감과 동기 수준을 높이기 위해 새로운 이미지를 구성해 보고 더 넓은 범위의 행동 레퍼토리들을 만들어 보도록 돕는다. 이 기술들은 제13장에서 더 자세히 논의될 것이다.

새로운 관점을 안내하기 위한 행동 전략

앞에서 실제의 행동 노출은 심상을 불러일으키고, 다양한 종류의 자발적인 인지 변화

를 촉진하는 기회가 된다고 제안하였다. 변화가 자연스럽게 나타나지 않는다면 내담
자가 현재 노출 상황과 과거 외상사건 간의 유사점보다는 떠올릴 수 있는 한 모든 차
이점에 주목할 수 있도록 격려할 필요가 있다(Ehlers and Clark 2000).

> 강간을 당한 적이 있는 여자 내담자는 강간범과 비슷한 신체적 특징을 갖고 있는
> 남편과의 성관계를 기피했다. 치료자는 그녀에게 의도적으로 남편과 강간범의 모
> 든 차이점을 나열해 보고 그것에 집중하도록 지시했다(예 : 목소리, 머리색, 그녀
> 에 대한 존중하는 마음 등).

이러한 자극 변별 과정은 행동적 실험으로 이어질 수 있다.

> 구급차와 사고가 난 적이 있는 내담자는 그녀가 집 밖으로 나갈 경우 또다시 구급
> 차에 치일 확률이 50%가 된다고 예측했다. 치료자는 내담자에게 병원에 도착하는
> 구급차를 관찰하라고 지시했고 그중 단 한 대도 그녀에게 돌진하지 않는다는 사실
> 을 확인하였다.

비슷한 기법들이 다른 불안장애에도 사용된다. 인지행동치료에서 실제 노출 기법
이 종종 사용되는데, 몇몇 연구들은 치료 효과를 극대화하기 위해서 내담자에게 두려
워하는 상황의 자극 특성들에 집중하도록 지시하는 것이 지시를 하지 않거나 주의분
산을 해보라고 지시하는 것보다 도움이 된다고 한다(예 : Kamphuis and Telch 2000;
Mohlman and Zinbarg 2000).

행동실험 패러다임(Bennett-Levy et al. 2004)은 실제 노출과 함께 자연스레 나타나
는 심상의 인지적 재평가를 강화할 수 있다. 내담자에게 두려워하는 상황에 놓이게
될 때 벌어질 일들을 조심스럽게 조작해 보고 예측했던 바를 실험해 보라고 지시한다
(Salkovskis et al. 2007). 이를 통해 내담자들은 그들이 마음속에 그리는 파국적인 이미
지와 어떤 일이 일어날 것이라는 그들의 예측을 지금 실제 일어나고 있는 일과 비교해
볼 수 있게 된다.

말벌이 귀에 날아 들어갈 것이라는 침습적 이미지를 가지고 있는 말벌공포증 내담
자에게는 지금 현재 보고 있는 말벌이 그의 예측과는 다르게 행동하고 있다는 것을 관
찰할 수 있는 기회를 가지도록 격려할 필요가 있다. 사람들 앞에서 쓰러지면 사람들
이 그를 버릴 것이라는 이미지를 갖고 있는 광장공포증 내담자는 가짜로 쓰러지는 척
한 뒤 실제로 무슨 일이 벌어지는지 관찰하라고 지시받는다(Hackmann 1998). 비디오

영상을 찍기 전 예측한 자신의 모습과 비디오 영상을 찍은 후 화면에서 보이는 자신의 모습에 대해 평정하게 함으로써 치료 효과를 얻기도 한다. 이에 대한 추가적인 예는 제8장에 나와 있다.

결론

침습적 심상은 프로이트가 말한 '무의식으로 향하는 왕도'와 같다. 이전에 의식상에서 적절히 처리되지 못했던 침습적 심상은 우리가 더 이상 그것에 정신을 빼앗기거나 부적응적 행동을 하지 못하도록 심상의 내용을 심사숙고하고 최신화하며 면밀히 검토하며 맥락화할 수 있는 기회를 준다.

이 장에서 우리는 임상가들이 긴 시간 동안 관찰한 자료와 치료 효과에 대해 실험해 온 경험적 연구결과들을 살펴보았다. 많은 학자들은 아래 서술된 치료 요소들이 효과적인 심상 기반 치료의 핵심요소가 된다고 제안하고 있다.

1. 침습적 이미지를 광범위한 맥락에서 살펴보는 동안 심사숙고하는 메타인지적 태도를 유지할 것 : 다루기 어려운 주제에 직면할 것이라는 준비를 하고 그것이 지니는 의미를 심사숙고하며 생각에 대해 생각해 보기
2. 정서가 가득 실려 있는 침습적 심상을 떠올리고 의식하에 그것을 유지하거나, 적절한 심상이 부재한 것에 대해 인식하고 심사숙고하며 자동적인 인지 변화를 불러올 수 있는 기회 마련하기
3. 언어적 · 심상적 · 행동적 전략을 통해 의도적으로 변화 촉구하기

이 과정이 효과적으로 처리되면 예전의 침습적 이미지는 '맥락에 맞지 않은, 균형이 맞지 않은, 또는 시간에 맞지 않은' 것으로부터 자유로워질 것이다(Rachman 1980, p. 51).

이 장에서 우리는 자동적인 변화와 치료자의 도움을 통해 심상, 정서, 인지 및 행동에서의 변화가 나타날 수 있는 다양한 기법을 살펴보았다. 여기에는 심상과 실제 현실을 비교하는 것(변별), 심상이 얼마나 정확히 과거, 현재, 혹은 현실성 있는 미래를 반영하는지 살펴보고 의도적으로 다른 자서전적 기억/정보와 연관 짓는 것(조작하기, 세부적인 내용들로 정교화하기, 맥락과 관련짓기)이 포함된다. 외상기억에 시간 코드를 제시해 다른 자서전적 기억들과 함께 광범위한 맥락에서 외상기억을 살펴보는 것, 그

리고 새로운 관점을 반영하여 새로운 심상을 적극적으로 만들어 보는 것은 부정적인 옛 기억 표상과 경쟁할 수 있게 한다(변형, 새로운 이미지 탄생).

　이 책의 제3부와 제4부에서 인지 변화를 위한 치료 전략을 더 상세히 설명할 것이다. 이번 장에서 설명한 요소들이 치료 전략의 핵심이다.

더 긍정적인 미래를 반영하는 이미지로 변형하기

Clare Philips
Vancouver B. C, Canada

카운터에서 계산원으로 오랫동안 일했던 50세의 한 여성은 5개월 전 일터에서 넘어져 무릎을 다치는 바람에 직장으로 돌아갈 수 없었다. 그녀는 아주 생생하고 분명한 그리고 항상 똑같은 이미지 때문에 자주 고통에 시달린다고 보고했다. 고작 몇 초간 나타나는 이미지였지만 통증이 심할 때는 일주일에 여러 번 이 이미지를 경험하게 된다고 했다.

"제가 해야 할 일을 대신 맡게 된 직장 동료들이 화가 나 저한테 맞서는 모습이 보여요. 저 자신을 보호하기 위해서 무슨 말을 해야 할지 모르겠어요."

이미지를 다시 보고 1~10점 척도에 평정을 해보라고 했을 때, 9점(10 = 완전 선명한 이미지)이라고 말했다. 심상이 미치는 힘은 정서가 큰 폭으로 증가할 때(불안 + 40%, 슬픔 + 60%) 나타났으며 무릎의 통증은 50%로 증가했다.

그녀는 상상하는 일이 미래에 벌어질 확률은 85%라고 말했다. 통제감은 30%로 줄었고 신체적 허약에 대한 믿음은 30% 증가했다.

그녀는 이미지가 가지는 의미를 다음과 같이 보고했다.

"제 삶이 힘들어질 거예요. 동료들의 태도 때문에 일을 하기 힘들겠죠. 전 존중받아야 하는
데…… 무시당하고 있어요."

심상 재구성 작업에 대한 회기 후 내담자에게 어떻게 하면 심상을 좀 더 나은 방향으로 바꿀 수 있을지에 대해 질문했다.

"제가 직장에 나가면 동료들이 미소 짓고 있어요. 가장 장난기 많은 두 사람이 제게 다가오죠. 그
들은 제가 회복되어 기쁘다고 말해 줘요! …… 제가 다시 돌아왔다는 사실에 그들은 기뻐해요!"

그녀는 자신이 재구성한 이미지를 보며 행복해했고 이 심상이 꽤 선명하다고 답했다(7/10). 그녀의 불안과 슬픔은 초기에 측정된 것(심상에 대해 이야기 나누기 전)보다 낮았다. 그녀의 통증 정도

도 감소했다. 그녀가 평정한 신체적 허약함에 대한 점수도 초기보다 20% 떨어졌으며 위협을 느끼는 감정도 1/10 수준으로 떨어졌다. 초기에는 7/10이었다.

새로운 심상의 의미가 무엇이냐고 물었을 때 그녀는 이렇게 대답했다.

"사람들이 저를 원해요……. 저는 한 사람의 인간으로서 인정받았어요."

2

심상 개입 준비

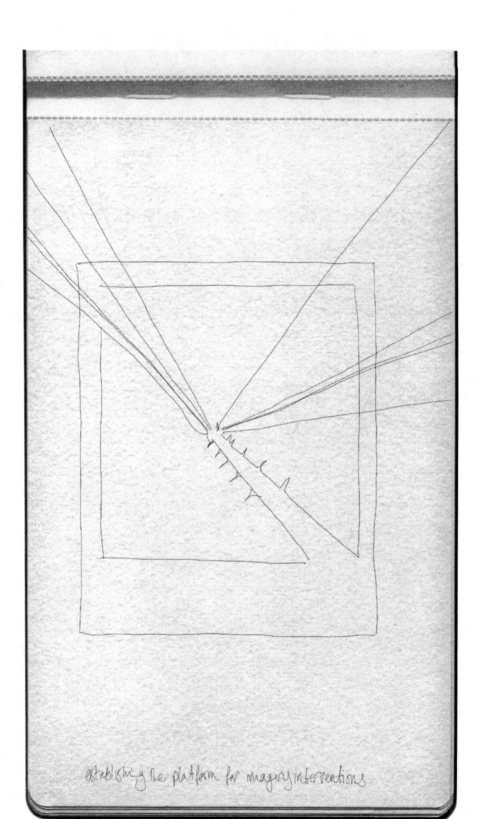

establishing the platform for imagery interventions

5장

심상 개입을 위한 플랫폼 확립하기 : 일반적 원칙과 실례

'만일 그가 어느 항구로 향하는지 스스로 모른다면,
그 어떤 바람도 도움이 되지 않을 것이다.'

세네카(c. 4BC~65AD)

서론

이 장에서는 다양한 상황에서 내담자들과 심상 작업을 하는 데 필요한 일반적인 원칙과 실례를 소개하고자 한다. 이어지는 장에서는 심상을 평가할 때 사용할 수 있는 구체적인 절차(제6장)와 사례 개념화(제7장) 그리고 심상 개입(제8~13장)에 대해 상세히 논의하게 될 것이다.

이 장은 총 4개 섹션으로 구성되어 있다. 처음 3개 섹션에서는 체험학습모델의 4단계인 계획, 경험, 관찰, 심사숙고(Bennett-Levy et al. 2004; Kolb 1984; Lewin 1946)에 대해 차례대로 살펴볼 것인데, 이 내용들은 인지치료에서 체험학습을 설명하는 데 매우 유용한 부분이라고 생각된다. 4번째 섹션에서는 심상 개입 과정에서 생길 수 있는 어려움에 대해 다룰 것이다. 각 섹션은 다음과 같은 내용을 다룬다.

◆ 심상 개입을 위한 계획과 준비
◆ 심상 개입 경험과 실행
◆ 심상 개입의 관찰, 심사숙고 및 추후 개입
◆ 문제 해결 : 심상 개입 과정에서 생길 수 있는 문제

심상 개입을 위한 계획과 준비

심상에 대한 이해 돕기

내담자들은 심상이 어떤 것인지에 대해 이해하지 못하는 경우가 있다. 몇몇 내담자들은 심상을 비현실적이고, 안전하지 못하며, 이상한 것으로 기술하기도 하고 심상을 떠올리면 미칠 수도 있다고 생각하는 경우도 있다. 치료자는 내담자에게 심상에 대한 것을 명확히 정의하고 알려줄 필요가 있다. 어떤 것은 심상이라 말할 수 있고, 어떤 것은 심상이라 할 수 없는지에 대해 내담자가 잘 이해할 수 있도록 설명해 주고, 심상이 왜 필요한지 그리고 심상처리가 어떻게 진행될 것인지에 대한 충분한 지식과 근거를 제공할 수 있어야 한다.

다음과 같은 질문을 던져 보는 것은 내담자가 심상 경험이 일상생활에서의 보편적인 경험이라는 걸 인식하는 데 도움을 줄 수 있다.

"대부분의 사람들은 화가 나면 마음속에서 화가 나는 일들을 생각합니다. 그 일들은 어떤 경우에는 생각이나 말의 형태로 표현될 수도 있고, 어떤 경우에는 영화를 보는 것처럼 이미지로 나타나기도 하고 또는 신체 반응으로 나타날 수도 있습니다. 유사한 경험을 해보신 적이 있나요?"

심상 경험에 회의적인 사람들을 위한 또 다른 전략으로는 다음과 같은 질문을 해보는 것이다.

"자, 지금 앞에 레몬이 있고 그 레몬을 먹는다고 상상해 보세요. 입안에서 뭔가 느껴지는 것이 있나요?" 또는 "집 앞에서 그 집을 보고 있다고 생각해 보세요. 창문이 몇 개나 있죠?"

이런 질문들은 자동적으로 감각(예 : 시각, 청각 등) 심상을 불러일으킨다. 치료자가 던진 이런 질문들에 답하는 과정에서 내담자는 심상이 우리 생활에서 거의 매일 사용되는 것임을 이해하게 된다.

치료자가 만일 이미지에 대해 묻지 않는다면 내담자는 심상을 보고하지 않을 수 있다. 내담자가 심상을 보고하지 않는 데에는 여러 가지 이유가 있을 수 있다. 내담자가 심상을 인지하지 못할 수도 있고, 자신이 보고하는 이미지를 창피하게 느낄 수도 있으며 자신이 떠올리는 이미지에 대한 치료자의 반응에 대해 걱정할 수도 있다.

심상이 얼마나 다양한 영역에 퍼져 있는지에 대해 임상가들이 인식하게 된 것은 최근 몇 년간이다(Arbuthnott and Arbuthnott 2001; Butler and Holmes 2009; Hackmann 1998; Kosslyn et al. 2001; Murphy et al. 2008; Taylor et al. 1998). 치료자가 내담자의 마음속에서 벌어지는 심상에 대해 관심을 가지고 적절히 질문을 할 수 있다면, 지금까지는 심상보다 '언어적 반추'가 주된 메커니즘이라고 알려진 우울증을 포함하여 (Holmes et al. 2007b; Wheatley et al. 2007) 다양한 정신장애에 심상이 중요한 역할을 하고 있다는 점을 알게 될 것이다(Day et al. 2004; Ehlers and Clark 2000; Hackmann and Holmes 2004; Osman et al. 2004). 다양한 장애에 나타나는 심상의 현상학에 대해서는 제2장에 자세히 기술되어 있다.

납득 가능한 치료 근거 제공하기

심상을 사용하는 데 익숙하지 않은 내담자들은 (그리고 가끔은 치료자들까지) 치료 장면에서 심상을 사용하는 것에 대해 냉소적일 수 있으며 심상을 가지고 치료적으로 개입하는 것이 별로 도움이 되지 않는다고 생각할 수도 있다. 내담자가 이런 생각을 가지고 있다면 치료 과정에 들어가기 전 이 주제를 꺼내놓고 충분히 논의하여야 한다. 임상 장면에서 언어로 의사소통하는 형태의 심리치료는 '보편적'인 것으로 인식되는 반면, 심상을 사용하는 절차에 대해서는 낯설어할 수 있다. 가령 "당신이 지금 바닷가에 서 있다고 상상해 보세요. 몸에서 느껴지는 어떤 것이 있나요?"라는 질문을 주고받으며 누군가와 상호 작용할 일이 얼마나 자주 있다고 생각하는가? 내담자가 일상생활에서 심상으로 상호 작용할 일이 별로 없기 때문에 심상에 대해 낯설어하는 것은 당연하다. 따라서 내담자가 심상이 무엇인지 왜 심상을 사용하는지에 대해 더 자세한 설명과 납득 가능한 치료적 근거를 요구하는 건 꽤 자연스러운 일이다.

  심상에 대한 치료 근거는 개입 유형에 따라 그리고 내담자에게 가장 최선의 방법이 무엇인지에 따라 다양하다. 자비심 훈련(compassionate mind training)에서는 심상기법을 사용할 때 종종 '신경생리치료' 비유를 사용한다(Gilbert 2005). 가령 내담자에게 기능적 등가이론에 대해 언급하며 무언가를 한다고 상상하는 것과 실제로 그 일을 행하는 것이 동일한 신경학적 과정을 거친다(Kosslyn, 2001)고 설명해 주는 것은 새로운 기술을 구축하는 내담자에게 유용한 치료적 근거를 제공하는 기회가 된다. Gilbert(pers. comm., 2007년 2월)는 "자비심 훈련이 체력을 기르는 것처럼 자기 자신과 관계하는 새로운 방법을 모색하고 강화하는 것을 도울 것이다."라고 언급했다. 자비심 훈련에 대한 더 자세한 설명은 제13장과 Gilbert가 쓴 두 편의 논문(2005, 2010)에 자세히 나와 있다. 또 다른 내담자들에게는 다음과 같은 이야기가 도움이 될 수도 있다. "심상을 사용하게 되면 우리가 다른 방법으로는 접근이 힘든 기억이나 새로운 관점을 보는 데 도움이 됩니다." 어떤 내담자들에게는 심상 과정에 대해 설명하는 것만으로도 도움이 될 수도 있다. "심상은 당신의 삶 속에서 혼란스러워하는 부분들을 더 잘 이해할 수 있도록 도움을 줄 것입니다. 예를 들어 현재 당신이 경험하는 문제와 당신이 어렸을 적 경험한 것들을 연결시킴으로써 당신이 미래에서 그와 유사한 상황을 마주하게 되었을 때 정서적으로 다르게 반응할 수 있도록 도울 것입니다."

치료적 근거에 대해서는 내담자에게 "이해가 가세요?", "이걸 아시는 게 도움이 되나요?", "이해가 안 가는 부분이 있으신가요?", "이 부분에 대해 이야기를 좀 더 나눠 볼까요?"라는 질문을 하여 같이 살펴보고 확인할 필요가 있다.

내담자 편안하게 하기

많은 다양한 개입방법에서처럼 효과적인 심상 개입을 위해선 내담자 스스로가 편안해야 한다. 어떤 내담자들은 눈을 감거나 치료자가 자신을 바라보는 것(Young et al. 2003)을 불편해하거나, 혹은 이완 과정 중 통제를 잃을까 봐 불안해할 수 있다(Gilbert & Procter 2006; Layden et al. 1993). 이 경우에는 내담자가 가장 편안해할 수 있는 환경을 제공하는 것이 중요하다(예 : 눈을 뜨고 있도록 하거나 치료자가 시선을 돌리는 등).

치료자는 내담자에게 심상 개입 중 어떤 과정은 내담자에게 강렬한 감정을 유발할 수도 있다는 점을 미리 알려주어야 한다(예 : 심상 재경험 과정. 제9장에서 더 심도 깊게 논의됨). 치료자는 치료가 가장 효과적으로 이루어지기 위해서는 그런 과정을 경험하는 것이 불가피하다는 점을 재차 설명해 주어야 하고, 곧 경험하게 될 심리적·정서적 불편감에 대해 충분히 공감을 표현할 수 있어야 한다. 개인 사례화는 내담자가 강렬한 정서와 불쾌한 이미지를 피하는 것과 같은 회피문제가 내담자의 문제를 지속시키는 데 어떤 역할을 하는지를 이해하는 데 도움을 줄 수 있다(제7장 참조). 만약 내담자가 강렬한 정서를 통제할 수 없을 것 같다고 말하면, 그의 불안을 찾아내어 불안을 감소시키기 위한 방법을 같이 해보는 것이 도움이 된다. 내담자에게 감정의 강도가 너무 세다고 생각되면 치료자에게 신호를 보내달라고 하거나 그런 상황에서 내담자가 '안전한 장소'를 만들 수 있도록 돕는 것이 효과적일 수 있다(다음 섹션 참조)(Gilbert and Irons 2005; Young et al. 2003). 또한 본격적인 심상 개입에 앞서 작은 단위의 심상 실험을 통해 내담자의 대처기술을 기르는 경험(예 : 최근의 화가 나는 경험을 설명한 후 '안전한 장소'로 돌아가기)을 같이 해볼 수도 있다.

'안전한 장소'에 대한 심상 만들기

내담자들이 자신들의 부정적인 이미지에 매우 고통스러워할 때(예 : 외상후 스트레스 장애에서 심상 재경험 중)는, 지금-여기(here-and-now)에 있는 치료자와의 상담실로 돌아올 수 있도록 그들만의 책략을 만들어 주는 것이 도움이 된다(예 : 향수 냄새 맡기, 방의 색깔 확인하기, 의자의 감촉 느끼기 등)(Gilbert and Irons 2005; Kennerley 2000; Young et al. 2003). 이런 책략은 내담자가 상대적으로 안정된 상태에서 치료를 시작하고 끝낼 수 있도록 도와준다.

고통스러운 이미지나 심신을 약화시킬 정도로 심한 기분 변동 때문에 놀라 두려움에 떨고 있는 내담자들(예 : 학대받은 경험이 있는 내담자)을 위한 대안 전략은 심상을 사용해 '안전한 장소'를 만들어 보는 것이다(Gilbert and Irons 2005; Kennerley 2000; Young et al. 2003). 정서(긍정적 또는 부정적)를 강화하는 데 목적이 있는 다른 심상 개입법들과 달리, 심상을 이용해 '안전한 장소'를 만드는 목적은 내담자가 과도하게 스트레스를 받고 있을 때 다시 돌아갈 수 있는 편안하고 지지적이며 이완이 될 수 있는 공간을 만들어 주기 위함이다.

안전한 장소는 따뜻하고 유쾌한 기분과 연합된 장소여야 한다. 종종 내담자의 삶에서 실제로 이런 역할을 했던 장소나 안전한 장소의 역할을 했던 사람을 대상으로 하는 것이 도움이 된다(예 : 즐거운 주말에 모래언덕을 쌓고 놀기 혹은 할머니와 포옹하기). 안전한 장소는 어떤 경우에는 상상의 산물일 수도 있다(예 : 수호천사의 이미지 혹은 영화의 한 장면).

치료자는 다음과 같이 내담자를 도울 수도 있다. "편안하고 이완되어 있는 당신의 몸을 느껴 보세요. 안정감과 평화로움을 느낍니다. 그리고 안전하고 안심이 될 만한 편안한 장소에 있다고 상상해 보세요. 이 안전한 장소를 마음속에서 흘러가도록 놔두면서 점점 더 그 장소에 집중해 봅니다. 그 장소가 보이시나요? 어디에 있는 곳인가요? 거기에 누군가가 있나요? 무엇이 보이시는지, 느껴지는지 묘사해 보세요."

내담자가 안전한 장소를 상상하는 데 어려움을 느낀다면, 치료자가 어떤 장소(사막, 숲, 산, 강 혹은 바다)를 추천하거나 누군가를 잘 돌보는 양육자에 대한 이미지(Lee 2005) 또는 안전한 치료실의 이미지를 떠올릴 수 있도록 제안해 볼 수도 있다(Young et al. 2003).

심상 개입 경험과 실행

한 회기 내에서 심상 개입 구조화하기

심상 개입은 이상적으로는 50분 상담 중 첫 30분 이내에 끝내야 한다. 그러나 개입에 대한 디브리핑과 추후 개입에 대한 작업이 더 필요하다면 최소 20분 정도의 시간을 더 늘릴 수도 있다. 어떤 경우(예 : 외상후 스트레스 장애에서의 심상 재경험, 혹은 화나는 어린 시절 기억에 대한 심상 재구성)에는 1시간 30분 정도까지 치료회기를 늘릴 수도 있다. 심상 개입 전에 다룰 것들이 있는데, 여기에는 치료에 대한 근거 설명하기, 회기 중 다룰 가능성이 있는 내용들에 대해 소개하기 그리고 치료를 진행하기 위해 내담자의 동의를 구하는 것이 포함된다.

특히 심상 개입 후 적어도 20분을 남겨두는 것이 중요한데, 이유는 다음과 같다.

1. 심상 개입을 통해 얻은 경험을 정리하기 위해
2. 내담자가 평범한 현실로 돌아왔다는 것을 확인하고 혼란스러운 상태에 남겨지지 않았다는 것을 확신하기 위해
3. 추후 숙제에 대해 논의하기 위해. 숙제로는 치료 상담 중 녹음한 내용 다시 듣기, 상담 내용 다시 생각해 보기, 새로운 기술을 상상으로 연습해 보기 등이 있다.

여러 회기에 걸쳐 심상 개입 구조화하기

심상 개입은 주로 몇 차례의 회기를 필요로 한다. 앞서 설명한 것처럼 심상은 여러 가지 목적을 위해 쓰인다. 예를 들어, 어떤 회기에서는 내담자와 함께 트라우마 기억들을 회상해 보고 탐색해 보는 한편, 다른 회기에서는 기억을 변형하기 위해 치료계획을 세우기도 하고, 또 다른 회기에서는 실제 개입을 해보고 그 의미를 심사숙고해 볼 수도 있다.

때로 심상 작업은 예상했던 것보다 더 오랜 시간이 걸릴 수도 있으며, 또 다른 때에

는 유의미한 변화들이 갑자기 일어나기도 한다. 몇 가지의 '외상 핫스폿'을 재경험하고 재구조화해야 하는 회기에서는 상담 시간을 연장하거나 몇 회기를 추가하여 작업할 수도 있다. 심상 작업은 빠른 시간 안에 해결되지 않는다. 심상 작업은 굉장히 세밀한 정보를 캐고 탐색하는 과정을 요구한다.

심상 개입에서의 물리적 요소

심상회기는 간섭자극들을 최소할 수 있을 때 진행하는 것이 가장 좋다. 치료회기 중 또는 치료회기 동안 녹음된 것을 듣고 있는데, 잔디 깎는 소리라도 들리게 된다면 치료에 도움이 되지 않을 것이다. 내담자를 편안한 의자(이상적으로는 안락의자)에 앉히는 것이 좋다. 치료자는 내담자가 편안하고 몸에 힘을 풀 수 있는 이완된 자세(꼰 다리를 풀고 앞으로 길게 뻗은 뒤 안경을 벗고 눈을 감은 자세)를 취하도록 도움을 주어야 한다. 어떤 내담자는 넥타이나 신발 등 꽉 끼는 옷을 벗기도 한다.

치료자의 대인관계 능력

심상 작업은 깊은 수준에 있는 어떤 것을 불러일으키고 불쾌감을 유발할 수도 있기 때문에, 다른 치료에서와 마찬가지로 치료자의 따뜻함, 호기심, 공감 그리고 진심을 표현할 수 있는 대인관계 능력이 무척 중요하다(Grey et al. 2002). 그러나 공감이 언제나 도움이 되는 것은 아니다. 때로 치료자의 공감 태도가 적절하지 않을 때도 있고 심지어 치료에 해가 되는 경우도 있다.

공감을 표현할 수 있는 가장 적절한 때는 심상 개입 직전과 직후다. 치료자들은 내담자들이 겪은 고통의 정도에 공감을 표현할 수 있고 표현하여야 하는데, 이때 내담자의 마음속에서 돌아가고 있는 개인적인 의미와 내담자가 보고한 사건의 본질들에 잘 부합하고 연결되는 표현이어야 한다. 그러나 심상 개입의 목적이 외상적이고 고통스러운 경험을 치료회기 내에 가져오는 데 있다면, 치료자의 공감 표현은 이 상황에서 도움이 되지 않고 오히려 내담자의 작업 과정을 방해할 수도 있다. 내담자의 경험에 대해 내담자가 가지고 있는 개인적인 의미를 활성화시키고 찾아내기 위해서는 치료자의 중립적 자세가 요구된다.

다른 치료에서처럼 내담자가 잠재적으로 경험하게 될 정서적 고통에 대해 미리 준비시키는 작업이 중요하다. 적절한 시점에서 치료자는 치료회기 중 잠시 정서적으로 힘든 시간이 있을 것이고, 그러나 장기적으로 봤을 때는 그렇게 하는 것이 가치 있는 일임을 미리 알려주어야 한다.

꼭 필요한 경우가 아니라면 과정을 방해하지 않는 것이 중요하다. 치료자는 내담자에게 심상을 떠올리는 동안 약간의 질문만을 할 것이고 가능하면 주변에 머물러 있을 것이라고 미리 말해 줄 필요가 있다. 또한 내담자의 고통이 심하지 않는 이상 특별히 정서적 평안함을 주려고 노력하지 않을 것이라는 점에 대해서도 미리 설명하는 것이 필요하다. 참을 수 없는 극심한 고통이 올 것 같다고 내담자가 느낄 때는 치료자에게 '중단 신호'(예 : 고통을 더 이상 견딜 수 없으면 손을 들어 경험 끝내기)를 보낼 수 있도록 내담자와 미리 상의하는 것이 좋다. 근처에 티슈를 마련해 놓으면 항상 유용하다.

일반적으로 심상 작업에서 치료자는 늘 중립적인 자세와 목소리 톤을 유지해야 한다. 그러나 변화를 촉진하는 또는 건설적인 작업이 진행되는 특정 순간에는 치료자가 좀 더 자신의 감정을 표현해도 된다. 만약 내담자가 가해자에게 도전하고 있다면(Young et al. 2003), 치료자는 강하고 분노가 담긴 목소리 톤을 사용함으로써 그 과정을 촉진시킬 수도 있다. 만약에 내담자가 새로운 기술과 태도를 발전시켜 가고 있는 것을 스스로 기뻐하고 있다면(예 : 직장에서 능력 있는 사람이 된 듯한 느낌) 치료자는 목소리와 표정에 기쁨을 전달하여 표현할 수 있다(Padesky 2005b).

치료자의 역할과 전문적 기술 : 자발적으로 심상을 탐색할 때와 심상을 새롭게 변형시킬 때 강조해야 할 것들

나중에 확인하겠지만(제8~13장), 자발적으로 생성되는 심상(예 : 외상기억)을 떠올리고 탐색하는 것을 촉진할 때 그리고 내담자가 심상을 새롭게 변형시켜 가는 것을 도울 때 치료자가 행해야 할 역할과 갖춰야 할 능력에 몇 가지 차이점이 있다. 이 장에서는 이 차이점들에 대해 설명하고, 이어지는 장에서는 그 차이점들을 확대해서 각 단계마다 취해야 할 구체적인 과정을 도식화해 볼 것이다. 두 역할에서의 가장 중요한 차이는 심상을 떠올리고 내담자와 함께 그 심상을 탐색해 보는 동안 치료자의 역할은 내담자가 자신의 경험을 파헤칠 수 있도록 촉진자가 되는 것이다. 한편, 심상 변형 작업에서의 치료자 역할은 내담자가 자신의 새로운 존재방식에 대해 각본을 써보고 디자인할 수 있도록 옆에서 좀 더 적극적인 태도를 취하는 것이다.

심상 작업에서 치료자가 가져야 할 가장 중요한 기술에는 길잡이식 발견법(Padesky

1993), 심상 떠올리기, 탐색, 맥락 연결하기, 그리고 부정적인 이미지의 변형일 것이다 (Grey et al. 2002). 심상을 자발으로 떠올리고 탐색하여 개념화하기 시작할 때(제6~11 장 참조), 치료자의 역할은 관련된 이미지와 경험을 촉발시킬 수 있는 단서를 만들어 주는 것이다. 치료자는 실제로 이 단서들을 만들 수 있다(예 : 새공포증이 있는 내담자 와 작업할 때 새장을 치료실로 가지고 오는 것). 또는 심상을 통해 단서를 촉발할 수도 있다. "저번 주 슈퍼마켓에서 두려움을 느꼈을 때로 돌아가 보세요. 지금 머릿속에 뭐 가 떠오르시나요? 그 장면을 그려 보시겠어요? 무언가가 잘못되었다는 걸 느끼게 된 첫 계기가 뭔가요?" 이때 작업할 이미지는 내담자가 자발적으로 끌어내는 것이어야 한다. 치료자는 의도적으로 내담자가 어떤 이미지를 끌어내도록 촉진하거나 내담자 안에서 나온 것이 아닌 '복구된 심상(recovered images[1])'을 이끌어 내려고 해서는 안 된 다(Brandon et al. 1998).

어린 시절의 사건을 떠올리고 탐색할 때 Young과 동료들은 치료자가 내담자에게 다 음과 같이 지시할 것을 제안했다 "이제 눈을 감으시고 머릿속에 어떤 이미지가 떠오 르는지 보세요. 억지로 이미지를 떠올리실 필요는 없습니다."(Young et al. 2003) 그 후 치료자는 이미지를 방해하지 않는 조력자 역할을 이어나가면서 소크라테스식 문답법 의 질문을 통해 이미지의 생생함과 이미지에 대한 경험을 더 풍부하게 만들고 이미지 가 가지는 의미를 탐색해 나간다(예 : "무슨 일이 벌어지고 있나요? 무엇을 보고 있나 요? 주변 환경은 어떤가요? 누가 있나요? 그들이 뭐라고 말하나요? 당신은 뭐라고 하 나요? 기분이 어떠신가요? 신체 어딘가에서 느껴지는 게 있나요? 소리, 맛, 냄새 같은 것이 느껴지지는 않나요? 이게 당신과 세계, 그리고 다른 사람들에게 어떤 의미를 가 질까요? 자신에 대해 무엇을 알게 되었나요?")

심상 변형 작업을 위해서 치료자는 내담자가 새로운 기술을 익히고 새로운 자신을 발견하는 것을 촉진시키는 데 도움이 되는 더 많은 뼈대를 제공할 필요가 있다. 내담 자가 보이는 인지적 · 정서적 회피는 종종 내담자가 사건에 대해 이해하고 있는 바를 변화시킬 수 있는 중요한 정보의 일부분을 연결시키지 않았음을 의미한다(제4장 참

---

1 'recovered memory'는 기억을 회상해 내기 위한 목적 그 자체를 위해 검증되지 않은 다양한 심리치료 기법을 적용해 기억을 떠올리게 하는 과정에서 나온 용어이다. 이처럼 'recovered images'도 이미지를 떠올리게 하기 위한 목적 그 자체로 검증되지 않은 다양한 기법을 시도해 불러온 이미지라는 뜻으로 이해해 볼 수 있다.

조). 잘 구조화된 소크라테스식 질문들은 내담자들이 새로운 관점에서 과거의 경험을 심사숙고할 수 있게끔 한다. 가령 다음과 같은 질문들이 도움이 된다. "그 경험이 어떠했으면 좋았을까요?"나 "그 경험을 할 당시에는 몰랐지만 지금 알게 된 것들이 있을까요?" 등의 질문은 특히 유용하다. 치료자는 내담자가 새로운, 익숙하지 않았던 감정들, 그리고 새로운 믿음과 가정들을 이끌어 냄으로써 내담자가 바라던 새로운 방식의 '심상을 가져볼 수 있도록' 도울 수 있다(Padesky 2005a, 2005b). 예를 들어 사회불안을 호소하는 내담자에게 치료자는 이렇게 물을 수 있다.

"자, 점점 더 자신감이 생기는 나를 느껴 보세요. 앞에 있는 사람들에게 어떻게 말하고 있나요? 어떤 기분인가요? 그들은 어떻게 반응하고 있나요? 새롭게 배운 규칙과 원칙들은 어떤 것인가요? 당신과 다른 사람들이 갖고 있는 기본적인 믿음은 어떤 것이죠?"

이는 더 세분화된 소크라테스식 문답법의 질문으로 이어질 수 있다(예 : "그건 전과 어떻게 다른가요?").

다른 형태의 심상 변형 작업에서(예 : 스키마에 집중한 치료, Young 1999), 내담자가 무력하고 어딘가로부터 빠져나올 수 없다고 느낄 때, 치료자가 좀 더 주도적인 역할을 취해야 할 때도 있다. 예를 들어, 학대 경험이 있는 내담자가 가해자와 맞서 싸우는 것은 스키마치료의 핵심주제인데, 이때 치료자는 치료 작업이 잘 진행되기 위한 다양한 방법들을 제안하고 촉진할 필요가 있다(Arntz and Weertman 1999). 가령 "당신이 원하는 그 누구든 그와 함께 맞설 수 있는 팀원으로 만들 수 있다고 상상해 보세요. 누구를 고르시겠습니까?" 혹은 (내담자와 이전에 나누었던 치료회기를 토대로 치료자는 이미 알고 있는 누군가를 소개할 수도 있다.) "아버지를 그 상황에 데리고 와 보세요. 아버지는 작은 아버지에게 뭐라고 말하며 무엇을 하고 있습니까?"와 같은 질문을 할 수 있다. 치료자는 내담자에게 새로운 기술을 코칭하면서, 가령 '어린아이의 나'가 '어른이 된 나'를 불러내어 "그만하라고 했으면 그만해야지. 내 눈 앞에서 사라져! 절대 돌아오지 마!"라고 가해자에게 말하도록 제안할 수도 있다.

심상의 생생함과 직접성을 향상시키기 위한 다른 전략들

제2장에서 살펴보았듯이 선행연구들에 의하면 생생한 이미지는 종종 강력한 정서와 연관되어 있다. 우리가 만나는 심리장애를 가진 사람들이 보고하는 정서는 대개 부정

적이다. 당연하기도 하지만 흥미로운 결과 중 하나는 내담자가 좀 더 생생한 긍정 이미지를 만드는 것을 치료자가 도울 수 있다면, 내담자의 긍정 정서, 동기 및 미래 행동에서의 자신감을 향상시키는 데 상당히 도움이 될 수 있다는 것이다. 내담자가 생생하고 긍정적인 심상을 떠올릴 수 있도록 촉진시키기 위해서 처음에는 레몬을 입으로 가져가 씹어 보는 등의 중립적인 이미지를 가지고 연습시키는 것이 좋다. 도움이 되는 다른 다양한 전략들을 나열하면 다음과 같다.

1. 사건이 벌어지고 있는 장소의 주변 환경에 대해 상세하고 구체적인 설명을 하도록 해야 한다. "당신은 어디에 있나요? 방은 무슨 색인가요? 방 안에는 무엇이 있나요? 무슨 냄새가 나나요? 온도는 어떤가요?"

2. 특히 신체적 감각에 집중하도록 한다. 이미지의 다른 요소들(예 : 정서, 생각, 행동)에 대해 질문할 때, 신체적이고 감각적인 심상(예 : 심박동수, 간지러움, 배 깊은 곳, 몸의 온도)으로 시작하는 것이 종종 도움이 된다. "몸에 어떤 느낌이 오나요? 어디서 느끼시나요? 느낌이 어떤가요? 느낌의 범위가 어떻게 되나요?" 치료자는 내담자가 쓸 법한 메타포 표현을 알아차리고 그것에 집중한다. "복부 깊은 곳에 커다란 검은 구멍이 나 있는 건 어떤 기분인가요?"

3. 이미지가 다양한 감각을 동반할 수 있다는 점을 강조한다. 시각적, 청각적, 근감각적, 촉각적, 후각적 요소들에 대해 묻거나 주변의 환경과 느껴지는 감각들에 대해 탐색하도록 한다.

4. 최대한 풍부하고 상세한 정보를 수집한다. 예컨대 "당신이 영화감독이라고 상상해 보세요. 저는 영화를 볼 수가 없습니다. 무엇이 벌어지는지, 당신이 무엇을 보는지 제게 정확히 설명해 주세요."

5. 내담자가 '1인칭 시점'(제2장 참조)을 도입해 경험을 '안으로부터' 느끼도록 한다. 이는 다음과 같아야 한다. "벽을 바라보면 무엇이 눈에 띄나요?" 관찰자 시점은 내담자가 '타인'의 시점에서 경험을 보는 것이므로 전자의 방법이 더 좋다 : "벽을 바라보는 당신의 모습을 상상해 보세요. 무엇이 눈에 띄나요?"

6. 내담자가 1인칭 현재진행형 문장을 사용하도록 해 경험을 지금 느끼는 것처럼 회상하도록 한다("저는 지금 도로를 뛰고 있는데 누군가 저를 쫓아오고 있어요."). 만일 그 경험이 처음에는 너무 위협적으로 느껴진다면, 내담자는 관찰자의 시점

에서 과거형 문장을 사용할 수도 있다. "6개월 전 그때로 돌아가는 자신의 모습을 상상해 보세요. 도로를 뛰는데 누군가 쫓아오는……" 치료자는 내담자가 강렬한 정서를 다룰 수 있다는 자신감을 얻었다고 판단될 때 1인칭, 현재진행형 문장으로 심상 작업을 하도록 이끌 수 있다.

7. 같은 심상 내에 존재할 수도 있는 나에 대한 다른 부분들과 측면들을 명확히 짚어 내고 명명해 줌으로써 내담자가 주어진 순간에 어떤 '나'가 주인공인지 쉽게 인지할 수 있도록 한다(예 : '어른 존,' '8세인 존').

8. 내담자가 심상 작업 과정에 함께 있는지, 심상이 명료한지 지속적으로 확인한다(예 : "지금 무엇을 보시는지 말씀해 주세요. 당신의 몸에 무슨 일이 일어나고 있나요? 당신은 지금 어디에 있나요?")

9. 경험하고 난 후 드는 생각이나 관점에 대해 구체적으로 묻는다. "이 경험을 통해 무엇을 배웠다고 생각하세요? 당신, 다른 사람들 또는 삶에 대해 전반적으로 느낀 것에 대해 말씀해 주시면 돼요."

심상회기 녹음하기

치료회기 중 녹음한 것을 내담자에게 주고 집에서 다시 들어볼 수 있도록 하는 것은 인지치료에서 하는 좋은 연습방법 중 하나이다. 내담자가 그들이 기억해 낸 것을 다시 상기하고 싶을 때 이전 회기에 녹음한 것을 다시 들을 수 있기 때문이다. 그러나 회기 내용에 반복적으로 노출되는 것은 대부분의 심상치료에서 꼭 필요한 요소는 아니라고 생각된다. 녹음한 것을 한두 번 더 듣는 것이 기억 작업에서 더 세부적인 내용들을 떠올리게 하고 새로운 관점을 공고히 하는 데 도움이 될 수 있겠지만 치료회기 중에 고통스러운 기억들을 재경험하는 것이 꼭 필요한 일이 아닐 수도 있다.

그러나 새로운 기술이나 '새로운 나'를 상상하는 데 있어 연습은 늘 유익하다. 수많은 최고 운동선수들과 운동 코치들은 그들의 기술을 향상시키기 위해 심상 음성 녹음(MP3, 테이프)을 한다(Porter 2003). 그들은 일주일 동안 그 내용을 몇 번씩 듣는다. 이와 비슷하게 심상회기를 녹음하는 것은 내담자들이 새로운 기술이나 '새로운 나'를 발전시켜 나갈 때 중요할 수 있다. 숙제로 녹음한 것을 듣게 하는 것은(심상 숙제에 대한 설명은 아래 단락 참조) 회기에서 새로운 기술을 발전시킬 수 있는 가능성을 극적으로 증가시킬 수도 있다.

심상 개입의 관찰, 심사숙고 및 추후 개입

<u>요약 보고</u>

기대하지 않았던 세부적인 정보와 새로운 의미가 계속 나오게 되는 심상회기가 내담자들에게는 낯선 경험으로 느껴질 수 있다. 관찰하고 심사숙고하는 데 충분한 시간을 줌으로써 가장 최선의 경험을 만들 수 있도록 관심을 가져줄 필요가 있다. 첫째, 처음에는 세부적인 내용들을 수정하고 경험의 개요를 정리하는 것이 도움이 된다. "어땠어요? 무슨 일이 있었나요?"

둘째, 치료자와 내담자는 경험의 의미와 중요성에 대해 심사숙고해 보아야 한다. "그 이미지는 ○○ 씨에게 어떤 의미일까요?", "이 이미지를 생각할 때 현실을 반영하고 있는 부분이 있나요?", "이 이미지가 사실이라면 어떨까요?", "사실이 아니라면요?", "이 이미지를 다르게 해석할 수도 있나요?", "이 경험이 ○○ 씨의 공식과 어떻게 맞아떨어지나요?", "심상 작업을 시작하기 전 ○○ 씨가 말한 믿음 점수와 지금 당신이 말한 믿음 점수를 비교해 봅시다. 어떤 차이가 있나요? 이 차이를 어떻게 설명할 수 있을까요?"

긍정심상기법을 통해 주장 훈련을 하는 내담자에게는 다음과 같은 질문들이 도움이 될 것이다. "상상을 통해 이 같은 행동들을 연습해 보았는데 이 과정에서 새롭게 알아차린 것이 있을까요?", "이런 시나리오들을 가지고 연습하는 게 당신의 자신감에 어떤 영향을 미쳤다고 볼 수 있을까요?", "이것이 다음 주에 이러한 행동을 시도해 볼 확률을 더 높일 수 있을까요?", "무엇이 당신으로 하여금 그 행동을 하게 할 수 있을까요?"

치료자와 내담자는 추후 회기를 계획해야 한다. "다음 단계에서 무엇을 할 수 있을까요?", "심상을 이와 비슷한 다른 경험들에도 확장시켜 볼 수 있을까요?", "지금 연습했던 것을 계속 관찰 추적해 볼 필요가 있을 것 같은데 어떤 행동 실험을 해보면 좋을까요?", "심상회기 중 ○○ 씨가 경험했던 고통감을 조절하기 위해서 어떤 방법을 적용해 볼 수 있는지 생각해 볼까요?"

현실에 기반을 두고 정서적으로 아주 괴롭지 않은 상태에서 치료회기 떠나기

치료회기가 끝나기 전 치료자는 내담자와 관련된 주제에 대해 이야기를 해보고 내담자가 안정을 취할 수 있도록 시간을 주는 것이 특히 중요하다. 필요하다면 내담자를 그의 '안전한 장소'(위 참조)로 인도해 내담자가 안정된 상태에서 회기를 마치도록 도움을 주어야 한다. 만약 내담자가 여전히 현실로부터 꽤 분리되어 있다면, 치료자는 방 안의 물건에 대해 상세하게 질문하거나 최근의 사건이나 뉴스에 대해 토론하면서 내담자를 다시 현실로 이끌 수 있다. 내담자가 지금 이 순간으로 돌아올 수 있게 하는 데 유용한 방법 중 하나는 향수 냄새를 맡아 보도록 하고 향수를 긍정 연합에 적용하는 것이다(Kennerley 1996).

필요하다면 집으로 또는 직장으로 돌아가기 전 내담자에게 산책을 하도록 조언하는 것도 좋다. 만일 어려운 회기가 예상된다면(예 : 첫 재경험 회기), 내담자에게 그를 집으로 데려다줄 수 있는 가족이나 친구를 데리고 오게 하거나 오후 동안 월차를 내도록 조언해야 할 것이다.

심상 숙제

숙제는 개입의 성격에 따라 다양한 형태일 수 있다. 대부분의 내담자들에게 자신만의 시나리오를 새롭게 그려 보는 것이 쉬운 일은 아니다. 따라서 치료회기 중 녹음한 것을 들어보는 것은 새로운 기술과 관점을 갖도록 강화하는 데 도움이 될 수 있다. 치료회기 동안 녹음한 것을 듣게 하는 것은 내담자가 신체적, 정서적, 그리고 인지적인 수준에서 새로운 기법을 통합하는 데 도움을 준다(Grey et al. 2002). 새로운 기술을 습득하는 데 초점을 두었던 회기의 녹음은 다른 심상회기 녹음보다 더 자주 재생해서 들어보도록 하는 것이 도움이 된다(제12장 참조). 그러나 내담자가 녹음 내용에 점점 익숙해지면 그 효과도 사라질 수 있다. 이런 경우 최근의 성공 경험에 대해 새로 녹음해서 듣게 하면 변화에 대한 관심을 유지하고 강화시키는 데 도움이 된다.

> 사회불안을 가지고 있는 내담자는 최근 사회적 모임에서 기대하지 않았던 자신감,
> 안정, 그리고 자기 신뢰를 경험했던 내용을 녹음할 수 있다.

내담자가 방해받지 않고 녹음한 것을 들을 수 있는 시간과 장소를 찾을 필요가 있다. 만일 다른 사람들이 집에 있다면, 자기 방에서 녹음한 것을 들을 수 있는 조용한 시간을 찾아야만 한다. 다른 사람이 엿듣지 않도록 이어폰을 사용하는 것이 좋다. 내담자들에게 운전 중에는 녹음한 것을 듣지 않도록 조언해야 한다. 바쁜 사람들에게는 꽤 매력적인 방법이겠지만 위험을 초래할 가능성이 있기 때문이다.

추천할 만한 다른 방식의 심상 숙제는 다음과 같다.

◆ 이미지 그려 보기(Butler and Holmes 2009)
◆ 이미지에 대한 미니 개념화를 위한 증거 수집하기(제7장 참조)
◆ 다음 회기에 하게 될 이미지에 대한 대안적 의미 생각해 보기
◆ 일상생활에서 이미지에 대한 반응 알아차리기
◆ 내담자의 정서적 고통 빈도를 모니터하기 위해 침습적 이미지 일기 쓰기
◆ 상상된 이미지와 현실 비교하기

문제 해결 : 심상 개입 과정에서 생길 수 있는 문제

심상 작업을 촉진해야 할 때와 아닐 때

내담자가 심상 작업에 계속 몰입할 수 있도록 촉진해야 할 때는 언제이고 내담자의 회피를 그냥 두고 보아야 할 때는 언제일까? Young과 동료들은 심각한 외상 상황과 덜 심각한 외상 상황에 대한 심상 작업의 차이를 명확히 알고 있는 것이 중요하다고 조언했다(Young et al. 2003). 비외상적인 주제로 심상 작업을 할 경우에는 치료자의 끈질긴 노력과 설득적인 태도가 적절하기는 하나 심각한 외상 작업을 할 때는 조심할 필요가 있다.

예를 들어 만일 내담자가 아동기 학대에 대한 이미지 때문에 고통받는다면, 치료자는 내담자가 편안한 속도로 작업할 수 있도록 허용해야 한다. 반면 만일 비판적인 가족 일원에게 자기주장을 더 펼칠 수 있도록 연습하는 것이 상담의 목적이라면, '나는 할 수 없어요.'라는 생각에 동의하는 것보다 집요하고 설득적인 태도로 대하는 것이 훨씬 더 큰 성과를 이룰 수 있을 것이다.

만일 내담자가 기억의 정서적 영향력이 너무 강하다고 느낀다면, 치료자는 내담자에게 좀 더 '차분해질 수 있는' 공간을 제공하기 위해 글쓰기, 그림 그리기, 메타포 심상의 방법을 제안할 수 있다. 외상기억을 글로 작성해 보는 것은 기억을 조직화하는 데 특히 도움이 될 수 있으며(Neuner et al. 2004), 기억을 실험적으로 다룰 수 있는 자신감을 쌓는 데 도움이 될 수 있다.

내담자가 이미지에 접근하는 데 어려움을 느낄 때 해야 할 일

어떤 내담자들은 이미지에 접근할 수 없다고 한다. 또 어떤 내담자들은 심상에 개입하는 것을 꺼리기도 하는데, 이는 아마도 그 심상이 나타내고 있는 것을 두려워하기 때문일 수 있다. 내담자들이 심상에 대한 접근이나 개입에 어려움을 보고할 때 그 이유를 개념화하는 것이 중요하다. 심상이 제공하는 이점을 이해하지 못하는 것일까? 심상 작업을 안전하지 못하거나 위협적으로 판단해서일까? 심상을 오직 시각적인 것으로만 판단하기 때문일까? 시각적 심상을 구현할 능력이 없기 때문일까? 기억을 떠올릴 수 없기 때문일까? 아니면 시나리오가 너무 설득력이 없기 때문일까?(예 : 보호자로부터 구원받는 상상을 하지만 현실에서는 이런 일이 벌어지지 않았을 때)

개념화에 따라 다양한 전략들이 도움이 될 수 있다. 만일 내담자가 심상에 접근하기 어려워하는 것 같다면 다음과 같은 개입이 도움이 될 것이다.

- ◆ 심상의 의미 정의하기
- ◆ 심상이 떠오를 때까지 시간을 두고 기다려 보기
- ◆ '흐릿한' 이미지나 다른 감각을 동반하지 않은 오직 한 감각(예 : 근감각)으로만 경험된 이미지도 허락하기
- ◆ 시각적인 심상을 떠올릴 수 있음을 보여주기 위해 중립적인 이미지 경험 제공하기(예 : "밖에서 당신의 집을 보세요. 창문이 몇 개나 있나요? 어떤 방들이 왼쪽에 있나요? 오른쪽에는요? 침실에는 어떤 가구가 있나요? 어디에 있나요?")
- ◆ 상상한 상황의 신체적인 요소들을 소개함으로써 심상을 위한 강력한 단서 제공하기(예 : 심박동수를 높이기 위해 과호흡하기)
- ◆ 사진 가지고 오기(예 : 내담자의 어릴 적 사진, 부모님 사진, 외상이 일어난 장소나 예전 집과 같은 환경적 단서의 사진)

만일 내담자가 불쾌한 심상에 접근하길 거부한다면 다음과 같은 전략을 사용할 수 있을 것이다.

- ◆ 심상 개입에 대한 근거가 잘 이해되었는지 확인하기
- ◆ 치료 관계에서 신뢰 분위기 구축하기
- ◆ 심상 유도 전에 내담자에게 심신안정 과정 유도하기

◆ 심상 중 경험할 수 있는 강렬한 감정을 다룰 수 있는 방법 확인하기

◆ 안전한 장소에 대한 심상을 하고 위협적인 이미지 천천히 소개하기

◆ 이미지 조작기술을 사용해 내담자에게 심상에 대한 통제 경험 부여하기. 가령 부
정적인 이미지를 상상의 TV 화면에 띄우고 이미지의 크기를 키우거나 줄이고,
볼륨을 키웠다가 줄이고, 등장인물을 다른 사람으로 바꾸고, 만화 주인공을 삽입
해 볼 수 있다.

◆ 스키마치료에서 '거리를 두고 있는 보호자(detached protector)'와 협상하기(Young
et al. 2003), 내담자가 자신의 취약한 면모에 다가가기 위해 정서를 차단하고 있
는 자아와 대면하기

◆ 마음챙김을 연습해 이미지를 상상하는 일이 일상적인 현실의 일부, 정신적 현상
의 형태가 되도록 하기

결론

이 장에서는 심상 작업을 위한 일반적인 근거와 절차에 대해 설명했다. 심상 개입을
하려는 치료자가 해야 할 첫 번째 일은 내담자의 공포를 가라앉히고 내담자의 사례와
일관되는 그리고 내담자에게 딱 맞는 치료 근거들을 제공하는 것이다. 의심을 환영하
고 어떤 질문에도 답하는 것이 이 과정을 촉진시킨다. 다른 인지치료 전략을 사용할
때도 마찬가지지만 심상 개입을 사용하려는 치료자 개인의 자신감은 치료자 개인의
실습 경험을 통해 증가하는 경향이 있다(Bennett-Levy et al. 2001). 이어지는 장에서는
심상 개입의 각 단계에서 필요한 근거와 절차에 대해 자세히 설명할 것이다.

사례예시

'그 이후로'에 대한 이미지 변형시키기

Arnoud Arntz,
Maastricht University, Maastricht, The Netherlands

경계선 성격장애를 가진 내담자가 치료를 하고 있던 중 키우던 애완동물 한 마리가 죽었다. 그녀는 이 애완동물에게 큰 애착을 가지고 있었다고 말했고 이전에 키우던 애완동물이 죽었을 때도 극심한 슬픔을 경험했다고 한다. 그녀는 이 일로 치료를 중단하려고 했는데, 이유는 자신이 해줄 수 있는 게 아무것도 없다는 무력감을 느꼈기 때문이라고 했다. 그녀를 설득하여 다시 만났을 때, 나는 그녀의 상태에 무척 놀랐다. 그녀는 식음을 전폐한 채 삶의 의미를 잃었다며 차라리 죽는 게 낫다고 말했다. 그녀는 최근의 상실감과 관련되어 있을지도 모를 어린 시절의 유기 경험에 대해 탐색하는 것을 거부했다. 그뿐만 아니라 애완동물의 죽음에 관한 것이라면 그 무엇이든 이야기 나누는 걸 꺼렸다. 치료가 끝난 후 무기력감이 몰려오는 가운데 그녀가 말했던 것이 다시 생각났다. 그녀는 자신이 예전처럼 아무런 일도 없었던 것처럼 살아간다면 죄책감을 느끼게 될 것이라고 했다. 마치 끊임없이 고통받는 게 죽은 애완동물에 대한 의무인 것처럼. 그래서 난 그 주제에 대해 더 탐색해 보기로 결정했다.

다음 회기에서 나는 그녀의 반응에 대해 심각한 우려를 표했고 애완동물의 죽음에 대해 더 말해 보라고 설득했다. 내담자는 종교를 믿지 않음에도 죽은 애완동물들과 가족이 사후세계에 있는 이미지에 대해 기술했다. 이 이미지에서 죽은 동물들은 그녀를 보고 있었는데, 그녀가 그들을 매 순간 생각하지 않는 것은 그들에 대한 불성실함을 말해 주는 것이고, 슬픔을 통해 그녀의 사랑을 표현해야 한다고 생각하고 있었다. 나는 그녀에게 두 눈을 감고 (푸른 평원과 언덕이 있는) 사후세계에 있는 죽은 애완동물들을 생각하면서 그들을 만나는 장면을 상상하라고 했다. 그녀는 그곳에서 돌아가신 삼촌과 숙모도 보인다고 말했다.

나는 그녀가 애완동물들과 삼촌 그리고 숙모의 죽음에 대한 애도로 그들에 대한 충성을 표현하지 않는 대신 평범한 삶으로 돌아가 살면서 1년에 한 번씩 그들을 기억해도 되냐고 물어보라고 했다. 그녀는 심상을 통해 이 질문을 건넸고 그들은 모두 기쁘게 그녀의 제안을 받아들였다. 이제 그녀는 그들이 사후세계에서 모두 행복한 모습을 하고 있는 이미지를 얻게 되었으며 안도감을 느꼈다.

현실로 돌아와 그녀는 평범한 일상을 보내고 1년에 한 번씩 그들을 기억하는 모습을 상상했다. 심상 재구성 후 그녀는 내게 무척 안도감이 느껴진다고 말했고 치료에서 처음에는 전혀 다룰 수 없다고 생각한 것을 다루게 되었다는 것에 대해 놀라워했다. 일상의 삶으로 돌아갔다고 말한 지 일주일 뒤, 그녀는 다시 식사를 했고 더 이상 죄책감을 느끼지 않았다. 이러한 경험은 치료와 치료자에 대한 그녀의 믿음을 키우는 데 크게 기여했다. 1년 뒤 우리는 성공적으로 치료를 마쳤다. 그녀는 더 이상 경계선 성격장애로 고통받지 않았으며, 애완동물들의 건강에 대해 여전히 조금 과하게 걱정하기는 했으나 미래의 죽음에 대해 더 잘 다룰 수 있게 되었다.

Observing the presence of imagery and encouraging exploration

6장

심상의 평가

'그들은 해결책을 보지 못한 것이 아니라 문제를 보지 못했던 것이다.'

G. K. 체스터튼, **브라운 신부의 스캔들**(1935)

서론

이전 장에서 우리는 심상이 정신장애 발생과 유지에 중요한 역할을 한다는 점을 주목했다. 그러나 제5장에서 본 바와 같이 치료자가 심상에 대해 묻지 않으면, 내담자는 이를 보고하지 않는다. 그러므로 심상의 평가는 인지행동치료의 종합적 평가의 한 부분이 되어야 한다. 심상이 내담자가 호소하는 문제들에서 중요한 역할을 한다는 것을 알게 되면, 우리는 이 영역을 보다 잘 탐색할 수 있는 일련의 질문을 하는 것이 필요하다.

인지행동치료 평가에서 다루는 다른 영역들과 같이 심상을 평가할 때에도 내담자의 문제를 일반적으로 다루기보다는 구체적이고도 세부적인 사항으로 들어가는 것이 필요하다. 심상이 의미하는 바가 무엇인지를 이해하고, 심상 개입을 준비하는 데 도움이 되는 질문들에 관해서는 이전 장에서 논의하였다. 이번 장에서 우리는 심상의 내용과 관련된 의미를 조사하고 또 심상회기에 대해 내담자가 어떤 메타인지적인 신념을 가지고 있는지를 알아보기 위한 기법들에 대해 논의하고자 한다. 예를 들면, 심상을 왜곡된 내용을 가진 정신사건으로 생각하는지 혹은 어떤 실제적이거나 의심할 여지 없이 타당한 것으로 받아들여 추가로 더 중요한 것이 있는지 알아보려는 것이다.

그러니까 제6장에서는 심상의 내용을 우리가 어떻게 알아낼지, 그 심상의 내용이 어떤 의미인지, 그리고 심상에 대해 내담자가 어떤 메타인지적 신념을 가지고 있는지를 알아내야 한다는 것이다. 임상가는 심상이 과거의 경험과 어떤 관련성을 가지고 있는지에 관심을 가져야 한다. 예컨대 심상은 어떤 실제 기억에서 나온 것인지(제9장), 내담자는 심상이 과거 자신의 기억과 관련되어 있음을 이전에도 인식하고 있었는지 등을 알아보자는 것이다.

이번 장에서 우리는 심상의 다양한 요소를 어떻게 평가할 것인지에 대해서 자세하게 살펴볼 것이다.

- ◆ 심상이 있는지 관찰하고 탐색해 보도록 격려하는 것
- ◆ 심상을 자세하게 살펴보는 것
- ◆ 내포된 의미를 찾아내는 것
- ◆ 심상을 가지고 있는 것에 관한 메타인지적인 신념을 평가하는 것
- ◆ 심상의 전반적인 영향을 평가하는 것
- ◆ 심상에 대한 내담자의 반응을 평가하는 것
- ◆ 심상의 역사적인 뿌리를 찾아보는 것

심상의 존재를 관찰하고 탐색하기

이전 장에서 살펴봤듯이 내담자들은 심상이 있는지 파악하는 데 도움이 필요할 수 있다. 치료자는 다음과 같이 설명할 수 있다. "어떤 사람들은 어려운 상황을 만나면 생각이 떠오르기도 하고, 동시에 때로는 '그림'이나 '심상'이 같이 섞여서 나올 수 있습니다."

또 다른 사람들은 심상으로 소리를 듣거나 사람들의 목소리를 들을 수도 있다. 또 어떤 사람들은 다양한 방식으로 몸에 대해 느낄 수 있는데, 예를 들면 자신이 매우 작아지고 취약하다고 느끼거나, 상자에 갇혀 있는 것과 같다고 느낄 수 있고, 또 심상에서 맛이나 냄새를 느끼기도 한다. 이러한 심상들은 처음에는 흐릿하거나 모호할 수도 있고, 말이 안 되는 것처럼 보일 수도 있지만, 그것에 초점을 맞춰 탐색해 보면 가치 있는 것들을 발견할 수 있다. 심상이 중요한 의미를 가지고 있음에도 불구하고, 매우 고통스러운 것으로 경험한다면 사람들은 심상에 접근하거나 탐색하는 것을 원치 않을 수도 있다. 그렇다고 하더라도 이미지와 기억을 치료 장면처럼 안전하게 잘 다루어 주는 환경에서 탐색하는 것은 충분히 가치가 있는 일이다. 왜냐하면 그 이미지들은 자주 강한 감정을 수반하며, 그 상황에 부여한 중요한 의미를 말해 주는 경우가 많기 때문

이다. 내담자는 관련된 문제들을 다루는 첫 번째 단계로서 심상을 자각하고 탐색하도록 촉구하는 것이 필요하다.

만일 내담자가 심상을 신중하고 세심하게 자각하는 것을 꺼린다면, 치료자는 이유가 무엇인지 그 두려움을 탐색하고 그런 작업의 장단점을 내담자와 함께 따져볼 필요가 있다. 때로는 메타인지적인 신념이 그것을 가로막는 경우가 있다. 예컨대 내담자는 심상이 강력한 정서를 불러일으킬 것이라고 생각하거나, 그 심상을 자각하고 있으면 자기가 두려워하는 일이 실제로 일어나게 될 것이라고 느낄 수 있다. 우리가 제5장에서 살펴보았듯이 이러한 경우에는 심리교육을 제공하거나 내담자를 안심시켜 주는 것이 도움이 된다. 그리고 내담자가 안전한 상담실에서 자기의 신념이 맞는지 확인해 보도록 도와줄 수 있다. 내담자가 가지고 있는 신념을 검증해 보도록 내담자를 격려하고 이끄는 것이 필요하다.

내담자가 오랜 기간 동안 어떤 문제가 되는 상황을 회피해 왔다면, 그가 문제 상황에서 어떤 감정을 느끼고 어떤 생각을 하는지에 대해 잘 모를 수 있다. 상황 단서들이 심상을 촉발하기 때문에 실제 그 상황에 노출시켜 보는 것은 관련된 어떤 정보가 치료자나 내담자에 의해 무심코 간과된 부분이 없는지 확인하는 데 좋은 방법이 된다. 이중신념체계라는 개념은 사람이 위협적인 상황에 실제로 빠져 있는지 또는 단지 그에 대해 이야기만 하는 상황인지에 따라 차가운 인지 혹은 뜨거운 인지를 느끼는지가 달라지며, 어떤 감정이 따라오는지가 달라진다고 가정한다(제1장, 2장 참조). 내담자에게 이 개념을 설명할 때 그가 실제 삶에서 경험한 것을 예로 드는 것이 좋다. 예를 들면, 거미공포증이 있는 사람의 경우 실제로 털이 많은 커다란 거미를 욕실에서 발견했을 때, 어떤 충격적인 심상과 높은 수준의 고통이 갑자기 촉발되기 전까지는 자신이 거미에 대해 잘 대처할 수 있다고 생각했다는 것을 깨닫게 만들어 준다.

심상을 회피하는 것은 중요한 정보를 자각하지 못하게 만든다는 점을 내담자에게 잘 설명하고, 평가의 일부로 내담자가 문제가 되는 상황에 자신을 노출시켜 보게 할 필요가 있다. 노출을 하게 되면 관련된 심상, 감정, 의미를 촉발시킬 수 있어서 이에 맞춰 치료를 진행할 수 있게 된다. 그래서 내담자는 숙제로 노출실험을 해볼 수 있고, 자기가 무엇을 관찰했는지 적어 올 수 있다. 대안적으로는 치료자가 회기 내에 감정과 심상을 촉발할 수 있는 대상이나 상황을 제공하거나, 아니면 내담자와 함께 실제 상황에 처해 볼 수도 있다. 그렇게 하고 나서 내담자가 자신의 감정, 신체 감각, 이미지, 생

날짜	상황	감정	사고, 이미지, 기억	의미

그림 6.1 개정된 사고기록지

각, 기억, 자세, 몸짓과 행동에 대해서 알게 된 것을 말하게 할 수 있다. 치료자와 내담자는 이 모든 것에 대해 곰곰이 생각해 보고, 이것들이 내담자의 문제를 전반적으로 이해하는 데 어떻게 부합하는지를 살펴봐야 한다.

　내담자에게 간단한 다이어리나 개정된 사고기록지를 제공하는 것도 좋은 아이디어이다. 개정된 사고기록지에는 사고 및 감정과 함께 이미지와 기억을 기록하는 컬럼을 포함시킬 수 있다. 심상(말 그대로 심상일 수도 있고, 비유적인 이미지일 수도 있고, 기억일 수도 있고, 꿈일 수도 있음)의 존재에 대해 초점을 맞추기 위한 질문들은 다음과 같다.

- ◆ 그때 당신의 마음속에 무엇이 스쳐 지나갔습니까?
- ◆ 이것을 어떻게 그려 볼 수 있습니까?
- ◆ 정신적인 이미지가 나타났습니까?
- ◆ 그것은 기억이었습니까?
- ◆ 그것을 마음의 눈으로 보거나 마음의 귀로 들을 수 있습니까?
- ◆ 당신의 몸에서는 어떻게 느껴지십니까?
- ◆ 그것은 무엇 같다고 볼 수 있습니까?

심상을 자세히 살펴보기

어떤 심상을 관찰한 후(예 : 수치심을 경험하는 심상), 그다음 단계는 심상의 내용과 중요도를 충분히 이해할 수 있도록 더 세밀하게 살펴보는 것이다. 심상을 충분히 인식하는 데 도움이 되는 비유는 마치 컴퓨터 화면에 있는 파일을 열어 그 내용을 살펴보기 위해 아이콘을 클릭하는 것과 같다고 말해 주는 것이다. 치료자가 심상을 충분히 인식하게 되면 이전에는 드러나지 않았던 풍부한 세부사항들이 나타나게 된다. 융(1935, 1990 재인쇄, p. 193)에 따르면 "당신이 심적인 이미지에 집중하면 그 이미지는 막 움직이기 시작해서 세세한 부분까지 잘 나타나게 된다."

이미지를 자세하게 살펴보기 위해서는 내담자에게 눈을 감고 심상을 떠올리게 한 후 가능한 한 자세하게 1인칭 및 현재시제를 써서 심상을 설명하게 한다. 내담자에게 그 상황으로 이끌게 된 바로 전에 있었던 일이라든지, 앞으로 있을 일, 감정, 이미지의 의미, 그 중요성에 대한 평가, 모든 감각적인 세부사항 등에 대해 설명해 보라고 할 수 있다. 심상을 떠올린 후에 자세히 살펴보면 점점 선명해지고 세밀해지며 더 고통스러워지기도 한다. 심지어 내담자는 그 심상의 어떤 내용 때문에 놀랄 수도 있다. 가령 앞에서 이야기한 한 내담자의 수치 경험을 살펴보면, 치료자의 자세한 질문을 통해 심상의 내용과 맥락을 완전히 정교화할 수 있게 된다. 즉, 이런 감정을 느끼게 된 상황의 맥락과 그 내용에 대해 충분한 묘사를 이끌어 낼 수 있다(내담자의 상상 속에서 사람들이 어떻게 보이는지, 다른 사람들의 반응이나 장소, 상황 등).

전형적인 심상의 예는 제2장에 나와 있다. 심상은 과거에 일어난 일의 이미지일 수도 있고, 지금 일어나는 일, 혹은 미래에 일어날 일의 이미지일 수도 있다. 심상은 외적인 위협에 대한 두려움을 드러낼 수도 있고, 자신의 이미지 또는 자기의 몸에서 어떤 일이 일어날지에 대한 이미지일 수도 있다. 그것은 두려움, 무력감, 공포(특히 PTSD에서), 상실, 가족 간 언쟁, 실패(특히 우울에서)와 같은 정서가 강하게 수반되는 과거 경험의 기억일 수도 있다. 심상이라는 것은 또한 은유적이거나 상상적 · 가상적인 이미지가 될 수 있는데, 그 내용은 현재 나의 곤란이나 집착을 반영하는 내용일 수도 있고, 현재의 염려를 반영하는 악몽이 될 수도 있다. 심상에는 어떠한 감각도 나타날 수 있지만 가장 흔한 감각 내용은 시각적이며 혹은 신체적인 것이다.

세부사항을 이끌어 내는 유용한 질문들은 다음과 같다.

- ◆ 심상에서 어떤 일이 일어나고 있는가?
- ◆ 그것이 실제 일어나고 있는 것처럼 묘사해 줄 수 있는가?
- ◆ 신체 감각을 통해서 무엇을 보고, 듣고, 맛보고, 냄새를 맡고, 몸의 감각을 느끼는가?
- ◆ 이전에 어떤 일이 일어났는가?
- ◆ 앞으로 어떤 일이 일어날 것 같은가?

◆ 심상으로 인해 어떤 기분이 드는가?

내포된 의미 찾아내기

제2장에서 심상의 현상에서 보았던 것처럼 침습적인 심상을 가지고 있는 내담자의 경우 이미지는 어떤 중요한 메시지를 전달하는 때가 많다. 이러한 메시지는 과거나 현재의 경험에 대한 왜곡된 평가에서 비롯될 수 있다. 인지치료자들한테는 바로 이 심상 속에 함축되어 있는 신념을 찾아내는 것이 중요하다. 심상의 해석은 사람들마다 다 다르고 고유하기 때문에 유사한 심상이라고 생각한 것들이 아주 다른 의미일 때도 있다. 예를 들면, 자동차 충돌사고 후에 많은 내담자들은 자기 차에 다른 차가 막 돌진해 오는 이미지를 계속 떠올리는 경우가 있는데, 이 이미지들 속에 내포되어 있는 의미는 다음과 같이 매우 다르다.

'나는 죽을 것이다.'

'나는 누군가를 죽일 것이다.'

'이건 내 잘못이다.'

'나에게는 징크스가 있다.'

'나에게는 언제나 나쁜 일이 일어난다.'

'내가 나쁜 사람이기 때문에 벌을 받는 것이다.'

'다른 운전자가 완전 바보이기 때문에 이 일이 일어났다.'

'나는 내 직업에 너무나 헌신했기 때문에 일찍 은퇴할 수 있었는데, 이제는 결코 일을 즐길 수 없을 것이다.'

이처럼 아주 명백한 자동차 사고의 이미지일지라도 그 속에 숨겨져 있는 의미는 너무나도 다르기 때문에, 우리는 심상이 그 사람 자신에 대해, 또 다른 사람에 대해, 또 세상이나 미래에 대해 무엇을 의미하는지 살펴보는 데 시간을 할애할 필요가 있다.

의미를 찾아내는 유용한 질문에는 다음과 같은 것이 있다.

◆ 당신이 그 이미지/기억/꿈을 마음속에 가지고 있을 때, 다음 각각에 대해 어떤 의미가 있다고 말해 줍니까?

– 당신 자신

- 다른 사람
- 세상
- 미래

일단 의미를 찾아낸 후에는, 각각의 신념에 대해 평정해 보는 것이 좋다. 이를 위해 "각 신념을 0~100%로 매겨 본다면, 어느 정도로 믿습니까?"와 같은 질문을 사용할 수 있다.

심상에 대한 메타인지적 신념 평가하기

임상적인 경험에 의하면 내담자들은 심상의 내용에 더해 심상을 떠올리는 것 자체에 대해 부정적인 것에서부터 긍정적인 것까지 다양한 범위의 메타인지적 신념들(Wells 2000)을 가지고 있다. 이러한 신념들은 내담자들이 이미지에 대해 어떻게 반응하는지에 영향을 끼칠 수 있는데, 주로 이미지나 힘든 정서가 유지되는 것에 영향을 미친다. 이러한 이미지의 내용을 탐색한 후에 치료자들은 좀 더 개방적인 질문을 통해서 그들이 경험하고 있는 침습적인 이미지에 대해 어떤 중요도를 부여하는지 탐색해 볼 수 있다. 이러한 방식으로 내담자가 어떤 생각을 가지고 있는지 알 수 있는데, 다음과 같은 좀 더 세부적인 질문을 통해 확인해 볼 필요가 있다.

- ◆ 어떤 심상이 떠올랐을 때 정말 외부세계에서 현실적으로 일어나는 일처럼 실제적으로 느껴집니까?
- ◆ 그 일이 현재 일어나는 것처럼 느껴집니까?
- ◆ 과거 혹은 현재나 미래를 반영하는 것처럼 보입니까?
- ◆ 당신은 이것을 어떻게 해석합니까?
- ◆ 앞으로의 일을 예견하는 것처럼 보입니까?
- ◆ 경고처럼 느껴집니까?
- ◆ 그 이미지를 마음속에 담아 두면, 어떤 일이 일어날 것 같아 두려워집니까?
- ◆ 이런 이미지가 떠오르도록 가만히 둔다면 당신은 미쳐버리거나 죽거나 쓰러지거나 압도당할 것처럼 느껴지나요?
- ◆ 단지 그러한 이미지를 생각하는 것만으로 현실이 바뀔 것처럼 느껴집니까?

- ◆ 이미지를 떠올리는 것이 다른 사람에게 영향을 끼친다고 생각하나요?
- ◆ 긍정적인 이미지를 떠올리는 것 자체가 어떤 일을 더 일어나게 혹은 덜 일어나게 할 것 같은가요?
- ◆ 부정적인 이미지를 떠올리는 것 자체가 어떤 일을 더 혹은 덜 일어나게 할 것 같은가요?
- ◆ 어떤 이미지를 마음속에 떠올리는 것이 다른 현실이나 과거로 빨려 들어가게 만듭니까?
- ◆ 그런 이미지를 생각하는 것 자체가 당신을 나쁜 사람으로 만듭니까?
- ◆ 부정적 이미지를 생각하는 것 자체가 무엇을 할지에 대해 좀 더 좋은 결정을 내리도록 도와줍니까?

제2장에서 본 것처럼 메타인지적 신념은 PTSD, 강박장애, 건강불안, 사회공포증 등 다양한 장애에서 중요하다. 그렇기 때문에 내포된 의미를 찾아내야 할 뿐 아니라, 이에 더해 내담자가 지니고 있는 메타인지적 신념에 대해 숙고해 보는 것이 심상의 개념화에 도움을 준다.

내담자들은 다양한 메타인지적인 신념을 가지고 있다. 심상은 아주 생생하고 커다란 고통을 주면서 다양한 감각을 가지고 있을 수 있기 때문에, 어떤 내담자들은 외부 세계에서 실제로 일어나는 것처럼 이를 인식하고 해석할 수 있다. 예를 들어, 아동기에 학대당한 경험을 가지고 있는 사람은 가해자에 대한 플래시백을 경험할 수 있는데, 마치 그 사람이 그 방에 실제로 있는 것처럼 생각할 수 있다. 과거 경험에서부터 나온 심상은 어떤 때에는 현재에도 위험이 있다고 내담자에게 신호를 주는 것으로 받아들여질 수 있어서 실재가 없다는 것을 깨닫지 못할 수도 있다.

또 어떤 내담자들은 심상에 대해서 마술적인 신념을 가지고 있을 수도 있는데, '이미지는 경고다'라고 믿을 수도 있고, 아니면 실제 세상에서 실질적인 효과를 가지고 있다고 생각할 수도 있다. 아니면 내담자는 마치 강박장애에서 흔히 나타나는 사고-행동 융합에서와 같이 이미지가 어떤 행동과 아주 강하게 연결되어 있다고 생각할 수도 있다. 즉, 어떤 생각이나 이미지를 가지고 있으면, 그것으로 인하여 원하지 않는 어떤 행동을 취하게 된다고 두려워할 수 있다. 다음에는 질의 사례를 통해 메타인지적인 신념('이것은 불길한 징조다.')과 관련된 이미지를 살펴보자.

질은 건강불안으로 고통받았다. 치료자는 지난주 두렵게 느껴졌던 경우에 대해 이야기해 보라고 했다. 그녀는 친구와 쇼핑하고 있었는데, 자신이 갑자기 아스팔트에 쓰러지는 이미지가 떠올랐다고 한다. 질은 울며 이 이야기를 하면서 그것에 대해 생각하고 싶지 않다고 말했다. 치료자는 부드럽게 그 상황에 대해 더 생각해 보라고 촉구했다. 그래서 그녀는 이어 사람들이 몰려들고 누군가가 엠뷸런스를 부르는 것을 볼 수 있었다고 보고했다. 그리고 치료자는 그녀에게 이 이미지가 어떤 의미가 있는 것 같으냐고 물어보았다. 질은 자신에게 가장 두려웠던 것은 이 이미지가 예언처럼 실제로 일어날 수 있으며, 자기가 곧 죽을 것이라는 것을 의미하며, 자신의 어린아이가 엄마 없는 아이가 되는 것을 의미하는 것 같다고 했다. 이 이야기를 하면서 그녀는 더 펑펑 울었다. 그녀는 이러한 이미지가 떠오를 때 아무 데도 나가지 않고 집에 머무르면서 걱정하고 울며 다른 사람들에게 그 이미지가 죽을 징조가 아니라는 것을 안심받길 원했다. 그래서 그녀는 반복적으로 죽는 것이 아니라 잠시 기절할 뿐이라고 스스로를 안심시키려고 노력한다고 했다. 치료에서 질은 그런 이미지가 현재에 대해 어떤 것을 '의미'하는 것이 아님을 깨닫게 되었다. 치료는 그 이미지가 실제로 현재에 대해서 아무것도 의미하는 것이 없다는 것을 깨닫도록 도와주었다.

'이것은 불길한 징조다.'라는 질의 메타인지적 신념을 어떤 치료 개입으로 변화시켰는지는 제8장에서 설명한다.

심상의 전반적인 영향 평가하기

심상의 내용, 의미, 메타인지적인 중요성을 평가한 다음, 치료자는 내담자에게 현재 심상이 자신에게 어떤 영향을 미치는지 요약하도록 요구한다. 이를 위한 전형적인 질문은 다음과 같다.

- ◆ 심상, 기억, 꿈이 마음에 떠오를 때 그것이 당신에게 어떤 영향을 끼칩니까?
- ◆ 심상이 내포하는 의미는 무엇입니까? 주된 메시지는 무엇입니까?
- ◆ 전반적으로 느껴지는 위협감은 어느 정도입니까?
- ◆ 전반적으로 위협 혹은 조짐이 어느 정도 느껴집니까?

심상은 신체적인, 혹은 대인관계적인, 심지어 초월적인 위협감을 줄 수 있다. 또 내담자가 부정확하게 미래를 예측하는 방식이나 과거를 기억하는 방식을 반영할 수도 있다. 심상이 액면 그대로를 반영한 것이든, 아니면 비유적이든 자신과 세상과 다른 사람에 대한 신념을 반영할 수 있다. 가령 건강염려증이 있는 사람은 자기 자신의 장례식에 대한 이미지를 떠올릴 수 있는데, 거기서 자신의 죽음을 애도하는 사람들이 거의 없는 이미지일 수 있다. 이것은 극도의 외로움을 드러내는 이미지다. 제11장에 언급한 내담자는 자신의 불안을 털 달린 커다란 개로 시각화했는데, 그 개가 자라서 그녀가 바깥으로 나가려고 할 때 자신을 꼼짝도 못하게 한다. 이것은 그녀의 무력감과 취약성에 대한 감각을 의미한다. 제7장과 이 책 전반에 걸쳐서 많은 예들이 나와 있다.

심상에 대한 내담자의 반응 평가하기

그다음에 치료자는 내담자가 심상과 심상에 대한 자신의 해석에 대해 어떻게 반응하는지를 평가해야 한다. 치료자는 다음과 같이 질문할 수 있다.

- ◆ 심상의 영향력을 느낄 때 무엇을 하고 싶습니까?
- ◆ 어떤 행동을 취합니까?
- ◆ 심상을 억누르려고 합니까?
- ◆ 위험에 대한 어떤 특별한 예방조치를 취합니까?
- ◆ 어떤 것을 회피하고 싶습니까?
- ◆ 심상의 내용에 대해 계속 곰곰이 생각합니까?
- ◆ 다른 사람에게 안심시켜 달라고 요청합니까?

행동적인 반응은 심상에 대한 평가와 그 심상이 현재 끼치고 있는 영향력과 매우 의미 있게 연결되어 있다. 그 반응들은 굉장히 다양할 수 있는데, 때로는 주의를 돌리는 것으로 나타날 수 있으며, 심상을 유발할 것 같은 촉발요인을 회피한다든지, 심상을 아예 억눌러 버린다든지 하는 반응으로 나타날 수 있다. 또는 마술적인 어떤 의식을 취한다든지, 언어적인 형태로 계속해서 반추하거나 걱정한다든지, 한 가지 심상을 다른 것으로 대체하거나 안심을 구하거나 확인하는 등 다양한 안전행동을 하는 것을 포함한다. 그 몇 가지는 아래와 같다.

- ◆ 매일 밤 자신의 침실에서 '무언가'를 봤던 내담자는 그것이 악마라고 믿었다. 그리

고 자신의 집에 엑소시즘(악귀를 쫓아내는 행위)을 행하려고 했다. 그것이 실제로는 자동차 사고 기억의 일부(흔적, 조각)였지만 그렇게 인식되지 않았다.

◆ 내담자는 자신은 아파서 죽을 것이라는 심상을 가졌다. 그 사람은 이 심상이 머지 않아 바로 일어날 일의 징조라고 생각했고 유언장을 작성했다.

◆ 최근에 있었던 자동차 사고에 대한 이미지가 있었던 여성은 사고를 하나님이 자 신에게 벌을 주시는 경고로 보고, 하나님께서 자동차 사고를 한 번 더 일으키게 할 거라고 생각했다. 그래서 그녀는 운전을 피했다.

◆ 어떤 내담자는 자신이 다른 사람을 칼로 찌르는 심상을 떠올리면 그 일이 실제로 일어날 것이라고 믿었다. 그래서 칼을 감추었다.

◆ 어떤 내담자는 자신에 대해서 신체적으로 건강하다는 심상을 떠올리면 결국 아파 서 쓰러질 거라고 생각했다. 그래서 그녀는 건강한 자신에 대한 긍정적인 심상을 억누르려고 노력했다.

◆ 통제할 수 없을 정도로 떠는 자신의 이미지를 가진 내담자는 떠는 것을 숨기기 위 해 술을 마실 때 등을 돌려 자기 머리와 몸을 사람들로부터 안 보이게 했다.

심상의 역사적인 뿌리 찾아보기

뒤에서 살펴볼 다른 장들에서와 마찬가지로 심상의 개입은 현재-지금에 초점을 둔다. 하지만 때로는 그 심상의 역사적인 근원을 캐내지 않으면 진전이 없는 경우도 있다. 내담자들의 심상을 자세하게 탐색하기 시작하면 대개 그것이 어디서부터 오는지를 자 발적으로 얘기하기도 한다.

내담자에게 특정한 상황에서 반복해서 나타나는 이미지가 있을 때, 때로는 실제 일 어났던 과거 사건에 대한 기억이 미묘한 촉발인자로 작용할 수 있는데, 내담자는 이것 을 인식하지 못하고 있을 수 있다. 제2장에서 보았듯이 실제 경험에 기반을 둔 이미지 들은 정신병리에서 상당히 흔하다. 치료자는 내담자와 함께 현재의 이미지가 과거의 사건과 어떻게 연결되어 있는지 '정서적 가교' 기법을 사용하여 탐색할 수 있다. 이 기 법의 핵심은 내담자에게 그 이미지를 떠올리게 하고, 그때 느껴지는 감각을 체감해 보 라고 한 뒤 과거에 비슷한 경험을 했던 때가 언제였는지 곰곰이 기억해 내도록 하는 것이다. 예를 들어, 뒤에 언급될 로사의 사례를 보면 새공포증에 기여한 심상이 어떤 것이었는지 알 수 있다.

이런 작업은 종종 내담자에게 내재되어 있는 현재의 이미지에 기여하고 있는 기억에 초점을 맞추게 해준다. 심상의 기원에 대한 새로운 통찰이 치료의 초점에 변화를 가져올 수 있는데, 즉 현재 문제에 기여하는 병리적인 해석을 변화시키기 위해서 기억 속의 옛 자료에 대해 작업을 하게 만들 수 있다(제9장 참조).

심상을 세세하게 평가한 후 과거의 기원을 추적하는 것을 도와주는 질문은 다음과 같다.

- 마음속에 그 심상을 담아 두고 있으면 어떻게 느껴집니까?
- 현재 심상에서 느껴지는 감정과 생각과 그 감각적인 경험들을 당신 인생에서 처음 경험했던 때는 언제입니까?
- 그 경험에 대해 좀 더 얘기해 줄 수 있습니까?
- 당신의 현재 이미지와 보다 강력하게 연관되어 있을지 모르는 또 다른 경험은 없습니까?

정보를 함께 종합하여 개념화하기

일단 침습적인 심상을 평가한 후, 치료자와 내담자는 특정 심상과 가능한 근원, 숨겨진 의미, 중요성의 평가, 심상의 영향, 심상으로 인해 나타나는 행동과 일어날 수 있는 결과들을 통합적으로 연결해 주는 미니 개념화를 하게 된다. 이것은 내담자와 회기 중에 할 수 있다. 다음 제7장에서 미니 개념화를 어떻게 하는지 각 단계에 대해 설명할 것이다.

아래에는 치료자가 내담자와 함께 어떻게 심상을 발견하고, 그 숨겨진 의미, 안전행동, 심상의 근원 등에 대한 정보를 찾아나갔는지 그 예가 나와 있다. 이 내용은 실제 노출을 활용한 평가회기에서 밝혀졌기 때문에 이것을 통해 치료자와 내담자가 적절한 행동실험을 계획할 수 있게 되었다.

로사는 새공포증으로 고통받고 있다. 치료자는 옆방에 천으로 가려진 새장에 작은 새 두 마리를 두었다. 치료자가 로사에게 같이 방에 들어가서 치료자가 천을 걷는 것을 보도록 제안했을 때 로사는 주저하며 동의했다. 방문을 열자 로사는 움츠러

들었고, 천을 들추지 말라고 얘기했다. 천을 치우면 새는 그녀의 눈에 공포가 담겨 있는 것을 알게 될 것이며, 그러면 그녀를 더 놀라게 만들어서 그녀의 심장은 미치도록 더 빨리 뛸 것이라고 설명했다. 치료자는 마침내 방에 들어가서 천을 거두도록 했다. 그러나 내담자는 새가 무섭게 보이기보다는 좀 졸려 보인다는 것을 인식함으로써 공포가 가라앉았다.

다음 회기에는 로사와 치료자가 같이 공원에 갔는데, 거기서 또 다른 신념이 활성화되었다. 로사는 새들이 그녀의 눈에서 공포를 읽고, 동료 새들을 불러 모아 떼거리로 자신을 공격하러 오는 이미지를 떠올렸다. 이 이미지는 히치콕 감독의 영화 '새'에 등장하는 장면과 같았다. 로사는 이 영화를 어린아이일 때 보았지만, 자신이 본 것이 실제라고 생각했다. 이 영화는 로사에게 끔찍한 공포 심상을 제공했고, 그녀는 소리를 지르며 안전한 곳으로 도망가고 싶은 유혹을 느끼지만 그 자리에 계속 머물러야 할 때 공원 주변에 돌아다니는 오리와도 눈을 마주치기 힘들었다.

치료에서 이런 신념의 타당성을 검토하는 작업을 어떻게 하는지에 대해서는 제8장에 기술하였다.

결론

이 장에서는 내담자의 심상에 대해 철저하게 평가하는 것이 얼마나 중요한지에 대해 초점을 맞추었다. 치료자는 내담자에게 심상을 탐색하고, 그 존재에 대해 자각하도록 격려한다. 이렇게 한 후 평가는 심상의 내용, 심상에 대한 내담자의 해석, 심상에 대한 메타인지적인 신념에 초점을 맞춘다. 이전 장에서 보았듯이 심상의 내용과 그 의미에 대한 메타인지적 신념은 내담자의 경험에 상당한 영향을 주고 그 반응을 조형한다. 그 영향과 반응에 대해서도 세심하게 평가해 볼 필요가 있다. 어떤 사례에서는 심상의 역사적 근원에 대해 평가하는 것은 아주 중요한데, 왜냐하면 치료 개입에서 중요한 역할을 할 수 있기 때문이다.

이러한 정보들이 잘 통합된 후에 치료자와 내담자는 문제에 대해 심상에 기반한 미니 개념화를 발전시킬 수 있다. 이것은 다음 장에서 다루게 된다.

※ 이 장의 앞에 나온 경구는 Royal Literary Fund의 A. P. Watt에게 허가를 받았다.

삶과 죽음에 대한 의미를 탐색하는 데 심상 활용하기

Diana Sanders

Oxfordshire Mental Health Trust, Oxford, UK

리처드는 6개월 전에 심장마비를 경험한 이후, 극도로 기분이 처지고 불안감을 느꼈다. 심장마비가 그에게 아무런 징조 없이 갑자기 나타났을 때 굉장히 큰 충격을 받았다. 그래서 그는 직장으로 다시 돌아가기가 힘들었고, 또 자신의 삶으로 다시 돌아가는 것도 힘들게 느껴졌다. 그리고 "이런 일들이 다 무슨 소용이 있나, 난 곧 죽을 텐데."라는 생각을 하게 되었다. 또한 죽음에 대한 생각은 그를 공포에 질리게 하였는데, 자신의 아이들을 떠나게 될지도 모른다는 생각을 하는 것 자체가 그를 힘들게 했다. 이는 그가 어렸을 때 어머니가 돌아가셨기 때문이다. 그는 '마비되는 듯한' 느낌과 죽음을 의미하는 막다른 골목에 처한 것 같은 느낌을 받았고, 움직일 수조차 없었다.

치료에서 그는 절벽에 있는 느낌을 더 자세히 바라보도록 격려 받았다. 즉, 그가 어디에 있고, 그것이 무엇을 말해 주며, 그 기저에는 무엇이 있고, 옆에는 또 어떤 것이 있는 것 같은지를 탐색했다. 탐색해 보니 실은 그가 절벽 또는 궁지에 몰린 상황에서 끝에 멈추어 섰다는 걸 알게 되었다. 그는 자신이 받았던 의료 치료에 의해서 절벽 끝에서 잘 멈추어 서게 되었고, 그것이 자신을 보호할 수 있는 일종의 '울타리'처럼 작용함으로써 절벽에 너무 다가가지 않게 한다는 것을 알게 되었다. 그리고 절벽 옆을 보니 그가 어떻게 거기에 이르게 되었는지의 과정을 알게 되었다. 그는 삶에서 건강을 너무 당연하게 받아들였고, 충분히 자신을 돌보지 못했으며, 너무 열심히 일했다는 것을 발견하였다. 다른 한편으로 그는 '새로운' 삶을 탐색하게 되었는데, 이 새로운 삶에서 그는 가족들과의 시간을 소중히 하여 일은 덜 하고 운동은 더 자주 하며, 아이들과 더 많은 시간을 같이 보내려고 했다.

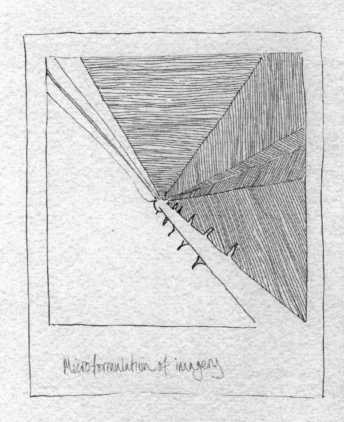

Microformulation of imagery

7장

심상의 미니 개념화

'지형도는 특별한 선호도를 나타내지 않는다.
북(北)은 서(西)만큼이나 가깝다.
역사학자들의 색채보다 더 섬세한 것은
지도 제작자의 색채다.'

엘리자베스 비숍, **지도**(1946)

서론

이전 장에서 우리는 문제가 될 소지가 있는 심상을 떠올리고 평가하는 것에 대해 살펴보았다. 다음 단계에서는 특정 유형의 이미지나 심상이 어떻게 내담자의 증상 지속과 심리적 안녕에 영향을 주고 있는지에 대해 살펴보려고 한다. 또한 이들의 관계를 어떻게 그려 나가고, 어떤 방식으로 개입할 것인지에 대해 살펴볼 것이다(후반부에 대한 설명은 제3, 4장 참조). 이 장에서는 우리는

- ◆ 인지치료에서의 사례 개념화에 대한 기초 개념을 살펴볼 것이다.
- ◆ 심상 평가에서 얻은 모든 정보를 토대로 작업할 수 있는 특정 이미지들에 대한 '미니 개념화'에 대해 설명할 것이다(제6장 참조).
- ◆ 심상 미니 개념화에 포함되는 각 단계를 살펴볼 것이다.
- ◆ PTSD 플래시백 이미지, 광장공포증 이미지, 그리고 복잡성 애도와 같이 2개의 이미지가 연결되어 나타나는 좀 더 복잡한 형태의 장애들에 적용할 수 있는 미니 개념화의 예를 제공할 것이다.
- ◆ 다양한 내담자가 보고하는 다양한 범위의 이미지를 가지고 작업할 수 있는 스켈레톤 미니 개념화에 대한 설명으로 끝낼 것이다.

인지치료에서의 사례 개념화

인지치료는 개인 맞춤형의 사례 개념화, 예컨대 내담자 개인의 어려움을 이해하기 위한, 그리고 각 개인에게 딱 맞는 최상의 치료법을 이끌어 내기 위한 사례 개념화를 사용한다(Kuyken et al. 2009; Westbrook et al. 2007). 개념화는 치료자와 내담자가 평가를 통해 함께 만들어 가며 새로운 정보들을 알아갈 때마다 계속 검토·수정해 나간다. 일반적으로 개념화는 회기 동안 지도나 차트처럼 종이 또는 화이트 보드 같은 곳에 그리는 형식으로 진행이 된다. 이런 형태의 개념화는 현재 당면하고 있는 문제를 어떻게 이해해야 할지 그리고 다음에 어디로 가야 할지를 동시에 볼 수 있는 길 안내지도 역할을 한다. 인지치료에서 개념화에 대한 형식은 이미 표준화되어 있다. 좀 더 광범위한 전체 사례 개념화를 어떻게 발전시켜 나갈지에 대한 설명은 대부분의 인지치료 책에 잘 나와 있다. 이 장에서는 좀 더 넓은 범위의 사례 개념화 내에서 문제가 될 만한 이미지(들)의 역할을 어떻게 미니 개념화할 수 있는지 그리고 미니 개념화의 사용에 대한 유용성에 대해 설명하고자 한다.

심상의 미니 개념화

우리의 임상 및 교육 경험에 비추어 볼 때 전체 사례 개념화에서 특정 문제가 될 만한 이미지의 역할은 무시되기가 쉽다. Ehlers와 Clark(2000) 그리고 Clark과 Wells(1995)가 제시한 인지 모델에서는 문제가 될 만한 심상을 중심부에 둔다. 가령 이미지 기반 플래시백(예 : 차 사고에 대한 시각적 청각적 이미지)은 PTSD에서 문제가 될 만한 심상이라 볼 수 있는데, 이런 이미지 기반 플래시백은 내담자의 현재 위협감을 증폭시키는 역할을 하게 되고, 내담자가 이미지 기반 플래시백을 회피하게 되면서 PTSD가 지속되는 악순환의 고리가 형성된다. 사회공포증에서는 자아에 대한 침습적 이미지(예 : 토마토처럼 빨갛게 상기된 얼굴, 땀을 흘리고 있는 모습, 바보같아 보이는 모습)가 현재의 고통감과 이와 관련된 안전행동(예 : 상상 속의 빨갛게 상기된 얼굴을 가리기 위해 파우더를 진하게 바르는 것)을 이끌게 되고, 결국 이 장애를 계속 유지시키는 역할을 한다. 그렇다면 다른 장애나 공병장애들을 평가하는 과정에서 드러나는 문제가 될 만한 심상의 역할에 대해서는 어떻게 개념화할 수 있을까?

평가 과정에서 드러난 심상은 '미니 개념화' 작업을 하게 되면서 더 면밀히 검토되고 이해될 수 있다. 이미지의 미니 개념화 작업은 일반적인 사례 개념화를 할 때와 유사한 과정을 거친다고 보면 된다(협력적인 태도로 현재 상황을 이해해 보고, 유지요인은 무엇인지, 어떻게 개입할 것인지에 대한 마음의 지도를 제작해 보는 것). 그러나 미니 사례 개념화에서는 이미지를 사례 개념화 전체에 두기보다는(이는 나중 단계에 더 적절할지도 모름), 중심부에 두고 시작한다. 이미지를 가지고 개념화를 시작하는 것은 이미지의 내용과 그것이 미칠 효과에 대한 좀 더 세밀한 탐색과 작업을 하게끔 한다. 따라서 여기서의 개념화는 이미지를 중심에 놓고 작업을 하는 전체 사례 개념화의 일부분이라는 점에서 '미니'라고 본다.

심상 미니 개념화의 단계

그림 7.1은 PTSD 이미지에 대해 미니 개념화한 것이다. 이 그림에는 특정 이미지의 역할을 더 잘 그리고 이해하는 데 유용한 여섯 단계가 나와 있다. 미니 개념화를 할 때 우리는 평가에서 얻은 정보를 활용하게 되는데, 이 과정은 제6장에서 제기되었던 몇몇 주제들과 중첩되기도 한다. 여기서는 수집된 정보를 심상 미니 개념화에 어떻게 통합하여 그려 나갈지에 대해 보여준다.

1. **이미지 그 자체** : 이미지는 어떤 것일까? 그림 7.1을 보면 내담자는 빨간색 차가 다가오는 플래시백 이미지를 생생하게 경험했다. 물론 이미지는 다양할 수 있고 다양한 감각을 동반할 수 있으며 조심스럽고 섬세한 설명을 필요로 한다. 이미지를 살펴보기 위한 유용한 질문들은 다음과 같다 : 무엇을 보고(듣고) 있으세요?/ 무슨 냄새가 나나요? 그다음에는 무슨 일이 일어나나요? 이 이미지에 대해 지금 말한 것 외에 다른 것들은 없나요?(내담자가 심상에 대한 풍부한 설명을 제공할 수 있도록 돕기 위한 더 구체적인 방법은 제5장과 제6장 참조). 이미지의 세부사항에 대해서는 치료자가 이미지를 직접 구현하고 재생할 수 있거나 치료자 자신의 마음의 눈으로 볼 수 있을 정도여야 한다. 이 과정은 종종 쉽기도 하지만 어떤 사람들은 한 번에 모든 것을 설명하기 어려워할 수도 있다는 사실을 인지해야 한다.

2. **이미지의 근원** : 이미지는 어디서 왔을까? PTSD가 아닌 다른 장애에서는 알려지

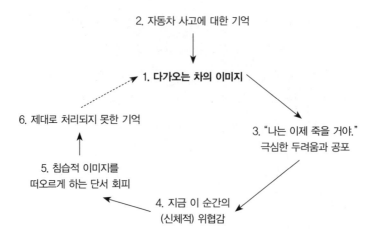

2. 자동차 사고에 대한 기억

1. **다가오는 차의 이미지**

6. 제대로 처리되지 못한 기억

3. "나는 이제 죽을 거야."
극심한 두려움과 공포

5. 침습적 이미지를
떠오르게 하는 단서 회피

4. 지금 이 순간의
(신체적) 위협감

그림 7.1 PTSD 플래시백 이미지(굵은 글씨)의 미니 개념화

지 않았을 수도 있지만, 이미지의 근원이 될 만한 것에는 최근 또는 과거에 경험했던 외상사건, 스트레스가 될 만한 사건, 초기 기억 또는 상상 속의 판타지 같은 것들이 포함될 수 있다(현재 이미지와 과거 경험 또는 기억의 연관성을 연결하기 위한 정서적 가교 기법에 대한 설명은 제8~9장 참조). 그림 7.1에 나와 있는 사례에서의 이미지는 6개월 전에 일어난 차 사고에 대한 기억으로부터 온 것이다.

3. **평가와 정서** : 이미지와 연관된 뜨거운 인지는 무엇일까? 이를 확인하기 위해 물을 수 있는 질문은 다음과 같다. "이 이미지는 당신에게 어떤 의미가 있나요? 이 이미지를 경험할 때 떠오르는 어떤 다른 생각들이 있나요? (지금 이 이미지를 마음속에 그리고 있는 동안) 어떤 기분이 드시나요?" 사례에서 내담자는 심한 두려움과 공포가 동반된 "나는 이제 죽을 거야."라는 언어적 생각/평가를 보고했다(PTSD의 핫스폿에 대해서는 제2장 참조). 이때 내담자가 보고하는 평가와 정서가 여러 형태일 수 있음을 강조하는 것이 중요한데, 이는 심상에 추가적인 평가 그리고/혹은 정서가 동반될 수 있기 때문이고, 이는 미니 개념화를 이해하는 데 매우 중요한 부분이다.

4. **현재 영향력** : 앞서 수집된 정보가 내담자에게 미치는 전체적인 영향은 어떤 것일까? 그림 7.1에서 제시된 사례를 보면 내담자는 다가오는 차에 대한 이미지, 그리고 그와 관련된 의미와 정서를 경험하면서 사고 당시 상황으로 가 있는 듯한 느낌과 금방이라도 차가 달려오는 듯한 위협감과 긴박감을 경험했다. 내담자는

실제로 신체적 위협에 처한 것 같은 느낌을 받았다. 내담자는 정서적으로 매우 불안정했고 가능한 한 차를 피하려 했으며 운전하길 거부했다. 물론 현재 영향력은 이미지의 내용과 이미지에 동반될 수 있는 다양한 개인 특정적 평가와 정서에 따라 달라질 수 있을 것이다. 그렇기 때문에 치료자가 이미지의 '생김새'로부터 의미를 추론하기보다 내담자가 직접 이미지의 의미를 파악하고 결정하는 것이 중요하다. 치료자가 내담자 대신 의미를 해석하거나 가짜 의미를 강요하면 안 되지만 길잡이식 발견법과 같은 인지적 기술을 사용해 보는 것은 유용할 수 있다.

5. **유지 요소** : 문제가 되는 이미지를 지속시키는 것은 무엇 때문일까? 여러 가지 지속 요인이 있고, 이들을 살펴보는 것은 문제를 지속시키는 악순환을 깨트릴 수 있는 개입방법을 결정하는 데 도움이 될 것이다. 유지 요소로 고려할 수 있는 가능한 것들은 생각의 억제, 가령 마음속에 떠오르는 이미지를 밀어내려 하는 것 (Wegner 1994), 이미지의 중화, 즉 강박증의 이미지에서 보여지는 것처럼 혐오적인 이미지를 더 긍정적인 이미지로 대체하려는 것(de Silva 1986), 그리고 대화를 시도하려는 사람과 눈맞춤을 피하려고 하는 안전행동(Clark and Wells 1995; Salkovskis et al. 1999) 등이 있다. 그림 7.1에서 이미지를 유지시키는 한 가지 요소는 침습적 이미지를 떠올리는 촉발단서를 피하는 것이었다. 내담자는 차 운전을 그만두었고, 혼잡한 도로를 가능한 한 피했다. 시간이 흐르면서 더 다양한 요인이 나타났는데, 가령 마음속에 플래시백이 떠오르자마자 그것을 강하게 밀어내려고 하는 것 등이 추가적으로 드러났다.

6. **인지적 결과** : 그림 7.1에서 악순환의 결과로 나타난 내용은 회피 기억이 제대로 다뤄지지도 않은 채 생생하고 강력하게 남아 쉽게 자극된다는 것이었다[이 과정이 PTSD에서 어떻게 일어나는지에 대한 더 자세한 정보를 보고 싶다면 Ehlers와 Clark(2000)의 논문을 살펴보기 바란다].

심상의 다른 형태로 미니 개념화 확장하기

광장공포증이 있는 사람들은 그들의 광장공포에 대한 행동을 자극할 수 있는 다양한 형태의 고통스러운 이미지를 경험할 수 있는데, 이런 이미지는 광장공포증 행동과 주제가 유사해 보이는 초기 기억들, 이를테면 청소년기에 경험한 모욕적인 순간들과 연결되어 있어 보인다(Day et al. 2004; Hackmann et al. 2009). 우리의 연구와 임상 경험에 비추어 볼 때, 광장공포증을 가지고 있는 내담자는 PTSD 내담자와 달리 그들이 가지고 있는 이미지를 자발적으로 보고하는 일이 드물다. 앞에서 살펴보았듯이(제5~6장 참조), 광장공포증을 가지고 있는 내담자의 이미지를 평가할 때는 그들이 가지고 있는 심상에 대해 구체적으로 질문하는 것이 필요하다. 그들에게 수 년 또는 수십 년 간 지속되어 온 이미지가 있을 수도 있고, 그런 이미지들은 '정말 일어날 것' 같다고 그들이 생각하는 미래 이미지와 아주 유사하게 닮아 있을 수도 있다. 그들은 이를 이미지로 인식하기보다는 실제 경험했던 현실 또는 그들이 집을 떠나게 될 때 경험할지도 모르는 미래에 일어날 징조로 생각할 수 있다. 그림 7.2는 광장공포증에서 나타나는 이미지에 대한 미니 개념화를 보여주고 있는데, 가령 수많은 얼굴로 둘러싸여 있는데, 그 얼굴들 속의 모든 눈이 내담자를 향해 있는 이미지다. 이 이미지에서 경험되는 속박과 조소당할 것에 대한 평가는 현재 자아에 위협감(이 사례에서는 곧 느끼게 될 모욕감에 대한 위협)을 이끌었다. 이와 같은 위협을 '심리적 위협'이라고 부르며 이는 그림 7.1에서 묘사된 신체적 위협과는 대비된다.

그림 7.3에서 문제로 인식된 첫 이미지는 다소 복잡했다. 내담자인 제이슨은 10대 청소년이었는데, 대학을 휴학하고 사회생활을 그만둔 뒤 침실에서 오랜 시간 동안 아무런 행동도 하지 않은 채 고립되어 가만히 앉아서 시간을 보냈다. 그 시간 동안 무슨 생각을 하며 시간을 보내느냐는 질문에 그는 나이트클럽에서 리드미컬한 박자와 형형색색의 빛을 보는 환상에 사로잡힌다고 답했다(1). 이에 관련된 의미와 감정에 대

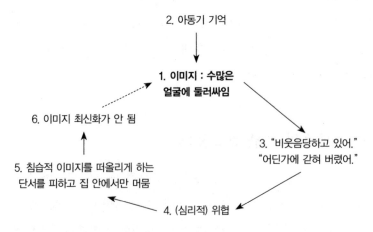

그림 7.2 광장공포증 이미지(굵은 글씨)의 미니 개념화

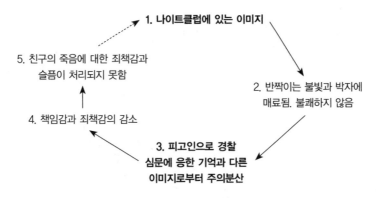

그림 7.3 복잡성 애도 반응에 연결된 두 가지 이미지의 미니 개념화

해 묻자 그는 이 심상이 불쾌하지 않으며 꽤 매료되어 이 생각에 사로잡힌다고 답했다
(2). 혼란스러워진 치료자는 좀 더 깊은 탐색을 시도했다. 제이슨은 "나이트클럽 이미
지를 즐기지는 않지만 불쾌하지는 않으며 다른 걸 생각하는 것보다 이걸 생각하는 게
낫다."라고 답했다. 좀 더 깊은 탐색을 통해 제이슨이 사고로 죽은 친구의 죽음에 대
해 경찰로부터 심문을 받은 실제 사건에 대한 침습적 이미지를 경험하고 있다는 것을
알게 되었다(3). 나이트클럽 이미지는 경찰의 심문과 관련된 화나는 기억 그리고 정서
적 처리가 제대로 이루어지지 않은 채 마음속에 갖고 있던 친구의 죽음으로부터(5) 그
의 주의를 전환시키는 데 사용되었다(4). 제이슨은 친구의 장례식에도 가지 않았고 친
구의 부재를 인정하려는 시도도 하지 않았으며, 결국 이 사이클은 복잡성 애도 반응을
지속시켰다.

그림 7.4는 독자가 자신만의 미니 개념화를 작성하고 싶을 때 사용할 수 있도록 만
든 미니 개념화 이미지에 대한 일반적인 이미지 틀을 보여주고 있다. 미니 개념화는
이미지에 따라 또는 내담자에 따라 크게 달라질 수 있기 때문에 탐색을 위한 시작점으
로 이 틀을 사용하고 상황에 따라 수정해 가는 것이 유용하다. 치료자는 내담자와의
협력하에 작성한 미니 개념화를 내담자에게 숙제로 내주고 필요할 때마다 이를 실험
해 보고 수정해 보라고 할 수 있다. 치료가 진행되어 감에 따라 새로운 정보가 최신화
될 수 있고, 따라서 이 이미지 틀에 새로운 정보가 수집될 때마다 점점 살을 붙여 나갈
수 있을 것이다. 미니 개념화를 작성하고 난 뒤 그것을 종이, 칠판, 또는 컴퓨터 등에
펼쳐서 보게 되면(Butler & Holmes 2009 참조), 심상에 대한 호기심이 자극될 수도 있
고, 무엇이 일어나는지, 그리고 심상이 현실이 아닌 단지 '이미지'라는 것을 알고 이에

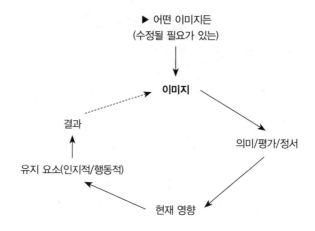

그림 7.4 미니 개념화 이미지 틀

대해 작업할 수 있는 준비를 하는 데에도 도움이 될 수 있다. 심상 미니 개념화는 치료의 다음 단계를 이끄는 데 도움이 될 것이다. 심상 재구성을 선택해야 할지(Holmes et al. 2007a) 아니면 다른 기법을 선택해야 할지 결정을 해야 하는 상황에서 필요한 개입 방법과 기법들에 대해서는 이 책의 제3, 4부에서 설명할 것이다.

결론

이 장은 특정 유형의 이미지 혹은 심상 문제가 어떻게 내담자에게 영향을 미치는지, 어떻게 증상을 지속시키는지, 치료와 관련하여 어떤 내포된 의미가 있는지를 이해하고 도식화할 수 있는 틀을 제공한다. 우리는 인지치료에서 사용되는 '개념화'와 비슷한 '심상 미니 개념화'라는 개념을 소개했다. 심상 개념화의 핵심은 이미지를 이미지의 중앙부에 두고 이 과정을 시작하는 것이다. 이미지로 시작함으로써 우리는 이미지의 내용과 효과를 탐색하고 상세하게 도식화할 수 있다. 개념화는 전체 사례 개념화의 일부를 그리고 이미지 자체를 중심에 두고 작업을 해 나간다는 점에서 '미니'라고 볼 수 있다. 우리는 미니 개념화를 몇 가지 사례를 예시로 들어 설명했다. 이 장의 마지막으로 가면서는 다양한 내담자들의 다양한 이미지들을 작업하기 위한 템플릿으로 사용할 수 있는 미니 개념화의 이미지 틀을 제공하였다.

OCD 이미지의 중요성을 변화시키기 위한 심상 재구성

Nicholas Page

Institute of Psychiatry, KCL and Anxiety Disorders Residential Unit, Bethlem Royal Hospital, London, UK

A 씨는 63세의 혼혈인으로 이성애자였고 성공적인 직장 생활을 하고 있었다. 그는 48년 동안 강박장애(Obsessive Compulsive Disorder, OCD)를 지닌 채 살아왔다. OCD의 주된 증상은 검고 축 늘어진 페니스에 대한 침습적 이미지였는데, 그는 이를 "내게는 다른 사람과는 다른 무언가가 있다."는 사실로, 그리고 그가 동성애자이고 성범죄 가능성이 높은 사람으로 밝혀져 사회로부터 추방당할 것이라는 의미로 해석했다. 이 이미지가 (하루에도 몇 번씩) 생각나면 그는 무척 불안해하며 이 일이 일어날 확률을 높이면서 이미지의 중요성을 점점 강화해 나갔다. 이전에도 수차례의 인지행동치료를 받은 적이 있지만, 오랫동안 정신적 의식을 극복하지 못해 결국 OCD 증상은 지속되었다.

A 씨는 백인 여성이 대다수인 노동자 계급의 환경에서 자랐다. 그의 아버지는 그가 태어난 직후 아프리카로 돌아갔다. 그가 어렸을 때 주변에 혼혈아가 없었기 때문에 사람들이 그를 늘 이국적인 호기심의 대상으로 보았던 것을 기억했다. 그는 성공하려면 남들보다 2배는 더 열심히 일해야 한다는 어머니의 말을 들으며 자랐다. 침습적 이미지는 13세 정도가 되었을 때 시작되었다. A 씨는 자신의 아프리카계 혈통을 알기 위해 인류학 책을 자주 보았고, 거기서 '야생에서 사는' 흑인들의 이미지를 수없이 보았다. 그가 본 책들과 A 씨가 속한 사회로부터 A 씨는 흑인은 (특히 성적으로) 야생적이고 야만하다고 결론지었고 그도 그렇게 될까 봐 두려워했다.

A 씨의 추방에 대한 두려움은 검은 페니스에 대한 이미지를 갖기 훨씬 이전에 시작되었다. 특히 가슴 아팠던 기억은 5세 때 휴가를 갔는데, 해변에서 다른 아이들은 모두 수영복을 입고 있었는데 그 혼자 교복을 입고 있었던 장면이었다. A 씨는 이에 대한 사진을 보여주었고, 당시 선생님께 교복을 입고 있게 해달라고 요구했는데, 그것이 그에게는 문명화된 것으로 느껴졌기 때문이라는 사실을 뚜렷이 기억해 냈다. 심상 재구성 과정에서 A 씨는 5세 때(외롭고 다른 사람들과 다르다는 감정을 주로 느낀)로 다시 돌아갔고 곧 63세의 어른이 자신의 어린 자아를 도와주려는 장면을 떠올렸다. 어른으로서 A 씨는 아이에게 침착하게 말을 잘 걸어 주었고 아이에게 삶이 참 힘들었는데, 그건 아이

에게 뭔가 잘못이 있어서가 아니라 다른 사람들이 그를 대하는 방식 때문에 그런 것이었다고 설명했다. 그는 아이에게 힘들지만 살아남을 것이고 이 세상에서 성공적으로 자신의 위치를 찾을 것이라고 안심시켰다. 그가 5세의 시점에서 다시 그 상황으로 돌아갔을 때 '자신의 어깨에 둘러진 팔'에 놀라면서도 위안을 얻은 것처럼 보였다.

심상 재구성을 진행한 지 일주일 만에 A 씨의 강박증상이 줄어들었으며 급속히 준임상적인 상태가 되었다. 그는 침습적 이미지에 반응하지 않으려고 노력했고, 곧 이미지에 대한 생생함과 빈도도 줄어들었다. 심상 개입을 통해 A 씨는 그의 어려웠던 경험에 대한 대안적 해석을 정서적인 수준에서 받아들였고 그가 추방당할 것이라는 비극적인 믿음을 떨칠 수 있게 되었다. 작업을 해 나가면서 이미지는 그것의 중요성과 파국적인 의미를 잃어갔고 따라서 불안증상을 야기할 힘도 상실했다. 그는 이제 어떤 침습적 이미지도 부정적인 의미로 해석하기보다는 정상적인 의미로 받아들일 수 있었다.

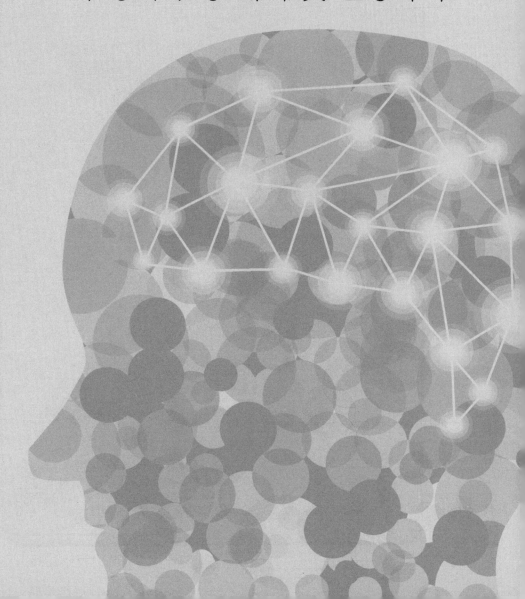

3

심상 개입 :
부정적 심상 제거 및 변형하기

Intrusive day-time imagery which verbal rumination fails to suppress

8장

침습적인 낮 시간의 심상 치료하기

'웹스터는 죽음에 완전히 사로잡혀 있었고
피부 밑에 있는 두개골을 보았다.
그리고 땅속에 있는 가슴 없는 녀석들이
입술 없는 웃음을 지으며 몸을 뒤로 젖히는 것을 보았다.'

T.S. 엘리엇, **불멸의 속삭임**(1920)

서론

제2장 심상 현상의 논의에서 우리는 심상의 각각 다른 네 가지 유형을 다음과 같이 구별하였다.

- ◆ 이미지와 기억
- ◆ 낮 시간과 밤 시간에 나타나는 심상
- ◆ 문자 그대로의 심상과 은유적인 심상
- ◆ 부정적인 침습적 심상과 의도적으로 구성된 긍정적인 심상

다음 6개 장의 주제는 심상에 기반한 치료 개입인데, 이는 앞에서 소개한 심상의 종류에 기초해 나눈 것이다. 이 장에서는 부정적이며 침습적인 낮 시간의 심상에 초점을 맞출 것이다. 내담자들은 처음에는 부정적인 이미지들이 과거 사건들의 기억에 의해 채색된 것으로 인식하기보다는 현재나 미래에 관련된 어떤 부정적인 것을 나타내는 것으로 생각한다. 예를 들어, 이러한 이미지는 그들을 미치게 하거나, 어떤 일이 일어날지에 대한 불길한 징조 같은 것으로 본다. 이미지들이 종종 과거의 경험과 기억에 직접적으로 관련되어 있다는 사실은 우리가 이미 제2장에서 살펴보았듯이 실제로

는 의식적으로 자각되지 못하고 있을 수 있다. 때때로 우리는 내담자들을 치료하면서 어떤 이미지의 감각적 내용이나 주제가 현실을 반영하기보다는 과거 기억과 관련되어 있다는 것을 알게 된다. 이 경우에는 제9장의 '고통스러운 기억을 다루기 위해 심상 사용하기'에 설명된 기법을 활용해서 현재의 심상이 형성된 고통스러운 기억을 직접 치료할 수 있다.

제2장에서 언급하였듯이 이미지는 내담자에게 현실을 반영하는 것처럼 보이지만, 다양한 방식으로 왜곡되어 있다고 볼 수 있다. 이 장에서 우리는 부정적인 낮 시간 이미지들을 다루는 방법을 살펴볼 텐데, 내담자들은 이 이미지를 현재나 미래와 관련된 것으로 경험하며, 기억이라고 파악하지는 않는다. 낮 시간의 이미지를 다루는 방법들에는 내담자를 작업에 직접 참여시키는 방법(소개하기)과 이미지 내용과 중요성에 대해 탐색하는 방법(평가, 이끌어 내기, 미니 개념화)과 다양한 기법을 통해 변화를 일으키는 방법이 있다. 다음 장인 제9장에서는 내담자가 기억이라고 인식하는 이미지를 다룰 것이다. 제10장에서는 악몽과 꿈과 밤 시간의 심상을 다룰 것이며, 제11장에서는 은유적인 심상을 다루며, 제12~13장에서는 긍정적 심상에 대해 살펴볼 것이다.

소개하기

내담자에게 심상 작업에 대해 소개할 때 유용한 네 가지 원칙은 제5~6장에 나와 있다. 더 자세히 알고 싶은 독자들은 그 장들을 보기 바란다. 간략하게 살펴본다면 내담자가 낮 시간에 나타나는 심상에 대해 좀 더 익숙해지도록 치료자가 다음과 같은 점을 설명해 줄 수 있다.

- 사람들은 힘든 상황에서 일련의 생각이 떠오르며, 이와 함께 그림이나 이미지를 떠올리기도 하며, 때로는 감각으로 느끼기도 한다.
- 이런 이미지는 어떤 중요한 의미를 전달할 수 있으며, 또 사람들이 어떻게 느끼고 어떤 행동을 하는지에 영향을 미칠 수 있다.
- 이 이미지를 인식하는 경우에도 만약에 이 이미지가 고통스럽고 괴로울 것 같으면 사람들은 이것들을 탐색하거나 관여하고 싶어 하지 않는다.
- 그럼에도 불구하고 치료에는 의도적으로 심상을 떠올리고 탐색하는 것이 매우 중

요한데, 이는 아주 강렬한 감정을 동반하기 때문이다.

◆ 이러한 감정이 나타난다는 것은 이미지에 담겨 있는 의미가 그 사람에게 상당히 중요하다는 점을 말해 준다.

만약에 내담자가 이 이미지 다루기를 주저하거나 꺼린다면 치료자는 그들의 두려움을 탐색해서 이미지를 다룰 때의 장점과 단점을 따져보도록 돕는다. 때로는 메타인지적인 신념이 방해가 되기도 하는데, 내담자는 그 이미지가 끊임없이 격한 감정을 불러일으킨다고 느끼거나, 그 이미지를 자각하고 있으면 공포를 느끼게 하는 사건이 실제로 일어난다고 느낄 수 있다. 따라서 심리교육과 안심시키는 말을 해주는 것이 도움이 되며, 내담자들은 상담실 내에서 이런 신념을 검증해 보도록 부드럽게 격려를 받을 수 있다.

내담자가 오랫동안 심하게 회피해 왔다면, 그 상황에서 어떤 감정을 느끼고 어떤 생각을 하고 있는지 본인 스스로 잘 파악하지 못하고 상당히 모호하게 이해할 수 있다. 이때 상황적인 단서가 정보를 주는 이미지를 촉발시킬 수 있으므로, 실생활에 대한 노출을 해봄으로써 문제의 어떤 측면이 치료자나 내담자에 의해 부주의하게 간과되지는 않았는지 체크해 볼 필요가 있다. 그 후 떠올린 이미지에 대해 좀 더 구체적으로 논의해 볼 수 있다.

제6장에서 보았듯이 이미지를 충분히 자각하도록 하는 데 유용한 은유는 파일의 내용을 검토하기 위해 '컴퓨터 스크린에 아이콘을 클릭하는 것'과 같다고 설명하는 것이다. 치료자는 이러한 이미지에 초점을 맞추는 것이 그 전까지 명백하지 않았던 풍부한 세부사항을 드러낼 수 있음을 설명해 줄 수 있다.

심상 떠올리기와 평가하기

어떤 내담자들은 문제상황에서 자발적으로 촉발된 심상들을 보고할 수 있다. 이 심상들을 치료회기 중에 의도적으로 떠올려, 내담자로 하여금 눈을 감은 채로 현재시점으로 자세하게 묘사하게 할 수 있다. 이는 평가를 다룬 제6장의 심상 떠올리기와 관련된 섹션에 잘 설명되어 있다.

내담자의 회피는 중요한 정보가 의식화되지 못했을 가능성이 있음을 의미하기 때문에 치료자는 내담자에게 문제가 되는 상황에 직접 노출해 보는 것이 치료에 상당히 도움이 된다고 말하며 권장할 수 있다. 이런 과정을 통해 관련된 심상이나 감정이 촉발될 수 있으며, 이에 맞추어 치료가 이루어질 수 있다고 설명해 준다. 치료자는 내담자에게 이렇게 하도록 제안함으로써 중요한 정보를 놓치지 않게 만들 수 있고, 또 심리적인 지지도 해줄 수 있다. 치료자는(제1, 2장 참조) 이중신념체계의 개념을 설명해 줄 수 있는데, 이때 내담자들의 삶을 예로 활용할 수 있다. 이를테면 광장공포증이 있는 내담자의 경우 집에서는 쇼핑을 잘하고 올 수 있다고 생각하지만, 공공장소에 들어서면 갑작스럽게 불안감을 느낄 수 있고, 거리에서 쓰러지는 심상을 일으킬 수도 있다. 일단 이러한 상황이 촉발되면 아래의 미니 개념화 섹션에서 다루듯이 심상을 세밀하게 살펴보아야 한다.

우리가 제4장에서 치료의 효과적인 요소에 대해 살펴보았던 것처럼, 인지적인 변화는 어떤 다른 적극적인 치료 개입이 없이도 단지 심상을 마음에 떠올려서 그것에 대해 숙고해 보는 것만으로도 일어날 수 있다는 것이 매우 흥미롭다. 다음에 나와 있는 예는 이를 잘 말해 준다.

> 젬마는 벌레공포증을 가지고 있으며, 이 주제에 대해 말하면 벌레의 심상이 떠올랐다. 그녀는 자신의 시야 위쪽에 벌레가 있는 심상이 떠오르면, 그것을 무시하거나 억누르려고 노력했다. 치료자가 한 번 그것을 상세하게 떠올려 보자고 했을 때 처음에는 거절했지만, 결국은 자신의 공포증을 검증해 보기로 마음을 다졌다. 그녀가 그 심상에 집중하였을 때 눈물을 많이 흘렸고, 전체 이미지 속에서 자신이 관 속에 있고 벌레들이 자신의 눈과 입에 떨어지는 것을 보았다. 그리고 그녀는 자연스럽게 이 심상을 학교에서 벌레로 괴롭힘을 당한 후 꾸었던 어린 시절의 악몽과 연결을 지었다. 이후에 그녀는 심상을 충분히 살펴봄으로써 '이것은 지금의 내가 아니야. 그 일은 내가 소녀였을 때의 일이야.'라고 생각하게 되면서 안도감을 느끼게 되었다. 처음에는 고통스러웠다 할지라도 그녀가 자신의 심상의 근원을 이해하고 그것은 단지 악몽의 잔재라는 것을 깨닫게 되면서 두려움이 눈 녹듯이 사라지는 것을 경험했다.

제6장과 제7장에서 우리가 평가와 미니 개념화를 살펴보았듯이 우리는 치료를 계획하기 전에 심상의 의미를 살펴보고, 심상이 그 사람에게 갖는 의미와 중요성, 그리고 침습적인 심상 및 불편감이 유지되는 과정을 살펴보는 것이 필요하다. 이를 위해서는

아래와 같은 질문들이 유용할 것이다.

- **심상에 어떤 내용이 담겨 있습니까?**
  - 다양한 감각을 활용해서 심상의 실제적인 내용에 대해 정교화해 본다.
- **심상은 무엇을 의미합니까?**
  - 심상이 당신 자신이나 다른 사람, 또 세상에 대해서 어떤 의미를 가집니까?
- **심상을 떠올린다는 것은 무엇을 의미한다고 생각합니까?**
  - 그것은 경고입니까? 미래에 대한 징조입니까? 아니면 마음에 담아 두기에는 위험한 것입니까?
- **심상이 현재 갖는 영향은 무엇입니까?**
  - 심상 때문에 어떤 기분을 느낍니까? 가장 위협적인 면은 무엇입니까?
- **심상이 떠오를 때 무엇을 합니까?**
  - 억누르려고 합니까? 주의를 분산시키려고 합니까? 좋은 이미지로 대체하려고 합니까? 심상은 당신에게 무언가를 의미합니까? 아니면 어떤 나쁜 것이 일어나지 않도록 어떤 행동을 취합니까?
- **심상의 가능한 근원은 무엇입니까?**
  - 당신이 기억하기에 이러한 경험을 처음 한 때가 언제입니까?

좀 더 자세히 살펴보려면 평가에 관한 제6장을 참조하기 바란다.

미니 개념화

평가 과정을 통해 정보를 얻게 되면 우리는 미니 개념화를 할 수 있다. 그림 8.1에 예가 나와 있다. 건강불안을 가지고 있는 내담자는 자신의 부정적인 심상에 대해 큰 고통을 느꼈는데, 이는 자신의 죽음에 대한 징조라고 생각했기 때문이다. 자세한 내용은 사례 개념화를 다룬 제7장에 몇 가지 예와 템플릿이 나와 있다.

조작하기

일단 사례 개념화가 이루어지면 개념화의 세부요소들에 대해 검증해 볼 수 있다. 예컨

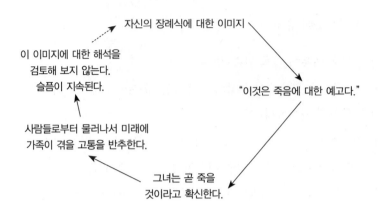

그림 8.1 이미지에 대한 왜곡된 해석

대 심상을 조작해 보는 것은 심상을 일으키는 것에 대한 의미나 잘못된 생각을 검증하는 데 유용한 방법이다. 다음과 같은 메타인지적 신념이 있을 수 있다.

◆ 심상은 외부세계에 실존하는 어떤 것이다.
◆ 심상을 억누르는 것은 그것을 잠잠하게 만들 수 있다.
◆ 심상이 떠오르게 내버려 두면 내가 죽거나 미치거나 아플 수도 있고 혹은 내가 압도되거나 아니면 고통이 지속될 것이다.
◆ 심상을 마음에 떠올리면 나는 그 심상대로 행동할 수 있다.
◆ 심상은 좋거나 나쁜 방식으로 현실세계에 영향을 미칠 것이다.

심상을 일으키는 것 자체의 의미를 어떻게 생각하고 얻는지 논의해 본 후 한 가지 또는 그 이상의 세밀하게 짜인 행동실험을 해볼 수 있다.

(1) 심상을 조작해서 심상이 단지 정신세계에만 있는 사건이라는 것을 검증해 본다.
(2) 억압의 역설적인 효과를 검증해 본다.
(3) 심상이 실제로 사람을 아프게 하거나 미치게 하는지 검증해 본다.
(4) 사고-사건 융합 또는 사고-행동 융합의 타당성을 검증해 본다. 다시 말해 이미지가 실제 사건이 일어나게 하는지 검증해 보거나, 심상이 실제로 비자발적인 행동을 유발시키는지를 검증해 볼 수 있다.

심상이 단지 정신적인 사건임을 입증하기 위해 심상 조작하기

만약 내담자가 심상이 단지 정신적인 사건이라는 것을 받아들이기 힘들어한다면, 심상을 조작하는 몇 가지 연습을 통해서 그것이 정신적인 사건임을 더 편안하게 받아들이게 할 수 있다. 한 가지 책략은 내담자로 하여금 자신에게 고통을 주는 심상을 TV 화면에 나타나게 하고서는 "자, TV를 끄세요. 볼륨을 줄여 보세요. 채널을 바꿔 보세요."라고 제안하는 것이다.

> Morrison(2004)은 이러한 접근을 통해 침습적인 심상에 대한 중요성 자체를 변화시켜 치료 효과를 얻은 정신병 내담자에 대한 사례를 보고했다. 내담자는 하얀색 승합차에 대한 심상 때문에 고통을 받았는데, 그 이유는 심상이 실제 현실이라고 생각하고, 사람들이 이 승합차를 타고 자신을 잡으러 올 것이라는 두려움이 있었기 때문이다. 그는 이 심상을 TV 화면에 나타나게 한 후, 화면 안에 광고를 끼워 넣음으로써 자신이 가지고 있던 심상이 단지 자기 마음의 산물이라는 것을 깨닫게 되었고, 그 이후 두려움이 사라졌다.

Close와 Schuller(2004)도 아래와 같은 사례를 통해 정신병에서 나타나는 심상에 대한 메타인지적 신념을 정확하게 평가하는 데 도움이 되는 몇 가지 실험을 보여주었다.

> 가령 내담자가 자신을 학대하는 목소리의 청각 심상을 통제할 수 없다고 느꼈다고 하자. 그런데 그 심상은 아무 때나 나타나곤 해서 그를 괴롭혔다. 내담자는 의도적으로 가해자의 목소리에 대한 심상을 떠올리고 다른 곳에 집중함으로써 그것이 희미해지도록 계속해서 연습했다. 이 연습은 통제감을 주고 안정감을 느끼게 만들었다.

심상 억압의 효과 검증하기 : 사고억압실험

만약 내담자가 심상을 억압하는 것이 심상 유발을 감소시켜 준다고 생각한다면 그 반대가 사실이라는 것을 증명하기 위해서 사고억압실험을 해볼 수 있다. 이 실험에서 치료자는 내담자로 하여금 매우 기이한 어떤 것에 대해서 상상하도록 요청한다. 예를 들어 치료자는 아래와 같이 얘기한다.

"제 머리 위에 분홍색 토끼가 앉아 있다고 상상해 주세요. 상상할 수 있겠어요? 자, 이제 몇 분 동안 제 머리를 쳐다보세요. 그다음에 이 분홍색 토끼를 생각하지 않도록 최선의 노력을 다해 주세요. 당신은 분홍색 토끼만 **빼고는** 어떤 생각을 해도 됩니다."

언제나 (거의 언제나!) 내담자들은 이것이 실제로는 거의 통제 불가능하다는 것을 깨닫게 된다. 마음이 스스로에게 이런 지시를 하게 되면, 즉 마음에 떠올리지 말라는 지시를 주면 떠올리지 말아야 하는 것을 더 자주 떠올리게 된다는 것이다. 이것을 깨닫게 되면 내담자는 심상이 나타나지 않도록 하기 위해 노력했던 방법들을 포기하려는 마음을 갖게 된다.

마음속에 심상을 떠올리는 것이 격한 감정에 휩싸이게 만들고, 끊임없는 고통을 주며, 미치게 할 수 있는지 검증하기

내담자가 만약에 자신이 미치거나 끔찍한 감정 때문에 고통을 받을 것이라고 두려워한다면, 내담자로 하여금 접지법(역주 : 주위 환경을 지각시킴으로써 혼란에 빠지지 않고 현실로 돌아오도록 돕는 방법)을 사용하거나 조심스럽게 접근해 볼 것을 권한다. 즉, 단계적으로 심상에 조금씩 노출하고 그 결과에 대해 숙고해 본다[제5장 '심상 개입을 위한 플랫폼 확립하기'(p. 95) 참조]. 이는 내담자에게 심상과 감정에 대한 정보들을 수집할 수 있는 기회를 제공한다. 심상에 반복적으로 노출되면 심상이 점점 덜 고통스럽게 느껴지고 훨씬 더 다루기 쉽다는 것을 깨닫게 된다(제4장 참조).

사고-사건 융합과 사고-행동 융합의 현실성 검증하기

사고-사건 융합 : 만일 내담자가 이미지를 마음속에 떠올리는 것만으로도 두려워하는 사건이 일어날 것이라고 생각하거나 또는 원하는 결과가 일어나지 않을 것이라고 생각한다면 이를 검증해 볼 수 있다. 이를테면 강박장애가 있는 내담자와 다음의 몇 가지 실험을 수행해 보았는데, 이 내담자는 자신의 부정적인 이미지가 다른 사람들에게 실제로 피해를 끼칠 수 있다고 믿었다.

> 클로에는 자신의 치료자에게 나쁜 일이 벌어지는 것을 상상해 본 후에 그 결과를 치료회기 내에서 검증해 보는 것에 선뜻 응했다. 처음에 그녀는 치료자가 책상 위에 쓰러지는 것을 상상하였는데, 이 심상의 영향이 거의 없다는 것을 알고는 거기에 대해 대담해졌다. 그다음에 치료회기를 마치기 전에 비서의 팔이 부러지는 것을 상상해 보았다. 이 또한 실제로 일어나지 않자 클로에는 자신감이 더 생겨서 자신의 남편에게 일어날 수 있는 별것 아닌 작은 사고들, 즉 다이어리를 잃어버린다거나 함께 외출했을 때 넘어진다거나 하는 것들을 상상해 보았다. 그다음에는 자

녀들에게 사고가 생기는 것과 같은 더 안 좋은 일들이 일어나는 것을 상상해 보았다. 그녀의 자신감은 점점 더 커졌고 부정적인 이미지가 다른 사람들을 해칠 수 있다는 생각은 시간이 지나면서 줄었다.

이 실험은 사고-사건 융합이 포함된 이미지에 대해 작업하는 한 예를 보여준다 (Obsessive-Compulsive Cognitions Working Group 1997). 이와 비슷한 신념들은 건강염려증이나 광장공포증이 있는/혹은 없는 공황장애를 치료할 때 만날 수 있다. 이 장애를 가진 내담자들은 자신이 아프거나 죽는 이미지가 떠오르면, 이런 일이 일어날 가능성이 높아질 것이라는 미신적 신념을 확립하기 쉽다(Wells & Hackman 1993). 또한 자신이 건강한 상태에 있다는 것을 시각화하기 어려워하는 것은 증상이 호전되는 데 걸림돌이 될 수 있다. 자신이 아플 것이라는 두려움은 줄어들고 자신의 건강이 좋아질 것이라고 상상하는 빈도가 높아지면, 그것이 신의 섭리를 거역하는 결과를 가져와서 질병으로 자신이 쓰러질 수 있다는 두려움이 생겨나게 할 수 있다.

앞에서 언급한 방식으로 이러한 믿음을 검증해 볼 수 있지만, 때로는 내담자가 재앙이 먼 미래에만 일어날 것이라고 생각해서 그 믿음에 쉽게 도전하지 않을 수 있다. 이러한 경우에는 다른 접근법들(예 : 변형법, 정서적 가교 기법, 외상기억에 대해 작업하기 등)이 있다. 이 장의 나머지 부분과 제9장 참조)이 더 효과가 있다.

사고-행동 융합 : 사고-행동 융합의 예는 자신의 이미지가 자신이 할까 봐 두려워하는 행동을 하게 만들 수도 있다고 생각하는 믿음을 검증하는 것이다.

> 존은 어떠한 종류든 칼을 들고 있는 것을 두려워하였는데, 특히 주변에 아이들이 있을 때 더 두려워했다. 그는 자신이 칼로 상처를 입힌 사람들의 이미지를 떠올리곤 했다. 치료자는 치료회기 동안에 칼을 들고 자신을 통제하기 위한 어떤 시도도 내려놓도록 격려하였다. 존은 어떤 일이 일어날지에 대해 마음속으로 상상했던 이미지와 실제로 어떤 일이 일어났는지를 비교해 보도록 요청받았다. 이어서 그는 집에서도 실험을 하였는데 아이들이 침실에 있을 때 작은 칼을 자신의 손에 들어 보았고, 모든 가족이 식탁에 앉아 있는 일요일에 만찬용 고기를 자르는 것까지 시도해 보았다.

이 접근은 내담자로 하여금 이러한 위험을 감수할 때 생길 수 있는 두려워하는 결과의 이미지를 의도적으로 떠올리게 함으로써 더 세밀하게 시험해 볼 수 있다. 한 가지 좋은 예가 Morrison과 Westbrook(2004)에 의해 보고되었다. 강박장애가 있는 내담자가 자신의 아기를 자신이 해칠까 봐 두려워하였는데, 이에 대해 다음과 같이 심상 작업을 하였다. 매일 저녁 그녀는 어두운 방에서 아기와 시간을 따로 보내면서 아기의 목을 조를 것이라고 스스로 말하고 자신이 그렇게 하는 것을 상상하였다. 이를 통해 그녀의 불안과 신념을 평정하는 점수는 같이 낮아졌다. 하지만 저자들이 지적하였듯이 이러한 종류의 실험은 이미지가 자아-비동조적인 내담자들에게만 시도되어야 하며, 자기 자신이나 다른 사람을 실제로 해칠 수 있는 사람들에게는 절대 시도해서는 안 된다.

변별하기

내담자가 이미지를 현재의 실재를 정확하게 나타내는 것으로 여기거나 특정한 상황에 노출되면 가까운 미래에 일어날 사건이라고 여길 때, 이미지와 실재를 변별하는 데 도움을 주기 위해서는 여러 가지 행동실험을 고안해 볼 수 있다.

(1) 지각된 위험에 대한 심상(물리적 세계에서 오는 것들이 있고, 혹은 동물로부터 올 수도 있음)과 실제 위험을 변별하는 것
(2) 지각된 위험에서 오는 반응에 대한 심상과 실제 반응을 변별하는 것
(3) '남들이 나를 어떻게 보는지'에 대한 심상과 실제로 내가 어떻게 보이는지를 변별하는 것
(4) 다른 사람들이 어떻게 반응할 것인지에 대한 심상과 사람들의 실제 반응을 변별하는 것

지각된 위험에 대한 심상과 실제 위험을 변별하는 것

실제 노출이 특정 공포증 치료에 매우 효과적이기 때문에(Öst 1989), 인지적 개입이 항상 필요한 것은 아니다. 하지만 치료자가 신념에 대해 질문해 보면 내담자로 하여금 어느 방향으로 관심을 돌려야 할지에 대한 정보를 얻게 되어 치료의 초점을 좀 더 명확하게 맞출 수 있다. 이미지는 압축된 의미 캡슐이므로 신념에 대해 아주 좋은 단서들을 제공한다.

로사(제6장에서 나왔던 사례)는 새공포증이 있는데, 히치콕 감독의 영화 '새'를 본

후 영향을 받았다. 그녀는 자신의 예측을 검증하기 위해 행동실험을 해보았다. 그녀의 이미지는 새들이 자신의 눈을 똑바로 쳐다볼 때 그녀가 자신들을 두려워하고 있다는 것을 간파하고는 동료들에게 알리고 그들을 불러 모아서 공격한다는 것이었다. 이 심상이 너무 두려워서 죽을 지경이었으며, 심장은 방망이치듯 두근거렸다. 이 각각의 이미지를 일련의 행동실험을 통해 실제와 비교했다.

이것과 유사한 행동실험은 '거미가 악한 의도를 가지고 있다'고 믿는 거미공포증이 있는 사람에게 해볼 수 있다(Thorpe & Salkovskis 1995). 물리적인 세계로부터 지각된 외부의 위험 또한 행동실험으로 검증될 수 있다.

제닌은 절벽이 조금씩 떨어지다가 무너지는 이미지를 가지고 있다. 절벽의 안전성을 검증하기 위해서 그녀에게 아무것도 잡지 않은 채, 위아래로 스스로 뛰어 보라고 했다.

지각된 위험에서 오는 반응에 대한 심상과 실제 반응 변별하기

때때로 두려워하는 상황에서 이미지들은 실제로 그 사람이 어떻게 반응할지를 반영하기보다 그 사람이 마음속에서 자신이 그렇게 반응할까 봐 두려워하는 반응을 반영한다.

예를 들면, 고소공포증이 있는 사람들은 종종 통제력 상실에 대한 이미지를 갖는다. 그러한 이미지들은 내담자가 두려워하는 일이 실제로 일어나는지에 대해 초점을 맞춰 그것을 검증하기 위한 행동실험을 해볼 수 있다.

한 내담자는 아주 높은 곳에서 점프하는 것에 대한 두려움이 있다. 먼저 근육을 이완하고, 몸을 약간 흔들어 보고, 그다음에 자신이 점프를 해낼지 살펴보도록 했다.

이와 비슷하게 자신이 칼을 손에 쥐면 자신의 아이들을 찌를까 봐 두려워했던 강박장애 내담자인 존의 사례['사고-행동 융합'(p. 151) 부분 참조]에서 일련의 실험을 통해 손에 칼이 쥐어졌을 때 그가 상상한 반응과 그의 실제 행동을 변별할 수 있었다.

'남들이 나를 어떻게 보는지'에 대한 심상과 실제로 내가 어떻게 보이는지 변별하기

사회공포증에서 내담자들은 마치 다른 사람들의 눈을 통해 자신을 보는 것처럼 관찰자의 관점을 가지고 있어서 자신에 대한 부정적이고도 왜곡된 이미지를 가지고 있다

(Hackmann et al. 1998, 2000). 이 이미지들은 사회불안을 일으키는 데 중요한 역할을 하는 것으로 보인다(Hirsch et al. 2003). 내담자의 문제를 개념화하는 과정에서 부정적인 자기 이미지는 스트레스가 많은 사회적 상황에서 촉발되어 자기가 두려워하는 불안 증상을 숨기기 위한 안전행동을 하게 만들고, 이로 인해 자의식이 고조되고 수행이 떨어진다는 것을 발견했다.

아래에 보면 Butler와 Hackmann(2004)이 제안한 유용한 행동실험의 예가 나와 있다.

◆ 내담자가 대역을 맡은 상대방과 사회적 상호 작용을 하는 것을 녹화한다. 이 상호 작용에서 자신이 잘 쓰는 안전행동을 다 써보도록 한다(예 : 손으로 컵에 있는 것을 마시려고 할 때 손의 근육을 긴장하거나 목을 돌리는 것 등).

◆ 그다음에 내담자에게 본인이 어떻게 나타나 보일지 자세하게 묘사하게 한다. 녹화한 영상에서 자신이 어떤 모습으로 보일지에 대한 예상을 정확하게 하기 위해 먼저 평정할 측면에 대해 조작적 정의를 내린 후 평정한다. 예를 들면, 만일 자신이 얼굴을 붉혔다고 느낀다면 색깔표에서 자신이 상상한 얼굴의 붉어진 정도와 일치하는 색깔을 고르도록 한다. 자신이 눈에 띌 정도로 몸을 떨었다고 걱정한다면 얼마나 심하게 떨었는지를 흉내내 보도록 한다.

◆ 그다음에 치료자는 동일한 사람과 두 번째 상호 작용을 하도록 내담자에게 요청한다. 이번에는 자신의 안전행동과 자기초점적 주의를 버리고 자신이 말을 건네는 상대에게 초점을 맞추도록 요청한다. 그리고 이제 유사한 평정을 한다.

◆ 얼굴이 붉어진 정도와 몸을 떠는 정도 등에 대한 평정은 각 상호 작용 이후 상대에 의해서도 이루어진다.

◆ 두 가지 상황에서 자신이 어떻게 보이는지에 대한 내담자의 평정을 실제로 녹화된 영상에서 보이는 것과 상대가 평정한 것을 비교하여 살펴본다.

마지막으로 내담자는 이 실험의 결과에 대해 이야기하는 시간을 갖는다. 그들은 대개 두 가지 상호 작용 모두에서 자신이 생각했던 것보다 자신의 모습이 더 나아 보인다는 것을 발견한다. 즉, 그들이 안전행동을 버리고 자신에게 주의를 기울이지 않는다면 더 편안하게 느끼고 상대방도 그런 내담자의 모습을 더 좋게 평가한다. 그리고 상대방은 내담자가 자신을 평정하는 것보다 더 나은 모습으로 평정할 뿐만 아니라 명백하게 눈에 띄는 안전행동을 제외하고는 특별하게 이상한 점을 알아차리지 못한다.

섭식장애나 신체이형장애, 신체적 손상이나 결함 등의 문제들에서도 사회공포증에서 사용되는 치료와 유사한 기법이 사용될 수 있다. 내담자들은 자신의 모습이나 수행에 대해 부정적이거나 왜곡된 이미지를 가지고 있을 수 있다. 위에서 언급한 것처럼 내담자의 예측을 미리 조작적으로 정의를 내린 후에 비디오나 오디오 피드백 또는 다른 사람으로부터의 피드백을 활용할 수 있다.

사진을 활용할 수도 있다. Ree와 Harvey(2004)는 불면증이 있는 내담자에 관해 다음과 같이 보고하였다.

> 불면증 내담자는 자신이 잠을 잘 못 자면 다음날 유령처럼 보인다고 믿었는데, 그녀의 배우자는 일주일 동안 매일 아침 그녀의 사진을 찍어주는 것에 동의했다. 그래서 많은 사람들이 그 사진을 평가했을 때 밤에 잠을 얼마나 잤는지를 말해 주는 수면의 양과 질은 그다음 날 그녀의 신체적인 외모와 아무런 관련이 없다는 것을 확인할 수 있었다.

다른 사람들이 어떻게 반응할지에 대한 심상과 사람들의 실제 반응 변별하기

몇몇 연구들은 광장공포증이 있는 내담자들이 공황발작을 하는 동안 정신적이거나 신체적인 재앙에 대해서 두려워할 뿐 아니라 대인관계에 미칠 결과에 대해서도 두려워한다는 것을 밝혔다(Hoffart et al. 2006). 이들이 두려워하는 결과는 이러한 상황에서 촉발되는 심상에서 생생하게 나타난다. 내담자들은 자신이 공공장소에서 아파서 쓰러지거나, 꼼짝 못하거나, 타인의 웃음거리가 되는 이미지를 가지고 있다.

내담자의 예상이 타당한지 행동실험을 통해 검증해 볼 수 있다. 만약에 내담자가 공공장소에서 쓰러질 때 일어날 일에 대해 우려한다면 치료자는 우선 그들에게 다음과 같은 행동을 한 후 어떤 결과가 일어나는지 검증해 보게 할 수 있다. 그들을 공공장소로 데리고 가서 쓰러진 척하고 다른 사람들이 어떻게 반응하는지 관찰하게 한다. 다행히도 보통 일반적인 반응은 몇몇 사람들이 걱정하고, 의자나 마실 물을 가져다주고, 전화를 해주는 등 도움을 제공하는 것이었다. 많은 사람들이 몰려들거나 그들이 원하는 것보다 많은 도움이 제공되는 상황(예 : 앰뷸런스를 부르는 등)은 일어나지 않았다. 이러한 결과는 내담자들을 안심시켜 주어 다른 곳에 가서 또 한 번 치료자가 모델을 보인 대로 '쓰러진 후에' 본인의 심상에 나타나는 것과 같은 일이 실제로 일어나는지를 비교할 수 있도록 해 준다.

제임스는 공공장소에서 자신이 공황발작을 일으킨다면 어떤 일이 벌어질지에 대해 많은 재앙적인 생각을 했다. 그는 뇌졸중, 심장발작, 기절, 뇌종양이 생기는 것, 미치거나 마비가 오는 것에 대해 두려워했다. 그러나 이들 재앙으로 일어날 일에 대해서는 똑같은 심상이 나타났는데, 이는 자신은 쓰러지고 다른 사람들에게 둘러싸이고 엠뷸런스가 오는 것이었다. 그 이미지를 계속 이어가 보도록 했을 때, 그는 구속복(역주 : 정신이상자와 같이 폭력적인 사람의 행동을 제압하기 위해 입히는 옷)이 입혀지고, 정신병원에 보내져 영원히 갇히는 것에 대해서 이야기했다. 치료자는 지역 내 쇼핑센터에서 쓰러지는 것을 모델로 먼저 보여주었고, 내담자는 몇몇 사람들만 도움을 주기 위해 오는 것을 관찰해 보았다. 치료자가 사람들에게 '괜찮다고 자기는 도움이 필요 없을 것'이라고 말하자 사람들은 흩어졌다. 그 후 내담자는 벤치에 앉아서 이마를 찡그림으로써 몸이 조금 안 좋은 것을 연기해 보도록 하였다. 다시 한 번 그는 원하지 않는 사람들의 관심을 받지 않았다는 것을 확인할 수 있었다.

사회공포증을 가진 사람의 불안증상이 통제되지 않을 때, 사람들이 어떻게 반응할지를 검증하기 위해서도 이와 비슷한 실험을 해볼 수 있다. 이러한 유형의 실험은 '내공 쌓기'로 묘사되기도 한다. 내담자가 자신의 증상이 과장되어 나타날 때 사람들에게 어떻게 보일지를 상상해서 말해 보도록 한다. 치료자가 공공장소에서 이런 증상들을 흉내 내는 동안 내담자가 다른 사람들의 반응을 관찰한다. 예를 들면, 치료자가 얼굴이 엄청나게 붉어진 것을 흉내 내기 위해 과도하게 선명한 화장을 하거나 땀이 많이 나는 것을 재현하기 위해 얼굴과 겨드랑이에 물을 뿌릴 수 있다. 내담자는 일반적으로 다른 사람들이 그들의 증상을 염두에 두지 않는 것에 놀라게 된다. 만일 내담자가 긍정적인 반응을 무시하면서 자신이 그런 극단적인 반응을 보이면 사람들이 다른 반응을 보일 것이라고 말할 때, 치료자는 직접 한 번 해보라고 권고한다.

변형하기

부정적인 심상을 덜 위협적이고 현실적인 것으로 만들기 위해서 변형하는 방법들은 다음과 같다.

　(1) 심상을 과거 최악의 순간에서 더 나아가게 함으로써 보다 넓은 맥락을 제공하는 것

(2) 주체감을 회복하고 현재에 기반을 두면서 자기 자신으로 돌아가서 사건을 관찰자 관점(역주 : 마치 다른 사람의 눈으로 보는 것처럼 자신과 주위환경을 지각하는 것)이 아닌 장 관점(역주 : 자신이 경험의 주체가 되어 외부세계를 지각하는 것)으로 관찰하는 것

(3) 미래에 대한 긍정적인 이미지를 의도적으로 만드는 것

(4) 심상의 여러 측면을 최신화함으로써 보다 현실적으로 만드는 것

심상을 과거 최악의 순간에서 더 나아가게 함으로써 보다 넓은 맥락 제공하기

부정적인 심상이 미치는 영향의 독소를 제거하기 위한 또 다른 방법은 그 심상이 나타난 맥락을 정교화하는 것이다. 예를 들면, 심상들은 전형적으로 아주 최악의 시점에서 멈춘다. 어떤 사람들은 백화점에서 토하거나 기절하는 순간을 상상하며, 또는 집에서 아주 멀리 떨어진 곳에서 길을 잃는 것을 상상한다. 이때 내담자로 하여금 과거의 최악의 상황에서 심상을 더 나아가게 한 다음 어떤 일이 일어날지 시각화해 보도록 한다. 어떤 경우에는 이런 작업이 매우 잘 돼서, 내담자가 상황에 제대로 대처하는 것을 상상해 보거나 다른 사람들을 도와 무엇을 해야 할지 같이 찾아내는 것을 상상하기도 한다. 라자러스(1968)는 이 기법을 '시간 투사법(예상법)'이라고 불렀다. 벡과 동료들 (1985)에서 나온 두 사례를 인용해 보겠다.

한 내담자는 방금 태어난 자기 아이가 탈장으로 작은 수술을 해야 한다는 것을 알게 되었을 때 불안해졌다. 그는 합병증과 우려되는 심리적 손상에 대해 계속 생각하고 걱정하였다. 치료자는 그에게 아이가 6개월 뒤에 어떻게 될지 또는 3년 뒤에 어떻게 될지에 대해서 시각화해 보도록 하였다. 처음의 심상에서 그는 아이가 붕대를 감고 있었지만 그다지 개의치 않는 모습을 보았다. 3년 뒤에는 아이가 완벽하게 건강해지고 또 다른 아이들과 노는 것을 심상을 통해 보았다.

두 번째 내담자는 남편이 부정을 저지를지 모른다는 강박관념에 사로잡혀 있었는데, 이를 알게 된 직후, 또는 일주일 뒤, 혹은 6개월 후에 그녀의 반응이 어떨지 상상해 보도록 하였다. 그녀가 바로 직후에 일어날 반응을 상상했을 때 자신이 불같이 화를 내는 모습을 보았다. 그 후에도 여전히 무척 화가 났지만, 그래도 계획을 세우는 게 추가되었다. 6개월 뒤에는 그녀를 매력적으로 보는 다른 남자와 결혼할지 아니면 굽히고 들어온 남편과 계속 같이 살아야 할지 말지를 고민하는 것

을 상상하였다.

주체감을 회복하고 현재에 기반을 두면서 장 관점으로 사건 관찰하기

대인관계에 문제가 있는 내담자에게는 심상화된 시나리오를 앞으로 더 나아가게 하는
것이 상황을 오히려 악화시킬 수 있다. 이런 경우에는 개념화를 재검토하고 심상을 변
형하는 방식이 보다 효과적이다. 다음 사례에서는 심상을 TV 화면에 넣는 조작을 한
후, 현재에 기반을 두고 시청자의 입장에서 그 장면을 보게 했다. 그런 다음 그녀의 미
래 심상에서 문제가 되는 부분을 조작해 보도록 했다.

> 준은 우울증과 건강에 대한 불안으로 치료를 받았는데, 치료자가 휴가를 떠난 사
> 이에 상태가 많이 안 좋아졌고 병원에 입원을 했다. 치료자가 병원으로 그녀를 찾
> 아왔을 때 그녀는 완전히 제정신이 아니었으며, 실제로 자신이 병에 걸린 심상에
> 빠져 있었다. 치료자는 그녀에게 그 이미지를 계속 앞으로 돌려 미래 모습을 보게
> 하는 것이 유용한 접근이 아닐까 생각했다. 그리고 내담자가 다시 회복되고 건강
> 해지는 모습을 보게 되기를 바랐다. 이런 순진한 생각이 반작용을 일으켰다. 내담
> 자는 자신이 점점 더 쇠약해져서 간호사가 그녀를 관에 넣는 것을 시각화했다. 이
> 것도 충분하지 않은 듯 내담자는 그녀의 무덤에 대한 심상을 보고했는데, 무덤에
> 는 남편이 아이와 함께 다른 여성도 같이 데리고 왔다.
> 치료자는 내담자에게 휴식이 필요하다고 결정했다. 다음날 그녀는 내담자가 여
> 전히 매우 힘들어하는 것을 보았다. 그다음 날 갔을 때에도 그녀는 여전히 매우 힘
> 들어했다. 내담자와 함께 문제를 개념화해 봄으로써 그녀가 심상을 해석할 때 심
> 상이 바로 실제 일어날 일의 징조라고 생각한다는 것을 알게 되었다. 치료자는 몇
> 달 전에 내담자가 특정한 날짜에 그녀 자신이 무덤에 있는 심상을 떠올렸다는 것
> 을 기억해 냈다. 이때도 그녀는 이 심상을 징조인 것처럼 받아들였었는데, 그 날짜
> 에 아무 일도 일어나지 않자 그 심상은 사라졌다. 치료자는 이러한 사실을 깨닫고
> 내담자에게도 이 일을 주목해 보도록 한 후, 비슷한 현상이 다시 반복되고 있다는
> 것을 넌지시 내비쳤다. 그녀는 여전히 매우 힘들어했지만, 이것이 대안적인 관점
> 이 될 수 있다는 것에는 동의했다.
> 그래서 내담자와 치료자는 새로운 시나리오를 만들었는데, 말하자면 내담자로
> 하여금 심상을 아주 자세하게 관찰하도록 한 것이다. 이 시나리오에서 내담자는 소
> 파에 앉아 있었고, 남편과 아이도 옆에 있었다. 그녀는 자신의 옷을 내려다볼 수 있

었는데, 뭘 입고 있었는지도 보았고, 많이 쇠약하지 않다는 것도 보았다. 치료자는 내담자로 하여금 이것을 자기 미래의 질병과 죽음에 대한 끔찍한 장면이 나오는 프로그램의 일부로 상상하게 한 것이다. 그래서 내담자는 채널을 돌려서 그 이미지를 제거했고, 또 TV를 끄고 그것을 창밖에 내던지게 했다. 그다음에 그녀는 가족과 함께 차에 올라 드라이브를 즐기는 것을 상상했다. 이 개입은 매우 성공적이었고, 끊임없이 나타나는 질병과 죽음에 대한 이미지와 반복적인 꿈이 사라졌다.

우울한 내담자는 때로 외부로부터 자신을 본 심상을 보고한다. 위에서 말한 이미지와 같이 이러한 이미지는 내담자 자신이 구성한 것이지만 마음을 불안하게 하는 의미를 지닐 수 있다. 다음의 사례에서와 같이 몸에 다시 들어가서 자신의 눈으로 주위환경을 보는 것은 수동성과 무력감 대신에 적극성과 행동력을 되찾아 준다.

> 잭은 수차례 외상 경험을 거친 후에 우울감과 심한 충격을 받았다. 그는 바로 전해 외국에 있는 동안 지진을 겪은 후 며칠 동안 말을 하지 못했었다. 그는 다른 사람들과 같이 있을 때 말이 막히고 어눌해지는 그 당시의 일을 다시 경험하고는 서둘러 양해를 구하고 집에 가곤 했다. 미래에 대한 무망감에 쌓여 침대에 누워 있을 때 무력한 자신의 모습에 대한 심상을 관찰자 관점으로 떠올렸다. 이 이미지의 의미는 그가 헤어날 수 없는 우울증에 빠져 결코 회복되지 못하고 인생에서 적극적인 역할을 하지 못한다는 것이다. 치료자는 그의 주의를 현재 경험에 맞추도록 하였다. 즉, 자신을 외부에서 보는 것처럼 상상하지 말고 자신의 눈으로 보도록 하였다. 이 접근은 엄청난 변화를 가져왔는데, 무력감이 사라지고 다시 일어나서 인생을 살아갈 수 있게 만들었다.

미래에 대한 긍정적인 이미지를 의도적으로 생성하기

Borkovec와 그 동료들(2004, 2008)의 범불안장애(GAD) 내담자들에 대한 획기적인 연구에 의하면 긍정적인 심상을 생성하는 것은 잠재적으로 많은 가치가 있다. 이 장애가 있는 내담자들은 흔히 미래에 다가올 문제에 대하여 많은 불안을 경험하며, 그 문제를 해결할 수 있는 방법을 계획하는 데 쓸데없는 수고를 한다. 범불안장애에서 나타나는 불안사고들은 대부분 언어적이고 반추적인 특성을 가지고 있다. Borkovec는 언어적인 사고가 좀 더 힘든 심상을 막아주기 때문에, 단기적으로는 강화 효과가 있다고 보았다. 그러나 단점은 고통스러운 이미지를 적절하게 처리하지 못한다는 것이다. 따라서 내담자들로 하여금 긍정적인 미래사건에 대한 이미지를 의도적으로 떠올려 보도록 돕는 것이 이러한 상태를 없애는 좋은 책략이라고 보았다(Borkovec 2008).

이것은 긍정적 해석 훈련의 비공식적인 형태라고 할 수 있는데, 이는 피글렛(역주 : 곰돌이 푸 동화에 등장하는 푸의 친구, 작은 돼지)의 불안을 다룬 푸의 접근방법을 생각나게 한다. 예를 들어, 푸와 피글렛이 숲속을 거닐고 있을 때, 피글렛이 폭풍우가 올 것에 대해서 걱정하며 "폭풍우가 와서 나무가 쓰러지면 어떡하지?"라고 하자, 푸는 "나무가 쓰러지지 않으면 어떨 것 같니?"라고 대답한다. 이런 식으로 최악의 상황이 일어나지 않는 미래의 이미지를 형성하는 것은 불안한 관점을 덜 갖게 만드는 하나의 방법이 된다(좀 더 많은 예는 Beck et al. 1995 참조).

심상의 여러 측면 최신화하기

몇몇 사례에서는 현재에 대한 것이라고 여겨지는 이미지가 실제로는 과거 기억의 메아리이기 때문에 최신화 작업을 할 필요가 있다. 이때 이미지의 왜곡된 측면을 현실에 맞게 변화시키는 것이 필요하다. 벡과 그 동료들(1985)은 다음과 같은 사례를 제시하였다.

> 내담자는 창문을 주문했는데, 잘못된 물건이 와서 반품해야만 했다. 하지만 그는 매니저에게 불평하는 것을 매우 싫어했다. 치료자는 그에게 매니저와 만나는 것에 대해서 어떤 이미지를 가지고 있는지 묘사해 보라고 했다. 내담자가 이 이미지를 묘사할 때, 자기는 점점 작아지지만, 매니저는 점점 커지고 위협적이며 자신에게 고함을 치고 얼굴을 붉히는 모습을 상상했다. 내담자는 이 이미지가 자신의 소년 시절에 실제 경험했던 아버지의 모습이라고 자발적으로 말했다. 이 두 장면이 서로 연결되어 있다는 것을 알게 된 후, 매니저와의 만남을 다시 한 번 상상해 보도록 하였다. 이번에는 자신을 원래 모습인 성인 모습으로 상상하고, 제대로 자기 주장을 하는 모습으로 상상했다. 이 현실적인 이미지는 그에게 자신감을 회복시켜 주었고, 그 상황을 효과적으로 처리할 수 있게 해주었다.

'정서적 가교' 기법 : 과거와 연결하기

제2장에서 보았던 것처럼 반복적으로 나타나는 고통스러운 이미지는 다양한 정신장

애에서 나타난다. 반복적인 이미지에 대해 작업하는 또 다른 방법은 제6장에서 기술한 '정서적 가교' 기법을 사용하여 가능한 근원을 탐색하는 것이다. 이 기법은 먼저 내담자에게 눈을 감고 1인칭 현재시점으로 가능한 모든 부분을 자세히 묘사하면서 이미지를 의도적으로 떠올려 보도록 한다. 이미지를 떠올리며 다양한 감각 요소를 사용하여 사건을 묘사한 후, 그 이미지의 개인적인 의미와 중요도를 탐색한다. 그다음 내담자에게 인생에서 언제 처음으로 비슷한 감정을 느꼈는지 기억해 보도록 한다. 이러한 작업을 통해서 내담자로 하여금 자기 자신 혹은 다른 사람 혹은 세상에 대해 부정적인 의미를 갖게 된 과거의 중요한 순간들을 찾아낼 수 있게 만들어 준다.

여기에서 얻은 통찰은 개념화를 더 강화시키고 내담자가 이 작업에 더 깊이 관여하게 해준다. 내담자는 과거가 왜 그렇게 자주 나타나는지에 대해 궁금하게 생각하고, 현재 이 문제를 유지하게 만드는 회피를 중단할 마음을 갖게 된다. Day와 동료들(2004)은 이러한 제안을 지지해 주는 연구결과를 보고하였다. 광장공포증 내담자에게 자주 반복되는 이미지의 유병률과 외상사건과의 관련성을 반구조화된 인터뷰를 통해 탐색하였다. 연구 참여자들은 현재의 위협을 알려주는 이미지와 그들이 보고했던 과거 경험과의 관련성이 있다는 것에 대해서 한 번도 생각해 본 적이 없다고 말했다. 그럼에도 불구하고 그들은 둘 사이의 관련성에 대해서 흥미를 가졌다. 일주일 후에 설문지를 제출한 내담자들을 대상으로 결과를 분석한 결과, 광장공포증 회피를 측정하는 척도에서 점수가 유의하게 감소했다는 것이 밝혀졌다.

강박장애에서 나타나는 '정신적 오염'에서도 유사한 현상이 발견된다(Rachman 2006). 자신은 오염되었다고 느끼지만 다른 사람을 오염시킬 것에 대한 두려움은 별로 없는 내담자에게 노출과 반응제지법은 치료 효과가 좋지 않다. Rachman은 내담자에게 오염에 대한 '느껴진 감각'을 불러일으킨 후 언제 처음 이러한 감을 경험했는지 탐색함으로써 심각하게 배반당했다고 느끼는 대인관계 외상과의 관련성을 찾았다. 오염되었다는 느낌은 배반을 불러일으키는 사건에 의해서 쉽게 촉발될 수 있었다. 임상 관찰에 의하면 씻는 행동에 의해서는 이 증상이 잘 없어지지 않았다. 반면 이 느껴진 감각을 다루고 배신당한 기억에 대해 심상 재구성법을 사용하여 이 기억을 변형시킬 때 노출과 반응제지법은 보다 효과적으로 적용되었다. 심상 재구성 기법은 제9장에서 다룰 것이다.

때때로 초기 기억에 접근해 보면 현재의 고통을 심화시키는 과거의 정보를 찾아볼 수 있으며, 현재 심상에 주어진 중요성을 설명할 수 있게 된다.

캐서린은 공황장애로 고통을 받고 있었다. 그녀의 공황발작은 심각한 질병이나 죽음과 관련된 단서에 의해서 촉발되었다. 또는 그녀가 곧 죽을 것이라고 재앙적으로 해석하는 신체 감각에 의해서도 촉발되었다. 이 현상을 면밀하게 조사해 보았을 때, 그녀는 공황발작이 일어나면 영혼이 자기 몸을 떠나는 것처럼 느끼고 지옥에 떨어지는 듯한 느낌을 받는다고 했다. 이때 그녀는 자신의 얼굴과 팔을 만지거나 앉아 있는 의자에 매달려서 자신이 아직도 자기 몸 안에 있다고 자신을 안심시키려고 했다. 그녀는 자신의 몸이 차가워지며 자신이 죽어가고 있다는 것을 누군가가 알아차리기도 전에 지옥에 도착하는 것이 가능하다고 믿었다.

치료자는 그녀의 일생에서 언제 이와 비슷한 신체 감각을 경험했고 그런 생각을 하게 되었는지 물어보았다. 캐서린은 7살 때의 일을 이야기했다. 친구와 함께 정원에서 놀고 있었는데, 엄마가 가지 말라고 했음에도 불구하고 뒷문으로 빠져나와 혼잡한 길을 건넜다. 그녀는 차에 치여 팔을 다쳤다. 병원에서 마취제를 맞았을 때 자신이 죽어가고 있으며 지옥에 떨어지고 있다고 확신했다. 그녀의 부모가 교회에 데려갔을 때 죽은 후에 지옥에 가지 않기 위해서는 구원받아야 한다는 설교를 들은 적이 있어서 이러한 해석을 한 것 같았다. 목사는 구원받았는지에 대한 의심이 있다면 구원받은 것이 아니라고 말했기 때문에, 자신이 구원받지 않았음에 대해서 걱정한 것이다. 교구목사는 죽어서 신체가 차가워지기 전에 지옥에 떨어지는 것이 어떻게 가능한지에 대해서 설교하였다.

현재 하고 있는 심상과 과거 기억과의 관련성을 발견하는 것은 내담자에게 새로운 눈을 뜨게 만든다. 캐서린이 초기 기억을 찾아내고 이것이 현재의 경험에 어떤 영향을 미쳤는가를 깨닫게 되었을 때, 문제에 대한 확장된 개념화와 아울러 이 초기 기억에 대해서 작업할 수 있게 되었다.

심상을 새로 창조하기

Borkovec의 작업(2004, 2008)에서 언급한 대로 긍정적 심상은 낮 시간의 침습적인 부정적 심상을 없애는 전략이 될 수 있다. 긍정적인 심상을 창조하거나 새로 만들어 내는 전략은 제12~13장에서 자세하게 논의할 것이다.

결론

이 장에서 우리는 내담자가 '현재'나 미래의 어떤 면을 나타낸다고 보는 이미지를 다루는 많은 방법에 대해서 생각해 보았다. 소개하기와 평가와 미니 개념화를 개관하였고, 다음과 같은 여러 가지 개입방법을 기술하였다.

◆ 이미지가 현재나 미래의 실제를 반영하는 것이 아니라 하나의 정신적인 사건에 불과하다는 것을 깨닫는 메타인지적 전환을 도모하기 위해 이미지 조작하기
◆ 경험된 이미지와 실제 변별하기
◆ 좀 더 현실적이고 넓은 맥락을 반영하는 내용을 제공함으로써 이미지 변형하기
◆ '정서적 가교' 기법을 통하여 이미지의 가능한 역사적 근원을 탐색하고, 이미지가 현재나 미래의 실제보다는 과거와 관련성이 더 깊다는 생각 강조하기

앞서 말한 기본적인 전략들은 제3부의 다른 장에서도 변형된 형태로 비슷하게 사용하게 된다. 완전히 새로운 긍정적 이미지를 만들어 내는 작업(원래의 문제가 많은 심상에 대해 작업하는 것과 반대로)은 제4부에서 다루어질 예정이다.

사례예시

이미지 변형법을 사용하여 불안 감소시키기 : 막대기를 장미로 바꾸기

Kathleen A. Mooney

Center for Cognitive Therapy, Huntington Beach, California, USA

엠마는 직장에서 책임지고 있는 일이 늘어나자 심한 불안을 경험하였다. 그녀는 상사가 사무실로 올 때마다 그의 말을 듣기가 힘들었으며 기억하지도 못했다. 엠마는 그녀가 모든 것을 완벽하게 하지 않으면 상사가 분노할 것이라고 두려워했다.

직장에서의 경험을 세세하게 살펴보았을 때, 상사는 그녀에 대해 부정적인 감정이나 행동, 태도를 보이지 않는다는 것을 알 수 있었다. 그럼에도 불구하고 그녀는 상사가 그녀를 때릴 수 있다고 생각했으며, 그가 화난 얼굴로 손에 큰 막대기를 쥐고 있는 이미지를 꾸며내고 있었다.

치료자는 엠마에게 그 이미지를 그녀에게 유리하게 바꾸어 보자고 제안했다. 엠마가 상사와 가졌던 긍정적인 경험에 맞도록 어떻게 그 이미지를 변형시킬 수 있을까? 다음 주에 엠마는 새로운 이미지를 형성해서 왔는데, 상사가 긴 줄기에 달려 있는 빨간색 장미꽃 다발을 팔에 안고 그녀에게 다가오는 이미지였다. 이러한 이미지는 그녀로 하여금 미소 짓고 이완되게 만들어 주었다. 만일 그녀의 상사를 이런 방식으로 볼 수 있다면, 상사가 하는 말을 잘 듣고 기억할 수 있을 것으로 믿었다. 치료자는 엠마가 회기 중에 앞서 말한 막대기 이미지를 떠올리고, 그것을 줄기가 긴 빨간 장미꽃으로 변형시키는 것을 연습한 후에 사무실에서도 그대로 해보도록 하였다. 다음 주에 상사가 사무실에 들어섰을 때 그 막대기를 장미로 변형시켰다. 그녀는 더 이상 공격받는다고 느끼지 않았다. 엠마는 미소를 지으며 진지하게 두 사람 사이에서 논의되는 내용에 귀 기울일 수 있다는 것을 발견하였다. 그 결과 직장에서 더 이완될 수 있었고, 효과적으로 일할 수 있었다.

Images from upsetting memories

9장

심상을 사용하여 고통스러운 기억에 대해 작업하기

'너, 마음의 단검이여, 실재하지 않는 가짜로다.
열로 꽉 찬 머리로부터 나오지 않았느냐?'

윌리엄 셰익스피어, **맥베스**(1623)

서론

제1부에서 보았듯이 중요한 사건에 대한 기억은 보통 심상을 포함하고 있는데, 이 심상은 여러 감각을 포함하고 있을 수 있다. 또한 이 심상은 그 의미와 중요도에 대한 평가를 수반한다. 때로는 심상이라는 것이 과거를 반영하는 것으로 인식되지 않고, 마치 현재나 미래에 대한 어떤 것을 나타내 주는 것으로 보이기도 하는데, 그런 경우에는 제8장에서 제시한 방법을 사용하여 다루면 된다.

이 장에서 우리는 내담자가 과거 기억의 표상이라고 여기는 심상을 다루고자 한다. 우리는 침습적이거나 침습적이지는 않더라도 매우 중요하다고 여겨지는 기억들을 다루게 되는데, 이 기억들은 현재 고통을 주는 '느껴진 감각'과 주제적으로나 정서적으로 아주 유사하다. 그런 기억은 내담자가 자발적으로 언급하기도 하지만, 어떤 때는 느껴진 감각에서부터 시작해서 정서적인 가교 기법(제8장 참조)을 통해서 이끌어 낼 수도 있다. 우리가 제2장에서 봤던 것처럼 우울증이나 PTSD 연구자들은 침습적인 기억이 있는지 직접적으로 질문을 던지지만, 다른 장애를 연구하는 연구자들은 처음에는 이미지에 대해서만 물어보고 그 후에 심상과 아주 밀접하게 관련된 기억이 있는지 물어본다. 이 장에서는 자연스럽게 기억이라고 여겨지는 심상이나 아니면 생각해 본 결과 기억이라고 여겨지는 심상에 초점을 맞출 것이다.

제8장, 제10장, 제11장에서처럼 이 장은 다음과 같은 순서로 기술하였다.

- ◆ '기억'에 대한 개입 소개하기
- ◆ 침습적이거나 정서적으로 두드러진 '뜨거운' 기억을 다룰 때와 유사한 방법을 사용하여 평가하고 미니 개념화하기

그런 다음 우리는 고통스러운 기억에 대해 작업하기 위해 광범위한 심상기법을 다음과 같이 사용한다.

- ◆ 기억을 떠올림으로써 생기는 인지적 변화 숙고하기
- ◆ 메타인지적 평가(해석)에 도전하기 위해 기억 심상 조작하기
- ◆ 기억 이미지와 현실 변별하기
- ◆ '뜨거운 지점 혹은 핫스폿'(역주 : 어떤 사건의 기억에서 가장 고통스러운 부분 혹은 지점)을 언어적으로 최신화하는 것을 포함하여 다양한 변형기법 사용하기, 기억을 정교화하고 맥락 속에서 이해하기 위한 심상기법들 사용하기, 심상 재구성법, 언어적 기법과 심상기법을 혼합하여 사용하기
- ◆ 정서적 가교 기법을 활용하여 최근 사건의 기억에 영향을 미치는 어린 시절의 기억 찾아내기
- ◆ 새로운 기억 창조하기(이 장에서는 간단히 언급하고 제12~13장에서 체계적으로 다룰 것임)

소개하기

맥베스와 마찬가지로 내담자들은 "기억에서부터 깊이 뿌리박힌 슬픔을 뽑아내고 뇌에 새겨진 문제를 도려낼 수 있었으면 좋겠다."라고 말한다. 그러나 기억을 억압하려는 어떤 시도도, 또 정신을 분산시키려는 어떤 노력도 레이디 맥베스처럼 "여전히 그들을 괴롭히며, 두껍게 다가오고 있는 꿈(형상)"으로부터 계속 괴로움을 겪게 된다. 우리가 해야 할 일은 바로 그 반대라는 것을 내담자들에게 설명해 줄 필요가 있다. 그것을 정말로 제거하고 싶으면 역설적으로 그 기억과 그 의미를 마주해야 한다.

이 점을 설명하는 데 있어서 생각을 억압하는 '분홍색 토끼' 실험(제8장 참조)은 매우 유용하다. 내담자로 하여금 적절한 메타인지적인 관점을 가질 수 있도록 도와주기 위해서는 메타포를 활용할 수 있다. 침습적인 기억은 때때로 '급행열차'의 힘을 가지

고 우리에게 다가온다. 열차가 다가올 때 우리가 있어야 할 가장 좋은 곳은 바로 플랫
폼이다. 왜냐하면 그 열차가 오고 가는 것을 가장 잘 볼 수 있는 장소이기 때문이다.
길잡이식 발견법을 통해서 내담자들은 "열차 앞에 뛰어드는 것이나 혹은 멈추려고 시
도하는 것이나 혹은 열차에 뛰어올라 운전기사를 붙잡는 것이 더 많은 문제들을 일으
킨다는 것"을 알아야 한다. 한편으로는 회피하거나 억누르는 것이나 또 반추하는 것이
모두 도움이 되지 않는 전략이라는 것을 은유적으로 말해 준다(제6~7장 참조).

그렇지만 내담자에게 기억들이 단순히 왔다 갈 수 있도록 그냥 놓아주라고 격려하
기 전에 치료자는 이 전략을 쓰는 것이 단기적으로는 내담자들에게 침습과 고통을 줄
수 있다는 것을 설명해야 한다. 장기적으로는 기억을 억누르는 것보다 억누르지 않는
것이 도움이 되는데, 특히 각각의 기억을 주의 깊게 검토하고 그 의미가 무엇인지 그
것이 타당한지 아니면 타당하지 않은지를 숙고해 볼 수 있다면 기억을 억압하지 않는
것이 좀 더 도움이 된다.

기억들을 어떻게 마음속에 불러오는지 설명할 수 있는 유용한 메타포들이 아래에
있다.

◆ **찬장 메타포**: 속상한 일을 경험한 후에 고통스러운 기억들을 마음속에서 떨쳐 내
기를 시도하는데, 이것은 강도가 침입해서 어질러 놓은 것들을 치우는 과정과 굉
장히 유사하다. 모든 것을 찬장 안에 집어넣을 때와 비슷한 상황이다. 만약에 어
질러진 물건들을 너무 서둘러서 찬장 안에 집어넣게 되면 찬장이 확 열려서 안에
있는 모든 물건이 쏟아지게 될 것이다. 이 상황에 대해 소크라테스 질문법을 통해
잘 탐색하게 되면 찬장에서 물건들을 다시 꺼내서 잘 정리해 넣는 것이 필요하다
는 결론을 내릴 수 있다.

◆ **컨베이어 벨트 위를 도는 여행가방 메타포**: 새로운 어떤 사건의 기억이라는 것은
여행가방처럼 잘 찾아서 가져가기 전까지는 계속 돈다. 그렇지만 아주 극단적으
로 고통스러운 사건일 때는 너무나 힘들어서 그 사건에 대해 기억하거나 그 의미
를 곰곰이 생각하고 싶어 하지 않는다. 그래서 아무도 가져가지 않는 짐처럼, 이
기억이 계속 돌고 돌아 나타난다. 이때 해결책은 컨베이어 벨트에서 여행가방을
치워야 한다. 기억의 경우 이런 작업은 다른 기억과 지식체계의 적절한 맥락 속에
집어넣는 것을 말한다. 궁극적으로 이런 과정은 기억이 덜 침습적이고 고통스러

운 의미를 더 이상 갖지 않게 되는 것을 말한다.

심리교육

치료자는 적절하다면 내담자에게 아래와 같이 설명할 수 있다.

- ◆ 보통 침습적으로 들어오는 기억의 조각들은 의미가 갑자기 바뀌거나 아니면 더 나빠지는 순간의 기억이다(Conway et al. 2004; Ehlers et al. 2002; Grey et al. 2002).
- ◆ 기억에 있어서 고통을 주는 핫스폿은 보통 그 사고 당시에 주어졌던 의미와 함께 저장된다(Ehlers & Clark 2000).
- ◆ 기억 전체를 자각하게 되면 이전에는 주의를 기울이지 않았던 정보가 나타나는데, 그 정보는 결국 최악의 순간에 주어졌던 의미를 조금 완화해 준다.
- ◆ 기억의 어떤 측면들을 숙고하게 되면 그것을 좀 더 넓은 맥락 속에 위치시키게 되고, 그 결과 당시에는 알지 못했지만 현재는 알게 된 어떤 사실들이 포함된다. 그리고 이것은 새로운 정보일 수도 있고 혹은 치료 내에서 탐색했던 과거의 정보일 수도 있다.

심상 떠올리기와 평가하기

기억을 평가하는 첫 단계는 내담자에게 짧게 묻는 것이다. 일단 치료자와 내담자가 더 탐색하기로 결정하면 그다음 단계는 내담자가 기억을 재경험하도록 초대한다. 재경험이라는 용어는 심상을 사용해 고통스러운 기억에 노출하는 것을 말한다. 평가단계에서 재경험의 목적은 치료자와 내담자가 문제를 이해하고 개념화하는 데 도움이 되는 정보를 얻기 위함이다. 이것은 치료가 나아갈 방향을 명확하게 보여준다.

재경험 기법은 PTSD에서 고통스러운 기억의 치료에 널리 사용되어 왔으며, 불안장애, 기분장애, 섭식장애, 신체이형장애, 정신증, 성격장애, 아동기 성학대 치료에 일부 사용되었다(제4장 참조, Holmes et al. 2007a). 재경험은 침습적인 기억과 현재 고통과 관련 있는 다른 기억을 탐색하는 데 사용된다. 초기에 재경험을 사용하는 것이 바람직하지 않은 경우는 정서가 너무 압도적이거나 아주 심각한 아동기 초기의 반복적인 외상이 있는 경우이다.

재경험 동안 내담자는 눈을 감고 기억을 가능한 한 생생하게 떠올리고, 사건을 1인칭 현재시점으로 기술하면서 경험을 상상 속에서 재경험하게 된다. 이 절차는 단지 일어난 일에 대해서 말을 하는 것보다 훨씬 더 많은 세부사항과 정서에 접근할 수 있게 해준다.

다음의 평가 부분에서는 기억을 떠올릴 때 조심해야 할 여러 가지 점에 대해 기술한다. 그다음에는 기본적인 재경험 절차와 특수한 상황에서 기본적인 절차를 수정하는 방법을 다룬다.

- ◆ 기억의 일부를 선택적으로 재경험하기
- ◆ 만일 정서가 압도적으로 보여지면 세부사항 없이 일어난 일만 기술하기
- ◆ 특히 수치감 또는 모욕감이 생긴다면 사건에 대해서 쓰게 하기
- ◆ 만일 많은 외상기억이 있는 경우에는 내러티브로 구성하기(내러티브 노출치료, Neuner et al. 2004)
- ◆ 기억을 떠올리게 하기 위해 실제 삶에 노출하기. 원래 사건 당시에 제시된 단서(예 : 소리, 대상, 동물 등)에 노출하거나 외상이 일어난 장소에 노출하는 것 등을 포함한다.

어떤 전략을 사용할지의 선택은 내담자가 견딜 수 있는 정서의 양과 정도에 따라 달라지며, 다뤄야 하는 외상기억의 양에 의해 결정된다.

기억을 떠올리고 탐색할 때의 주의점

일반적으로 기억을 떠올리고 탐색하는 과정은 내담자와 치료자 모두에게 많은 정보를 알려준다. 내담자는 얼마나 자주 강한 정서가 유발되는지와 기억의 세부사항이 많은 것에 놀라기도 한다. 그러나 강한 정서가 유발된다는 바로 그 사실 때문에 제5장에서 강조된 주의사항이 지켜져야 한다.

- ◆ 신뢰관계를 맺는 것
- ◆ 기억을 탐색한 이후에 숙고를 위한 충분한 시간과 기회를 갖는 것
- ◆ 내담자가 지금의 현실로 다시 돌아오기 위한 시간을 가져야만 회기를 떠날 때 안전하게 느낄 수 있다. 특히 아동기의 성학대나 압도되는 정서가 있을 때와 생생한 플래시백과 해리가 있는 경우에 중요하다. 만일 필요하다면 치료자는 내담자와

협력하여 내담자로 하여금 현재로 다시 돌아오는 것을 도울 수 있는 활동과 감각적인 경험을 계획해야 한다.

♦ 가능한 한 내담자가 회기 밖에서 적절한 지원을 받고 있는지와 지속적인 위협 없이 상대적으로 안정된 삶을 영위하고 있는지를 살펴봐야 한다.

기억 재경험하기

기억을 재경험하는 것은 힘들었던 사건에 대해 말로 설명을 하는 것보다 많은 정보를 얻을 수 있지만, 또한 고통을 유발한다는 점을 치료자가 설명해 주어야 한다. 재경험을 하는 동안 다음의 사항들이 중요하다.

♦ 내담자에게 눈을 감고(눈을 감는 것이 편하다면) 1인칭 현재시점으로 말을 하도록 요청한다.

♦ 내담자에게 심상에 나타난 모든 오감의 특성, 정서, 상황의 의미를 포함해서 사건을 자세하게 기술하도록 요청한다.

♦ 치료자는 정서, 몸의 자세, 제스처를 주의 깊게 관찰하고 만일 내담자의 설명이 불충분하거나 정서가 부족하다면 보다 세부적으로 이야기하도록 촉구한다.

♦ 치료자가 "지금 현재 어떤 일이 일어나고 있습니까? 당신의 기분은 어때요?"와 같은 질문을 통해서 촉진할 수 있다.

♦ 이 작업을 위해서는 평소보다 회기시간을 길게 잡고(전형적으로는 90분), 회기를 시작할 즈음에 이 작업에 착수하고, 숙고할 충분한 시간을 갖도록 한다.

♦ 숙고하는 동안 기억에서 어느 지점이 핫스폿인지 확인하고, 그 의미를 발견해 보도록 한다.

♦ 내담자가 회기 후에 조용한 시간을 가지도록 하는 것이 필요하다.

재경험 과정은 치료자와 내담자가 외상사건에 대해 많은 사실을 발견하도록 돕고, 또한 사건에 대한 내담자의 반응에 대해서도 많은 것을 이해할 수 있게 해준다. 다음 사례를 보자.

재키는 치료 대기자 명단에 있었다. 그녀는 상담실로 전화해서 자신이 아주 우울하고 요통으로 고통받는다고 하였다. 그러나 더 이상 자동차 사고에 대한 침습적인 기억으로 고통받지는 않는다고 말했다. 그녀의 우울증이 심각했기 때문에 치료자는 그녀에게 자동차 사고의 기억이 현재 어떤 상태인지 확인하기 위한 진단 목적으로 자동차 사고의 충돌을 재경험하게 하였다.

재키는 처음에는 침착하게 사고난 상황에 대한 설명을 시작했다. 그러나 다른 차가 자기 차를 치는 부분에 대해서 말을 하기 시작하자마자, 펑펑 울면서 두서없이 설명했다. 그녀는 자신의 반응에 스스로 놀라면서 치료자가 치료를 위해 재경험과 기억의 정교화와 최신화 작업을 통합시키는 것에 동의했다.

재경험은 기억을 떠올리게 하고, PTSD 외의 장애에서의 기억 내용이 무엇인지, 특히 아동기 기억이 표적이 될 때 기억을 탐색하는 데 사용된다.

해리는 교통사고 후 우울증으로 고생했다. 그는 자신이 나쁜 사람이고, 신이 벌을 내렸기 때문에 사고가 났다고 믿었다. 그의 이 믿음은 너무 확고해서 이에 대해 도전하기가 힘들었다. 치료자가 해리에게 그가 왜 나쁜 사람이라고 생각하는지 그 증거를 말해 보라고 했을 때, 해리는 어릴 때 엄마에게 어떤 나쁜 행동을 했고, 엄마는 해리에게 아주 나쁜 아이라고 말하면서, 나중에 살아가면서 큰 벌을 받을 것이라고 했다고 말했다. 해리는 자기가 무엇을 잘못했는지 그의 '죄'를 회상할 수 없었고, 뉘우칠 수도 없었다. 어린 시절부터 해리는 힘든 일이 있을 때마다 그 일이 자신에게 주어지는 징벌이라고 해석했다. 치료자는 해리에게 이 기억을 재경험해 볼 것을 제안했다. 그는 좀 주저하다가 동의했다. 어릴 때 동생과 함께 테이블 밑에서 놀고 있었는데, 엄마가 쟁반을 들고 오다가 장난감 기차에 넘어져서 물건을 떨어뜨리셨다. 엄마는 해리를 테이블 밑에서 끌어내면서 해리가 나쁜 아이라고 소리 지르고, 하나님은 해리를 결코 용서하지 않을 것이며 영원히 벌을 받을 것이라고 했다.

해리는 이 기억을 되살림으로써 엄마가 도대체 무엇 때문에 그렇게 화가 났는지 기억할 수 있게 되었다. 그리고 자기가 영원한 처벌을 받을 만한 일을 저지르지 않았다는 것을 알고는 깜짝 놀랐다. 대신 이 사건은 엄마에게 정신장애가 있었고, 아이들에게 잔인하게 대했다는 이모의 견해와도 잘 맞아 떨어졌다. 이런 관점의 변화에도 불구하고 해리는 여전히 끔찍하게 느끼긴 했지만 어떻게 보면 심상 변형하기에 대한 하나의 기초를 마련할 수 있었다.

재경험이라는 것은 고통스러운 기억을 처리하기 위한 개입에 들어갈 수 있는 기반을 마련해 준다. 재경험된 기억은 해리의 경우에서와 같이 초기 외상사건의 내용이 무엇인지 보여주고, 또 어떤 내담자들은 비슷한 내용의 여러 가지 고통을 주는 사건에서 오는 침습적인 기억을 보이기도 한다. 이러한 사례들에서는 치료하는 동안에 여러 개의 서로 다른 기억을 따로 탐색하고 처리할 필요가 있다(그림 9.1 참조). 예를 들면, Wheatley와 동료들(2007)은 우울증에서 나타나는 침습적인 기억들을 다루었는데, 다음과 같은 두 사례를 기술하고 있다.

> 처음 사례에서는 임신 중절, 그리고 학교 다닐 때 괴롭힘을 당했던 기억, 아빠로부터 모욕을 당했던 일에 대해 침습적인 기억을 보고하였다. 이 기억들은 다른 사람에게 휘둘리고, 자기 스스로를 방어하지 못하고, 자기는 무가치하고 무력한 존재라는 비슷한 주제를 담고 있었다.
> 두 번째 사례는 내담자가 오빠, 아빠, 전남편에 의해 성적이고 신체적인 학대를 당한 기억인데, 이 기억들은 그녀 자신이 나쁘고 약하고 무기력하다는 주제를 공유한다.

재경험을 논의하면서 어떤 부분이 핫스폿인지 찾게 되면, 핫스폿을 가지고 있는 기억의 그 부분만 다시 재현하고 최신화한다. 그리고 각각의 핫스폿이 말하는 의미가 무엇인지를 정리하고 그것에 대해 신념 평정을 하는데, 심상에 대한 해석을 바꾸기 위한 작업을 하기 전과 후에 한다.

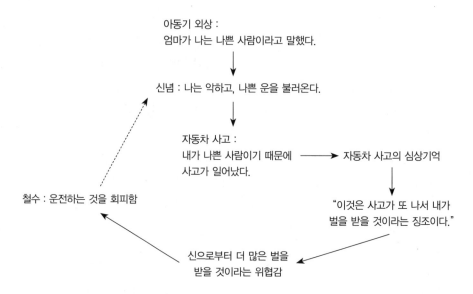

그림 9.1 핵심 신념에 의해 채색된 기억의 의미

선택적으로 재경험하기

어떤 사례에서는 외상적인 사건들이 내담자의 인생 초기에 일어나거나 아니면 매우 압도적이어서 치료자가 원래 외상적인 기억의 대부분을 재경험하는 작업보다는 새롭고 긍정적인 심상을 개발시키는 데 더 초점을 둘 수도 있다. 초기 기억을 심상으로 재경험하게 하는 이유는 내담자가 솔직한 감정을 표현하거나 다른 사람의 도움을 받아들이는 등 사건을 다르게 지각하거나 혹은 다르게 행동할 가능성이 있는지를 알아보기 위해서이다. 그런데 이때 전체 기억을 다 재경험하게 하지 않고, 어떤 일이 그다음에 일어날지를 깨닫는 지점까지만 재경험하게 하고, 새로운 심상을 개발할 수 있다 (Arntz & Weertman 1999; Weertman & Arntz 2007).

재경험의 대안적 방법 : 기억에 대해 이야기하거나 글쓰기

때때로 기억이 너무 압도적이어서 내담자가 기억을 떠올릴 수 없을 때가 있는데, 이는 기억 속에 빠져 헤어나오지 못할지도 모른다는 두려움 때문이다. 기억과 관련해서 감당할 수 없는 수치심을 느끼거나 과거에 어떤 일이 일어났는지 이야기함으로써 생길 수 있는 결과에 대해서 메타인지적인 신념을 가지고 있을 때가 있다. 예를 들어, 사건에 대해서 말하게 되면 그 일이 다시 일어날 것 같다거나 혹은 회복하지 못할 것 같고 생각할 수 있어서 두려워할 수 있다. 그래서 재경험을 시도하지 않고 내담자가 그 사건에 대해 그냥 이야기할 수 있도록 격려하는 것으로 시작할 수 있다. 혹은 할 수 있으면 그에 대해서 글쓰기를 해보라고 할 수 있다. Pennebaker의 연구(1997)를 보면 사람들에게 정서적인 경험에 대해 쓰라고 했을 때 중요한 신체적 혹은 정신적인 개선이 일어난다는 것이 밝혀졌다. Brewin과 Lennard(1999)는 글쓰기가 '차가운' 공간을 제공해 줘서 내담자가 그 문제에 접근할 수 있게 되고, 치료자와 공유하기 시작할 수 있다고 말했다. 이들의 연구에 의하면, 정서적인 경험에 대해 손으로 직접 썼을 때보다는 컴퓨터로 작성을 했을 때 감정이 좀 덜 일어났다고 한다.

고문을 포함해서 반복적이고 지속된 외상사건들이 일어난 경우, 하나의 특별한 기억을 타깃으로 삼는 것은 어렵다. Neuner와 동료들은 내담자에게 내러티브를 만들어 내는 방법을 사용했는데, 전 인생에 걸친 자서전적 이야기를 만들어 내게 하였다. 내담자들은 그들 인생의 모든 측면에 대해서 이야기하도록 격려를 받았고, 그렇게 했을 때 연관된 감정을 경험하면서 외상사건들을 인생 전체의 더 넓은 맥락 속에 넣을 수 있었다. 치료자는 내담자가 어떤 이야기를 하는가를 다 듣고 기록된 형태로 변형시킨다. 이 내러티브 노출치료(Narrative Exposure Therapy, NET)는 재경험은 아니지만 어느 정도의 기억을 떠올리며, 지지적 상담이나 심리교육보다 더 효과가 있는 것으로 밝혀졌다(Neuner et al. 2004).

기억을 떠올리게 하는 단서에 노출하기

다른 장애에서도 단서에 노출시키는 것은 심상을 쉽게 떠올리게 하는데, 장애가 발병하기 전에 일어난 사건들의 기억에 노출하는 것도 그렇다. 하나의 평가 절차로서 현저한 자극에 대한 노출을 사용하는 것은 행동실험을 위한 자료를 제공하는데, 이것은 내담자가 과거와 현실을 변별할 수 있도록 도와준다.

> 폴은 말벌을 매우 두려워했다. 치료자는 상담실에 말벌을 넣은 병을 가져왔는데, 내담자는 그것을 보자마자 자신의 오른쪽 귀를 막았다. 말벌이 병에서 도망쳐서 자기 귀로 날아올 것이라고 예견했기 때문이다. 폴에게 말벌에 대한 공포증이 생기게 된 것은 말벌이 자기 귀를 쐈을 때부터이다. 로사의 경우(제6장 참조)처럼 그는 현재 가지고 있는 심상과 예견이 기억에서부터 직접 나왔다는 것을 자각하고 있었다.

기억을 떠올리게 하는 장소 방문하기

어떤 내담자는 외상사건이 발생했던 장소에 간다는 생각만으로도 두려워한다. 그 자체를 너무나 고통스럽게 여길 뿐만 아니라 만약에 그 장소에 가면 자신에게 매우 안 좋은 일이 생길 것이라는 떨칠 수 없는 감정을 느낄 때도 있다. 제4장에서 보았듯이 Ehlers와 Clark(2000)은 외상기억들이 맥락에서 벗어나 시간에 구애받지 않고 언제든 위협을 가할 수 있기 때문에, 내담자는 외상사건이 다시 재현될 것이라고 생각하게 된다고 주장했다. 또 다른 내담자들의 경우 사건이 일어난 장소를 왜 피하는지에 대해 설명을 못하거나 예상되는 두려움을 납득하지 못하기도 한다.

그들의 경험을 좀 더 탐색해 보기 위해서 그 장소를 치료자와 함께 방문할 수 있는데, 충분히 준비하고 안심을 시킨 후에 방문해서 어떤 기억들에 접근하게 되는지 알아볼 수 있다. 재경험 때와 마찬가지로 내담자들은 결과에 아주 놀라게 된다.

휴는 아내가 죽었던 병원에서 다시 일하게 되기를 희망하고 있었는데, 치료자와 함께 그 병원에 갈 때 자기가 어떻게 반응할지에 대해 매우 두려워했다. 그 병원에 도착하자 두려워하기 시작했는데, 왜냐하면 처제가 다시 나타나서 휴 자신 때문에 언니가 죽었다고 비난할 것이라고 생각했기 때문이다. 이는 처제가 외국에 살고 있고, 그가 병원에 방문한다는 것을 결코 알지 못함에도 불구하고 일어났다. 그가 그 병동에 다가갔을 때 다시 두려움에 휩싸였고 죽어가는 아내의 이미지를 떠올렸다. 휴는 장례식도 다 치렀음에도 불구하고 그녀가 있던 병실 침대에서 그녀를 다시 보게 될 것을 두려워했다. 마침내 병동에 도착했을 때, 그는 자신의 심상이 현실과 맞지 않다는 것을 보고 크게 안도하면서 다음과 같이 외쳤다. "아, 그녀는 여기에 없군요. 이것은 단지 기억이었군요." 이런 경우에 실제 장소에 방문하는 것은 두 가지 이점이 있다. 첫째는 병원에서 다시 일하는 것에 대해 무엇을 두려워하는지 깨닫게 되고, 둘째는 이 기억을 다시 최신화함으로써 그 상황에서 촉발된 기억이 현재의 위협을 의미하지 않는다는 것을 알게 되는 것이다.

마리는 최근에 직장에서 있었던 사고로 인해서 외상을 겪었는데, 이 일이 그녀로 하여금 훨씬 이전에 차에 치였던 사고에 대한 플래시백을 다시 활성화시키는 결과를 가져왔다. 대부분의 플래시백과 악몽은 처음 사건에서 나온 것이어서, 치료자는 첫 번째 외상사건 장소를 방문하자고 결정했다. 그 장소에 도착하자마자 마리는 굉장히 놀랐다. 왜냐하면 25년 전에 일어났던 그 사고 현장에서 자신의 시체를 발견할지도 모른다고 생각했는데, 막상 실제로 그 장소에 도착해 보니 아무것도 없고 두려움도 몰아낼 수 있었다. 그녀는 의식을 잃고 길에 누워 있던 바로 그 자리에서 자신이 서 있는 사진을 찍었다.

다음으로 치료자와 마리는 두 번째 사고가 일어났던 직장을 방문했는데, 선반의 하드보드 박스가 마리 위에 떨어지고 팔에 부상을 입은 사고가 있었던 곳이었다. 이 사건을 재구성하는 것은 매우 도움이 되었다. 그녀는 위에서 선반이 떨어졌던 상황에 직면하자마자 갑자기 플래시백이 왔는데, 그것은 그녀가 차 밑에 깔리는 이전의 사고와 흡사했다. 마리가 깨닫게 된 사실은 두 번째 사고를 당했을 때 그런 플래시백을 떠올렸고, 그 결과 자동차 사고가 났을 때 혼란스러워하면서 자기는 죽을 것이라고 생각했던 재앙적인 반응이 이 상황에서도 비슷하게 나타났다는 것을 알게 되었다.

미니 개념화

기억을 떠올리게 될 때 때때로 관점의 변화가 위에서 언급한 것처럼 자동적으로 일어나기도 한다. 하지만 종종 탐색 작업이 치료자와 내담자가 그 당시와 그 이후의 기억에 부여된 중요성에 대해 더 깊이 숙고해 볼 수 있는 길을 열어준다.

우리가 제2장에서 봤던 것처럼 PTSD에서 침습적으로 나타나는 기억의 파편들은 대개 사건의 의미가 나쁜 쪽으로 변화되는 순간에 관한 것이다. 내담자들은 대부분의 침습적 기억을 외상사건 중에서도 가장 최악의 순간에 해당되는 것으로 분류하며, 흔히 핫스폿이라고 말한다(Grey et al. 2002). PTSD에서 이러한 핫스폿은 광범위한 정서, 즉 슬픔, 분노, 수치, 죄책감뿐만 아니라 두려움, 무력감, 공포와 같은 다양한 정서를 수반한다.

PTSD가 아닌 다른 장애에서의 침습적인 이미지와 기억은 종종 Conway가 '부정적인 자기 정의적 순간'이라고 부르는 것을 말한다. 이것은 심상에서 반복적으로 나타나며 다양한 감정이 동반된다. 내용이나 정서는 다르더라도 기억의 파편 속에 담겨 있는 순간들은 다양한 장애에 걸쳐 비슷한 방식으로 검토될 수 있다.

> 폴은 남들과 어울리는 자리를 매우 불편해했다. 특히 파티에서 사람과 이야기 할 때 더욱 그랬다. 그는 자기가 갑자기 휘청거리면서 이상한 소리를 내게 될까 봐 두려워했다. 그는 이러한 두려움을 초등학교 때 있었던 사건 탓으로 돌렸다. 그는 전학생이었고 친구들을 사귀려고 노력하고 있었다. 그는 몇몇의 다른 소년들과 함께하는 게임에서 말 흉내를 내기로 결심했다. 하지만 자기가 말 울음소리를 내면서 이리저리 뛰어다녔을 때 친구들은 자기를 놀리면서 멍청이라고 불렀다. 이것은 폴에게 어린 시절의 부정적인 자기 정의적 순간이 되었고, 계속해서 그를 따라다녔다.

기억을 떠올릴 때 내담자들은 자발적으로 내포된 의미를 명확하게 말하기도 한다. 만약에 그렇지 않다면 치료자가 내담자에게 기억 속에 있는 핫스폿이 의미하는 바가 무엇인지 살펴보게 하고, 이를 좀 더 자세하게 설명해 보라고 할 수 있다. 이때 인지치료에서 전형적으로 사용하는 질문을 다음과 같이 할 수 있다.

◆ 기억에 대해서 곰곰이 생각해 보면 그것은 당신에게 어떤 의미입니까? 다른 사람에 대해서나, 또한 세상에 대해서나 혹은 미래에 대해서 어떤 의미를 가집니까?

◆ 또는 하향식 질문법을 사용할 수 있다. "당신이 그런 식으로 생각한다면 어떤 점이 당신에게 최악으로 여겨집니까? 그리고 그 일이 의미하는 최악의 의미가 무엇입니까?"

종종 뚜렷한 정보들이 이런 방식으로 빠르게 모여서 불안공식의 여러 측면, 즉 어떤 일이 일어날 확률, 또 그것으로 치러야 할 비용, 대처요인, 구출요인 등을 어떻게 평가하는지에 대해서 알아볼 수 있다.

이때 당시 사건에 주어진 의미를 탐색하는 것뿐 아니라 불편한 심상과 현재 연관되어 있는 의미를 탐색하는 것이 중요하다. 메타인지적인 신념이 관련되어 있을 수 있는데, 실제로 기억의 일부가 바로 징조이자 경고이며, 또는 어떤 초자연적인 것이라고 믿을 수 있다.

위에서 언급한 것처럼 해리는 최근의 사고 이후 자동차 사고에 대한 심상들이 물밀듯 밀려왔다. 그에게 있어서 이 심상의 의미는 비록 털끝 하나 다치지 않았지만, 또 다른 사고를 당할 것이며 아마도 다른 사람을 죽이게 될 것이라고 보았다. 이것은 하나님으로부터의 형벌이며, 어린아이였을 때 자신이 나쁜 사람이었기 때문에 벌을 받는다고 생각했다. 자신이 나쁜 사람이라는 오래된 신념은 어린 시절에 기원을 두고 있으며, 특히 어릴 적의 외상을 반영한다. 그 외상사건에서 엄마는 계속해서 "너는 나쁜 애야!"라고 말했고, "하나님으로부터 영원한 형벌을 받을 거야!"라고 하면서 그를 공포에 떨게 만들었다. 엄마로부터의 이 메시지는 많은 다른 상황에도 적용되었다. 해리에 대한 미니 개념화는 그림 9.1에 나타나 있다. 치료는 가장 선명한 어린 시절 기억의 의미를 변화시키기 위해 심상 재구성법을 사용했다. 두 번째 예가 또 하나 있다.

> 클레어는 도살장에서 일을 했는데, 그곳에서 도망치는 황소에게 공격을 받은 적이 있다. 그녀는 외상사건 중 한 시점에서 황소가 괴물로 변했다고 확신했고, 그것은 현실로 느껴졌다. 그래서 그녀는 황소나 암소를 맞닥뜨리게 되면 괴물의 이미지를 떠올리게 되었고, 결코 돌아올 수 없는 끔찍한 어떤 다른 세계로 옮겨질 것이라고 생각해서 공포에 떨었다. 그래서 이 이미지를 촉발시킬 수 있는 어떤 상황도 피하게 되었다. 그리고 그녀는 어떤 것을 두 번 하는 것을 매우 무서워했는데, 특히 황소를 떠올리게 하는 그런 자리에서는 더욱 그랬다. 왜냐하면 그녀가 황소로부터 두 번째로 도망치려 할 때 심하게 다쳤고 거의 죽을 뻔했기 때문이다. 만약 어떤

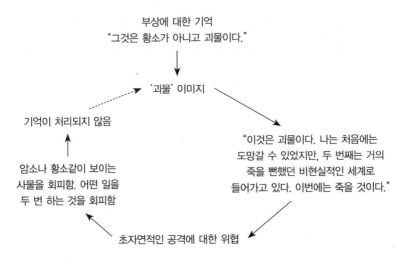

그림 9.2 검증되지 않고 최신화되지 않은 신념

것이라도 두 번 겪게 된다면 그 경험을 다시 하게 될 것이고 이번에는 자기가 진짜 죽을 것이라고 두려워했기 때문이다.

클레어의 기억심상에 대한 미니 개념화는 그림 9.2에 나타나 있다.

다른 미니 개념화의 예는 제7장에 나와 있다. 때때로 위에서 언급된 해리나 마리의 경우처럼 한 가지 기억이 더 이전 시기의 힘들었던 기억에 매우 큰 영향을 받는 것으로 밝혀질 수 있다. 이러한 관련성은 내담자에 의해 자발적으로 보고되거나 정서적 가교기법을 통해서 드러나기도 한다.

조작하기

이전 장에서 우리는 힘든 기억이 종종 자동적으로 촉발되기는 하지만 의도적으로 억압되는 것을 보았다. 왜냐하면 격한 감정과 함께 과일반화된 의미와 위협감을 동반하기 때문이다. 회피로부터 돌이켜 기억이 의식의 자각 상태에 있게 하는 것 자체가 숙고할 수 있는 기회를 제공해 주기 때문에 인지적 변화를 야기할 수 있다.

반복적인 재경험

PTSD를 위한 고전적인 노출치료에서 치료 개입은 반복적이고도 지속적인 심상 노출이나 현실 노출로 구성되어 있다(Foa et al. 1991). 이 치료에서는 매 회기에 여러 차례 외상기억을 재경험하게 하며 숙제를 통해서도 작업을 반복한다. 몇 가지 새로운 치료 프로토콜에서는 재경험 요소를 줄이고 인지적인 재구조화 부분을 더 늘렸다. PTSD에 대한 Ehlers와 Clark의 접근을 따르는 치료자들은 기본적으로 평균 3회기에서 전체 기억을 재경험하게 하고, 같은 회기 내에서 '핫스폿'과 그 의미를 파악하는 데 시간을 할애한다(Ehlers & Clark 2000; Resick & Calhoun 2001; Resick & Schnicke 1993). '인지적'인 초점을 더 맞추게 됨에 따라 재경험 절차는 단지 치료의 후반부에서 다루게 될 의미를 찾아내는 치료방법으로 여겨지게 되었다.

하지만 재경험을 하는 동안과 그 후에 자발적인 인지 변화가 종종 나타나고, 이 점은 재경험 절차가 너무 빨리 포기되어서는 안 된다는 것을 말해 준다(제4장 참조).

Jaycox(1997)가 지적했던 것처럼 반복적으로 재경험하는 것은 몇 가지 점에서 인지적인 변화를 불러온다. 이것은 불안이 점점 사라지고, 재앙적인 결과를 가져오지 않는다는 것을 깨닫게 해준다. 또한 치료의 안전한 맥락 내에서 과거에 부여했던 부정적인 의미가 타당한지 깊이 생각하게 만들어 주고, 또한 보다 논리 정연한 내러티브가 생겨나게 해준다.

> 재키의 첫 번째 재경험 회기 동안 그녀의 설명은 매우 정서적이고 혼란되어 있었다. 그래서 두 번째 회기에 다시 자동차 사고의 기억을 재경험하게 했다. 이번에는 훨씬 차분했으며 더 논리 정연했고, '내가 생각하기'로나 '내가 깨닫기'로와 같은 말을 사용하기도 했다. 인지적인 변화가 일어났다는 증거도 있는데, 사고 당시에 그녀는 제정신이 아니어서 아무도 자기를 돕지 않았다고 생각했지만, 이제는 자기가 고함질렀던 그 남자가 실은 자동차 사고를 일으킨 사람이 아니라, 파손된 자동차로부터 아이를 끄집어낼 수 있도록 도와주었던 사람이었음을 깨닫게 되었다. 침습적 기억에서 그녀는 그 남자에게 고함을 치고 있었고, 그 사람이 사고를 냈다고 생각했던 반면, 그가 실제로 했던 말을 파악하지 못했으며, 어떻게 그 사람이 자기를 도왔는지에 대해서도 전혀 깨닫지 못했다.

기억심상을 가지고 놀면서 의미 변화시키기

침습적인 기억심상은 단지 기억의 파편들일 뿐이며, 더 이상 현실적인 위협이 없다는 생각을 뒷받침해 주기 위해 심상을 다양한 방식으로 조작할 수 있다. 여기 몇 가지 예가 있다.

> 한 남자 내담자가 끔찍한 범죄현장에 있었다. 그는 사건 이후 그 방이 깨끗하게 청소될 것임을 알았지만, 벽이 온통 핏자국인 방의 심상을 마음에 새기고 그 자리를 떠났다. 그는 이 방에 콘크리트를 붓고 그것이 딱딱해질 때까지 두었다가 콘크리트 조각을 크레인으로 떼내어 콘크리트와 함께 핏자국이 다 없어지도록 심상을 조작했다.

> 어린아이일 때 케이트는 가족의 친구였던 남성에 의해서 반복적으로 성폭행을 당했다. 그녀는 심한 우울증으로 입원하게 되었다. 가해자의 얼굴이 반복적으로 떠올랐는데, 그가 이미 죽었다는 것을 알고 있었음에도 불구하고 다시 자신을 성폭행하러 올 것이라고 믿었다. 그녀는 그 남자가 도착하는 것을 상상하고, 두 명의 간호사의 도움을 받아 그와 대면해서 따지는 장면을 떠올렸다. 그녀는 간호사들이 그 남자에게 떠나라고 말하는 것과 그가 더 이상 그녀를 해치지 못한다는 것도 상상 속에 집어넣었다. 왜냐하면 그는 이미 죽었고 자기 옆에는 도와줄 사람들이 많았기 때문이다. 그녀의 심상 속에서 그가 점점 작아져서 마침내 완전히 사라지는 것을 볼 수 있었다. 그는 그녀의 심상에서 과거의 유물로 사라져 버렸다.

> Wheatley와 동료들(2007)은 어린 시절 성학대를 당한 기억을 가진 내담자에 대해서 보고했는데, 그녀는 수년 전에 전남편의 학대로부터 도망쳤음에도 불구하고 여전히 전남편에게 폭력적으로 얻어맞는 침습적인 기억을 경험하고 있었다. 그녀는 계속해서 그 기억을 억누르는 대신에 자신이 남자 앞에 당당히 서고 성인이 된 자녀들이 자기를 둘러싸고 지원해 주고 있는 것을 상상했다. 그녀는 계속해서 그 남자가 헛되게 자기 아파트로 들어오려고 하는 것을 창문으로부터 떨어져서 안전하게 지켜봤다. 마침내 그녀는 전남편이 점점 작아지면서 떠나가는 것을 지켜봤다.

변별하기

실제, 상상, 기억 사건 간 변별하기

실제 외상사건이 일어난 장소를 방문하는 것은 여러 가지 중요한 기능을 한다. 즉, 이전에는 접근하지 못했던 기억의 부분까지도 떠올릴 수 있게 된다. 그것 외에도 내담자로 하여금 그 사건이 이제는 과거의 사건이고 현재 위협을 주는 요소가 아니라는 것을 깨닫게 할 수 있다.

우리가 제1, 2장에서 말했던 바과 같이 심상은 과거의 사건을 떠올리게 하는 감각 단서나 의미 단서에 의해서 촉발될 수 있다. 이 과정이 특별히 PTSD에서는 매우 두드러지는데, 침습적인 기억이 너무나 생생하게 나타나기 때문에 내담자는 마치 그 일이 현재 일어나는 것과 같은 해리적인 플래시백을 경험할 수 있으며, 현재 상황에 대해서 인식하지 못하거나 전혀 자각하지 못할 수도 있다.

> 도살장에서 황소에게 공격당했던 클레어는 직장 사무실에서 황소 그림을 봤을 때, 그 즉시 벽지의 패턴이 없어지면서 하얗게 변하는 것을 느꼈다. 동시에 그 방의 온도가 점점 떨어져 벌벌 떨게 되었다. 친구가 말을 걸었음에도 불구하고 몇 분간 듣지 못했다. 그동안에 그녀는 그 도살장으로 다시 되돌아간 것같이 느꼈다.

PTSD의 치료는 보통 심상을 촉발하는 어떤 단서에 실제로 노출하는 것을 포함한다. 치료자는 처음에 내담자가 지각하고 있다고 생각하는 것과 현재 실제로 있는 것 사이에 아주 세밀하게 변별하도록 도와줌으로써 치료 효과를 강화시킬 수 있다. 이것은 많은 내담자가 자신이 두려워하는 것이 일어날지 모른다는 것을 말해 주는 단서에 대해서 매우 경계하기 때문에 큰 도움이 된다. 즉, 어떤 단서를 발견했다고 생각하면 내담자가 그 상황을 재빨리 피하기 때문에 실제로 어떤 일이 일어나는지 파악할 기회가 없다. 예를 들어 보자.

> 마약중독자에게 위협을 받은 적이 있는 폴리는 거리에서 멀리 있는 젊은이들을 보면 그들과 거리를 충분하게 두었다. 그녀는 젊은이들에 대해 술에 취했거나 약을 먹었거나 굉장히 공격적일 것이라는 이미지를 갖고 있었다. 그녀는 치료자와 함께 젊은이들에게 접근해 보도록 격려를 받아 그렇게 해보았다. 그 결과 젊은이들이 실제로는 해를 끼치는 존재가 아니라 자기들끼리 그냥 여러 가지 잡담을 나누는 청년들이라는 것을 알 수 있게 되었다.

어떤 때는 별로 두드러지지 않은 감각적인 단서도 플래시백을 일으킬 수 있다.

> 수지는 옷 가게에 있었는데, 갑자기 엄청난 공황을 느껴서 재빨리 그 가게에서 빠져나왔다. 그다음 날 그녀는 촉발단서가 무엇이었는지 살펴보기 위해서 치료자와

함께 다시 그 가게에 가 봤다. 그 가게에 여러 쌍의 조명등이 있었는데, 이것이 바로 자기 차를 받았던 차의 헤드라이트와 거의 똑같았다. 이 조명등이 침습적인 기억을 떠올리게 하여 갑자기 공포가 몰려오게 만들었다. 그녀가 이 단서가 무엇인지에 대해 깨닫게 되었을 때 불안은 줄어들었고 그 가게에 계속 머물러 있을 수 있게 되었다.

상상과 실제를 변별하기 위한 연습을 할 때 환경 내 단서를 세세하게 등급으로 매김으로써 내담자가 점차적으로 실제에 머무를 수 있도록 할 필요가 있다. 클레어 사례를 살펴보자.

클레어는 황소와 조금이라도 비슷한 자극이 있으면 플래시백이 촉발됐는데, 황소나 암소가 그려져 있는 장갑, 책, 컵 같은 집에 있는 물건들도 무서워했다. 그녀는 그림들이 공상적인 모습일 때 두려움이 더 커졌다.

외상사건이 일어나고 있는 동안 그녀가 내린 해석이 그녀를 두려움으로 몰고 갔다. 두 번째 도망가려고 했을 때는 거의 죽을 뻔했는데, 그녀는 황소를 생각나게 하는 어떤 물건을 두 번째 보면 더 놀랐다. 왜냐하면 황소같이 보이는 물건을 두 번째 보게 되면 다시 공상의 세계로 빠져들어서 이 괴물에게 공격당하고 죽을 것이라고 믿었기 때문이다.

일련의 행동실험에 의해 그녀는 과거 경험과 현재 실제를 변별하는 연습을 했다. 예를 들면 황소 그림이 있는 동화책을 두 번 열어 보게 한다든지, 방을 나갔다가 다시 들어와서 황소 그림이 있는 것이 실제가 되고 치료자를 죽일 수 있는지 다시 살펴보게 했다. 그녀는 PTSD라고 진단을 받았지만 그녀의 반응은 약간 OCD 같은 양상을 띠었다. 왜냐하면 어떤 다른 사람한테 해를 끼칠 수 있다고 생각하거나 마술적인 사고를 가지고 있었기 때문이다.

이런 침습적인 기억은 중요한 아동기 외상사건이 있었을 때 더 잘 촉발된다. 이들 내담자들은 PTSD가 있는 경우보다 더 자신들이 경험하는 것이 실제 기억의 파편들이라는 것을 자각하지 못할 수 있다. 제2장에서 말한 것처럼 Layden과 동료들(1993)은 초기 기억이 다양한 감각적인 형태로 비언어적으로 마음속에 저장된다고 보았다. 그래서 아주 어렸을 때의 기억 내용은 거의 '구름(같이 자욱한 것)'에서부터 일어난다고 보았다. 유아는 촉감이나 온도, 목소리 톤이나 음량같이 신체적인 감각 정도만을 자각할 수 있다. 그러나 나이가 들면서 시각적인 인상이 형성될 수 있고, 그 이후에는 언어 형태로 입력되고 기억될 수 있다. Layden과 동료들의 이론이 주는 시사점은 성인기에 있어서 실제 세계에 있는 감각적인 단서가 비슷한 감각적인 속성을 가지고 있는 아동기 경험(예 : 버림받음)을 무의식적으로 촉발할 수 있다는 것이다. 이것은 현실과 혼돈될 수 있는데, 내담자들은 이럴 때 '맥락에 맞지 않고 시간도 맞지 않는' 경험을 겪기 쉽다.

> Layden은 한 내담자 사례를 자세하게 기술했는데, 이 내담자는 따뜻한 봄날 멈출 수 없는 울음이 터진다. 이 사람의 기억을 자세히 들여다봤더니 아동기 때 따뜻한 봄날 뱃놀이를 갔는데, 바로 몇 시간 뒤에 아버지가 갑자기 죽었다. 또 다른 내담자는 아주 어린 소녀였을 때 엄마가 심각한 우울증에 빠져 있었다고 한다. 그녀는 자기에게 중요한 사람이 그녀를 거부할 때, 엄마의 냉담하고도 무반응적인 얼굴이 떠올랐고, 이것은 그녀로 하여금 매우 슬프면서도 외로움을 느끼게 했다. 또 다른 내담자는 이복오빠에게 성폭행을 당했는데, 어떤 남성이 자기에게 호감을 표시하면 얼굴이 무감각해지고 차가워지고 무표정한 상태가 됐다. 그래서 이복오빠와 있었던 일과 현재 일어나는 일 사이를 변별하는 것을 도와주기 위해 치료시간에 따뜻한 담요를 가져오게 했다. 따뜻한 담요는 나쁜 감정이 몰려올 때 현재에 초점을 맞추도록 하는 데 크게 도움이 되었다.

'그때'와 '지금'을 변별하는 데 도움이 되는 도표

Ehlers와 동료들(2005)은 내담자들에게 침습적 심상이 계속 활성화될 때 과거와 현재를 좀 더 뚜렷하게 변별하기 위한 도표를 개발했다. 치료자는 먼저 화이트보드에 현재 상황과 외상사건 상황 사이의 유사성을 써내려 가기 시작한다. 다음으로 두 상황 사이의 차이점을 다른 색깔의 펜으로 적는다. 이 기법은 외상후 스트레스 장애 치료를 위해 고안되었다. 그러나 이는 침습적 심상이 촉발되는 다른 정신장애에서도 활용될 수 있다. 표 9.1과 표 9.2의 사례를 살펴보자. 일반적으로 유사점은 무해하고 우연히 일어나는 감각적 측면을 모두 가지고 있다. 그러나 차이점은 본질적으로 위험한 측면과 안전한 측면에서 뚜렷하게 나타난다. 내담자는 차이점에 초점을 맞춤으로써 더 평온해지고, 이전의 외상적인 감정과 기억이 촉발될 때 두 상황 사이의 구별을 더 잘할 수 있게 된다.

치료자는 회기 중에 이 기법을 어떻게 사용하는지 내담자에게 보여준 후, 숙제로 과거 기억과 관련된 침습적 심상을 촉발하는 단서를 의도적으로 찾아내게 한다. 그런 다

표 9.1   자동차 사고 이후 나타난 외상후 스트레스 장애 : 유사점과 차이점

지금(MRI 검사를 받음)	그때(자동차 사고 후)
누워 있음	누워 있음
닫힌 공간	닫힌 공간
쇠붙이로 둘러싸여 있음	쇠붙이로 둘러싸여 있음
공황상태가 될 때 누를 수 있는 버튼이 있음	도움을 청할 수 있는 방법이 없음
나를 꺼내줄 수 있는 사람이 있음	주위에 나를 도와줄 수 있는 사람이 없음
갇혀 있지 않음	갇혀 있음
죽음에 대한 위험이 없음	자동차에 불이 붙을 수 있음
부상당하지 않음	심하게 부상당함

표 9.2   아동기 외상사건 : 유사점과 차이점

지금(추운 저녁, 아파트에 혼자 있는 것)	그때(밤 교대근무 때문에 부모가 그녀를 혼자 둠)
춥게 느껴짐	춥게 느껴짐
혼자 있음	혼자 있음
성인이 되었음	3세
아파트를 혼자 떠날 수 있음	혼자 떠나지 못함
난방을 켤 수 있음	따뜻하게 할 수 없음
전화를 걸어 도움을 청할 수 있음	도움을 청할 수 없음

음 현재 촉발 상황과 과거 외상사건 상황 사이의 유사점과 차이점에 대해 주목하게 한다. 이러한 연습을 하게 되면 보통 침습적 심상이 덜 자주 촉발된다.

제1유형과 제2유형 외상에서 고통스러운 기억을 다루는 기법들은 행동실험에서 침습적 심상과 실제 사이를 변별하는 방법과 매우 유사하다. 제8장의 행동실험에서 기억과 실제를 비교하든 혹은 침습적 심상(내담자는 기억이라고 이해하지 않을 수 있음)과 현실을 구분하든 기법은 기본적으로 같다. 주된 목적은 '그때'와 '지금' 사이에 변별하는 것을 학습하는 것이다.

변형하기

기억을 변형하는 방법에는 다음과 같은 두 가지가 있다.

1. 고통스러운 기억을 최신화하고 맥락화하는 전략 : 잘못되었거나 도움이 되지 않는 해석을 찾아내고, 외상적 상황에 대해 새롭게 이해하며, 이 새로운 이해를 내담자의 자서전적 경험이라는 맥락 속에 통합하는 것이다. 이 기법은 Ehlers와 Clark에 의해 자주 쓰인다(Ehlers & Clark 2000; Ehlers et al. 2005).
2. 심상 재구성 전략 : 내담자로 하여금 그 당시에 억압되었던 감정을 경험하고 표현하도록 도와주고, 숙달감이나 자기 자신에 대한 측은지심을 불러일으킬 수 있는 행동을 본인이나 다른 사람이 하는 것을 그 장면 속에서 상상해 보는 것이다.

고통스러운 기억을 최신화하고 맥락화하는 전략

제2장에서 기술한 대로 고통스러운 기억의 파편들은 최신화되지 않은 채로 왜곡된 의미로 남아 있을 수 있다. 길잡이식 발견법과 소크라테스식 질문법을 사용해서 언어적으로 검토하는 방법은 보다 현실적인 관점을 갖게 해준다. 이로 인해 인지적이고 정서적인 변화가 뒤따라올 수 있다. 그러나 많은 경우에 있어서 내담자들은 논리적으로는 그들의 해석이 왜곡되었다는 것을 깨닫지만, 그 사건의 중요도에 대한 신념이나 정서가 잘 변하지 않는다고 말한다. 앞에서 본 대로 재경험은 '핫스폿'이 놓여 있는 더 넓은 맥락을 제공해 주고 그 당시에 이루어졌던 해석을 변화시킴으로써 결과적으로 자발적인 인지적 변화를 일으킨다. 그러나 때로는 내담자의 감정이 논리적으로 이해하고 있는 것과 맥을 같이할 수 있도록 좀 더 적극적인 책략을 사용할 필요가 있다. 아래에 그러한 기법들을 제시하려고 한다. 이 기법들의 공통점은 내담자의 관점을 변화시킬 수 있는 잠재력을 가지고 있다는 점이다.

- ◆ '핫스폿'을 최신화하기 위해 재경험하는 동안 새로운 정보를 삽입함으로써 의미를 말로 최신화하기
- ◆ 심상으로 기억의 최악 지점 너머까지 나아가 보기
- ◆ 그 광경을 다른 관점에서 상상해 보기
- ◆ 죽음 지점 너머로 나아가 보기
- ◆ 그 당시에 취하지 않았던 행동을 하는 상상해 보기

의미의 언어적 최신화

의미를 말을 통해 최신화하는 한 방법은 내담자에게 그 경험을 1인칭 현재시점으로 재경험하게 하고, 각 '핫스폿'을 자세히 묘사하게 해보는 것이다. 또한 "그것에 대해 지금 알고 있는 것은 무엇입니까?"와 같은 질문을 통해 왜곡된 의미를 찾아보도록 도와야 한다. 질문에 대한 답은 자발적으로 나올 수도 있고, 또는 어떤 일이 일어났는지를 밝히는 과정에서 길잡이식 발견법을 통해 얻을 수도 있으며, 아니면 행동실험을 통해서 발견할 수도 있다(Ehlers & Clark 2000; Grey et al. 2002).

> 폴리는 직장에서 창문이 떨어지면서 얼굴이 다치는 사고를 당했다. 1년이 지난 후에도 그녀는 자기의 얼굴이 흉터로 뒤덮여 있는 기억 이미지를 계속해서 가지고 있었다. 비디오 피드백을 통한 행동실험이나 다른 사람으로부터의 피드백을 통해 현재 그녀가 어떻게 보이는지에 대해 안심시키는 정보를 제공했다. 재경험 동안에 기억 속에서 그녀의 상처가 평생 남아 있을 것이라고 믿는 순간에 이것을 떠올리도록 했다. 그 시점에서 그녀에게 흉터에 대해 지금은 무엇을 알고 있는지 물어보았으며, 1년 후 흉터가 거의 보이지 않게 될 것이라고 대답하였다. 그녀는 기억을 최신화하기 위해서 그녀와 그녀의 아이들과 함께 찍은 최근 사진들을 벽에 붙여 놓았다. 이 사진은 그녀의 상처가 다 나았을 뿐 아니라 그녀가 살아 있고 건강하다는 것을 깨우쳐 주었다. 사고가 일어날 당시에 그녀는 살 수 있을지를 두려워했고, 그녀의 아이들을 다시 볼 수 있을까 생각했다.

또 다른 내담자의 외상기억을 언어적으로 최신화한 예가 글상자 9.1에 나와 있다.

글상자 9.1 재경험 동안의 핫스폿에 대한 언어적 최신화

나는 주유소를 떠나 자동차로 언덕을 오르기 시작했다. 갑자기 길 반대편에서 자동차가 내 쪽으로 돌진하는 것을 보았다. 나는 '곧 죽겠구나라!'고 생각했다. **지금 나는 살아남았다는 것을 알고 있다.** 다른 차가 나를 덮쳤을 때, 나는 핸들을 오른쪽으로 급히 꺾어 정면으로 부딪치는 것을 피하려고 했으나, 보닛은 완전히 찌그러졌고 다리에 통증을 느꼈다. 나는 다리를 잃고 휠체어에 앉아 있는 **나 자신에 대한 이미지를 떠올렸다. 나의 한쪽 다리는 다쳤지만 잘 치료되었고 다리를 잃지도 않았다.** 다른 차가 멈추었을 때, 그 차의 운전자가 핸들 앞으로 고꾸라지는 것을 보았다. 나는 그가 죽었다고 생각했다. 그는 잠시 의식을 잃었지만 오랫동안은 아니었으며, **지금 나는 그 사람이나 내가 심하게 다치지 않았다는 것을 확실히 알고 있다.**

보다 현실적인 내러티브가 형성되기 시작하자 치료자는 내담자에게 다른 색 펜으로 혹은 글씨체를 달리해서 이야기가 어떻게 달랐는지를 눈에 잘 보이게 표시하면서 사건에 대한 개정판을 만들도록 하였다. 이러한 과정이 외상후 스트레스 장애에서뿐만 아니라 침습적 기억이 왜곡된 의미로 고착된 다른 장애에서도 활용될 수 있다.

기억의 최악 지점 너머까지 나아가 보기

간단하지만 잠재적으로 강력한 개입방법은 기억을 최악의 지점 너머 그다음까지 회상해 보는 것이다. 재경험 동안에 이런 일이 자연적으로 일어날 수 있으며, 자발적으로 인지 변화를 촉진하기도 한다. 만일 일어나지 않는다면, 기억을 최악의 지점 너머까지 몇 번씩 회상해 봄으로써 어떤 일이 일어났는지에 대해 가지고 있던 잘못된 생각을 확실히 바로잡을 수 있다. 이런 방법을 통해서 내담자에게 사건 동안에 자기가 두려워하는 최악의 일이 실제로 일어나지 않았다는 것을 정서적인 수준에서 깨닫게 하는 기회를 제공할 수 있다.

> 심각한 사고 동안에 빌은 그의 다리가 산산조각이 나서 뼈가 튀어나오는 이미지를 떠올렸다. 그러나 잠시 후에 그는 자신의 발을 내려다보았고, 자신이 두려워하는 만큼 심하게 부상당하지 않았다는 것을 깨달았다. 핫스폿인 이 최악의 지점을 지나서 기억을 계속 되돌려봄으로써 관련된 정서가 감소하게 되었다.

그 광경을 다른 관점에서 상상해 보기

만일 앞에서 말한 절차를 통해서 신념이 변하지 않거나 고통스러운 정서가 감소하지 않는다면, 심상을 통해 내담자로 하여금 기억 속의 고통스러운 파편을 좀 더 넓고 해롭지 않은 맥락 속에 놓고 그 의미를 변화시키도록 할 수 있다. 때때로 단지 그 장면을 다른 관점으로 상상해 보는 것만으로도 이런 변화가 일어날 수 있다.

> 사이먼은 교통사고를 당했다. 그의 차가 멈췄을 때 두 명의 간호사가 옆을 지나가고 있었기 때문에 그들이 도와줄 것이라고 느꼈다. 그러나 그들은 그냥 지나쳐서 계속 걸어갔다. 이것은 사이먼으로 하여금 버림받고 방치된 느낌에 빠져들게 만들었다. 어린아이일 때 그의 욕구는 자주 묵살되었다. 잠시 후 여러 사람이 그를 도와주려고 달려왔음에도 불구하고 아무도 그에게 관심이 없다는 인식이 계속 남아 있었다. 이 느낌을 변화시키기 위해 치료자는 그 사건을 다른 관점에서 바라보도록 했다. 사이먼은 자동차 사고를 위에서 내려다보는 방식으로 상상해 보았고, 간

호사가 지나간 후에 다른 사람들이 그를 도와주려고 달려오고 있는 것을 보게 되었다. 그는 간호사들이 그 자리를 떠난 것은 뒤따라오는 다른 사람들이 그를 돌봐줄 것이라고 믿었기 때문이라는 결론을 내렸다. 이 이미지의 변형을 통하여 감정이 이성적으로 생각한 것과 맥을 같이할 수 있었고, 그 사고에 대해서 덜 암울하게 느끼게 되었다.

죽음 지점 너머로 나아가 보기

죽은 사람을 보게 되면 때때로 매우 심란한 이미지를 가지고 그 자리를 떠나게 된다. 다른 경우와 같이 개입의 첫 번째 단계는 그 이미지를 떠올려 보고 그 의미를 탐색하는 것이다. 사람들은 흔히 죽은 사람의 영혼이 여전히 그들의 신체 속에 남아 있어서 고통을 당한다고 생각한다. 그래서 내담자의 영적인 신념, 특히 죽은 다음에 어떤 일이 일어나는지 물어보는 것은 도움이 된다. 내담자가 이런 작업을 원한다면 다음과 같이 시도해 볼 수 있다. 즉, 스스로 죽은 사람이라고 가정하고 죽음의 지점 너머로 몸을 떠나서 경험하는 상상을 해보도록 한다. 다음 사례가 이를 잘 설명해 준다.

> 줄리의 아이들은 화재로 죽었다. 그녀는 자기가 집 밖에 있는 동안 그녀의 아들이 고통을 당하면서 죽는 이미지를 떠올리면서 울었다. 치료자는 그녀에게 아들이 죽는 날이 실제로 어땠을지에 대해서 상상해 보도록 했다. 그녀는 아들인 것처럼 상상하면서 누나와 놀고 있었고, 보일러가 폭발하기 전에 2층으로 올라갔다. 화재가나자 그녀의 아들은 불에 타지는 않았지만 연기가 몰려와서 질식했다. 줄리는 죽음의 지점 너머로 나아갔다. 그녀는 자신이 아들인 것처럼 상상하고 터널을 지나 빛 가운데로 나아갔다. 거기서 자기보다 먼저 죽은 누나를 만났고 최근에 돌아가신 할머니를 만났다. 이것은 훨씬 더 위로가 되는 이미지였다.

북아일랜드의 오마하 폭발 후에 사람들은 조각난 신체 부위에 대한 외상적인 이미지를 가지고 떠나게 되었다. 어떤 사례에서 내담자는 피해자의 손상된 신체가 재조합되어 멀쩡한 모습으로 매장되는 것을 상상했을 때 도움이 되었다고 한다[Gillespie 등(2002)의 연구에 대해 저자와 개인적인 교류를 통해 직접 들음].

그 당시에 취하지 않았던 행동을 하는 상상해 보기

내담자는 때때로 논리적으로는 그렇지 않다는 것을 알면서도 무언가 다른 행동을 했더라면 결과가 더 좋았을 것이라고 확신한다. 이것은 성인기 기억이나 아동기 기억에 똑같이 적용될 수 있다. 이런 경우 유용한 전략은 내담자로 하여금 그들이 하기를 원했던 행동을 실제로 하는 것처럼 상상해 보도록 하는 것이다. 말할 필요도 없이 이 전략을 가장 잘 사용할 수 있는 경우는 내담자가 생각하는 것만큼 결과가 좋지 않으리라는 것을 치료자가 미리 알고 있을 때이다. 논리적으로는 내담자도 이것을 잘 알고 있지만, 정서적으로는 종종 이 생각을 하면서 자기 자신을 고문한다.

> 쉴라는 가라앉는 페리에 타고 있었다. 그녀는 구조를 받아 물에 빠져 죽지 않았고, 오히려 얼음같이 차가운 물에서 헤쳐 나오려는 노인을 구출하려고 시도했다. 그러나 그녀는 포기할 수밖에 없었고, 그 노인은 물에 빠져 죽었다. 그녀의 배우자는 구조가 불가능했다는 것을 확신시키려고 했지만, 그녀는 끊임없이 자신이 물로 다시 돌아갔다면 그 노인을 구할 수 있지 않았을까 생각했다. 결국 치료자는 그녀가 물속으로 들어가서 그 노인을 구하려고 시도하는 것에 대해서 상상해 보도록 했다. 그녀는 매우 생생하게 상상할 수 있었는데, 얼음같이 찬물에서 페리가 급격하게 가라앉으면서 옆으로 기우는 동안 자신이 그 노인과 함께 있는 것을 상상해 보았다. 그녀는 조용해졌고 치료자는 활기를 불러일으키려고 시도했다. 내담자는 처음에는 상상한 물이 매우 찼지만, 얼마 후에 물이 따뜻해지면서 졸음이 오는 것을 느꼈다고 말했다. 그녀는 거의 빠져 죽기 전에 실제로 이를 경험했다는 것을 회상했다. 그러자 그녀가 물속으로 다시 돌아갔더라면, 그녀 자신도 물에 빠져 죽었을 것이라는 것을 깨달았다. 마침내 그녀는 자신이 노인을 구해낼 수 없었으리라는 것을 인정하게 되었다. 상담 후에 그녀는 이 노인을 기리며 조그만 나무를 심었다.

심상 재구성 기법

심상 재구성 기법(Imagery Rescripting, IR)은 축 2 장애(역주 : DSM-5 이전 판에서는 정신장애가 축 1에, 성격장애가 축 2에 포함되었음)를 다루는 수많은 인지치료자들에 의해 활용되어 왔다(Arntz & Weertman 1999; Edwards 1990; Smucker et al. 1995; Weertman & Arntz 2007; Young et al. 2003). 이 기법에서는 부정적인 기억(종종 학대 기억)의 일부분 혹은 전체를 떠올리고, 내담자는 그 기억을 '재구성'하도록 도움을 받는다. 그리고 그 사건에 바람직한 결과가 이루어지도록 상상한다(가해자가 어떤 일을 하기도 전에 잡히거나 영원히 제거됨). 흔히 억압된 정서는 표면에 떠올라 표현되고 내담자는 어떤 행동을 취하는 것(혹은 다른 사람이 행동을 취하는 것을 보는 것)을 상상하게 되는데, 그 결과 사건이 다르게 진행되도록 만든다. 이는 '체험적 기법'으로 기술되어 왔으며(Young et al. 2003), 그 목표는 영속적인 정서적 변화와 함께 인지적 변화를 일으키는 것이다. 최근에는 비슷한 절차가 사회공포증, 섭식장애, 우울증과 같은 축 1장애에서 나타나는 고통스러운 기억을 다루는 데도 사용되고 있다(Cooper et al. 2007; Wheatley et al. 2007; Wild et al. 2007, 2008). 이 절차에 언어적인 검토 작업을 얼마나 포함시키는지는 치료자에 따라 조금씩 다르다.

Smucker와 동료들(1995)은 아동기에 성학대를 당한 후 PTSD를 겪는 내담자들을 치료하는 데 심상 재구성 및 재처리 치료(Imagery Rescripting and Reprocessing Therapy, IRRT)라고 불리는 치료 프로토콜을 개발했다. 이 프로토콜에서는 평가 후에 내담자로 하여금 원래 일어났던 학대 상황을 재경험하게 하고, 곧바로 심상 재구성 단계를 시작한다. 재구성 단계에서 내담자는 머릿속으로 학대 장면을 그려 보고 말로 설명한다. 학대가 시작되자마자 그들의 성인기 자기가 그 장면에 끼어들어 학대를 멈추고, 아동을 보호하고 가해자를 내쫓음으로써 상황을 완전히 제압하고 평정한다. 몇 차례의 시도 후에도 내담자가 이것을 성공적으로 해내는 것을 상상하지 못할 때에는 이 사람을 지지하는 다른 사람, 예컨대 경찰, 친구, 치료자를 이 장면에 등장시킬 수도 있다. 심상을 재구성하는 동안 치료자는 이 과정을 주도하지 않고, 따뜻하고 공감적이며 격려하는 태도로 그 자리에 같이 있는다.

내담자가 아동기 자기를 구출해 내는 것을 상상한 후에는 아동에게 위로와 돌봄을 제공하는 것에 강조점이 옮겨진다. 병리적인 자기 스키마가 없는 경우에 내담자는 일반적으로 그 아이를 안아주고 달래줄 수 있다. 그렇지만 어떤 내담자들은 아동기 자기에 대해서 증오심과 경멸감을 느낀다. 이런 때에는 성인기 자기가 아동기 자기에게 더 가까이 가서 그의 눈을 쳐다보도록 하는 것이 도움이 될 수 있다. 이렇게 하면 외상을 입은 아동기 자기에 대해서 좀 더 많은 사랑과 아끼는 마음을 느끼게 된다. 또한 내담자가 가진 스키마, 즉 나쁨이나 사랑받을 만하지 않음 등의 스키마를 가지고 있는지 살펴보고 작업하는 기회를 가질 수 있다. 숙제로 내담자에게 치료회기 녹음을 하루 두 번씩 들어보고 가해자에게 편지를 쓰고 일기를 쓰도록 한다. 그 목적은 증상을 완화시키고 외상과 관련된 신념을 변화시키기 위한 것이다. 자세한 사례는 Smucker와 Niederee(1995)가 제시하고 있다.

IRRT는 사고를 당한 후 PTSD가 생긴 성인 피해자들에게도 사용되어 왔다(Grunert

et al. 2003, 2007). 좀 더 최근의 연구에서 IRRT는 지속노출치료를 받고도 좋아지지 않았던 내담자들에게 제공되었다. 첫 단계에서는 외상사건을 재경험한다. 다음 단계에서는 적응적 심상을 떠올리는 과정이 뒤따라온다. 정서가 최고조에 이르는 순간에 내담자는 '생존자 자기'(오늘날)가 그 장면에 등장하는 것을 상상한다. 그 장면에서 '외상을 입은 자기'(과거)로 하여금 외상을 좀 더 적응적으로 대처하도록 돕는다. 치료자는 길잡이식 발견법을 통해 내담자가 자기 자신의 적응적 심상을 만들어 내도록 돕지만 대체로 비지시적인 자세를 유지한다. '외상을 입은 자기'가 충분한 지지와 도움과 돌봄을 생존자 자기로부터 받게 되면, 이 새로운 긍정적인 표상에 대해서 치료적인 초점을 더 맞춘다. 이 연구에서 지속노출치료에 반응을 보이지 않는 내담자들은 공포에 기반하지 않은 정서(예 : 죄책감, 수치감, 분노)를 가진 것으로 밝혀졌다. IRRT의 부가적인 치료 요소로 인하여 대부분의 내담자들은 단지 몇 회기만에 완전히 회복되었다. 내담자가 공포 외에 다른 우세한 정서를 가지고 있을 때에는 단순한 지속노출치료 외에 다른 개입이 필요하다는 것을 시사하기 때문에, 임상적으로 매우 흥미 있는 결과라고 할 수 있다.

심상 재구성법의 또 다른 변형된 형태는 Smucker와 동료들에 의해 제안된 원리에 기초를 두고, Arntz와 동료들에 의해서 개발되었다. Arntz와 Weertman(1999)의 치료 프로토콜에서 치료자는 우선 부정적인 스키마를 내포하고 있는 아동기 기억을 찾아낸다. 첫 단계에서 내담자는 아동의 관점에서 그 기억을 재경험한다. 다음 단계에서는 성인의 관점에서 그 기억을 재경험하는데, 성인은 어떤 일이 일어나는지를 살펴보고 개입할 수 있다. 사건이 극단적으로 외상적이면 내담자는 재구성에 들어가기 전에 외상 경험의 아주 작은 부분만 재경험하도록 요청받는다. Arntz와 동료들은 세 번째 단계를 도입했는데, 이 단계에서는 내담자가 다시 아동기 관점에서 그 사건을 재경험한다(성인기 자기나 다른 사람들이 하는 개입을 경험). 이때 아동기 자기는 어떤 일이 더 일어났으면 좋겠는지에 대해서 질문을 받고 원하는 것을 말한다. 이 단계는 Smucker와 동료들의 치료 프로토콜에는 원래 없었던 것이지만 내담자가 성인의 관점에서 일어난 일을 단지 옆에서 목격하는 것이 아니라 아동기 자기가 받은 도움과 돌봄을 실제로 체험하는 것을 상상하도록 추가된 것이다. 여러 경험 연구에 의하면 이와 같은 프로토콜의 개정판은 매우 강력한 효과를 나타내는 것으로 밝혀졌다(Arntz & Weertman 1999; Weertman & Arntz 2007).

Arntz와 동료들(2007)은 심상 재구성법을 PTSD로 고통받는 성인 내담자들에게 맞게 개정하였다. 이 개입법은 PTSD 증상을 경감시킬 뿐 아니라 내담자들이 느끼는 무력감, 피해의식, 혹은 자신이 나쁘다는 감정을 변화시킬 수 있었다고 보고하였다. 내담자들은 원래 외상사건의 현실을 부정하지 않으면서, 외상적 심상을 바꾸는 작업을 하였는데, 예를 들면, 상황을 좀 더 통제할 수 있게 되거나 그들이 원하는 바나 느끼는 바를 표현하거나 다르게 행동하는 것을 상상하는 등 여러 심상을 실험해 보도록 격려를 받는다. 이들 연구에서 상상 노출법에 심상 재구성법을 더한 치료를 비교하였다. 그 결과 치료의 전반적인 효과는 두 치료에서 모두 효과적이었지만, 심상 재구성법을 결합하여 시행한 집단에서는 중간에 치료를 중단한 사람이 훨씬 적었고, 분노나 수치감이나 죄책감의 측면에서 더 많은 변화를 보였다. 치료자들은 이 치료의 개정판을 더 선호했으며, 무력감을 덜 느꼈다.

Brewin과 동료들(2009)의 연구는 우울증을 겪고 있으면서 침습적 기억을 가지고 있는 내담자들에게 심상 재구성법을 어떻게 확장해서 사용할 수 있는지를 잘 보여준다. 치료회기에서 내담자는 성인기 기억과 아동기 기억을 모두 찾아내어 재구성하는데, 자기 자신에게 좀 더 숙달감과 자비심을 갖게 해준다. 이 연구에서 신념 평정은 감소하고 매우 신속하고도 지속적인 증상의 완화가 일어났는데, 이 결과는 우울증 치료에서 흔히 사용되는 언어적이며 행동적인 개입을 하지 않고도 얻어졌다. 사례들의 자세한 치료 내용은 Wheatley와 동료들(2007, 2009)의 연구에 잘 기술되어 있다. 특히 행동변화가 자발적으로 나타난다고 보고하였는데, 치료자가 행동실험을 하라고 격려하거나 활동계획표를 사용하라는 말을 하지 않고도 이런 변화가 일어났다. 저자들은 이 연구를 통하여 기억은 단지 과거를 기록하는 하나의 방법에 그치지 않으며, 우리들로 하여금 현실을 다르게 보는 방법을 모델링하고 실험해 보는 것을 가능하게 한다는 점에 주목하였다(제12, 13장 참조).

심상 재구성법과 다른 인지치료기법 결합하기

치료자마다 심상 재구성법을 인지이론적 근거로 설명하는 정도가 조금씩 다르다. 심상 작업을 길잡이식 발견법이나 행동실험과 함께 사용하는 것과 같이 체험적 기법을 인지치료기법과 잘 섞어 사용할 때, 그 효과가 강화되는지(혹은 감소되는지)는 앞으로 경험적인 연구를 통해서 밝혀져야 한다. 예비 결과에 의하면 소크라테스식 대화법과 기억의 재구성법을 결합한 1회기의 치료는 사회공포증 내담자에게 의미 있는 효과를 보였다고 한다. 이 접근법에서는 소크라테스식 대화법이 심상을 어떻게 수정할지를 결정하는 데 한 역할을 담당했다고 한다. Wild와 동료들(2007)은 다음과 같은 사례를 제시하고 있다.

사회공포증으로 고통받고 있는 존은 자신은 흉칙하고 다른 사람이 좋아할 만하지 않으며, 미성숙해 보인다고 믿었다. 그는 다른 사람들이 늘 그에게 따지고, 어느 누구도 그를 지지하지 않을 것이라고 느꼈다. 이러한 신념과 자기 자신에 대한 이미지는 그가 10대였을 때 친구들이 마약을 하도록 강요했지만, 압박에 넘어가지 않아서 친구들로부터 왕따당한 경험과 관련이 있었다. 소크라테스식 질문을 해본 결과, 그를 왕따시킨 소년들은 성인이 된 후 '실패자'가 되었고, 다른 사람들로부터 비판받고 있다는 것을 알게 되었다. 그렇지만 존은 안정된 직장에 다니고 있었고 배우자도 있었으며, 가족들로부터 많은 지지를 받고 있었다. 이 최신화된 관점을 그가 성인이 돼서 다시 옛 친구들을 만나는 이미지 속에 통합시켰다. 그들은 가족들과 친구들에게 둘러싸여 있었는데, 거기에 있는 모든 사람은 누구의 편을 들어야 할지 결정해야만 했다. 내담자가 이것을 심상으로 탐색했을 때, 자신이 바로 모든 사람들이 지지하는 사람이라는 것을 깨달았다. 친구들의 가족조차도 친구들은 더 이상 참을 수 없는 존재였다.

때때로 심상의 변형은 심상을 재구성하는 개입에서 저절로 일어난다. 앞에서 말한 바와 같이 소크라테스식 대화가 언제나 필요하지는 않다. 한 예로 치료자는 내담자에게 다음과 같은 질문을 던져 어떻게 변화하면 좋겠는지 탐색하게 한다. 즉, "이 상황에서 더 기분 좋게 느끼려면 어떤 일이 일어나야 할까요?", "지금 그것에 대해서 무엇을 알고 있습니까?", "그것이 실제로 일어나는 것을 상상할 수 있습니까?" 다른 심상기법들에서와 마찬가지로 자세한 인지적 작업 없이 체험적 기법만으로도 자발적인 결과가 일어날 수 있다.

과거 혹은 더 어린 시절 기억과 '정서적 가교' 만들기

제8장에서는 현재 반복적으로 나타나는 이미지와 이 이미지의 근원이 될 수 있는 기억 사이에 정서적 가교를 만드는 예들을 제시했다. 고통스러운 기억에 대해 작업할 때,

때때로 우리는 사건에 대한 표상이 초기 기억의 요소에 의해서 강하게 채색되는 것을 본다.

> 페트라는 쓰나미 사고에서 외상을 입었다. 파도가 우르렁거리며 다가오는 것을 들었을 때, 그녀는 비행기가 폭탄을 투하하는 어린 시절의 외상사건을 기억하였다. 소리에 대한 잘못된 해석이 쓰나미에 대한 침습적 기억에 동반되었다.

초기 기억의 영향은 현재 일어나는 고통스러운 기억의 내용과 의미를 탐색하는 과정에서 드러나게 된다. 그렇지만 때때로 이 영향은 처음 탐색할 때는 뚜렷하게 드러나지 않는다. 치료자에게 초기 기억을 탐색할 필요성을 알려주는 실마리는 내담자가 어떤 사건을 묘사하면서 사건과 맞지 않는 과잉 해석을 할 때이다. 그런 경우 치료자는 다음과 같이 물어볼 수 있다. "과거에 이와 비슷한 감정을 경험한 적이 있습니까? 그것이 처음 일어난 때가 언제였습니까? 마음속에 뚜렷이 떠오르는 때가 있습니까?" 치료자는 왜 이런 질문을 하는지를 내담자에게 설명할 필요가 없으며, 아마도 길잡이식 발견법의 정신으로 이것에 접근하는 것이 더 나을 수 있다. 내담자가 압박을 받아서 실제로는 관련이 없는 과거 사건과 관련 있다고 겉으로만 그럴싸한 관련성을 찾아내게 해서는 안 된다. 그렇지만 내담자가 현재의 기억과 과거 외상사건 사이의 관련성을 찾아낸다면, 치료자는 길잡이식 발견법을 통하여 내담자가 어떤 관련성이 있다고 생각하는지 탐색할 수 있다. 만일 필요하다면 이미지가 '과거의 유령'과도 같으며, 하나의 사건에 대해서만 우리에게 알려주는 것이 아니라 실은 그 뿌리가 시간을 거슬러 올라간 과거의 일에 있다는 것을 심리교육으로 내담자에게 설명해 줄 수 있다. 이렇게 얻은 내용은 새로운 미니 개념화 속에 포함될 수 있다.

현재 경험을 채색하는 과거 사건은 치료자들에게 치료에서 다루어야 할 중요한 타깃이 될 수 있다는 것을 시사해 준다. 다음의 예를 살펴보자

> 윌은 아주 사소한 자동차 사고를 겪었다. 그 사고로 그는 잠시 동안 차에 타고 있던 아들이 죽었다고 판단했다는 것을 깨달았다. 이 일은 그의 아들이 아주 어린 아기였을 때 차의 뒷좌석에서 호흡을 멈춘 것을 발견했던 일을 기억하게 만들었다. 최근의 자동차 사고에서는 아무도 다치지 않았지만 그는 너무 큰 충격을 받아, 그의 아내에게 운전하게 하고 자신은 운전하지 않았다. 그는 이 일이 자신이 매우 약하고 부적절한 사람이라는 것을 보여준다고 느꼈다. 이러한 해석을 전환시키기는

매우 어려웠다. 치료자는 그의 인생에서 언제 자신에 대해서 이와 비슷한 감정을 느꼈는지 물어봤다. 그는 어떤 아동기 경험이 스트레스를 받을 때 그로 하여금 무기력하고 죄책감을 느끼게 만든다고 대답했다. 그 아동기 경험은 아버지가 어머니를 때렸던 일과 밀접하게 관련되어 있었는데, 이때 장애가 있는 이모가 윌에게 제발 끼어들어 상황을 멈추게 하라고 간청했었다. 그는 9살밖에 되지 않았고 무엇을 해야 할지를 결정할 수 없어서 결국 아무것도 하지 못했다. 바로 이 기억이 차 사고로 인해 활성화되었고, 그는 자신이 얼마나 약한가에 대해서 반추하며 그가 아버지에게 맞서 어떤 행동이라도 했어야 한다고 생각했다. 치료자는 그런 행동을 하는 것을 상상해 보라고 제안했다. 윌은 그의 아버지에게 돌진해서 고함을 지르는 상상을 했는데, 이로 인해 아버지를 매우 화나게 만들었다. 이것이 좋은 결과로 끝나지 않으리라는 것을 잘 알 수 있었다. 상상 속에서 그의 아버지는 막대기를 들어 어머니를 때렸다. 어머니와 싸운 날 아버지는 때리는 것을 곧 멈추고 집을 나갔다는 것을 회상했다. 아무것도 하지 않는 것이 더 지각 있는 전략일 수 있었다. 윌은 이러한 아동기의 외상적 경험과 그의 아들이 아기였을 때 거의 죽을 뻔했던 이전의 경험에 비춰 보았을 때, 자동차 사고 후에 그의 반응은 매우 이해될 만한 반응임을 알 수 있었다. 그의 죄책감과 나약하다는 느낌은 감소하였다.

161페이지에서 기술한 대로, 자동차 사고 후에 해리는 자신 때문에 차 사고가 일어났다는 생각을 하고 있다. 그의 고통스러운 아동기 경험은 그가 나쁜 사람이며 재앙을 일으킨다고 믿게 만들었다. 치료에서 아동기 사건에 대한 침습적인 기억을 다루었는데, 이 사건에서 그의 어머니는 그가 나쁜 사람이기 때문에 처벌받아야 한다고 어린 그를 확신시켰다. 이 관점을 변화시키려는 시도가 여러 번에 걸쳐 성공하지 못했을 때, 치료자는 심상 재구성법을 시도하였다. 내담자는 그의 엄마가 그에게 고함을 지르고 그의 이모가 생각지도 않게 그 자리에 도착하는 장면을 상상했다. 이모는 아이들에게 엄마가 아프다고 설명하며, 엄마가 회복할 때까지 그들을 돌볼 수 있는 방법을 찾아보겠다고 말했다. 심상 재구성법을 통해서 이 의미 있는 아동기 기억에 대한 해석이 변하게 되었다. 중요한 점은 이 어린 시절의 사건을 이해하는 관점이 변하게 되자, 자동차 사고에 대한 해석도 변하게 되었고 우울 증상도 상당히 감소했다. 그는 더 이상 자기가 사고를 불러왔다고 믿지 않았으며, 또한 자신이 신에게 처벌받고 있다고 믿지도 않게 되었다.

심상을 새로 창조하기

고통이 매우 심각하고 광범위한 사례에서는 부정적인 스키마적 신념을 바로잡기 위해 완전히 새로운 '존재 방식'을 만들어 내는 긍정적인 이미지를 새롭게 구성하는 방법을 사용할 수 있다(제13장 참조). 새로운 긍정적 심상은 내담자에게 침습적 기억이 반복적으로 나타나는 경우가 아니라도 스키마 변화의 한 방법으로 사용해 볼 수 있다(Holmes et al. 2007a).

때때로 침습적 기억에 대해 심상 작업이 이루어지고 있는 동안, 긍정적 심상이 자발적으로 나타나기도 한다. 예를 들어, Wheatley와 동료들에 의해 기술된 두 내담자는 모두 새로운 영적인 심상을 도입하기로 결정했다. 한 사례에서는 자비로운 천사를 상상했고, 다른 사례에서는 정화하는 빛을 상상하였다. Lee(2005)는 자비로운 이미지를 만들어 내는 것에 대해 기술하였는데, 고통스러운 기억을 재경험하는 동안에 자비로운 이미지를 가져오면 그 정서적 영향을 부드럽게 만들 수 있다고 하였다. 자비로운 마음의 심상이나 내담자의 '존재 방식'을 변화시키는 다른 개입에 대해서는 제13장에 자세히 기술되어 있다.

결론

이 장에서는 기억 이미지와 작업하는 다양한 전략들을 살펴보았다. 내담자를 도와주는 방법들은 다음과 같다.

- ◆ 고통스러운 기억 이미지에 접근하고 숙고하는 것의 중요성 이해시키기
- ◆ 정서를 확실하게 유발시키는 방법을 사용해서 기억에 접근하고 재경험하기
- ◆ 기억의 핫스폿과 관련된 의미와 회피행동 및 안전행동을 고려하여 미니 개념화하기
- ◆ 마음을 힘들게 하는 기억 이미지의 촉발단서에 접해 보기
- ◆ 기억과 현재 간의 변별 학습하기
- ◆ 언어기법과 심상기법을 사용하여 기억 이미지 최신화하기
- ◆ 내담자의 현재 기능에 부정적 영향을 미치는 초기 외상기억 재구성하기
- ◆ 현재의 해석에 영향을 주는 초기 기억에 정서적 가교를 만들고, 가능하다면 재구성하기

◆ 새로운 긍정적이고 자기 자비적인 심상 창조하기(제13장 참조)

이 장에서 기술한 많은 기법들은 아동기 외상과 PTSD 분야에서 발달되었다. 그러나 이 기법들이 여러 장애에 걸쳐 더 광범위하게 유용하게 사용될 수 있다는 증거들이 늘어나고 있다(Brewin et al. 2009; Cooper et al. 2007; Wild et al. 2007, 2008).

우리의 임상 경험에 의하면 기억 이미지와 작업한 결과, 신념이 좀 더 현실적으로 변화하고, 그 당시에 이루어졌던 해석보다 더 균형 잡힌 해석이 생겨나며, 부정적인 정서가 감소하였다. 그 근거는 노출이나 습관화에 기반하지 않고 해석과 정서를 변화시키는 데 초점을 맞춘다는 점에 있다. 만일 치료 개입이 잘 작용되면 그 사건은 하나의 단지 고립된 과거 사건(혹은 일련의 사건)일 뿐이며, 자기 자신이나 다른 사람 모두 세계를 바라보는 데 있어서 일반적인 규칙이 아니라 하나의 예외로 작용하는 사건으로 보게 된다(Arntz & Weertman, 1999). 요컨대 성공적인 일어난다(Rachman, 2001).

Chris R. Brewin

University College London, London, UK

심상과 자발적인 과정으로서의 심상 재구성법 사용하기

샬롯은 아동기와 성인기에 겪은 학대 경험에 대해 매우 강한 플래시백을 경험하였으며, 이것이 압도적일 때는 해리적 경향을 보였다. 어느 날 셀프 서비스로 운영되는 지하식당에서 돈을 내기 위해 줄에 서 있는 동안 어떤 남자가 거칠게 밀면서 그녀를 때렸다. 식당 종업원들은 주문을 받느라고 바빠서 그녀를 도와주지 못했다. 그 이후 그 남자가 그녀를 사람들이 없는 식당 위층으로 끌고 가서 코너에 몰아넣었을 때, 그녀는 도망갈 수 없었으며 과거와 연관된 매우 나쁜 감정들을 느끼는 심상이 침습적으로 떠올랐다.

치료자는 그녀가 매우 큰 빅토리아식 모자 핀을 핸드백 속에 넣고 그 남자가 일정거리보다 더 가까이 다가오지 못하도록 그 핀을 사용하는 장면을 상상해 보라고 하였다. 내담자는 이에 긍정적으로 반응하며, 모자 핀을 사용하는 것을 쉽게 상상할 수 있었다. 이 전략은 그녀로 하여금 불안이 줄어들고, 그 이미지에 대해 좀 더 통제감을 느낄 수 있게 해주었으나, 그럼에도 불구하고 그 이미지는 계속되었다. 얼마 후 이 침습적인 심상이 떠올랐을 때 그녀는 침대에 누워서 그 남자의 머리를 곤봉으로 세게 내리치는 것을 상상하였다. 이때 그 남자는 머리가 깨져 죽었는데, 그녀는 그녀의 어린 시절 가해자를 보고 있다고 느꼈다. 이후에 이 침습적인 이미지는 다시 일어나지 않았다.

Night time imagery

10장

밤 시간의 심상 치료하기

'잠잘 것인가, 꿈꿀 것인가, 그것이 문제로다'

윌리엄 셰익스피어, **햄릿**(1601)

서론

밤에 나타나는 심상은 굉장히 무서울 수 있다. 내담자들은 종종 괴롭히는 심상이나 기억과 함께 나쁜 꿈이나 악몽 때문에 생기는 불면증을 겪고 있다(Freeman 1981; Freeman & White 2002; Rosner et al. 2004). 고통스러운 정서 또한 광범위하게 나타난다. 어떤 내담자들은 피곤하다면 꿈 없이 잘 잘 수 있을 거라고 기대하면서 몇 시간 동안 깨어 있기도 한다. 아마도 밤에 깨어 있는 동안 떠오르는 심상이나 잠에 들었을 때 나타나는 괴로운 꿈을 피하려고 노력할 수도 있다. 인지적인 회피는 낮뿐만 아니라 밤에도 일어날 수 있다.

확실한 연구결과에 의하면 불면증이 있는 사람들은 잠자기 전에 과도한 인지적 활동으로 고통을 받는다고 한다(Espie et al. 1989; Lichstein & Rosenthal 1980). Nelson (2001)의 연구결과에 의하면 잠을 잘 못 자는 사람들이 잘 자는 사람들에 비해 불쾌한 이미지들을 더 적게 갖고 있기는 하지만, 이미지들의 불쾌한 정도는 더 심각하다고 한다. 또한 잠을 잘 못 자는 사람들은 잘 자는 사람들에 비해 언어적 사고를 더 많이 하는 것으로 나타났다. Nelson은 불쾌한 심상이 신체적인 각성과 관련되어 있기 때문에 (Vrana et al. 1986) 사람들로 하여금 그들의 심상을 막도록 동기화하고, 그 결과 더 언어적 사고에 몰두하게 만드는 것이라고 추론하였다.

흥미롭게도 연구 참여자들이 심상 속에 나타나는 현재의 스트레스를 숙고하는 자세로 바라보면서 거기에 잘 머무르게 했을 때, (언어적 사고에 몰두했을 때보다) 훨씬 더 빨리 잠을 잘 수 있고 좀 더 이완되는 것을 발견할 수 있었다. 심상을 떠올리고 있을 때 주관적으로나 객관적으로나 모두 좀 더 각성되는 모습을 보였다(Nelson 2001). 이는 Borkovec의 관점을 지지하는데, 심상으로 생각하는 것은 단기적으로는 기분이 더 안 좋을 수 있지만 장기적으로는 성공적인 정서처리를 가능케 해주는 것처럼 보인다(Borkovec et al. 1998).

이러한 관찰은 사람들로 하여금 단순히 주의를 다른 데로 분산시키는 것은 밤에 일어나는 심상에 대해 최고의 해결책이 아니라는 결론을 내리게 한다. 대신에 이번 장에서 우리가 주장하려는 것처럼 차라리 내담자로 하여금 고통스러운 이미지에 좀 더 참여하게 함으로써 이미지를 충분히 불러일으키고, 그 이미지를 바꾸거나 변형시키는 것이 훨씬 낫다. 그럭저럭 자게 하는 방법으로 주의분산을 권하는 것과는 반대되는 제안이다. 그렇지만 심상에 머무르는 것이 주의분산을 하는 것보다 더 나은지를 확실히 알기 위해서는 연구가 더 필요하다.

벡(Beck)은 꿈은 자동적 사고의 '사촌'으로서, 각 장애에 고유한 패턴이 있다고 주장했다. 그는 초기 연구들에서 우울한 내담자의 꿈을 연구했다(Beck & Hurvich 1959; Beck & Ward 1961). 그 결과 우울증에서 "꿈은 깨어 있을 때 삶에서 경험하는 고통과 유사한 것들"이라고 결론을 내렸고, 그 인지적 주제가 낮 동안의 부정적인 자동적 사고에서 나타나는 것과 유사하다고 밝혔다. Ward와 동료들(1961)은 다양한 정신과적 문제들을 살펴보았는데, 꿈의 주제가 깨어 있는 동안 각각의 장애에서 보이는 인지적 주제들이 그대로 나타난다고 주장하였다.

벡은 꿈의 이면에서 작용하는 숨겨진 과정에 대해 추론하는 것보다 좀 더 명백하고 쉽게 묘사될 수 있는 측면에 집중하는 것이 더 만족스러운 결과를 가져온다고 주장하였다. 그래서 그는 꿈이 '내담자들의 심리적 과정에 대한 부검'을 유용하게 제공하는 것 같다고 하였고, "외부의 자극이 차단되었을 때 인지적 패턴이 꿈의 내용에 최대한으로 영향을 미친다."고 보았다. 꿈이나 악몽에 나타나는 내용들은 낮 동안에 보이는 자동적 사고나 심상과 똑같은 마음의 '주소'에 있으며, 따라서 비슷한 기법에 의해 수정될 수 있다고 하였다.

벡은 '신경증적 우울 반응'을 보이는 내담자들의 경우 불쾌한 내용의 꿈이 더 자주 나타난다는 것을 발견했다. 치료가 진행될수록 꿈의 빈도나 내용이 바뀌는데, 이것은 깨어 있는 동안 나타나는 인지 변화가 반영되는 것이다. 비슷한 관찰이 Hackmann

(2004)에 의해서도 이루어졌는데, 성공적으로 치료를 하게 되면 PTSD 내담자의 악몽의 빈도와 고통이 점진적으로 감소되고, 수면의 질도 증가하며, 동시에 침습적인 기억도 줄게 된다는 것을 발견했다.

Hackmann의 2004년 연구에서는 PTSD 치료에서 낮 동안에 침습적으로 들어오는 이미지를 주로 다루고, 수면이나 꿈에 대해서는 직접 다루지 않았다. 반면에 많은 다른 연구들에서 나쁜 꿈과 악몽을 주요 주제로 다루었다. Krakow와 동료들(2001b)은 PTSD 내담자들의 악몽을 줄이기 위해 '심상 리허설 기법'을 사용한 결과, 악몽의 빈도가 유의하게 감소하였다는 것을 보고했다. 이때 전반적인 PTSD 증상도 같이 좋아졌고, 침습적인 증상의 점수들도 떨어졌다.

많은 연구에서 심상기법들은 나쁜 꿈과 악몽의 치료에 효과적임이 밝혀졌다. 인지행동치료에서 사용되는 기법들은 꿈 내용에 대한 체계적 둔감화(Celluci & Lawrence 1978), 상상 노출(Bishay 1985), 악몽에 대한 리허설 완화기법(Marks 1978), 심상 리허설(Krakow et al. 1995), 인지적 주제를 다루기 위해 길잡이식 발견법과 심상기법을 섞어서 사용하는 방법(Edwards, 1989; Freeman & White 2002) 등이 있다. 각각의 접근들은 꿈에 대해 작업할 때 우리가 활용할 수 있는 유용한 방법이다.

제1장에서 보았듯이 Beth Rosner(2001)는 벡의 인지치료가 역사적으로 어떻게 발전해 왔는지 대단히 흥미로운 분석을 제공하면서, 벡이 실험과학적인 가치를 신봉하고 이론보다 방법들을 우위에 두었다는 것을 지적하였다. 벡은 그의 데이터를 정신분석학자들과 행동주의자들에게 제공하며 정신병리에 대한 통합적인 접근이 이루어지길 기대했다. 또한 치료자와 연구자와 내담자가 협력적 경험주의의 정신으로 같이 작업하는 것을 보길 원했다. 그는 "이론적 논쟁에 매달리는 것은 피하고", 그 대신 "기법이 잘 작용한다면(그것을 사용하는 데 대한 사용금지사유가 없으면), 그것을 써야 한다."는 실용적 접근을 주장했다(Rosner 2002, p.14 참조). 따라서 이 장의 나머지 부분에서는 이전 장들과 똑같은 소제목을 통해 내담자들에게 어떤 기법이 잘 적용되는지 살펴보려고 한다.

각 섹션에서 밤에 깨서 누워 있는 동안 나타나는 심상이나 고통스러운 꿈, 그리고 악몽을 경험하는 사람들에게 적용할 수 있는 방법에 대한 아이디어를 제공할 것이다. 특히 이 장은 Freeman과 동료들(Freeman 1981; Freeman & White 2002, 글상자 10.1 참조)의 작업과 Krakow와 동료들(Krakow et al. 2001a, 2001b, 2006)의 작업에서 많은 영

글상자 10.1 인지치료에서의 꿈 작업

- ◆ 내담자는 꿈을 기록하고 치료회기에서 꿈을 보고한다.
- ◆ 꿈을 묘사하고, 인지적 주제를 탐색한다.
- ◆ 이 주제들이 깨어 있는 동안 어떻게 나타나는지 숙고한다.
- ◆ 내담자는 꿈에 나타난 상황에 대해 어떻게 느끼고 행동할지 생각해 본다.
- ◆ 심상을 활용하여 꿈을 다양한 방식으로 바꾸는 실험을 해본다.
- ◆ 이 작업은 내담자가 꿈에 나타난 목표상황에 대한 관점이 바뀌고, 이에 따라 수반된 정서와 신념도 변했다고 느낄 때까지 계속한다.
- ◆ 내담자는 이것이 깨어 있는 낮 시간의 삶에 의미하는 바가 무엇인지 숙고해 보고, 미래에 비슷한 상황에서 어떻게 다르게 반응할지 생각해 본다.
- ◆ 내담자는 다음 상담시간에 오기 전까지 비슷한 상황에서 그들의 행동을 바꿔 보는 실험을 해볼 수도 있다.

향을 받았다. 악몽은 사람들을 깨워 높은 각성 상태로 이끄는 꿈이라고 정의한다.

소개하기

문제가 주로 밤에 악화되기 때문에 내담자들은 어떤 종류의 심상이라도 억압하기 위해 극도의 노력을 하는데, 흔히 다양한 주의전환 방법을 사용한다. 내담자가 일정 시간 내에 잠이 오지 않을 때 침대에서 나오라고 하거나 침대에 들어가기 전에 책을 읽으라고 하는 등의 주의전환 방법을 쓰라고 치료자가 제안한다면, 자기도 모르게 회피 노력을 방조하게 된다.

치료자는 대안적으로 내담자로 하여금 그들의 회피 전략이 불면증이나 악몽, 침습적인 심상을 지속시킨다는 것을 깨닫게 만들 수 있다. 낮 시간에 나타나는 침습적인 심상의 경우에서처럼 사실 반대의 전략이 더 효과적이다. 필요한 전략은 회피하거나 억압하려고 하기보다는 적극적으로 접근하고 탐색하고 조작하고 변형하는 것이다. 여기에는 다양한 전략들을 사용할 수 있으며, 기법의 선택은 개념화에 따라 달라질 수 있다.

낮 시간의 고통스러운 심상과 같이 모든 종류의 밤 시간의 심상도 숙고할 기회가 없이 자주 억압된다. 추가적으로 심상을 없애려고 내담자가 심상의 내용에 대해 언어적으로 계속 반추할 수 있는데, 이것은 잠으로 다시 돌아가는 것을 지연시킨다. 밤 시간의 심상을 다루기 위한 보다 효과적인 방법이 있다는 것을 설명하기 위해 다음과 같은 메타포를 사용할 수 있다. '고속 열차'가 역을 통과하는 것을 보려는 사람은 기차에 타거나 선로로 뛰어들거나 기차에 올라타서 운전자를 붙잡는 것보다 플랫폼에 남아 있는 것이 더 좋다. 기차를 세우기 위해서 선로로 뛰어드는 것은 억제하는 것이고, 기차를 세우려고 기차에 올라타서 운전자를 붙잡는 것은 반추이다(제9장 참조).

단기적으로는 생리적인 각성이 더 크게 일어날 수 있지만 얼마 지나지 않아 잠을 더 잘 잘 수 있게 된다. 또한 내용이 자동적으로 재구조화되고 심상에 대한 내담자의 메타인지적인 이해에도 변화가 생긴다. 다른 말로 하자면 낮 시간 동안의 심상을 바꾸는 전략이 밤 시간의 심상에 대해 작업하는 데도 도움이 된다. 변화가 일어나지 않을지라도 숙고하는 것은 미니 개념화를 위한 유용한 재료를 제시할 수 있다.

치료자는 내담자에게 꿈과 악몽은 낮 시간의 사고 및 심상과 같은 의미이며, 정서도 유사하다고 설명해 줄 수 있다. 낮 시간뿐만 아니라 밤 시간에도 꿈의 내용과 의미를 변화시킴으로써 고통을 줄일 수 있는 방법들이 있다. 악몽은 끝내지 못한 꿈과 같다는 생각을 알려주면 사람들에게 왜 꿈의 내용에 대해 작업하는 것이 도움이 되는지 이해시킬 수 있다. 보통 깨어날 때까지 꾼 꿈의 지점을 지나 앞으로 더 나아간 꿈을 진행시켜 본다든지 아니면 그 지점 전의 심상의 내용을 변화시키는 작업을 해볼 수 있다. 우리는 또한 내담자들에게 '꿈에 대한 작업'을 하는 것은 낮 시간 동안의 삶에 도움이 되고(Freeman & White 2002; Krakow et al. 2001b), 또한 '낮에 나타나는 심상에 대해 작업하는 것'은 수면과 악몽에 긍정적인 영향을 준다고 안심시킬 수 있다(Hackmann 2004).

심상 떠올리기와 평가하기

밤 시간의 심상과 꿈을 불러일으켜서 평가하는 것은 낮 시간의 심상을 살펴보는 것과 비슷한 패턴을 따른다. 심상의 내용(문자적·의미적 메타포), 의미에 관한 메타인지적인 신념, 정서적인 영향, 심상에 대한 반응과 가능한 근원에 주의를 기울여야 한다.

일상의 삶에서 우리가 알 수 있듯이 누군가에게 꿈에 대해 말하는 것은 그 내용을 숙고하고, 우리 마음에 있는 문제를 확인하고, 문제 해결을 향해 나아가고, 꿈 내용에 나타난 과장과 인지적인 왜곡을 깨닫게 해주는 과정의 시작이다. 이 숙고의 과정은 심지어 평가하는 동안 자동적으로 인지적인 변화를 유발할 수 있다.

내담자들은 자주 고통스러운 꿈에 대해 자발적으로 언급하는데, 재경험을 사용해서 꿈을 불러일으킬 수 있다(즉, 눈을 감고 1인칭 현재시점으로 꿈을 기술하게 한다. 제9장 참조). 내담자가 잦은 꿈 혹은 악몽을 보고한다면, 치료자는 꿈의 세부적인 내용을 기록하도록 그들에게 요청할 수 있다. Freeman과 White(2002)는 꿈 일지를 활용하는 것이 도움이 된다고 제안하였다. 꿈 일지는 꿈과 꿈 조각과 깨어난 후에 떠오르는 심상에 관해 기록하는 작은 노트이다. 내담자는 노트에 정서와 생리적인 각성을 10점 척도에 기록하는 것이 좋다(예 : '놀라서 깨다. 8점'). 이러한 노트는 아주 유용한데, 꿈에 대해 이야기하거나 기록하지 않으면 꿈이 금방 희미해지고 더 이상 회상할 수 없기 때문이다. 만일 어떤 꿈이 특히 우세하거나 반복적으로 나타난다면 회기 중에 내담자에게 눈을 감고 꿈의 모든 세부사항에 대해 자세하게 말하게 한다. 그 후에 치료자와 내담자는 꿈 내용의 주제와 현재 문제 혹은 과거 외상과의 관련성을 같이 숙고해 볼 수 있다.

> 빌은 폭발 사고가 나고 곧이어 화재가 났을 때 지하철을 기다리고 있었다. 빌은 땅바닥에 엎어졌고 자신이 쓰러져 있는지 모르는 사람들에 의해 짓밟혔다. 그는 PTSD가 생겼고 반복적으로 악몽을 꾸었다. 그는 누구에게도 이야기할 수 없고, 어느 누구도 도와주지 않는, 또는 미로와 같은 구조에서 길을 잃는 것과 같은 꿈을 꾸었다. 이 악몽은 그의 최근의 외상적인 경험과 과거에 방치되고 보호받지 못한 어린 시절을 반영하는 것으로 보인다.

꿈 일지와 함께 Freeman과 Whtie(2002)가 사용한 두 번째 기법은 그림 10.1에 나오

날짜	회상된 꿈의 내용	정서(0-100점)	꿈의 재경험	꿈의 재평가

그림 10.1 꿈 분석 기록지

는 '꿈 분석 기록지'(Dream Analysis Record, DAR; 개정된 사고기록지 양식)를 사용하는 것이다. DAR은 집에서 또는 치료 중에 꿈의 내용을 탐색하기 위해서 사용되는데, 두 번째 열에는 꿈을 기록하고, 이와 함께 꿈의 '하이라이트'(기억의 핫스폿 같은)를 기록한다. 세 번째 열에는 꿈과 관련된 정서를 0에서 100점 척도로 기록한다. 꿈을 재구성한 내용과 그것이 정서에 미친 영향을 기록하기 위한 또 다른 2개의 열이 있다.

만일 내담자가 그림 그리기와 색칠하기를 좋아하면 꿈의 최악의 순간을 묘사하는 그림을 그리게 할 수도 있다.

클라라는 그녀가 5살 때 꾸었던 꿈의 이미지를 그림으로 그렸다(그림 10.2 참조). 꿈에는 십자가에 못 박힌 그리스도처럼 보이는 거대한 인물이 장면을 지배하고 있었다. 클라라와 남동생은 오빠가 의자에서 떼내 무기로 사용하려고 했던 의자등받이 나뭇조각을 흔들며 계단의 난간에서 힘들어하며 후퇴했다. 그들은 매우 나약해 보였다. 꿈의 다음 부분에서 아이들은 침대 밑으로 들어가는데, 클라라는 거기서 반짝거리는 목걸이가 든 조그만 새틴 핸드백을 발견했다. 꿈에서의 느낌은 무섭고 보호받지 못한다는 느낌이었다. 클라라의 어머니는 그녀가 겨우 4살 때 죽었고, 그녀의 아버지는 아이들이 얼마나 상실감을 느꼈는지 이해하지 못했기 때문에 그들의 힘든 감정을 조절하는 데 도움을 줄 수 없었다. 꿈에서 클라라가 핸드백과 목걸이를 침대 아래에서 발견했을 때, 이는 그녀에게 편안함을 불어넣어 주었다. 왜

그림 10.2 악몽의 의미에 대해서 그림을 그리고 숙고하기

냐하면 그것은 어머니의 핸드백이었기 때문이다. 과거에 집에서 느꼈던 안정감과 그녀의 어머니가 어딘가에 있다는 것에 대한 명백한 증거였기 때문이다.

Edwards는 1989년에 발표한 독창적이고도 중요한 논문에서 인지치료에서 게슈탈트 기법과 심상을 어떻게 사용할 수 있는지에 대해 논의하였다. 그는 펄스(Perls 1971)의 사례를 제시하면서, 이 사례에서 린다라는 내담자의 꿈에 나타난 은유적인 심상을 탐색하였다. Edwards는 이것이 길잡이식 발견법의 위대한 사용이라고 소개하였다. 이 예에서 펄스는 내담자에게 꿈의 각 측면의 의미가 무엇인지 머물러 있으면서 생각해 보라고 요청했다. 그렇게 했을 때 이전의 장들에서 논의한 바와 같이 내담자의 관점의 변화가 자발적으로 일어났다.

린다는 꿈에서 물이 점점 말라가는 호수에서 한 무리의 돌고래가 춤을 추는 것을 보았는데, 이들은 호수에서 더 이상 새끼를 낳을 수가 없었다. 물이 점점 말라가고, 호수 바닥에 아주 오래된 옛날 자동차 번호판이 드러나 있었다. 펄스는 내담자에게 이 이미지가 무엇인지 탐색해 보자고 요청했다. 처음에는 내담자가 자동차 번호판인 것처럼 상상해 보고, 그다음에는 자기가 호수라고 상상해 보면서 이 상징적인 대상이 어떤 의미가 있는지, 또 어떤 감정이 느껴지는지를 묘사하게 했다. 이러한 과정을 통해서 린다는 자기가 가지고 있는 다양한 가정과 생각들에 접근할 수 있었다. 그녀는 더 이상 임신이 불가능하다는 것은 바로 그녀의 창조성이 끝났다는 것, 따라서 사회에서 더 이상 인정받을 수 있는 지위에 오르지 못한다는 것을 의미한다고 생각했다. 그런데 이러한 심상에 계속 머물러 있게 됨에 따라 이로 인해 따라오는 슬픔과 이미지의 의미도 바뀌게 되었다. 호수의 물이 거의 말라 갔고 땅바닥으로 스며들었다고 이야기하면서, 이 물로 인해 거기에 더 많은 꽃이 필 수도 있겠다고 말했다. 이는 내담자가 좀 더 창의적인 사람이 되는 새로운 방법들을 찾을 수 있음을 시사하는 것이었다.

미니 개념화

심상을 평가하고 유발한 후 치료자는 내담자와 한 가지 예를 골라 문제를 유지하게 만드는 반응(제8장 참조)을 포함한 미니 개념화를 시도해 볼 수 있다. 이는 치료 전략을 선택하는 데 도움이 된다.

황소에게 도살장에서 공격을 당한 여성(제9장 참조)은 그녀가 침대에 들어갈 때마다 황소 눈이 머릿속에서 계속 맴돌면서 나타났다. 이 심상은 괴물이 그녀를 죽이려고 기다리고 있는 '비현실적인 세상'에 들어가는 것을 의미했다. 그녀는 황소 눈에 초점을 맞추면 비현실적인 세계로 다시 옮겨져서 끔찍한 죽음을 겪게 되고, 고통스럽게 사후세계로 들어가게 될 것이라고 생각했다. 당연히 그녀는 이 심상을 억압하기 위해서 많은 노력을 했고, 그 결과 그녀의 신념을 더 이상 검토해 보지 못했고, 심상이 유지되었다. 그림 10.3에 나오는 미니 개념화를 보면 이 심상이 그 중심에 놓여 있다. 그녀는 심상이 실제로는 단지 정신적인 이미지이며, 더 이상 현 시점에서는 중요한 의미를 지니지 못한다는 생각을 강화하기 위해 심상에 대해 조작을 했다.

우리가 언급한 바와 같이 꿈과 악몽은 아주 실제적으로 보이고 너무나 고통스러워서 그런 꿈을 꾸는 사람은 주의를 분산시킴으로써 심상과 정서를 억압하려고 고군분투하게 된다. 이는 심상의 내용에 대한 숙고와 평가의 기회를 빼앗고, 문제를 영속화시킨다.

도로시는 그녀의 자전거가 자동차에 치어 쓰러졌던 일이 그대로 나타나는 반복적인 악몽을 꾸었다. 악몽에서 그녀는 공중으로 떴다가 차의 앞유리에 부딪쳐 죽을 것이라고 믿었다. 그녀는 악몽 이후 패닉 상태로 깼고 자신이 곧 죽을 것이라고 믿었다. 그녀는 침대에서 일어나 주의를 분산시키고 책을 읽거나 TV를 봄으로써 심

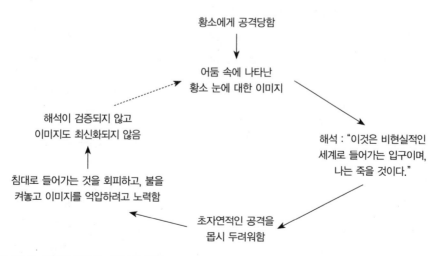

그림 10.3 밤에 나타나는 심상의 억압

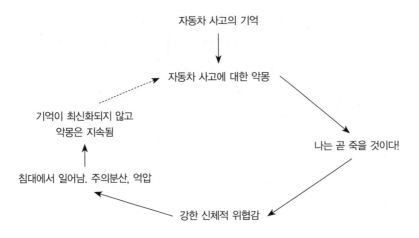

그림 10.4 악몽에 대한 미니 개념화

상과 정서를 억압하기 위한 노력을 했다. 도로시와 치료자는 개념화를 통한 주의
전환 전략 때문에 악몽이 되풀이되고 계속 유지되고 있다고 가정했다(그림 10.4
참조).

조작하기

인지치료에서의 꿈 작업을 다룬 획기적인 논문에서 Freeman과 White(2002)는 꿈의 주
제와 관련된 의미를 변화시키기 위해 심상기법을 사용하는 것과 같이 꿈이 덜 위협적
으로 느껴지도록 꿈의 심상을 의도적으로 조작할 수 있다고 제안했다. 예를 들면, 뱀
이 그녀를 공격할 때 이에 대처할 능력이 없는 꿈을 꾼 내담자에게 뱀의 이미지를 '세
서미 스트리트'에 나오는 주인공의 모습으로 변화시키거나 위협을 줄이기 위해 작게
만드는 것같이 시각적으로 조작하여 도움을 줄 수 있다고 보았다. 제8장과 제9장에서
논의했던 것처럼 이러한 조작은 내담자가 보다 강한 존재라고 느낄 수 있게 하고, 심
상이 통제할 수 있는 존재로서 단지 정신적인 사건에 불과하다는 것을 확신할 수 있게
만들어 준다.

앞에서 언급했던 황소에게 공격을 받았던 여자 내담자는 다음과 같은 방법을 통해
두려움에서 벗어나게 되었다. 그녀가 황소의 눈이 나오는 끔찍한 심상을 보았을
때 그녀는 심상에 나타나는 눈을 반대 방향으로 회전하고, 그것을 더 작게 만들어

서 덜 격렬한 빨간색이 되도록 상상력을 발휘했다. 그러자 그 눈들이 그녀가 돌아
올 수 없는 또 다른 세계로 빨려 들어가게 만드는 신호라고 믿었던 그녀의 생각이
바뀌게 되었다. 대신에 이것은 단순히 정신적인 심상이라는 생각을 하게 되었고,
심상에 대한 통제력이 좀 더 커졌다.

PTSD 내담자들의 꿈은 대부분 같은 꿈이 반복해서 나타나는 악몽이다. 내담자는
실제 외상을 정확하게 재현하는 악몽을 꾸는데, 대개 최악의 순간에 혼란 상태에서 깨
어난다. 여기에 유용한 전략은 악몽의 최종 결말(예 : 죽음)이 실제로 발생하지 않았다
는 사실을 의도적으로 꿈속에 통합시키기 위해 기억을 더 앞으로 진행시키고 거기에
머물도록 시도하는 것이다(제9장 참조).

도로시는 주의를 분산하지 않기 위해 침대에서 일어나지 않은 채 기억을 계속 되
살리도록 격려를 받았다. 그녀는 자신이 두려워했던 것처럼 실제로 죽임을 당한
것이 아니라 차 밑에 깔려 있었고 결국 병원에 실려 가서 살아났었다. 그래서 며칠
동안 이 기억에 계속 머물러 있으려고 노력하자 악몽을 꾸어도 그것이 단지 꿈이
고 현재 아무런 의미가 없다는 것을 확신하게 되었다. 그 이후에 악몽의 빈도는 점
점 줄어들었고, 악몽을 꾸더라도 더 쉽게 잠들 수 있게 되었다.

변별하기

어떤 경우에는 밤에도 낮과 같이 심상이 선명하고, 맥락 없이 일어날 수 있다. 이때 심
상은 과거의 기억이라기보다는 너무나 현실적이며 지금 일어나는 것처럼 느껴진다.
이것은 특별히 PTSD, 급성스트레스장애, 아동기 성학대와 같은 외상을 겪은 경우에
일어날 가능성이 더 높으며, 성격장애에서도 가능하다. 과거와 현실이 혼동되는 일은
밤에 일어나기 쉬우며, 특히 외상이 발생했을 때가 밤인 경우에는 더욱 그렇다. 따라
서 내담자가 무엇이 현실이고 무엇이 심상인지를 변별하는 것을 도와주는 것은 매우
중요하다. 심상을 유발시키는 것이 무엇인지 찾아내고 심상이 무엇을 나타내는지 이
해하는 것은 아래의 예와 같이 도움이 된다.

폴은 매일 밤 침대에 누워 있으면 이글거리는 눈이 달린 어떤 검은색의 직사각형
모양이 나타나 괴로웠다. 그것이 그 방에 실제로 존재하지 않는다는 것은 알고 있

었지만, 단지 공상의 산물이라고 생각하기에는 너무나 현실적이었고 반복해서 나타났다. 친구가 일종의 유령이 나타난 것 같다고 말해서 더 무시무시하게 느껴졌다. 그런데 폴의 딸이 그 유령이 몇 달 전에 가족들이 겪었던 심각한 자동차 사고와 관련이 있는 것 같다고 언급했다. 폴은 자기가 밤에 보는 것이 뒤에서 헤드라이트를 반짝이며 달려오는 자동차에 대한 기억 이미지라는 것을 깨달았다. 헤드라이트가 번쩍이는 것은 곧 충돌이 있을 것임을 경고해 주는 신호였다. 이 사실을 알게 되자 폴은 그 심상에 대해서 다른 입장을 취했는데, 좀 더 평온한 상태로 이미지를 마주하면서 줄여 보기도 했고 늘려 보기도 했다. 그러자 그 이미지는 곧 사라졌다.

수지는 밤에 매우 끔찍한 침습적인 기억 이미지가 떠오르곤 했다. 그것은 자기 남편이 이상한 옷을 입은 채로 침대 옆에 서서 자신을 총으로 쏘려고 했던 일의 기억이었다. 이 사건은 남편이 정신증 삽화를 겪을 때 실제 일어났던 것으로, 이로 인해 남편은 병원에 입원하게 되었다. 수지는 외상이 있었던 밤에 자신이 누웠던 것처럼 침대의 왼쪽으로 누울 때만 이 이미지가 나타난다는 것을 깨닫게 되었다. 그래서 침대의 오른쪽으로 눕는 자세로 바꾸자 통제감을 더 느끼게 되었고, 그 이미지는 그냥 기억일 뿐이며 남편은 병원에서 치료를 받고 있다는 사실을 상기하게 되었다.

꿈을 연필로 그리거나 색칠하는 것은 내담자가 더욱 객관적으로 볼 수 있게 해주며, 인지적인 왜곡이 있다는 것을 알아차리는 데 도움을 준다. 그 결과 내담자가 꿈과 현실을 좀 더 명확하게 변별하게 된다. 변화를 생생하게 심상으로 떠올리는 것이나 변화된 장면을 그리는 것을 통해 심상의 내용이 변화될 수 있다.

제니퍼는 알코올 중독자였던 전남편이 집에 침입해서 자신의 모든 것을 빼앗아 가려는 꿈을 꾸었고 그것을 그림으로 그렸다. 그 그림에서 그녀는 새남편과 장성한 아이들과 같이 있었지만, 전남편은 매우 크고 위협적이었고 자신과 가족들은 매우 작고 힘이 없어 보였다. 그렇지만 실제로는 전남편이 자신들이 어디서 살고 있는지 모른다는 것을 알고 있었다. 또한 법원은 전남편에게 접근 금지를 명하였고, 그녀는 가족 · 친구 · 경찰로부터도 많은 도움을 받고 있었다. 이것을 마음에 새기고 그녀는 그 장면을 다시 그렸는데, 자신의 가족들이 더 크고 힘이 세게 보이도록 그리고 전남편은 더 작고 덜 위협적이며 잠긴 문 바깥에 있도록 그렸다. 처음에는 꿈속에서의 나약감이 이전 경험에 의해 영향을 받고 나타났지만, 현실에서 그녀는 경찰이나 친척이나 친구들의 도움을 통해서 전남편이 가하는 어떤 위협에도 잘 이겨낼 수 있음을 깨닫게 되었다.

변형하기

낮 시간에 나타나는 심상이나 침습적인 기억에 대해 사용할 수 있었던 방법들을 밤에 나타나는 심상에도 사용할 수 있다. 예를 들면, 심상을 최악의 상황 이후로 진행시켜 보는 것, 대처나 구조요인을 도입하는 것, 다른 관점에서 심상을 바라보는 것, 꿈을 재구성하는 것 등이 있다. 아래의 예에서 줄리와 그녀의 치료자는 줄리 자신의 신념체계에 대해 생각해 보고, 문제가 되는 경험을 다르게 볼 수 있는 관점을 채택함으로써 밤 시간에 일어나는 심상을 변화시켰다.

줄리의 어머니는 뇌출혈로 갑자기 돌아가셨다. 몇 달이 지난 후에도 줄리는 매일 밤 어머니의 고통스러워하는 이미지가 떠올라 괴로워했다. 그녀는 어머니가 죽고 난 얼마 뒤에 어머니의 시신을 봤다. 줄리와 치료자는 계속해서 그 심상을 억누르기보다는 심상을 탐색하고 그 의미를 찾아보는 것이 낫겠다고 생각했다. 그녀는 심상을 떠올리며 울기 시작했다. 그녀에게 있어서 심상의 의미는 어머니가 굉장히 지치고, 여전히 자신의 몸에 갇혀 고통받는 것을 뜻했다. 그리고 나서 줄리는 사람들이 죽은 다음에 어떤 일이 일어난다고 자신이 믿는지에 대해 생각해 봤다. 그녀는 사람의 영혼이 실제로 몸에 갇혀 있을 수 있다고 믿지 않았다. 사실 최근에 그녀는 가사 체험에 대한 TV 프로그램을 감명 깊게 보았다. 프로그램 내용을 통해 그녀는 자신의 어머니가 아마도 몸에서 빠져나와서 고통을 더 이상 받지 않을 것이라고 생각했다. 이 사실이 그녀에게 더 현실감 있게 다가오게 하기 위해서, 그녀는 자신의 어머니가 되어 실제로 죽는 것을 상상했다. 그녀는 심상 속에서 몸으로부터 빠져나가는 것이 어떤 것인지 경험했고, 자기 몸 위에서 자신을 내려다보았고, 고통과 두려움에서 해방되는 것을 경험했다. 그녀 자신의 감정도 긍정적으로 변화되었고 더 이상 밤에 나타나는 이미지로 인해 고통받지 않게 되었다.

인지치료에서 꿈 작업을 어떻게 하는지를 가장 자세히 설명한 사람은 Freeman이다 (Freeman 1981; Freeman & White 2002; Rosner et al. 2004). Freeman과 White가 말한 꿈 작업의 단계들이 글상자 10.1에 나와 있다.

심상 작업의 다른 측면과 마찬가지로 여기서도 체험적 학습의 요소가 작용하고 있음을 알게 될 것이다(Bennett-Levy et al. 2004; Kolb 1984, 제4장 참조).

◆ 꿈의 내용을 면밀하게 관찰한다.

◆ 내용에 대해 숙고해 본다.

◆ 내용을 변화시키기 위한 계획을 세운다.

◆ 행동을 취한다.

◆ 내담자는 꿈을 재구조화한다.

◆ 이것이 어떻게 느껴지는지에 대해 관찰하고, 꿈이 어떻게 전개되는지를 관찰한다.

◆ 현실세계에서의 함의에 대해 다시 한 번 숙고하고, 새로운 관점을 검증하기 위해 다시 계획을 세운다.

Freeman과 White는 몇 가지 예를 들었는데, 앞에서 보았던 '뱀의 공격' 사례에서 내담자는 뱀의 공격을 업무 상황에서 자신이 공격당할 때 자신을 방어하지 못하는 수동성과 연결지었다. 치료자는 내담자로 하여금 다시 한 번 뱀을 시각화하도록 격려했으며, 심상 속에서 더 효과적으로 대응하도록 격려했다. 처음에 내담자는 매우 무기력해 보였으나 몇 번의 시도 끝에 뱀의 머리를 잘라내는 것을 상상할 수 있었다. 이 행동은 그녀로 하여금 힘을 얻게 하였는데, 이후 직장에서 자기 주장을 더 잘할 수 있게 되었다.

다른 치료자는 우울증을 겪으면서 반복되는 악몽을 겪는 내담자에 대해서 다음과 같이 보고했다.

> 어떤 것이 나를 파괴하려고 해요. 나는 침대에 있어요. 매우 어둡고 뭔가가 있다는 것을 느꼈어요. 그 존재가 엄마로 변했어요. 그것은 완전히 사악하고 파괴적이며 나를 죽이려고 해요. 나는 도망가려고 해요. 나는 무섭고 위협적인 얼굴을 보면서 잠에서 깨요. 꿈 전체가 까매요.

내담자는 전적인 무력감과 함께 완전히 파괴될 것이라는 두려움을 보고했다. 가슴은 미칠 듯이 뛰었고 땀에 흠뻑 젖은 채 패닉 상태로 깨어났다. 실제로 그녀의 어머니는 얼마 전에 죽었고, 당연히 연락을 할 수도 없었고 어떤 식으로도 해칠 수 없었다. 치료자는 처음에는 Marks(1991)가 제안하고, 최근에는 Freeman과 White(2002)가 제안한 기법을 사용해서 그녀에게 꿈을 재구성하여 더 이상 꿈이 무섭게 느껴지지 않도록 꿈 내용을 새로 써보라고 했다. 그녀는 잠들기 전에 재구성된 꿈을 읽는 것을 연습했다.

> 나는 은색으로 된 커다란 대검을 든 채 침대에 눕는다. 악한 것들이 나타나면 나는 침대에서 벌떡 일어나 그것에 맞선다. 나는 칼을 높이 치켜드는데, 이 칼에서 빛이 나면서 방의 구석구석을 밝힐 수 있다. 사악한 암흑은 사라지고 방은 다시 빛이 나고 밝은색으로 가득해진다. 그리고 나는 다시 검을 제자리에 두고 침대에 누워서 평화롭게 잠을 잔다.

이러한 변형 전략의 결과 내담자는 악몽이 점차 사라졌다고 보고했다.

과거와 잇는 정서적 가교 만들기

불편하게 만드는 꿈을 마음에 떠오르게 한 다음, 과거와 잇는 정서적인 다리를 만들 수 있다. 이것은 평가와 사례 개념화의 과정 중에 해볼 수 있으며, 내담자가 꿈의 내용에 대해 객관성을 유지하게 만들 수 있다.

이미 제8, 9장에서 이에 대해 자세하게 언급했기 때문에 여기에서는 간단하게 언급하고자 한다. 말하자면 정서적 가교 기법은 밤 시간에 일어나는 심상에도 동일하게 적용할 수 있다. 예를 들면, 클라라는 그녀의 그림을 통해 자신의 끔찍한 꿈과 어렸을 때 경험한 엄마의 죽음, 그리고 자신이 느꼈던 공포감과 보호받지 못한다는 느낌을 연결할 수 있었다. 유사하게 앞에 등장했던 폴도 이글거리는 눈을 가진 시커먼 사각형의 모양이 헤드라이트를 번뜩이며 뒤에서 다가오는 자동차를 가리킨다는 것을 깨달았을 때, 끔찍한 이미지가 힘을 잃고 사라졌다.

심상을 새로 창조하기

심상을 '창조'하는 기법은 이전 심상을 변형시키지 않고 새로운 심상을 창조하는 기법이다(제12, 13장 참조). 종종 "그것이 어떻게 되었으면 좋겠는가?", "그것이 어떻게 끝났으면 좋겠는가?"라는 질문이 심상을 창조하기 위한 작업에서 사용된다. Marks(1978)는 '악몽의 리허설 해소법'이라고 불렀던 창조기법에 대해 설명했다. Marks는 내담자로 하여금 심상을 사용해서 악몽의 결론이 달라지는 연습을 하도록 격려했다. Marks의 작업에 기초해서 Krakow와 동료들은 만성적인 악몽에 대한 치료법으로써 '심상 리허설' 기법의 많은 경험적 근거를 쌓았다(Kellner et al. 1992; Krakow et al. 1995, 1996, 2001b; Neidhardt et al. 1992).

그들의 초기 연구에서 Krakow 팀에 의해 사용된 기법은 Marks의 절차와 유사하였다. 이 기법에서 내담자들은 반복해서 꿈을 떠올린 후, 심상 속에서 그 꿈이 다르게 끝나도록 했다. 최근의 연구에서 저자들은 의도적으로 악몽의 시작 지점부터 떠올리게 하는 것은 피했다. 그들은 악몽을 변형시키는 대신, 내담자가 원하는 대로 얼마든지 꿈을 새로 구성하게 했다. 내담자들은 처음에 본인들이 좋아하는 내용이 담긴 새로운 꿈을 써보고 나중에는 집에서 반복해서 이 내용을 연습했다. 따라서 여기에서는 내담자가 원래 꿈에 대한 직접적인 노출은 별로 하지 않은 채로 꿈을 재구성하는데, 그럼에도 불구하고 원래 내용이 내현적인 수준에서는 남아 있을 것으로 본다. 다른 치료자들도 유사한 기법을 사용해서 좋은 결과를 얻었다(Forbes et al. 2001, 2003). 꿈과 악몽에 대한 심상 리허설 치료의 기본 특징들은 글상자 10.2에 있다.

악몽은 꾸지 않더라도 밤에 힘들어할 때 온정감과 연민을 불어넣어 주기 위해 연민

글상자 10.2 심상 리허설 치료의 특징

◆ 초기에 꿈이나 악몽에 대해 심리교육을 실시한다(Krakow & Zadra 2006). 이것은 자조단계에서 치료에 대한 순응도를 강화시켜 준다.

◆ 치료자는 내담자에게 악몽에 대해서 내러티브를 구성하라고 한다. 어떤 치료 프로토콜에서는 내담자가 원하는 어떤 곳에서라도 내용을 바꿀 수 있는 반면, 어떤 프로토콜에서는 끝만 바꾸도록 요청받는다.

◆ 어떤 치료 프로토콜에서는 재구성된 이미지에 긍정적인 느낌을 불어넣도록 충고하지만, 어떤 프로토콜에서는 모든 변화를 내담자가 원하는 대로 하도록 내버려 둔다. 실제로 어떤 내담자는 악몽이 없어졌다.

◆ Germain과 동료들(2004)은 재구성된 악몽에서 숙달감이 굉장히 중요한 요소라고 결론지었다.

◆ 어떤 치료 프로토콜에서는 한 악몽만을 다루지만(일반화가 일어난다고 함), 어떤 프로토콜에서는 일주일에 2개 이내의 다양한 악몽을 다루기도 한다.

◆ 리허설 : 내담자는 집에서 매일매일 혹은 밤마다 재구성된 악몽을 읽어 보도록 한다.

◆ 치료는 집단으로도 할 수 있고 개인으로도 할 수 있다.

◆ 시간과 회기의 수는 한 시간만 하는 것에서부터, 6회에 걸쳐서 9시간 하는 것까지 다양하다. 최근에는 한 회기의 시간이 좀 더 길어졌다.

이 담긴 공상적인 이미지를 만들 수 있다(제13장 참조).

결론

밤에 나타나는 심상에 대해 작업하는 것은 낮 시간에 일어나는 이미지나 기억 또는 은유적인 이미지와 작업할 때 다루었던 요소들을 다 포함하고 있다. 괴롭히는 심상을 좀더 개방적이며 숙고하는 방식으로 접근하게 되면 내담자는 적절한 메타인지적인 입장을 취할 수 있게 되는데, 즉 심상이라는 것은 마음에서 구성된 것이며, 실제로 존재하는 위협을 나타내지 않는다는 것을 깨닫게 된다.

침습적인 심상을 탐색해 보면 흔히 내용이나 메타인지적인 평가에 포함되어 있는 여러 가지 왜곡이 드러나게 된다. 심상을 조작하는 것은 이러한 관점을 강화해 준다. 즉, 심상을 다른 관점에서 본다든지 꿈을 재구성한다든지 하는 변형기법들은 일종의 숙달감이나 통제감, 그리고 안정감을 강화시키는 데 사용될 수 있다. 내용에 대해 숙고하는 것은 심상의 근원이 무엇인지를 밝혀 주는데, 그 결과 내담자로 하여금 심상이 단지 과거 기억의 한 조각으로 재구조화하도록 돕지만, 현재나 미래에 아무런 시사점을 가지고 있지 않음을 깨닫게 해준다. 마지막으로 Krakow와 동료들이 했던 작업들은 심상에 대한 창조기법이 악몽을 다루는 데 특별히 도움이 된다는 점을 말해 준다. 또 측은지심이 담겨 있는 심상을 만들어 내는 것은 밤에 자신을 달래 주는 부가적인 자원이 될 수 있다.

끔찍한 공포와 관련된 플래시백 치료에서 심상 재구성법 사용하기

Martina Mueller

Oxford Cognitive Therapy Centre, Oxford, UK

빌은 영국군 소속으로 중동에서 여러 번의 근무를 마치고 돌아왔는데, 아주 심한 PTSD로 도움을 청하게 되었다. 그는 친구 제이미가 폭발물이 터져 죽는 것을 목격하는 등 몇 개의 아주 끔찍한 사건에 대해 매우 생생하고도 침습적인 이미지가 정기적으로 나타났다. 그 당시에 빌은 제이미의 시체가 있는 곳에 그대로 남아 있고 싶은 강한 충동이 있었지만, 그 현장을 떠날 수밖에 없었다. 이 침습에 대한 개념화는 아래와 같다.

이 사고를 재경험하게 한 치료자는 빌에게 "만일 가능하다면 그 당시에 어떻게 하고 싶었어요?"라고 물어보았다. 그는 일관되게 "제이미의 신체를 다시 붙여 안전한 곳에 다시 데려오고 싶었다."고 했다. 이것은 그가 느끼는 엄청난 비애와 공포감, 압도적인 느낌과 맞아 떨어졌다. 즉, 외상사건으로 인하여 자신의 신념과 가치에 맞지 않게 행동할 수밖에 없었던 점이 부각되었다. 빌은 어떻게 하고 싶은지 아주 구체적인 세부사항을 다음과 같이 다 얘기했다. "내 가방에 그의 시체를 넣고, 그의 몸통에 생긴 균열을 없애고, 팔을 잘 펴고 그의 눈을 감긴다. 그다음에 그를 헝겊으로 잘 싸서 어떤 것도 그를 다시 상하게 할 수 없도록 한다. 이 일을 다 하고 난 다음에 우리 네 사람은 그를 잘 들어서, 엠뷸런스에 실을 것이다." 이렇게 재구성하는 동안에 그는 자신의 친구를 뒤에 놔두고 온 것에 대한 자기비난에 몰두하는 대신, 자기 친구를 이같이 비극적으로 잃은 것에 대한 깊은 애도감을 느낄 수 있었다. 그가 다음 회기에 오기 전에 상상으로 어떤 행동을 더 하길 원하는지 세부사항을 생각해 보기로 했는데, 다음 회기에서 그는 외상적인 핫스폿에 새로운 이미지를 끼워 넣게 되었다. 침습적인 심상이 떠오를 때마다 이 과정을 반복했고, 그러자 빈도와 강도와 생생함이 줄어들었고, 강렬한 플래시백이 줄어들고 좀 더 견딜 만하고 덜 자주 나타나는 침습반응으로 바뀌게 되었다.

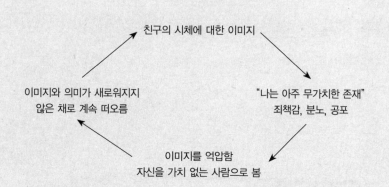

Metaphorical Imagery

11장

메타포 심상에 대해 작업하기

'잠자리에서 일어나 아침을 먹으려고 할 때 그 자리에
나 혼자만 있는 게 아니라오. 검정 개가 아침을 기다리고
있을 뿐 아니라 저녁 먹을 때까지 계속 짖어대고 있다오…….'

사무엘 존슨, 스레일 부인에게 보내는 편지에서 우울증에 대해 쓰면서

서론

'메타포(은유, 비유)'라는 용어는 사전에 의하면 '이름이나 묘사적인 용어가 그 말을 적용하기에 적절하지 않은 어떤 대상에 전이되어 사용되는 담화의 형태'를 뜻한다(The Shorten Oxford English Dictionary, 1973). 이러한 전이는 임의로 정해지는 것이 아니다. 즉, 메타포 이미지는 거울로써 자기나 다른 사람이나 세상에 대한 경험의 이미지를 반영하고, 치료에서 주로 다루는 고유한 느껴진 감각을 내포하는 것이어야 한다.

메타포 심상(metaphorical imagery)*은 많은 치료학파에서 사용되었다. 몇 가지 예를 들어 보면, 융의 적극적 상상법(Watkins 2003), 심리종합치료(psychosynthesis)의 안내된 환상법(Assagioli 1965)과 게슈탈트치료에서의 심상 사이코드라마(Perls 1971)가 있다. 아들러(Adler)는 초기 기억조차 메타포 이미지로 보아야 한다고 주장했는데, 초기 기억이 주관적 관점에서 '내 인생의 이야기'를 전달하기 때문이라고 보았다(Shulman & Mosak 1988). 이전 장들에서는 문자 그대로의 이미지와 기억을 다루었는데, 여기서는 좀 더 상징적 의미를 가지는 이미지와 기억에 초점을 맞출 것이다.

---

*역주 : 외부 자극 없이 일어나는 유사–감각적 경험(혹은 그 결과)을 통칭하는 'imagery'는 심상으로, 마음속의 그림이나 표상을 지칭하는 'image'는 이미지로 번역하였다.

치료에서 메타포는 치료자에 의해 생성되거나 내담자에 의해 생성될 수 있다(Kopp 1995). 이전 장들에서 우리는 치료자들이 내담자들로 하여금 심상과 작업하는 것을 좀 더 쉽게 이해하도록 메타포를 사용하는 것을 보았다. Scott과 동료들(2010)이 쓴 인지행동치료에서의 메타포(Oxford Guide to Metaphors in Cognitive Therapy)에는 풍부한 메타포가 소개되어 있다. 그러나 내담자에 의해 생성된 메타포는 인지치료에서 광범위하게 사용되고 있지 않다. 몇 가지 예외가 있는데, 내담자가 자신의 정체감을 더듬어 찾아가는 데 그림을 사용한 예(Butler & Holmes 2009), 인지치료에서 그림 그리기를 사용한 예들이 있다(Johlers 2005).

메타포 심상을 사용한 게슈탈트기법이 인지치료 문헌에서 소개되기도 하였다(Edwards 1989; Hackmann 1998). Edwards는 메타포 심상을 사용한 인지적 재구성 과정이 언어적 표상을 사용하는 소크라테스 질문법이나 길잡이식 발견법을 통하여 일어나는 인지적 재구성 과정과 표면적으로는 다르게 보이지만 매우 유사하다고 지적하였다. 의미와 가정들은 메타포 심상을 통해 확인되고 검토될 수 있다. 내담자는 상상 속에서 대안적인 관점을 실험해 볼 수 있으며, 이것은 이후에 현실에서 실제로 검증될 수 있다.

시인 테드 휴즈(Ted Mughes)는 산문과 운문으로 쓰는 차이를 기술하면서 감정이 많이 담겨 있는 신체적 느낌을 묘사하는 데 메타포를 사용하는 것이 얼마나 강력한 힘을 발휘하는지 말하였다. 그는 운문으로 노트를 작성하면 똑같은 것을 산문으로 쓸 때보다 자신의 생리적 감정적 반응이 더 많이 우러나온다는 것을 관찰하였다(Hughes 2007). 흥미로운 것은 임상 경험에서 볼 때 어떤 문제 영역에 대해 느껴진 감각에 초점을 맞추면 메타포 심상이 쉽게 나타날 수 있다는 것이다(Butler et al. 2008, p. 101). 이것은 Lakoff와 Johnson(1980)의 관찰과도 일치한다. 이들은 메타포를 복잡한 체험적인 게슈탈트라고 이야기했는데, 이것은 과거에 살았던 경험으로부터 나타난다고 보았다. Teasdale(1993)은 메타포를 전인적이고도 함축적인 수준의 의미를 반영하는 것으로 기술했는데, 이것은 고유 수용감각과 신체의 다른 감각적인 체계와도 연결되어 있다.

이 장에서는 메타포 심상과 작업하는 다양한 방식들을 논의할 텐데, 제8~10장에서 활용되었던 소제목을 써서 다루도록 하겠다. 즉, 소개하기, 심상 떠올리기와 평가하기, 미니 개념화, 조작하기, 변별하기, 변형하기, 정서적 가교 만들기와 심상을 새로 창조하기 등을 다루려고 한다. 이 장에서는 메타포를 사용하는 데 있어서 이야기, 사진, 영화, 그림 등을 어떻게 활용할 수 있는지 기술하기 위해 '메타포 심상에 대해 작업하기'라는 새로운 섹션을 도입하였다.

소개하기

대부분 사람들은 감정을 묘사할 때 메타포를 상당히 자연스럽게 사용한다. 예를 들어, 어려움에 부딪혔을 때, 우리는 '피곤해서 죽을 것 같다(역주 : 영어에서 수건을 짜듯 몸의 기운을 다 짜내겼다는 단어를 사용함)', '심연을 보고 있다', '막다른 골목에 몰려 있다', '인내심이 한계에 다다랐다(역주 : 동물들이 멀리 가지 못하게 묶는 밧줄 끝까지 왔다는 표현을 사용함)', '살고자 하는 의지를 잃었다'와 같은 메타포를 사용한다. 이러한 표현들은 문자 그대로 이해되기보다는 대화에서 어떤 내면적인 의미를 전달하는 데 사용된다. 치료자들은 내담자가 사용하는 메타포에 주목하고, 그것이 어떤 의미나 중요성을 뜻하는지 물어보는 것이 바람직한데, 이를 통해 평가나 개념화를 하는 데 도움을 받을 수 있다.

삶의 문제 영역에서 느껴진 감각을 내담자가 어떻게 경험하는지를 메타포 이미지를 통해 탐색할 때, 일상에서 대화할 때 쓰는 메타포를 먼저 이야기해 볼 수 있다. 메타포는 내담자 혹은 치료자가 어떤 것에 대해 왜 그렇게 느끼는지 이해하기 어려울 때 사용해 보면 좋다. 어떤 복잡하거나 오래 지속된 문제들에 대해서 압도적인 정서를 느낄 때 사용해도 아주 도움이 된다.

치료자가 내담자로 하여금 자기만의 새롭고 특이한 메타포 이미지를 통해 어떤 상황에 대해 느껴진 감각을 탐색하게 하거나 어떻게 느끼는지를 표현하게 할 때 다음과 같은 점에 대해 설명해 줄 수 있다.

◆ 마음이 작용하는 데는 두 가지 측면이 있다. 개념적이거나 이성적인 방식의 사고가 있는가 하면, 보다 체험적이고 전인적이며 시적인 사고가 있는데, 이것은 사실이 아닌 감정을 함축해 준다.

◆ 때때로 감정을 말로 표현하기는 어려우며, 우리가 왜 어떤 것에 대해 그렇게 느끼는지를 이해하기 어려울 수 있다.

◆ 마음의 체험적인 부분은 보다 감각적이고 심상적이며 상징적이다.

◆ 어렵고 복잡한 감정을 탐색하기 위해서는 보다 체험적인 유형의 사고를 활용해
  보는 것이 도움이 될 수 있다.
◆ 이러한 이유로 우리는 때때로 내담자들에게 느껴진 느껴진 감각을 탐색하게 하
  고, 또 메타포 이미지를 떠올리게 하거나 의미에 대해 곰곰이 생각해 보게 한다.

만약에 내담자가 앞으로 나아갈 준비가 되면 메타포 심상을 떠올리고 평가해 보도
록 할 수 있다.

심상 떠올리기와 평가하기

심상의 다른 유형처럼 메타포 이미지를 떠올리고 자세히 검토해 나가는 단계는 매우
중요하다. 이것은 메타포 이미지가 자발적으로 나타나는 경우이거나 아니면 메타포를
사용하는 것이 증상이나 상황, 그리고 관계에 주어진 그 사람만의 고유한 의미를 이해
하는 데 정보가가 있을 때 모두 그렇다. 내담자는 이 메타포 이미지를 단순히 말로 표
현하기보다는 체험적으로 탐색할 필요가 있다.

치료자는 내담자에게 메타포를 사용해서 그들을 괴롭히는 어떤 것에 주어진 의미가
무엇인지 세밀하게 파악하는 것이 가능하다고 설명해 준다. 의미를 단지 표면적으로
만 살피지 않고 좀 더 깊이 있게 이해할 수 있도록 치료자는 내담자에게 눈을 감고 어
떤 상황이나 증상의 모든 측면에 대해 숙고해 보도록 하고, 또 메타포 이미지가 떠오
르도록 할 수 있다. 이미지의 감각적이며 감정적이고 의미적인 측면을 곰곰이 생각해
본 다음에 치료자와 내담자는 정서적인 가교를 만듦으로써 역사적인 근원을 탐색해
볼 수 있다. 메타포 심상을 탐색하는 단계는 글상자 11.1에 기술되어 있다.

개인이 어떤 것에 대해 느끼는 감정의 강도와 본질을 잘 이해할 수 없을 때 메타포
심상을 사용하는 것은 유용할 수 있다.

> 페니는 나이든 아버지를 돌보는 과제로 씨름하고 있었다. 치료자가 그녀에게 상황
> 에 대해 어떻게 느꼈는지 곰곰이 생각해 보도록 권유했다. 그리고 신체에서 어떤
> 감각을 느꼈는지도 생각해 보라고 했다. 그다음 현재 겪고 있는 어려움에 대한 감
> 정을 고려하면서 메타포 심상을 떠올려 보라고 했다. 그녀는 오래된 빨래판이 그
> 녀의 등 위에 있고 거기에서 피부가 자라나기 시작하는 것처럼 느껴진다고 했다.
> 이는 아프리카에서 보냈던 그녀의 어린 시절을 떠올리게 했다. 그때는 하인이 빨

글상자 11.1   메타포 이미지의 탐색

◆ 내담자에게 눈을 감아도 편안하게 느껴진다면 눈을 감아 보라고 한다.

◆ 고통스러운 상황이나 증상이 어떤 고유한 의미를 가지는지 파악하기 위해서 내담자로 하여금 그 상황을 상상해 보게 한 후 어떤 감정을 느끼고 어떤 신체 감각을 느끼는지 탐색해 보라고 말한다.

◆ 그다음에 내담자에게 그 상황이나 상황에 대한 자신의 반응을 상징적으로 나타내는 어떤 메타포 이미지가 떠오르도록 가만히 있어 보라고 한다.

◆ 그러고 나서 떠오른 이미지에 머물러 있어 보라고 한다. 처음에는 그 이미지가 진부하고 별로 관련이 없는 것처럼 보일지라도 그냥 그 이미지에 머물러 있어 보라고 한다. 만일 여러 이미지가 떠오르면 그중에서 가장 정서적인 비중이 높은 이미지를 하나 선택하라고 말한다.

◆ 이미지를 하나 선택하고 충분히 떠올린 다음에 치료자는 내담자로 하여금 거기에 뒤따라오는 신체 감각이 어떤지, 그 이미지의 다른 감각적인 측면이 어떤 것인지, 예를 들면, 색이나 질감이나 소리나 냄새나 맛이나 무게감이나 크기 등을 살펴보라고 한다. 그다음에 그것이 다른 각도(위, 아래, 옆 등)에서는 어떻게 보일지에 대해서 살펴보고 또 멀리서 보면 어떻게 보일지에 대해서도 생각해 보게 한다.

◆ 마지막으로 이 이미지가 무엇을 의미하는지에 대해 숙고해 보고 이야기하게 한다. 이것은 자기 자신이나 다른 사람이나 그 상황이나 혹은 힘든 증상이나 아니면 일반적인 세상에 대해 무엇을 의미할 수 있다.

메타인지적인 신념에 대해서도 탐색해 볼 수 있다. 메타포 이미지가 징조를 뜻하는지 아니면 어떤 경고인지 탐색해 볼 수 있다. 또한 그들이 속상해하는 현실적인 해석은 무엇인지도 살펴볼 수 있다.

래판과 탈수기를 사용해서 빨래를 했었다. 내담자의 경우 그녀가 아버지와의 관계에 매여 벗어나지 못하는 것은 여성으로서의 역할에 대해 옛날 방식으로 생각하기 때문인 것을 알게 되었다. 이후에 그녀는 이 이미지를 보다 적응적인 상징적 표상으로 변형할 수 있었다('변형하기' 섹션 참조).

메타포 심상을 떠올리게 하고 그것에 대해 심사숙고하는 것은 새로운 조망을 정교하게 만들고 또 잠재적인 방해물들을 잘 다룰 수 있는 새로운 방식을 찾아낼 수 있게 해준다. 예를 들어, 주어진 상황에 대해서 메타포를 떠올리고 탐색하는 것은 사람들이 그것을 어떻게 다르게 볼 수 있는지 살펴보게 하고, 또 그 차이를 탐색하게 하며, 무엇이 잘못되었고, 그것을 다루기 위해 어떤 일을 해야 하는지 수용 가능한 조망에 도달할 수 있게 해준다.

조이와 남편 빌은 조이의 남동생인 게리와 다투게 되었다. 딸이 결혼을 하는데 대가족 구성원들이 참석해야 하는가의 문제에 대한 논쟁이었다. 조이와 게리 사이의 관계가 격해졌을 때, 그녀는 빌과의 관계에도 긴장이 고조되고 어떤 입장을 취해야 하는지에 대해 의견이 서로 맞지 않는다는 것을 깨닫게 되었다. 조이의 치료자는 그녀와 빌이 서로 곰곰이 생각해 보고 그 상황을 바라보는 방식에 대해서 은유적인 심상을 묘사해 보도록 했다. 이는 이 부부로 하여금 어떤 일이 일어나고 있는지를 이해할 수 있게 해주어 매우 유용한 치료 개입이었다. 빌은 게리가 딸의 혼사를 망치는 상황을 제공한다고 보았고, 모든 것에 똥물이 발린 이미지로 시각화했다. 이 일을 해결하려는 시도는 더 큰 난장판을 만드는 결과를 가져왔기 때문에, 빌이 생각한 유일한 해결책은 조이를 떠나 기분이 안정된 후에 다시 돌아오는 것이었다. 그는 분노감과 무력감을 느꼈다. 그러나 조이는 게리가 거대한 강철로 된 방어벽 뒤에 자신을 숨기고 있는 것으로 보았다. 그는 종이로 덮인 아주 작은 구멍만을 남겼고 거기를 통해서 아무 때나 총검을 휘두르고 있었다.

조이는 두 가지 선택이 있다고 느꼈다. 바리케이트를 돌아가서 그들이 좀 더 효과적으로 의사소통하도록 시도하거나, 제3자를 통해 의사소통함으로써 그녀를 위험으로부터 보호하는 것이었다. 그녀는 심한 불안감을 느꼈지만 정말 화난 건 아니었다. 이 부부는 그들의 이미지의 가능한 근원에 대해 곰곰이 생각했다. 남편 빌은 크게 학대받은 아동기 경험이 있다. 알코올 중독인 아버지가 모든 것을 망쳤고 빌의 유일한 책략은 그 갈등으로부터 벗어나서 물러나 있다가 모든 상황이 일단 가라앉은 다음에 재입장하는 것이었다. 한편 조이는 그녀의 남동생이 아이일 때부터 언제나 취약한 자존감을 가지고 있었다는 것을 생각해 냈다. 그녀의 부모는 그를 지지해 주려고 노력했으나 결국은 그를 망침으로써 그로 하여금 다른 사람의 관점을 배려하지 못하는 사람으로 만들었다. 이러한 통찰은 이 부부가 공통적인 기반을 찾도록 도왔고, 이 상황을 다루는 데 있어서 합리적인 계획을 세우도록 했다.

메타포 심상으로 작업하는 것은 어떤 이슈를 직접적으로 다룸으로써 감정이 지나치게 압도되는 경우에도 도움이 된다.

케이시는 배우자로부터 폭행을 당한 후 PTSD 치료를 위해 치료자를 찾아왔다. 치료 후반기로 향하면서 그녀는 남편과의 관계 이전에 이미 학대 관계를 겪었고, 그로 인해 엄청난 고통을 느끼고 있다고 말했다. 그녀는 또한 직접적으로 이 고통스러운 기억에 직면하는 것에 대해 두려움을 느낀다고 했다. 그럼에도 불구하고 그녀는 그 기억에 직면하지 않으면 좋아질 수 없을 것이라고 느꼈다. 이런 교착 상태에서 몇 주가 지난 후 치료자는 그녀가 '기억의 공'이 목 뒷부분에 박혀서 내려가지 않는다고 말하는 것에 주목했다. 그들은 이 메타포를 사용해서 느껴진 느껴진 감각을 탐색해 보기로 결정했다. 케이시는 목에 있는 감각에 대해 초점을 맞추도록 권유받았고, 메타포 심상이 나타날 때까지 기다렸다. 그녀는 기억의 공이 둥근 초승달 모양이며, 색깔은 검정이고 아주 무겁다고 묘사했다. 그래서 머리를 잘라 버리는 것 외에는 공을 없앨 방법이 없다고 생각했다. 그 '공' 안에 무엇이 있냐고 물어보자 벌로 가득 차 있고 벌들 중에 어떤 것들은 벌써 죽었다고 했다. 거기에는 먹을 것도 없고 덤불 외에는 아무것도 없었다. 이제는 '벌집'으로 묘사된 그 공은 어둡고 바람이 부는 곳이었으며, 벌들이 밖으로 나올 방법은 아무것도 없었다.

케이시는 벌들이 억압된 기억을 표상하며, 이 억압된 기억이 표현된다면 슬픔이 결코 끝나지 않을 것같이 느껴져 두렵다고 말했다. 이 회기 이후에 케이시는 집으로 갔고 다음과 같은 이미지에 대한 시를 썼다. 이 시는 그녀가 어떻게 느꼈는지를 매우 생생하게 나타내 큰 도움이 되었다.

쓰라린 벌들의 노래

내 머리에는 쓰라린 벌들의 집이 있는데, 흘리지 못한 눈물에서 나온 소금으로 만들어졌다.

슬픔과 괴로움의 날카로운 결정체가 기억의 벌집을 지키고 있다.

이 숨겨진 비밀스러운 감정이 바로 내 벌들이 빨아먹는 유일한 먹이다.

그것들을 빛 가운데에서 깨끗이 씻기는 것이 내 권리라고 주장하기 두렵다.

나는 돌아서서 벌집의 모든 칸을 수치심으로 봉한다.

벌집 안에 깊이 숨겨진 곳에는 모든 나의 고통의 망령들이 살고 있다.

나의 비밀스러운 생각은 조용히 날아다니는 쓰라린 벌이다.

내 기억 안에 억눌려 있다.

그들은 어둡고 추운 채로 그들의 시간을 기다리고, 암세포가 자라난다.

내 흐느끼는 소리는 들리지 않고, 눈물은 미처 맺히지도 못한다.

무시된 채 묻힌 나의 모든 비밀이 조용한 벌떼를 먹이고 있다.

모든 벌의 눈 안에는

나의 조그만 어린 '자아'가 반영되어 있고, 영원히, 영원히 갇혀 있다.

내가 어렸을 때 이 벌집이 지어졌고, 이 기억은 단어들로 지어졌다.

> 그 말들은 죽이는 날카로운 무기였는데
> 실제의 나, 부드러운 벌, 그중에서도 가장 달콤한 벌을 죽였다.

이 시는 그녀의 모든 외상사건의 억압된 기억들을 반영해 주며, 고통스러운 기억과 감정을 억압하는 경향이 아동기부터 나타났었다는 것을 암시해 준다.

미니 개념화

메타포 심상은 다양한 맥락에서 개념화 과정에 사용될 수 있다. 이 섹션에서는 개인 내담자의 문제나 커플의 문제, 혹은 슈퍼비전을 받는 치료자들의 문제를 미니 개념화 하는 데 메타포 심상을 어떻게 사용하는지를 주로 다루고자 한다.

위에 나왔던 케이시는 그다음 주에 또 다른 시를 써왔는데, 이 시는 그녀의 가정과 신념을 탐색하고 그 기원을 찾아내는 데 도움을 주었고, 또 이 가정들이 어떻게 수정 되어야 하는지를 생각하는 데 도움을 주었다.

> 벌들의 이름 짓기 : 늙은 벌이 벌집의 입구에서 어슬렁거리고 있다네
>
> '내색하지마'는
> 그의 샴 쌍둥이인 '울지마'와 엉덩이가 붙어 있다네
> '똑바로 서'와 그의 쌍둥이 '늦지마'가
> 가까이에서 어슬렁거리고 있다네
> '어둠을 무서워하지마'는 '침대 밑에 있는 괴물'과 장난을 치고
> '이미 엎질러진 우유야'와 '웃어봐'는 가만히 쉬고 있다네
> 머리를 더 이상 긁적거리지 않고 쉬고 있다네
> '지루한 것은 죄란다'는 그의 쌍둥이 '식탁에 팔꿈치를 올리지 마'를 치고 있다네
> '말대답 하지마'는 '가능하면 진실만을 말해야 해'와 갈라서고 있다네
> '하나님을 두려워해야 해'와 '죄 짓지마'(오래된 쌍둥이)는
> '머리를 똑바로 들고 배에 힘을 주고 있어야 돼'와 따로 논다네
> 그 바로 뒤에 까만색으로 옷 입은 '난 못해'와 '난 굴복할 거야'가 있었다네

케이시의 두 번째 시는 감정을 억압하는 상황에 기반이 되는 가정들을 개념화하기 시작했다. 그녀의 부모는 '내색하지 마라', '울지 마라', '똑바로 서라', '말대꾸 하지 마

라' 등을 강요하는 것에 더해 그녀가 동정적이고 이해심이 많아야 한다고 촉구했던 것이다. 이런 내용들에 대해서 숙고하는 것은 그녀의 옛 가정들이 어느 정도 가치가 있기는 하지만, 학대 관계 맥락 속에서는 그리 이상적이지 않다는 것을 깨닫도록 이끌었다. 거기에 더해서 그녀의 배우자는 그녀가 울어서는 안 되고, 만약에 울면 상처를 더 받고, 심하게는 아예 말살될 것이라는 생각을 강화시켰다. 벌집의 원래 이미지에 대한 미니 개념화는 그림 11.1에 나타나 있다.

그녀는 두 번째 시에 이어서 폭력적인 배우자가 더 이상 살아 있지 않다는 것을 스스로 상기한 후에 세 번째 시를 썼다. 이것은 자신의 삶에 적극적으로 들어가서 옛 가정들을 버릴 수 있는 가능성에 대한 희망을 보여주는 것이었다. 그 시는 또한 폭력적인 배우자와 함께 사는 것에 대한 공포를 표현하였는데, '눈에 격렬한 분노가 가득찬 야수'라는 말로 나타나 있다.

희미하게 깜빡이는 빛

모두가 잠든 한밤중에 어떤 일이 일어났다네
아주 작은 벌이 희미하게 깜박이는 빛을 보았다네
그녀가 어두운 눈물의 과즙을 빨아먹는 동안
시럽 같은 달콤함이 그녀의 발에 달라 붙었다네
두려움의 향이 스며들어 있다네
두 눈에서 비밀스럽게 흘러나왔다네

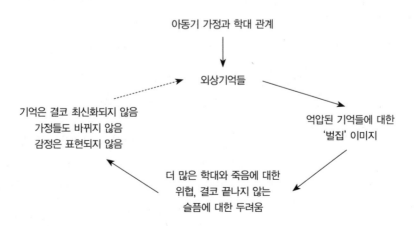

그림 11.1 벌집 이미지에 대한 메타포

그녀가 흘리지 않은 눈물이 흘러나왔다네
그녀는 고통으로 눈이 멀었다네
주먹으로부터, 수치심으로부터,
그녀가 우는 것이 안전하지 않다는 것을 배웠을 때
눈물이 쏟아져
휘발유처럼 채웠다네
그 야수의 눈에 격분이 찼다네
울지 마!
울지 마!
뭘 하든 울지 마!
모든 눈물 방울에는 무지개가 있다네
너는 단지 그것을 똑바로 보기만 하면 돼
밤이 아니라 밝을 때!

케이시는 자신의 감정 표현에 대한 두려움이 어디에서 왔는지를 깨닫고 남편이 더 이상 자신에게 상처를 줄 수 없다는 것을 알게 되었을 때, 갇혀진 기억의 벌집으로부터 도망칠 수 있다는 한 가닥 희망을 안고 삶을 다시 쌓아가기 시작했다. 이 작업은 그녀가 사람들을 다시 만나도록 결단하게 했고, 자신의 가정을 수정해서 새로운 신념들을 표현하는 것을 가능하게 했다. 이 새로운 신념들은 "뭔가 울 일이 있다면 울어도 괜찮다.", "포기하는 것과 굴복하는 것 사이에는 차이가 있다.'는 것이었다. 이것은 그녀가 자기 인생을 조금씩 회복해 갈 때 자기 자신에 대해서 좀 더 부드럽게 대할 수 있게 해주었다.

메타포 심상은 개인 또는 개인들 간의 갈등이 있을 때, 또는 슈퍼비전에서도 개념화하는 과정에 사용될 수 있다. 내담자가 사용한 메타포에 주의를 기울이고 내담자가 한 말을 사용해서 요약함으로써 좀 더 협력적인 관계가 증진될 수 있다.

레이는 자신의 결혼이 깨진 후에 회복하기 시작하던 중이었으며, 미래에 대해서도 잠정적으로 계획을 세우고 있었다. 치료자는 정원에서 뭔가 싹이 피어나는 것 같다는 메타포를 사용했다. 하지만 내담자는 다음 회기에 건물의 기초를 세우고 계단을 만들어 가는 비유를 가지고 왔다. 치료자는 레이가 사용한 언어에 대해서 곰곰이 생각해 보았는데, 치료자는 내담자가 자신만의 성을 잘 쌓아가고 있음을 의미한다는 것을 알게 되었다. 레이는 계단을 올라가면서 자신을 뒤로 잡아끄는 강력한 고무 밴드가 있다는 것을 알아차렸다. 이 고무 밴드는 그의 가족들이 가지고 있던 생각과 선입견이었는데, 그 선입견들은 레이가 친밀한 관계를 경험하는 데 비생산적인 역할을 하였다. 예를 들면, 그의 가족들은 사람이 화가 나거나 속상하면 그걸 숨기는 것이 최선이며, 타인을 항상 우선시하는 것이 중요하다고 믿었는데, 이로 인해 자기 자신의 욕구가 자주 무시되었다.

치료자도 메타포 심상을 통해 내담자에 대한 자신의 정서적 반응을 검토할 수 있다. 이것은 자기-반영 중에 할 수도 있으며(Bnnett-Levy et al. 2009), 슈퍼비전 때도 할 수 있다. Padesky와 Mooney(2000)는 이러한 맥락에서 메타포 심상을 사용하는 것을 기술하였다. 치료자는 상담하는 데 계속 어려움이 있는 내담자를 마음속에 떠올려 볼 수 있고, 그 어려움을 나타내는 데 메타포 심상을 사용할 수 있다(글상자 11.2에 보면 탐색하는 단계들이 나옴). 아래에 나오는 '변별하기'와 '변형하기' 섹션을 보면 치료자의 심상에 대해서 작업하는 사례들이 나온다.

조작하기

일단 그 이미지가 무엇인지 파악한 다음 내담자는 그 이미지를 계속 마음속에 떠올리

글상자 11.2   치료의 교착 상태 탐색하기

◆ 치료자는 반복적으로 교착 상태에 빠져 있는 내담자를 마음에 떠올린다.
◆ 가장 전형적인 예를 떠올리고 난 다음에 치료자는 이것이 치료자의 몸에 어떤 느낌으로 작용하는지 혹은 어떤 감정이 떠오르는지를 숙고해 본다.
◆ 그런 다음에 치료자에게 이런 상황에서 어떻게 느껴지는지를 잘 말해 주는 메타포 심상을 한 번 떠올려 보라고 말한다.
◆ 메타포가 어떤 가정을 내포하고 있는지를 포함하여 그 의미에 대해서 탐색해 본다.
◆ 치료자는 자신의 삶에서 관련 있는 일이 없었는지 곰곰이 생각해 본다. 왜 이 특별한 내담자가 치료자에게 그렇게 강한 감정을 느끼게 하고, 치료자로 하여금 융통성 없는 행동을 하게 하는지 생각해 보도록 한다.
치료자는 자기 자신의 반응에 대해 미니 개념화를 해본다. 여기서 얻은 통찰력은 그 자체로 도움이 될 수 있고 또는 그 이미지를 변형시킬 수도 있다('조작하기' 섹션 참조).

며 어떤 일이 일어나는지 주목해 보도록 권유받는다. 이전의 장들에서 우리가 보았듯
이 자연적으로 인지적인 변화가 일어날 수 있다. 아래의 예에서 보면 자발적인 변화가
일어나기도 하며, 또한 치료자가 직접 개입하여 내담자가 이미 시작해 놓은 변화를 강
화시켜 주기도 한다.

웬디는 건강불안과 함께 자신이 다른 사람들을 오염시킬 것이라는 두려움이 있었
다. 이러한 두려움은 수술을 받고 일시적인 염증이 생겼을 때 일어났다. 그녀의 두
려움은 가족을 가까이에서 접촉하는 것을 조심하게 하였으며 음식 준비도 꺼리게
만들었다. 치료자는 웬디에게 오염과 질병에 대해 염려하는 순간 느끼게 되는 자
신의 신체 감각에 초점을 맞추고 이미지가 떠오르도록 함으로써 자신이 느끼는 느
껴진 감각을 잘 살펴보도록 요청했다. 내담자는 자기 배에 시뻘건 선혈 덩어리가
있는 것을 시각화했다. 치료자는 그녀에게 이 이미지에 초점을 맞추도록 요청했
고, 그 이미지에 어떤 변화가 일어나는지 눈여겨보라고 했다.
그녀가 그렇게 했을 때 이미지는 변화하기 시작했다. 흰빛의 후광이 이미지를 에
워싸기 시작했고, 그 빛이 천사와 비슷한 모양으로 변해 갔는데, 날개가 나와서 시
뻘건 덩어리를 감싸자 그것이 흐릿해졌다. 이러한 이미지의 수정은 치료자의 요청
으로 나온 것이 아니라 자발적으로 발생한 것이었다. 이어서 치료자는 웬디에게
천사들이 빨간 덩어리를 둘러싸고 같이 떠내려 가는 것에 대한 감각을 그대로 느
껴보도록 요청했다. 이 회기의 효과는 매우 즉각적이었고 거의 '기적적'이었다. 덩
어리 이미지는 몇 주간에 걸쳐서 흐릿해졌고, 내담자는 자신의 가족과 다시 가깝
게 접촉할 수 있었고, 음식을 준비할 수 있었다.

메타포 심상은 여러 가지 증상과 어려움을 상징화하는 데 사용될 수 있다. 그다음에
심상은 적극적으로 조작될 수 있고, 그 결과 문제를 완화시킬 수 있다.

카린은 스트레스를 받아 잠이 안 올 때 불면증을 다음과 같은 절차를 사용해서 다
룬다고 묘사했다. 침대에서 일단 나와 편안하게 앉아 자신이 느끼는 바를 잘 나타
내는 이미지를 떠올려 본다고 했다. 이번에 떠오른 이미지는 분주한 라디오 방송
국의 이미지로서 밝은 불빛과 방송하는 시끄러운 소리가 각각의 방송실에서 나오
는 것이었다. 한밤중이었기 때문에 직원들이 근무하지 않아 아무도 이 훌륭한 방
송을 듣고 있지 않았다. 소음이 굉장히 압도적이었는데, 카린은 필요한 것이 무엇
인지 생각했다. 심상 속에서 방송실을 하나하나 방문해서 불빛은 어둡게 하고 소

리를 낮추든지 아니면 아예 완전히 스위치를 꺼버리는 것이 자신이 해야 할 일이라 생각했다. 그녀는 그것을 실제로 일어나는 일로 시각화했고 한 개의 조용한 프로그램만 남겨 두고 모든 불빛을 낮추고 볼륨을 줄이며 스위치 끄는 것을 시각화했다. 그다음에 침대에 가서 실컷 잤다. 다른 경우에는 다른 심상이 떠올랐는데 그때마다 그 이미지 속에서 무엇이 일어나야 되는지에 대해서 주의를 기울이면 잠을 잘 수 있었다.

힐다는 평생 동안 불안하고 우울감이 있어 여러 형태의 치료를 받았다. 인지치료를 받는 동안에 힐다는 언어적인 인지를 파악할 수 없었고, 치료자는 이같은 그녀의 불안이 너무 어렸을 때 생성된 것이어서 관련된 기억들이 비언어적인 수준으로 이루어져 있다고 가정했다. 이런 개념화는 힐다에게도 이해될 만한 것이었는데, 왜냐하면 그녀의 엄마는 힐다가 태어난 지 몇 주 되지 않아 우울증으로 입원했고, 그녀의 아버지는 힐다가 걸음마를 시작할 무렵에 집을 나갔기 때문이다. 힐다는 자기의 불안을 큰 그림자로 묘사했는데, 털이 덥수룩하고 어두운 개로 묘사했다. 자신의 불안이 커질수록 개도 집채만 해져서 자신을 질식시켜 죽일 지경이었다. 치료자는 그 개를 덜 무섭고 아예 리본을 맨 푸들 정도로 변화시키면 어떻겠냐고 제안했는데 힐다는 이 제안을 거절했다. 대신 이웃집에서 데리고 있는 예쁜 애완 고양이처럼 친밀하고 위협적이지 않은 이미지로 바꾸기로 했다. 그 고양이에게는 목걸이와 줄이 달려 있어서 개의 이미지가 보이는 곳을 떠나 멀리 데려갈 수 있었다. 지난 수년 동안의 치료는 성공적이지 못했지만, 이 심상 개입은 아주 효과가 좋았다. 원래의 이미지가 훨씬 덜 위협적인 것으로 보였고, 집을 떠나는 것에 대한 힐다의 불안감도 감소되었다.

변별하기

메타포 이미지를 마음속에 떠올리고 그 의미에 머물러 있다 보면, 유용한 메타인지적 전환이 일어날 수 있다. 내담자(혹은 치료자)는 현재 상황에 대한 그들의 평가가 현재 실제보다 과거에서 더 많이 비롯되었거나 혹은 왜곡되어 있다는 것을 깨닫기 시작한다. 이전 장에서 보았던 것과 같이 심상을 숙고하는 것은 '과거'와 '현재' 사이를 변별할 수 있게 해주고 사건들을 올바른 지점에 위치시킬 수 있게 해준다.

페니(이 장의 '심상 떠올리기와 평가하기' 참조)는 아버지와의 관계에 대해 생각할 때, 때때로 공황에 빠졌다. 치료자는 그녀에게 눈을 감고 현재 상황에 초점을 맞추어 그녀의 몸에서 어떤 느낌을 받는지 주목해 보고, 또 다른 메타포 심상이 떠오르게 하라고 요청했다. 이번에 떠오른 아버지의 이미지는 독수리였는데, 그녀를 발톱에 꽉 움켜지고 높은 언덕에 자리 잡고 있는 그의 둥지에 데려가려고 했으며, 그녀를 삶의 모든 것으로부터 단절시키려고 했다. 이 이미지에 대해서 곰곰이 살펴보았을 때 페니는 즉각적으로 그것이 상황을 침소봉대한 것임을 깨달았다. 그 이미지에 의하면 아버지는 모든 권력을 가지고 있으며, 강하고 독불장군인 것처럼 보인다. 실제로는 그녀의 아버지가 너무나 쇠약해져 있기 때문에 지금은 그녀가 모든 권력을 쥐고 있다. 이것을 깨닫게 되자 그녀는 아버지에 대해서 더 연민을 느끼게 되었고, 공황에 빠진 느낌은 줄어들고, 아버지를 어떻게 돌볼지에 대해 좀 더 건설적인 계획을 세울 수 있게 되었다. 페니의 이미지에 대한 미니 개념화는 그림 11.2에 제시되어 있다.

치료에서 난관에 부딪힐 때 치료자가 자신의 심상을 숙고해 보고 그 메타포 심상과 의미에 대해 내담자와 이야기를 나누어 보는 것은 도움이 된다. 다음의 예와 같이 내담자에게도 메타포에 대해서 탐색해 보고 이야기해 보라고 할 수 있다.

테리는 마리아와 상담하는 것이 매우 어려웠다. 테리는 마리아와 협력적인 관계를 맺는 것이 정말 힘들었는데, 그녀에게 알맞은 과제를 줄 때에도 마리아는 과제를 결코 완수하지 못했다. 테리가 떠올린 메타포 심상은 자신은 노를 저으며 강을 거슬러 올라가고 있고, 마리아는 보트 후미의 가방들 사이에 앉아 있는 것이었다. 테리는 이 심상이 그의 어머니와의 힘들었던 관계를 생각나게 한다는 것을 깨달았다. 그의 유일한 해결책은 더욱더 노력하는 것이었다. 이 메타포를 곰곰이 생각해

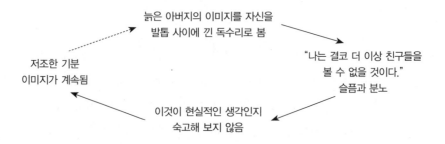

그림 11.2 메타포 이미지에서 생겨난 정서

봄으로써 마리아와의 관계에서 현재 느끼는 어려움을 더 잘 이해할 수 있게 되었다. 그는 마리아에게 메타포와 관련하여 자신이 어떻게 느끼는지를 설명하였고(자신의 개인사는 이야기하지 않은 채) 메타포가 그녀에게는 어떻게 느껴지는지 물어보았다. 마리아는 그녀 자신에 대한 메타포 심상이 장식적이며 수동적인 인형과 같은 이미지로 보인다고 하였다. 마리아의 아버지는 비판적이었는데, 언제나 그녀가 어떤 일을 주도적으로 하려고 하면 비판하며 그녀가 하는 것은 모두 잘못됐다고 말했다. 치료자와 내담자는 이 메타포를 앞에 놓고 같이 검토함으로써 그들의 협력관계를 어떻게 개선시킬 수 있을지에 대해서 알게 되었다. 즉, 치료자는 덜 노력하고 마리아는 과제를 하면서 일련의 행동실험을 통해 그녀의 치료자나 다른 사람의 반응이 아버지의 반응과 어떻게 다른지 비교해 보도록 했다.

변형하기

사람들이 고통스러울 때 보고하는 메타포 이미지는 때때로 그들의 곤경에 대해 왜곡된 모습을 나타낸다. 치료자는 내담자로 하여금 이러한 이미지를 떠올리게 하고, 그 의미를 숙고해 보며, 그 이미지를 변화시키기 위해서 무엇을 해야 한다고 느끼는지 물어봄으로써 그 이미지와 직접적으로 작업할 수 있다. 이렇게 함으로써 그 이미지를 더 넓고 더 현실적인 조망에서 바라볼 수 있게 되고, 그다음에 실제 생활에서 검증해 볼 수 있게 된다.

때때로 이것은 인지치료와 매우 멀리 떨어져 있는 것처럼 보이기도 한다. 그렇지만 이것은 여전히 의미를 불러일으키고 의미에 대해서 생각해 보도록 하며, 소크라테스식 질문과 길잡이식 발견법의 과정을 사용하여 내담자가 새로운 관점을 갖도록 도와줄 수 있다. 이러한 새로운 관점은 그 이미지가 변화했을 때 그들이 어떻게 느끼는지, 또 새로운 행동을 했을 때 그 일의 결과가 어떻게 나타나는지를 심상으로 검토해 볼 수 있다. 다른 말로 하자면 일종의 '사고실험'을 수행해 볼 수 있다. 이 기법에 대한 자세한 묘사는 글상자 11.3에 나와 있다.

다음 섹션에서는 내담자와 치료자의 메타포 심상을 변형하는 예가 나와 있다.

내담자의 메타포 심상 변형하기

페니는 그녀의 연로한 아버지와 힘든 관계를 유지하고 있었는데, 그것은 그녀의

글상자 11.3   메타포 이미지 변형하기

◆ 메타포 이미지를 떠올리고 모든 측면을 탐색한 후에 내담자에게 그들이 더 나은 기분을 느끼기 위하여 이미지가 어떻게 달라져야 하는지를 숙고해 보라고 한다.

◆ 그런 다음 이러한 변화가 실제로 일어나는 것을 상상해 보라고 한다.

◆ 메타포 이미지의 내용이 내담자에게 놀라움을 주었던 것과 마찬가지로(정보를 주기도 하였지만), 내담자가 처음에 기대한 대로 이미지를 바꾸는 것이 어려워 보일 수도 있다.

◆ 이미지를 만족스럽게 변화시키기 위해서는 여러 번에 걸쳐 변화를 시도해 보는 것이 필요할 수 있다.

◆ 새로운 메타포 이미지가 나타나고 다루어질 수 있다.

◆ 이미지가 잘 변형되면, 그 이미지에 관련된 정서와 의미가 전환되기도 한다.

◆ 새로운 의미가 무엇인지 확인해 보고 숙고해 보아야 한다.

새로운 관점은 이제 실제 생활에서 검증될 수 있다.

등에 빨래판이 자라나고 있는 이미지로 나타났다. 이 이미지에 대해 작업함으로써 그녀는 새로운 관점을 갖고자 하였으며, 이를 통해 건설적인 행동을 시작하기를 원했다. 치료자는 페니가 좀 더 기분이 나아지려면 어떤 일이 일어나야 할지에 대해서 물어보았고, 그녀는 그녀의 심상에 여러 변화를 주는 실험을 해보았다. 처음에는 수술이 필요하다고 느꼈으나, 빨래판을 그녀의 등에서 조금만 떨어뜨려 놓을 수 있다면 기분이 나아질 것처럼 느껴졌다. 그러나 빨래판은 여전히 그녀의 목에 걸려 있는 밧줄에 매달려 있었기 때문에 도움이 필요하다고 느꼈다. 상상 속에서 그녀는 남편에게 도움을 요청했고, 그는 빨래판을 그녀의 등에서 앞쪽으로 옮겼다.

그녀의 남편은 골동품 애호가였기 때문에 그 밧줄을 잘라버리는 것에 대해 머뭇거렸다. 페니는 남편에게 밧줄을 제거해 버려야 한다고 강력하게 말하는 것을 상상하였다. 일단 밧줄이 끊어지자 페니와 남편과 아버지는 빨래판을 앞에 놓고 좀 더 객관적으로 살펴볼 수 있게 되었으며, 그다음에 무엇을 해야 할지를 고려하기 시작했다. 페니는 이 메타포 심상이 변형되자 좀 더 행복감을 느꼈다. 그녀는 아버지를 앞으로 어떻게 돌볼지에 대해 실용적인 계획을 찾아보는 것을 숙제로 해 보기로 하였다. 그녀는 좀 더 적극적으로 자기 의견을 피력하고, 아버지와 상의하기 전에 남편의 지지를 구하는 것이 필요하다고 느꼈다.

로베르타는 사회공포증으로 고통받고 있었는데, 그녀가 어떻게 느끼는지를 표현하고 새로운 관점을 갖기 위해서 메타포 심상을 사용하였다.

로베르타는 다른 사람들이 자신을 좋아하지 않는다고 확신했다. 그녀는 마치 '버릇없는'이라는 말이 새겨져 있는 배너가 그녀의 이마에 붙어 있는 것처럼 느껴진다고 묘사했다. 그녀가 어렸을 때 어머니는 자주 다른 사람들 앞에서 그녀를 이렇게 묘사했던 것이다. 어머니는 병을 앓고 있었던 동생을 더 편애했으나, 다른 사람들은 로베르타에 대해 혹독하게 비판적으로 말하는 어머니의 관점에 동의하지 않았다. 치료자는 그녀에게 다른 사람들과의 관계에서 그녀 자신을 좀 더 정확하게 평가하기 위하여 심상에서 어떤 변화를 일으킬지 물어보았다. 그녀는 상상 속의 여행을 통하여 그녀가 실제로 어떤 사람인지를 말해 줄 수 있는 사람을 만나는 것이 필요할 것 같다고 제안했다. 이 생각이 좋다고 판단되어 치료자는 그녀에게 눈을 감고 이 여행의 시작에 대해 상상해 보도록 하였다. 로베르타는 거대한 평원에 간 것을 상상하였고, 그곳에서 그녀 자신에 대해 진실을 말해 줄 수 있는 수정구슬을 가진 마법사를 만났다. 수정구슬에는 그녀 자신에 대한 많은 유쾌한 이미지가 나타났다. 로베르타는 여러 이미지를 더 보았으며, 마지막에는 그녀가 매일 저녁에 했던 것처럼 어머니를 위해 물주머니에 뜨거운 물을 채우고 있는 자신의 모습을 보았다. 이 마지막 그림에서 새로운 배너가 나타났고, 배너에는 '친절한'이라는 말이 새겨져 있었다. 그녀는 어머니의 비판으로 인해 자신을 얼마나 가혹하게 대해 왔는지를 깨닫고 울었다. 이것은 그녀 자신을 보는 관점의 전환을 가져왔다.

치료자의 메타포 심상 변형하기

치료자가 치료에서 나타나는 반복적인 난관을 메타포 이미지를 통해 탐색한 후에 은유적 이미지 안에서 여러 가지 새로운 관점과 가능한 반응들을 실험해 볼 수 있다.

마가렛은 만성우울증을 겪고 있는 내담자인 해리와 작업하는 데 벽에 부딪혀 진전이 없었다. 해리가 치료 개입에 반응하지 않을 때 그녀는 무력감에 압도되어 무엇을 해야 할지 생각할 수 없었다. 이에 대한 그녀의 메타포 이미지는 계속 방해물에 부딪히는 장난감 자동차와 같았다. 자동차가 무엇인가에 부딪히면 바퀴가 계속 돌아가고 자동차는 땅으로 더 깊이 파묻혔다. 이때 그녀는 희망이 없고 무력하다는 느낌에 마음이 짓눌렸다. 정서적 가교 기법을 사용해 본 결과 이 느낌은 마가렛이 어린 시절 자주 아프고 우울했던 아버지와 함께 살 때 느꼈던 느낌과 똑같았다. 그녀가 무엇을 하든 아버지의 기분을 즐겁게 해드릴 수 없었다. 이 치료 난관에 대

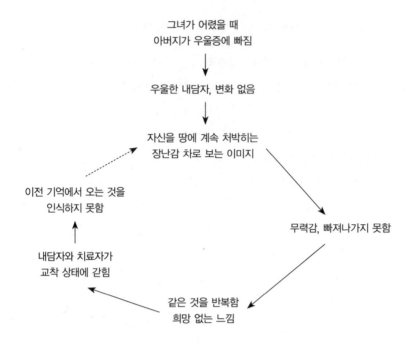

그림 11.3 치료적 교착 상태에 대한 미니 개념화

한 미니 개념화는 그림 11.3에 나와 있다. 슈퍼비전에서 마가렛은 이 관점을 바꾸기 위해 심상에 어떤 변화를 가져와야 할지에 대해서 생각해 보라는 요청을 받았다. 그녀는 차가 장애물에 부딪힐 때 헛바퀴를 돌리며 땅에 계속 파묻히게 하지 말고 뒤로 물러나서 방향을 바꿔 나아가는 이미지의 변화를 시도했다. 그녀는 차가 뒤로 물러나서 다른 방향으로 다시 움직이는 것을 시각화하는 동안 쉽게 이미지를 변화시킬 수 있었다. 이것은 그녀의 기분을 긍정적인 방향으로 바꾸어 주었으며, 해리와의 치료에서 어떤 것이 필요할지에 대해서 아주 유용한 힌트를 주었다.

메타포 이미지에 대한 작업 확장하기

이야기, 그림, 그리고 영화

자기 자신이나 다른 사람들, 그리고 세상에 대해 고정된 관점을 가지고 있는 내담자들과 작업할 때 그들의 관점을 전환시키도록 도와주는 것은 어려울 수 있다. 이러한 경우에 그림이나 이야기나 필름을 사용하는 것은 내담자로 하여금 인생에서 그들이 처한 상황을 어떻게 바라보고 있는지를 표현해 주고 그것을 어떻게 변화시킬지를 찾는

데 도움을 줄 수 있다. 이 메타포 시나리오에서 치료자도 한 역할을 할 수 있다.

엘리자베스는 어려운 삶을 살아왔고 많은 부정적인 믿음을 가지고 있었다. 이 믿음들은 그녀는 정서적으로 결핍되어 있으며, 세상에서 아무도 믿을 수 없으며, 이 가혹한 세상에서 그녀 스스로 자신을 돌봐야 한다는 생각을 반영하고 있었다. 치료에서 다른 사람들이 부정적인 피드백을 할 때, 이것에 대해 재앙적인 반응을 보이지 않으면서 잘 다룰 수 있도록 작업하고 있었다. 치료자는 치료를 종결하는 것에 대해 이야기하기 시작했다. 내담자는 마치 동화 '헨젤과 그레텔'에서 숲에 버려져 안전한 곳으로 다시 찾아오는 데 어려움을 겪는 그레텔과 같이 느껴진다고 불평하며, 치료 종결에 대해서 강한 거부반응을 보였다. 그녀는 치료자가 잠깐 동안은 사랑과 맛있는 것을 주었다가 나중에 아이들을 잡아먹을 계획을 짜고 있는 숲속의 늙은 마녀와 같다고 말했다. 치료자는 여러 가지 동화책을 찾아보고 엘리자베스에게 다른 이야기를 골라 주었다. 치료자는 바살리사의 이야기를 들려주었는데, 바살리사의 엄마도 엘리자베스의 엄마와 같이 바살리사가 어렸을 때 죽었다. 그녀의 어머니는 죽기 전에 바살리사에게 주머니 속에 넣을 수 있는 조그만 인형을 주었고, 그녀가 어려움에 봉착할 때마다 이 인형에게 어떻게 할지를 물어보라고 했다. 바살리사는 자라면서 (신데렐라와 같이) 사악한 계모와 이복동생들의 횡포를 견뎌야만 했다. 그들은 불을 지펴오라고 그녀를 혼자 숲속에 보냈다.
거기에서 그녀는 끔찍한 바바 야가를 만났다. 그렇지만 그녀 주머니에 있는 인형은 어려운 순간마다 어떻게 해야 할지를 가르쳐 주어 위기를 모면하게 해주었다. 마침내 그녀가 불을 가지고 집으로 돌아왔을 때 사악한 계모와 이복동생들은 숯으로 변했다. 처음에 엘리자베스는 이 이야기에 담겨 있는 가치를 깨닫지 못했으나, 다음 주에 와서 이 이야기가 그녀의 새로운 정체감을 잘 요약해 주는 이야기인 것 같다고 말했다. 그녀는 다른 사람들이 자기를 지지해 준다고 느꼈을 뿐만 아니라 자신이 좀 더 독립적인 존재가 되었고 언제 행동하고 언제 참아야 하는지에 대해서 스스로 판단을 내릴 수 있게 되었다고 느꼈다. 바살리사의 이야기는 그녀가 치료에서 배웠던 것들을 잘 정리하게 해주었는데, 이것은 바로 이야기 속에서 그녀의 엄마가 죽은 이후 삶에서 그녀를 도와주도록 인형을 남겨주었던 것과 비슷하다고 보았다.

여성들을 치료하는 데 활용할 수 있는 뛰어난 동화 이야기들은 Pinkola Estès(1998)에 잘 나와 있다. Bettleheim(1976)은 아동들을 위한 동화를 프로이트 관점에서 기술하였다. 이 이야기들에서 아동들이(그리고 어른들도) 겪게 되는 어려움은 아주 끔찍했지만, 관계 속에서 깨어 있으며 자각해야 한다는 유용한 교훈을 가르쳐 준다. 또한 자기 자신과 세상을 시험하여 세상이 어떻게 움직이는지를 찾아낼 수 있게 해준다. 이 교훈들은 종종 동화 이야기 속에 예시되어 있다. Padesky와 Mooney(2000)는 내담자들로 하여금 그들의 아동기가 어땠었는지를 표현하는 데 이야기나 영화가 유용하다는 것을 자주 지적하였으며, 인생을 헤쳐 나가기 위한 좀 더 적응적인 가정들을 영웅들과 롤모델들에 기초하여 제안할 수 있다고 보았다.

그림 그리기

내담자는 어떤 것에 대한 메타포 이미지를 단지 상상 속에서 떠올리는 대신에 그 이미지를 직접 그려 볼 수 있다. 예를 들면, Johles(2005)는 그림 그리기를 활용하여 문제들과 그 잠재적 해결책을 상징화하는 기법을 제시하였다. 이 기법에서는 내담자가 자신이 처해 있는 상황을 고려하여 글상자 11.4에 나와 있는 질문에 대한 답으로 네 가지 그림을 그리도록 하였다.

치료자는 그림 그릴 재료를 주고 내담자가 스케치를 끝내기까지 충분한 시간을 준다. 만일 도움이 된다면 질문을 하고 그림을 그리기 전에 이완할 시간을 짧게 준다. 그 후에 치료자는 메타포 심상에 나타난 해석에 대해 생각해 보도록 한다. 이러한 방식으로 개념화할 자료들을 모은다. 필요하다면 그림을 더 그려서 '이것들이 어떻게 바뀌면 좋겠는가'를 보여줄 수 있는데, 이를 통해 가정이나 행동, 그리고 정서에 잠재적으로 나타날 수 있는 변형을 표현할 수 있다.

내담자에게 단순한 그림을 그려 보게 하는 것은 다른 사람과의 관계에서 어떤 경험을 하는지를 상징적으로 보여주는 데 도움이 된다.

글상자 11.4 그림 그리기 연습의 질문

- 현재 당신의 삶은 어떻습니까?
- 다음 단계에는 어떻게 될 것 같습니까? 어떤 것이 나타나리라고 생각합니까?
- 어떤 장애물이 있습니까?
- 이것을 다루는 데 있어서 당신에게 필요한 특성은 어떤 것입니까?

엘리자베스는 치료자나 다른 중요한 사람들과의 관계에서 경험하는 것을 상징적으로 나타내기 위하여 종기를 그렸다. 그녀는 종기 바깥에서 (종기 속의 고름과 같은) 다른 사람들을 통제하고 있는 것처럼 느끼기도 하며, 혹은 그녀 스스로가 종기 속에 있으면서 다른 사람에 의해서 끔찍하게 통제되며 폭발할 것같이 느낀다고 했다. 다른 사람들이 그녀를 어떻게 보는지 그녀가 느낀 것을 설명하기 위하여 '나쁨 척도'의 메타포를 사용하였다. 나쁨 척도의 반은 하얗고 반은 까맸는데, 거기에는 눈금이 있었다. 그녀의 느낌은 다른 사람들이 그녀를 언제나 까만 쪽으로 몰아붙이는 한편, 자기는 하얀 쪽으로 눈금을 돌리려고 애를 쓰는 것 같았다. 이 색깔은 바로 나쁨과 좋음을 나타냈으며, 회색지대는 없었다.

종합하면 이 두 메타포는 엘리자베스의 가정과 핵심 신념을 잘 조명해 주었다.

그림 그리기는 내담자로 하여금 표현할 수 없거나 수용할 수 없는 것들을 표현하는 데 도움이 되는 방법이다. Butler와 Holmes(2009)는 아동기에 신체적 · 정서적으로 혹은 성적으로 학대받은 내담자들이 치료를 시작하면서 그린 그림들을 보여주었다. 한 내담자는 눈을 뜨면 가시에 찔릴 것 같은 무성한 덤불 속에 갇혀 있는 그림을 그렸다. 또 다른 내담자는 막대 같은 사람이 홍수에 떠내려 가는 그림을 그렸다. Butler와 Holmes는 치료에서 이미지를 그리는 것은 내담자로 하여금 외상적인 일들에 대해서 이야기할 수 있게 해주며, 그 경험을 요약하고 압축함으로써 그 경험과 서로 다른 시기의 경험들 사이를 연결하도록 만들어 준다고 보았다.

과거와 잇는 정서적 가교 만들기

앞서 우리는 많은 사례에서 내담자가 느껴진 감각과 관련된 메타포 이미지를 찾아낸 후에 떠올린 자료의 역사적 기원을 깨닫게 된다는 것을 보았다. 만일 내담자가 역사적 기원에 대해서 자동적으로 이야기하지 않는다면, 치료자는 내담자에게 메타포 이미지에서 느껴진 감각을 그들의 인생에서 언제 최초로 느꼈는지 물어볼 수 있다. 때때로 이미지의 감각적 특징이 과거의 실제적인 감각적 경험을 반영하기도 한다.

제2장에서 기술한 대로 엘리자베스는 정서적인 주제에 대해서 이야기하도록 할 때, 자신이 '암흑 속으로' 끌려간다는 메타포를 사용하였다. 이 느낌을 불러일으키고 거기에 머물러 있어 보라고 했을 때, 그녀는 이것이 의식을 잃고 죽을 것 같은

느낌이라고 말했다. 과거에 이런 종류의 느껴진 감각을 언제 느꼈는지 물어보았
을 때, 그녀는 아동기에 숨 막히는 공격을 받았던 경험에 대해 이야기했다. 그녀는
때때로 의식을 잃고 병원에 실려 갔어야만 했다. 이러한 공격은 그녀의 계모에 의
해서 촉발되었는데, 계모는 그녀를 공포에 질리게 하고 화나게 만든 후에 오랫동
안 비명을 지르도록 그녀를 아동용 침대에 혼자 내버려 두었던 것이다.

심상을 새로 창조하기

이 장에서 우리는 새로운 관점을 만들어 내는 데 새로운 메타포 이미지를 창조하는 것
이 어떻게 도움이 되는지 살펴보았다. 새로운 존재방식을 창조하기 위하여 메타포 심
상을 어떻게 사용하는지에 대한 예는 제13장에서 다루어질 것이다.

결론

메타포 심상을 가지고 작업하는 것은 현재의 인지치료 영역에서 본다면 상당히 멀리
떨어져 있는 것처럼 보인다. 그렇지만 의미를 찾아내고 변형시키는 전통적인 방법을
적용하기 어려운 상황에서는 메타포를 떠올려 사용하는 것이 유용할 수 있다. 예를 들
어, 감정이 압도적일 때나 감정을 언어로 표현하기 어려울 때는 메타포 심상이 특히
더 효과적이다. 관계에서 해결할 수 없는 난관에 부딪혔을 때 혹은 어떤 감정을 경험
할 때 왜 그러한 감정을 느끼게 되는지 전혀 이해할 수 없을 때 메타포 심상을 탐색하
는 것은 도움이 될 수 있다. 치료자들에게도 치료가 난관에 부딪혔다고 느낄 때 메타
포 심상은 특별히 도움이 된다. 앞에서 나온 심상 떠올리기와 평가하기, 조작하기, 변
형하기, 과거와 잇는 정서적 가교 만들기, 심상을 새로 창조하기 등의 과정들은 부정
적 심상을 변형시키는 데 중요한 역할을 하였다. 같은 과정들이 메타포 이미지를 변형
시키는 데에도 똑같이 도움이 된다.

이 장에서 우리는 모험심이 강한 치료자들이 이야기, 그림, 필름, 동화, 그리고 그림
그리기를 사용하여 작업에 어떻게 깊이를 더하고 잠재적으로 새로운 관점을 이끌어
낼 수 있는지 살펴보았다. 다음 장들에서는 메타포 이미지를 사용하여 자기 자신에 대
한 새로운 감을 창조해 내는 예들이 소개될 것이다.

치료에서의 과정 이슈를 메타포 심상으로 다루기

Margret Hovanec

The Lupina Foundation, Toronto, Canada

바비는 우울증으로 치료를 받으러 왔다. 그녀는 직장에서 한 번 더 승진에서 누락되었다. 빈번하게 프로젝트를 늦게 끝냈고, 어떤 때는 끝내지 못하기도 했다. 최근 직무를 위해 타야 하는 비행기를 두 번이나 놓쳐서 심한 절망에 빠져 있었다. 그녀는 자신의 인생과 아파트 모두가 시작한 일을 다 끝내지 못한 채 어질러져 있다고 묘사했다.

바비의 인생에서 가장 큰 즐거움은 베이킹(빵 굽는 것)이었다. 그녀는 요리 클럽에 참석해서 정교하고도 복잡한 케이크를 구어내는 것을 빼먹은 적은 한 번도 없었다. 한편 치료에서는 처음부터 숙제를 끝내지 못했다. 숙제를 끝내지 못하는 추세를 반영해서 치료자는 그녀에게 다음 요리 클럽 시간에 케이크를 구워 가지 말고 케이크 반죽만 가져가도록 했다. 그리고 이에 대한 그녀의 생각과 기분을 기록하도록 했다. 이 숙제가 재미있다고 생각해서 그녀는 그렇게 하기로 동의했다. 그녀는 이번에도 과제를 끝마치지 못했지만, 당시에 떠오른 생각과 기분에 대해서는 말할 수 있었다.

그녀는 케이크를 굽는 데 너무나 많은 준비가 필요하고 재료도 비싸서, 케이크를 굽지 않는 것은 돈을 낭비하는 것이기 때문에 케이크를 굽는 것이 당연하다고 말했다. 그녀는 또 요리 클럽 회원들의 실망하는 모습을 도저히 견딜 수 없다고 느꼈는데, 케이크를 굽지 않을 경우 제빵사로서의 그녀가 지닌 명성과 존경도 잃게 된다고 보았다. 더욱이 그녀는 케이크를 끝까지 잘 구어 좋은 결과가 나올 때 받는 인정과 만족과 칭찬을 놓치게 된다고 보았다. 따라서 빵을 굽다가 끝내지 않는 것은 규칙을 깨는 것이며 약속을 지키지 않는 것이라고 생각하였다.

요리 클럽과 직장에서의 상반된 모습에 직면하게 되자, 그녀는 직장에서도 모든 준비를 하면서 '케이크를 굽지 않는다'는 것을 깨닫게 되었다. 끝내지 않은 프로젝트를 낭비된 훌륭한 반죽이 담긴 그릇의 의미지로 형상화했다. 완전하게 잘 장식된 케이크가 이상적인 결과물이었다. 개인적으로 생성된 심상으로 가득찬 메타포는 그다음 회기와 치료 도처에서 활용되었다. "그러니까 당신은 빵을 굽지 않았군요.", "오븐에 넣지 않았네요.", "케이크에 크림 장식을 치지 않았네요.", "맨 위에 체리를 얹어야 했어요."

바비는 직장, 그녀의 옷차림, 그리고 아파트에 대해서도 같은 메타포 심상을 사용했다. 그녀가 자신의 베이킹 기술을 가치 있게 생각하는 것처럼 직장에서의 그녀의 기술에 대해서도 중요하게 생각하기 시작했다. 직장에서 '진짜 요리'를 시작했고, 그녀의 과제를 끝내는 것에 대해 멋있는 케이크를 구울 때와 마찬가지의 만족을 느끼기 시작했다. 그녀는 긍정적인 보상을 내면화하기 시작했고 자존감이 증진되었다. 그녀의 우울감은 줄어들었고, 칭찬이 필요한 것이기는 하지만 이차적인 것이라고 보았다. 바비는 그녀가 '더 이상 어리석지 않다'고 표현했다.

4

심상 개입 : 긍정적 심상 만들기

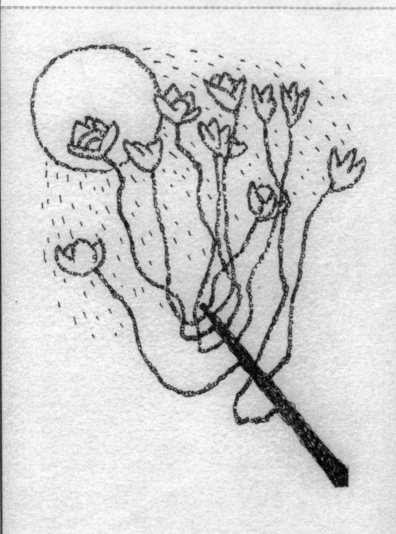

Positive transformation from a negative underlying image

12장

긍정적 심상 : 목표 설정하기, 기술 개발하기, 문제 해결하기

'나는 퍽*이 있던 곳이 아닌, 퍽이 갈 곳으로 스케이트를 타고 간다.'

웨인 그레츠키, 캐나다 아이스하키 선수(1985)

서론

이 책의 제4부를 구성하고 있는 제12장과 제13장은 임상 실무에서 긍정적 심상을 어떻게 사용하는지에 초점을 맞추고 있다. 이 맥락에서 '긍정적 심상'이란 부정적인 심상을 떠올리고 변형하기보다는 처음부터 긍정적인 심상을 만들어 내는 심상 절차를 의미한다. 이 장과 제13장(긍정적 심상 : 새로운 존재 방식의 창조)의 차이는 제12장이 정신병리의 수준에 관계없이 인지치료에서 유용하게 사용할 수 있는 기법을 다루는 반면, 제13장은 장기간 지속되어 온 정서적인 문제나 행동적인 어려움이 있는 사람들을 위한 긍정적 심상 개입을 다룬다. 이 장에서 제안하는 것은 목표 설정, 기술 개발, 문제 해결이 심상 과정을 사용하여 증진될 수 있다는 것이다.

제4부에서는 긍정적인 심상을 생성하는 것이 어떤 영향을 미치는지 그 근거가 되는 연구가 현재 거의 없기 때문에 사변적일 수밖에 없다. 제4부가 포함된 이유는 다음과 같다.

◆ 긍정적인 심상 개입의 잠재적인 가치는 탄탄한 이론과 신경과학, 인지과학, 스포츠 심리학에서 도출된 경험적 연구에서 제안되고 있다(Decety & Grezes 2006; Holmes et al. 2006; Holmes & Collins 2001; Lang 1994). 예를 들면, 긍정적인 심

---

*역주 : 아이스하키에서 공으로 쓰이는 검은 원반

상을 생성하는 것은 정서에 긍정적인 영향을 주며(Holmes et al. 2006; Holmes et al. 2008d), 목표 설정과 기술 개발을 강화해 주는 것으로 밝혀졌다(Cumming & Ramsey 2008; Jones & Stuth 1997; Taylor et al. 1998).

◆ 몇몇 인지행동치료자(Beck 2005; Sanders & Wills 2005)는 목표 설정과 같은 표준적인 인지행동치료 기법의 효과성을 증진시키는 데 심상을 사용하는 것을 옹호했다.

◆ 임상군을 대상으로 한 예비연구는 자비심 훈련(Gilbert 2010; Gilbert & Irons 2004), 경쟁적인 기억 훈련(COMET, Korrelboom et al. 2008; Krrelboom et al. 2009b), 우울증에서의 긍정적인 심상 형성(Blackwell & Holmes 2010)과 같은 긍정적인 심상적 접근을 지지하는 결과를 제공해 왔다.

◆ 인지행동치료에서 긍정적 심상을 사용하는 개입은 최근 긍정적인 심상 훈련에 대한 실험적 근거와 긍정심리학적인 개입에 대한 경험적 근거가 늘어남에 따라 미래에 성장할 주요 영역이 될 것이다.

긍정적 심상을 사용한 개입과 부정적 심상을 전환하기 위한 인지행동치료 개입의 관계

제4부에서 밝힌 긍정적인 심상을 만들어 내는 전략과 제8장부터 제11장까지의 부정적인 심상을 수정하기 위한 전략들에는 중첩되는 부분이 있다. 예를 들면, 긍정적인 심상을 만들어 내는 것과 심상을 변형하는 것 모두 정서와 행동에서의 변화를 만들어 내기 위해 새로운 인지를 이끌어 내는 데 초점을 두며, 숙고하는 자세를 요구한다. 그러나 표 12.1에서 보는 바와 같이 강조점에는 약간의 차이가 있다.

부정적인 심상을 변형하는 전략에서는 심상을 변화시키기 전에 부정적인 심상으로부터 의미를 이끌어 내는 것을 강조하는 반면, 긍정적인 심상을 생성해 내는 전략에서는 처음부터 긍정적인 심상을 창조하는 데 초점을 둔다. 또 다른 차이점도 있다. 새로운 스포츠 기술을 개발하고 연마하는 데 지속적인 리허설과 연습이 중요한 것처럼 긍정적 심상 개입에서도 지속적인 리허설과 연습이 중요한 전략이다.

긍정적 심상과 스포츠 심리학

긍정적인 심상법은 수십 년간의 연구에서 나온 근거에 기반하여 스포츠 심리학에서

표 12.1 변형할 부정적 심상과 긍정적 심상의 비교

	부정적 심상의 변형	긍정적 심상의 생성
심상의 특성	• 부정적 • 자발적으로 나타남 • 불수의적(자기도 모르게 함) • 회피적	• 긍정적 • 구성적 • 자발적 • 참여적
정서	• 높은 수준의 부정적 정서가 부정적 심상에서 경험됨	• 긍정적 정서(흥분, 행복감, 따뜻함, 돌봄 등)가 새로운 이미지를 구성하고 연습할 때 경험됨
심상의 초점	• 제한된 수의 부정적 시나리오(예 : 핫스폿)를 수정함	• 다양한 범위의 긍정적 시나리오를 시뮬레이션해 보고, 점검하고, 평가하고, 조정함
변화의 과정	• 심상을 떠올리고 의미를 찾아냄 • 숙고하는 자세를 가짐 • 양립 불가능한 정보를 도입하고 통합함	• 긍정적 이미지를 구성함 • 리허설/연습 • 검토하고 조정함
희망하는 결과	• 목적하는 바는 본인이 원하지 않은 채 부정적인 이미지를 계속 회상하는 것을 끝내고 부정적인 정서를 경감시키는 것	• 목적하는 바는 새로운 기술이나 새로운 존재방식을 강화하는 긍정적 이미지나 기억을 통합하는 것

사용되는 주요 심리적 개입법 중 하나이다(Cumming & Ramsey 2008). 현재로서 스포츠 심리학과 인지행동치료 심상 문헌에서 중첩되는 부분은 거의 없다. 인지행동치료 문헌과는 대조적으로 스포츠 심리학에서의 심상연구는 주로 긍정적인 심상에 초점을 두고 이루어져 왔으며, 부정적인 심상에는 거의 관심이 없었다. 스포츠 심리학 문헌에 나타난 전반적 인상은 부정적인 심상이 피해 가야 할 것으로 본 반면, 인지행동치료에서는 긍정적인 이미지를 의도적으로 구성해 내는 것에 거의 주의를 기울이지 않았다.

인지행동치료에서는 긍정적인 심상에 대한 연구가 거의 없기 때문에 이 장에서 인지행동치료 개입에서 가능한 적용을 살피는 데 주로 스포츠 심리학 문헌을 참조하게 될 것이다. 이 두 문헌이 서로 관통하여 상대 분야에까지 확장되면 상호 이득이 될 것이다.

멘탈 시뮬레이션의 개념

긍정적인 심상의 중심에는 멘탈 시뮬레이션(mental simulation)의 개념이 놓여 있다 (Greitemeyer & Wurz 2006; Taylor & Pham 1999; Talyor et al. 1998). 머릿속에서 하는 시뮬레이션은 내담자가 과거 또는 미래의 한 사건 또는 일련의 사건들의 심상적인 표상을 형성하며, 그들이 어떻게 전개되어 나갈지를 시뮬레이션해 볼 수 있게 한다. 아마도 인간은 동물세계에서 몇 달 혹은 몇 년을 넘어서 시간의 앞뒤로 그들 자신을 투사해 볼 수 있는 유일한 존재일 것이다(Wheeler et al. 1997). 멘탈 시뮬레이션에는 다음과 같은 여러 가지가 있다. 과거 사건을 다시 재연해서(예 : 상사에게 부당하게 비판받았을 때 생쥐처럼 행동한 것) 어떻게 다르게 행동할 수 있었을까를 생각하여 문제를 해결하거나, 미래의 가상적인 시나리오를 상상해서(예 : 상사 역할을 상상) 각 상황에서 어떻게 행동할지를 상상해 볼 수 있다. 또는 "상사가 나를 비판했을 때 내가 말했어야 한 것"과 같은 상상의 시나리오를 끼어 넣어 실제 사건과 상상의 사건을 섞어 볼 수도 있다. 심상적 시뮬레이션은 내담자로 하여금 미래 목표가 무엇이고, 미래 목표를 산출해 내기 위해서는 어떤 과정을 밟아야 하는지를 찾아내도록 해준다. 또 문제 해결과 정서적인 자기조절기술을 개발하고 다양한 다른 상황하에서 어떻게 해야 할지 시뮬레이션하게 해준다(Taylor et al. 1998). 요약하면 자신이 만들어 낸 긍정적인 심상을 통해서(MacLeod et al. 2008) 또는 컴퓨터에 의해서 유발된 심상을 통해서(Holmes et al. 2009c; Lang et al. 2009) 긍정적인 결과를 가져오는 긍정적인 시나리오를 심상적으로 시뮬레이션하는 것이 가능하다.

아래 언급된 대로 심상을 통한 멘탈 시뮬레이션은 목표 설정, 기술 개발, 문제 해결과 같은 표준적인 인지치료전략을 강화할 수 있다. 이 과정에서 내담자의 자신감과 동기가 자주 증진된다. 반두라(Albert Bandura)는 "사람들이 어떤 활동을 능숙하게 수행하는 것을 시각화하면 더 잘할 수 있다는 지각된 효능감을 증진시킨다."라고 말했다 (Bandura 1986, p. 62). 더 나아가서 긍정적인 심상은 미래에 긍정정인 사건이 일어날 가능성을 증가시킬 수 있다(제3장 참조). 인지행동치료 내에서 표준적인 치료기법을 향상시키는 데 심상기법을 사용하는 것이 어떤 결과를 가져오는지를 구체적으로 다룬 문헌은 적다. 그러나 심상적인 시뮬레이션이 가치가 있음을 소개하는 다른 분야들의 근거는 스포츠 심리학, 건강심리학, 인지과학 등에 나와 있다.

이 장의 나머지 부분에서는 소개하기와 미니 개념화를 간단히 설명한 후, 2개의 섹션으로 나누어 긍정적인 심상법을 활용하는 목표 달성, 기술 개발, 문제 해결에 대해서 다룰 것이다. 각각의 초점은 약간 다른데, 목표 설정의 주요 원리는 이미지 구성과 멘탈 시뮬레이션이다. 기술 개발의 초점은 특히 심상 리허설이며, 문제 해결의 주요한 초점은 점검하기, 평가하기, 이전에 구성된 심상 조정하기 등이다. 심상 구성, 심상 리허설, 점검하기–평가하기–조정하기의 과정은 다음 장인 '새로운 존재방식 생성하기'에서도 중심 주제가 된다.

소개하기

목표 설정, 기술 개발, 문제 해결은 인지치료의 표준적인 절차들이다. 보통 내담자들은 초기 회기에서 이 개념들에 대해 소개를 받는다(Sanders & Wills 2005; Westbrook et al. 2007). 아마도 내담자가 기대하지 않은 것은 눈을 감는 절차일 텐데, 여기서 내담자는 미래의 시나리오를 여러 감각으로 상상해 보게 된다. 치료자가 목표 설정이나 기술 개발을 강화하기 위해 심상 전략을 도입하려면 내담자에게 그 근거를 알려주어야 한다.

심상 개입에 대한 근거는 제5장에서 이미 논의하였다. 목표 설정, 기술 개발, 그리고 문제 해결을 위해 먼저 내담자에게 비판에 반응해 보라든지, 상사와 이야기하는 등의 상황에서 그들이 어떤 행동을 하는지 상상해 보라고 요청한다. 느껴진 감각을 포함하여 자세한 내용을 이끌어 낸 후, 치료자는 내담자에게 이 이미지가 그 상황에서 행동하는 데 어떤 영향을 미친다고 생각하는지 물어본다. 그다음 "만일 이 이미지를 바꿔 마음의 눈으로 당신이 좀 더 자신 있게 반응하는 모습을 그려볼 수 있습니까? 당신이 현실에서 어떻게 행동할지에 대해 영향을 줄 수 있다고 생각합니까?"라고 물어본다. 이러한 방식으로 소크라테스식 질문을 함으로써 내담자가 그들의 이미지와 행동 사이의 관계를 깨닫게 할 수 있을 것이다.

많은 내담자들에게 이 과정은 스포츠에서 기술을 개발하는 것과 같다고 설명해 주며 스포츠 심리학의 연구결과들을 알려주는 것은 도움이 된다. 상상연습을 통해 스포츠 기술을 연마하게 되면 수행을 강화하고 기술을 잘 개발시킬 수 있는 것으로 밝혀졌는데, 이류 선수들보다는 최고의 스포츠 선수들이 심상을 더 많이 사용한다고 알려져 있다(Cumming & Ramsay, 2008). 예를 들면, 월드 챔피언 축구선수인 호나우딩요는 심상 연습에 많은 시간을 할애한다고 보고하였다(Carlin 2006, p. 21).

"제가 훈련할 때 집중하는 것 중 하나는 어떻게 우리 팀 선수에게 최고로 적절하게 패스해서, 그가 상대편 골키퍼 앞에 어떻게 혼자 서 있게 할지 상상의 그림을 그리는 것입니다. 그래서 게임 전에 제가 밤낮으로 하는 것은, 이제까지 아무도 해보지 않은 것을 시도하고 생각해 내고 그런 플레이를 상상해 보는 것입니다. 이때 공을 패스할 우리 팀 각 선수들의 특별한 장점을 염두에 두고 상상해 봅니다. 즉, 게임을 상상으로 해보는 거죠."

제5장에서 언급한 바와 같이 기능적 등가이론은 심상 개입에 대한 또 다른 중요한 근거를 제공해 준다. 연구자들은 어떤 기술을 상상할 때 실제로 그것을 수행하는 때와 같은 신경학적 구조가 활성화된다고 보고했다. 어떤 내담자들에게는 이러한 연구결과를 알려주는 것이 유용한 정보로 작용해서 일견 이상한 절차처럼 보이는 심상 개입의 신뢰성을 증진시켜 준다.

미니 개념화

긍정적 심상의 역할을 설명하기 위해서 내담자와 함께 단순한 미니 개념화 그림을 그려 볼 수 있다. 처음 그림은 부정적인 심상으로 시작해서 소크라테스식 질문의 과정을 거쳐 부정적인 심상의 효과를 보여줄 수 있다(그림 12.1). 그다음 치료자는 내담자와 같은 절차를 거쳐 가는데, 이때는 긍정적인 심상으로 시작하여 그것의 가능한 영향에

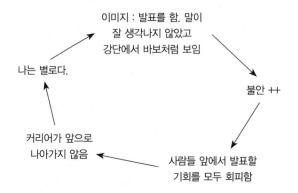

그림 12.1 부정적 심상의 영향에 대한 미니 개념화

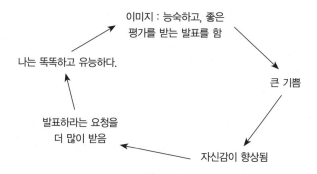

그림 12.2 긍정적 심상의 효과에 대한 미니 개념화

대해 질문을 할 수 있다(그림 12.2). 여기에 제시되는 것은 사회공포증으로 고통받고 있는 잭의 예이다.

긍정적 심상을 사용한 목표 설정 : 이미지 구성 및 전략의 멘탈 시뮬레이션

목표 설정하기는 인지행동치료의 주요 기법 중의 하나이다(Beck 1995, 2005). 목표 설정의 효과를 설명하기 위하여 다음 질문에 대한 답을 써보도록 하라. "이 장을 읽을 때 당신의 목표는 무엇입니까?"에 대한 답을 적어 보고, 이 질문에 대해서는 잠시 후에 살펴보겠다.

일반적인 통념에 따르면 목표는 SMART해야 한다. 여기서 SMART의 의미는 구체적이어야 하고(Specific), 측정 가능해야 하며(Measurable), 성취 가능해야 하고(Achievable), 현실적이어야 하며(Realistic), 정해진 기간(Time frame) 내에 할 수 있는 것이어야 한다(Westbrook et al. 2007). 앞에서 한 목표 관련 질문에 대해 당신이 대충 답변했다면 당신의 답변은 SMART의 요소들을 골고루 갖추고 있지 않을 가능성이 크다. 벡(Aaron T. Beck)은 심상기법들이 목표 설정에 어려움이 있는 내담자들에게 특히 도움이 된다고 제안했다. 심상 질문을 사용하면 내담자들은 구체적인 예와 구체적인 느낌과 구체적인 행동을 만들어 낼 수 있다. 치료자는 우울한 내담자에게 심상을 떠올리게 한 후 다음과 같이 물을 수 있다. "지금부터 앞으로 1년 후의 자신을 그려 볼 수 있나요? 당신의 팔과 다리가 의자에 깊이 파묻히는 것을 느껴 보세요. 이제 1년이 정말 지나가고 당신에게 늘 즐거움을 주었던 일을 하고 있다고 상상해 보세요. 자신이 이완되고 행복한 상태이며, 자녀들과 어제 즐거운 하루를 보낸 것에 대해 스스로에게 얘기하는 것을 상상해 봅시다. 아이들과 무엇을 같이하고 있었을까요? 당신에게 어떤 점이 달라졌을까요? 자기 자신에 대해서 어떻게 다르게 생각하고 있을까요?" 긍정적인 미래 그림을 그려 보는 것은 효과적인 목표 설정으로 가는 첩경이다.

Conway와 동료들(2004, p. 525)은 "정신적인 심상이 목표에 대한 정보를 나타내는 데 특화된 정신적 표상의 한 종류로서, 목표의 '언어'"라고 제안했다. Conway와 동료들의 분석은 주로 부정적인 심상에 초점을 맞추었는데, 부정적인 심상은 역기능적인 목표가 표현된 것이라고 보았다. 그러나 연구결과에 의하면 심상이 긍정적 목표 설정의 효과를 증폭시키는 데 가치 있는 전략이 될 수 있음을 밝혀주었다(Taylor et al. 1998). 순수하게 '언어적인' 목표들은 2차원적 속성을 지니고 있는 것처럼 느껴진다. 그러나 심상에 의하여 보강된 목표 설정은 3차원의 세계를 제공하는데, 이 3차원의 세계에서는 정서와 구체성, 그리고 새로운 창의적인 아이디어가 내담자에게 갑자기 생겨날 수 있다(Holmes & Mathews 2005).

Holms와 동료들(2008c)은 심상이 특정 목표를 실행하고 성취시킬 가능성을 얼마나 높이는지 살펴보았다. 심상의 이러한 기능이 충동적 상태에 있는 사람들, 예컨대 조울증이나 조증 시기에 있는 사람들에게는 도움이 되지 않겠지만, 특정 목표 성취를 돕는 추가적 전략들이 필요한 사람들에게는 매우 유용할 수 있다. 예를 들면, 심상은 미래에 대한 긍정적인 목표가 부족하고 낙관성이 부족한 우울한 내담자들을 도울 수 있는 것으로 나왔다(Holmes et al. 2008c).

위에서 했던 목표 설정과 관련된 질문들(목표 설정 질문 : 이 장을 읽을 때 당신의 목표는 무엇인가요?)로 돌아가서 다음 연습을 따라해 보기 바란다. 몇 분만 시간을 내서 해본다면 이 활동을 해보는 것이 이 장에 대한 당신의 접근 자세가 달라지는지 여부를 확인할 수 있게 해줄 것이다.

◆ 30분 정도의 시간이 지난 후 이 장의 끝에 도달했다고 상상해 본다.

◆ 당신은 이 장의 내용을 받아들이는 데 당신 최고의 '흡수전략'을 사용했고, 그 내용이 주는 시사점들 때문에 흥분되었다.

◆ 내가 하고 있는 인지행동치료에 대한 시사점이 무엇인지 숙고해 보는 시간을 보낸 후, 다음과 같이 스스로에게 질문해 보았다. "지금 내가 하고 있는 것과 다른

무언가를 해본다면 어떤 것을 한번 시도해 볼 수 있을까?"

◆ 이 장에서 최대한 많은 것을 얻어내기 위해 어떻게 하면 내용을 잘 받아들일 수 있을까?

◆ 향후에 내담자를 만날 때를 한번 상상해 보라. 이때 당신은 시도해 보고 싶은 새로운 아이디어들이 생겼다. 당신의 질문들이 바로 이 새로운 학습을 하도록 이끌었다. 이것이 상담에 어떠한 차이를 가져올 것인가?

◆ 지금 기분은 어떤가? 당신의 몸 어느 부위에서 이걸 느낄 수 있는가? 이 장을 계속 읽어 보고자 하는 당신의 동기와 다음 내담자를 만나 보고자 하는 동기에 어떠한 영향을 미치는가? 심상을 사용하는 인지행동치료자로서 당신의 자신감에 이것이 잠재적으로 어떤 차이점을 만들어 내는가?

이 작업을 하기 위하여 시간을 할애했다면, 이 섹션의 시작 부분에서 이 장을 읽는 것에 대한 당신의 목표가 무엇이냐는 질문에 대해 답했던 것보다 목표가 훨씬 풍성해졌다는 것을 발견할 것이다. 더 나아가서는 "이 장에서 최대한 많은 것을 얻어 내기 위해 어떻게 하면 내용을 더 잘 받아들일 수 있을까?"라는 질문이 이 장의 나머지 부분을 읽는 당신의 방식에 영향을 미칠 수 있다. 당신은 이 장이 상담을 더 잘하게 만들어 줄 잠재력이 있다고 기대하고 계속 더 읽고 받아들이려는 동기를 경험할 수 있다.

경험적인 증거에 의하면 **성과**와 **전략**을 성취하기 위해서는 양쪽에 모두 초점이 맞춰졌을 때 심상이 목표 설정을 하는 데 가장 많은 효과를 볼 수 있다고 한다(Greitemeyer & Wurz 2006; Taylor & Pham 1999; Taylor et al. 1998). 만일 성과와 전략 중 한 가지에 초점을 맞춘다면 전략에 초점을 맞추는 것이 보다 큰 효과가 있는 것으로 보인다(Taylor et al. 1998). 즉, 성과를 얻기 위하여 어떠한 단계가 필요한지를 아는 것은 어떤 성과를 원하는지 아는 것만큼이나 필수적이고 효과적이다. 예를 들어, Taylor와 동료들(1998)은 시험에서 좋은 점수를 얻는 것과 같은 목표의 성공적인 완수를 시각화하는 것이 심리학 학부생들의 성과를 증진시키지는 않았다고 보고했다. 그러나 학생들에게 A학점을 받을 수 있게 시험공부를 하는 자신을 시각화하도록 요청했을 때, 공부시간이 더 길었을 뿐만 아니라 더 좋은 학점을 받았다고 한다. 명백하게도 **목표에 도달하기 위한 과정을 멘탈 시뮬레이션**하는 것은 정서를 잘 예상하고 관리하도록 하며, 또 더 나은 문제 해결로 이끌었다(Taylor et al. 1998). 다른 연구자들 또한 성과와 전략 모두에 대한 멘탈 시뮬레이션을 할 때 목표를 이루는 데 긍정적인 영향이 있다고 보고하였다 (Greitemeyer & Wurz 2006; MacLeod et al. 2008; Taylor & Pham 1999). 더 나아가 목표를 성취해야 하는 이유를 생각하기보다는 목표 성취에 필요한 행동들을 시뮬레이션하는 것이 더 나은 것으로 보였다(Eyck et al. 2006).

성과 질문을 할 때 시각과 다른 감각적인 속성들을 좀 더 명확하게 사용하면 구체성을 증진시킨다. "1년 후쯤 제가 비디오 카메라를 들고 당신과 당신의 배우자를 쫓아다닌다면 그 영상에서 당신 부부가 무엇을 하고 있는 것을 보게 될까요? 이것이 현재와는 어떻게 다를까요?", "당신이 정말로 이완되어 있고 에너지로 가득 차 있다면 당신의 행동이 제가 보기에 어떻게 다를까요?" 시각적인 것뿐만 아니라 운동감각적인 것을 포함하여 이미지의 감각적 양식을 풍부하게 하는 것이 성과를 증진시킨다는 몇 가지 증거는 스포츠 심리학에 나와 있다(Hardy & Callow 1999).

과정 질문들은 내담자가 어떻게 목표에 도달할지를 다룬다. "지금부터 2개월 후라고 상상해 봅시다. 저는 당신이 배우자에게 얘기하는 것을 듣고 있고, 당신이 어떻게 행동하는지를 눈여겨보고 있습니다. 이때 제가 무엇을 보고 듣게 될까요?", "이후에 우리가 대화를 한다고 상상해 봅시다. 당신은 저에게 이러한 변화들을 어떻게 시행하였는지를 자랑스럽게 말해 주고 있는데 뭐라고 얘기하고 있을까요?"

어떤 내담자들에게는 눈을 감는 것이 매우 도움이 되는데 그렇게 함으로써 심상을 증진시킬 수 있고 가상적인 세계와 접촉할 수 있다. 또 다른 내담자들에게는 자연스럽게 심상을 떠올리게 하는 감각 기반의 질문, 예를 들면 "당신이 무엇을 하는지를 제가 관찰할 수 있을까요?"만으로도 충분할 수 있다.

긍정적 심상을 사용한 기술훈련 : 심상 리허설의 중요성

기술훈련은 인지행동치료에서 중요한 역할을 한다. 이는 내담자가 감정을 잘 조절하고, 더 적극적인 태도를 취하거나 비난에 대하여 자신을 잘 주장하는 방식으로 반응하도록 도울 수 있다. 이미 언급한 바와 같이 스포츠 심리학에서는 기술훈련을 위하여 심상을 사용해 온 풍부한 역사가 있다. 긍정적인 심상은 그것만으로도 신체적 연습과 결합될 때 운동 성과를 발전시키며, 코치와 선수들에게 효과적이고 가치 있고 즐거운 것으로 평가되었다(Cumming & Ramsey 2008; Jones & Stuth 1997). 더 나아가 사건들을 상상하는 것이 그것을 실제로 더 진짜처럼 보이게 하고(Taylor et al. 1998), 그 사건의 지각된 발생 가능성을 증가시킨다.

인지행동치료자들이 내담자에게 제공하는 기술훈련에서 가장 흔한 훈련 중 하나는 역할연기이다(Beck 1995). 이것이 회기 중에는 도움이 될 수 있겠지만 그 후에는 어떠한가? 한 회기와 그다음 회기 사이의 심상숙제는 도움이 될 수 있는데, 특히 그 기술을 사용할 수 있는 예측 가능한 기회들이 없을 때와 그런 기회들의 빈도가 낮을 때 그렇다. 예를 들면 동료의 비난에 대해 자기 주장적으로 반응하는 사건 자체가 별로 없을 때 활용해 볼 수 있다. 문제 상황을 성공적으로 다루는 구조화된 멘탈 시뮬레이션은 새로운 기술을 쌓고 증진시키는 최선의 방법 중 하나일 수 있다(Korrelboom et al. 2009b).

내담자가 회기를 오디오로 녹음하는 것은 매우 유용한데, 심상의 회기를 녹음한 것을 집에서 다음 회기가 될 때까지 수차례 들어 볼 수 있다. COMET(Korrelboom et al. 2008, 2009b)은 회기 사이에 심상 리허설을 광범위하게 활용한다(제13장 참조). Korrelboom과 동료들은 하루에 5분씩 6번 연습하는 것을 제안한다. 스포츠 심리학 문헌에서는 최적의 수행을 위해 하루에 필요한 정신적 연습의 최적 양에 대해서는 확실히 말하고 있지 않다. Cumming과 Ramsey(2008)는 연습의 빈도보다 심상의 질이 더 중요할 수 있다고 제안한다. 스포츠 심리학과 인지행동치료 모두에서 향후 연구에 중요한 영역은 심상의 질이 얼마나 신뢰할 수 있게 증진시킬 수 있는지를 밝히는 것이다(Cumming & Ramsey, 2008).

녹음의 장점은 내담자가 리드하는 참여자가 되지 않아도 된다는 점뿐만 아니라 다른 시나리오들을 만들어 내는 데 주의를 기울이지 않아도 된다는 것이다. 다양한 장면을 그려내는 녹음은 내담자가 상황을 보다 깊이 경험하게 하는 데 특히 효과적일 수 있다. '다양한' 다중 감각 녹음을 만들기 위한 제안은 제5장에 수록되어 있다. 녹음의 단점은 예측 가능하고 한두 가지의 정적인 상황만을 포함한다는 것이다. 그래서 이상적으로 볼 때 내담자는 일어날 수 있는 여러 상황에 대한 자신의 기술을 확장하기 위해서 여러 가지 다른 발생 가능한 시나리오의 지식을 활용해야 한다. 잭의 예시가 다음에 나와 있다.

잭은 중요한 발표를 하는 동안에 할 말을 잃었던 고통스러운 경험을 했는데, 그 후

회의 때마다 항상 불안해졌다. 그는 회의에 가기 전에 매번 항불안제를 복용했다. 치료자와 잭은 어려움을 가져다줄 가능성이 있는 상황들을 열거해 보았고, 몇 회기 동안 그 상황들에 대한 역할연기를 해보았으며, 잭이 집에 가져갈 수 있도록 심상 녹음을 했다. 몇 주 후에 잭은 회의에 대한 자신감이 올라갔음을 보고했다. 불안감을 덜 느끼는 날들은 약을 복용하지 않았다. 그 후 8주 동안 이틀에 한 번씩 새로운 녹음을 하였고, 시나리오의 난이도는 증가하였다. 다른 날에는 녹음을 옆에 치워두고 새로운 시나리오를 상상으로 시뮬레이션했다. 잭은 이러한 심상 녹음, 심상을 활용한 자가 연습, 또 실제 세계에서의 행동실험의 결합을 통하여 약을 점점 줄여 나갈 수 있었고, 나중에는 전혀 복용하지 않는 상태가 되었다.

문제 해결하기 : 멘탈 시뮬레이션을 통해서 체크하고, 평가하고, 조정하기

멘탈 시뮬레이션은 내담자가 어려움에 봉착했을 때 점검하고 평가하고 문제를 해결하고 세밀하게 조정하거나 조절하는 것을 가능하게 한다. 위의 잭의 예를 이어서 보겠다.

잭은 커다란 원탁회의 장소에서 자신이 보고해야 할 차례를 기다리는 동안 급격한 불안을 경험했던 적이 있다. 그는 몸이 좋지 않다고 양해를 구하고 회의 장소를 빠져나왔다. 잭과 그의 치료자는 여러 가지 선택 안들에 대하여 논의를 한 후에 새로운 심상회기를 녹음하였는데, 그는 외부로 주의 초점 돌리기, 상상 리허설, 도움이 되는 자기 대화를 통하여 불안을 조절할 수 있었다. 잭은 다른 방식으로 유사한 상황에도 대처할 수 있다는 자신감을 90% 느낄 때까지 그다음 2주간 하루에 두 번씩 녹음한 것을 들었다. 그는 마침 다른 회의에서 새로운 전략들을 시도해 볼 수 있는 기회가 생겼고, 이를 성공적으로 수행할 수 있었다.

스포츠 심리학에서 나온 증거는 시뮬레이션할 때의 조건이 '실제' 조건과 최대한 가까워졌을 때 유사한 신경학적 기제가 작용하여 시뮬레이션 효과도 최대가 된다고 밝히고 있다. 예를 들면, 신체적인 위치, 몸의 자세와 움직임, 그리고 사고와 정서가 원하는 성과에 근접해야 한다(Cumming & Ramsey 2008; Holmes & Collins 2001). 이러한 아이디어가 회기들 사이에 시행되는 상상 리허설의 가치에 대한 근거를 더 제공한다. 만약 새로운 행동과 잘 조절된 정서가 그것들이 촉발될 가능성이 있는 환경에서 시뮬레이션(실제로 나타나는 것처럼 상상해 본다면)된다면, 이것이 효과적으로 적용될 가능성은 더 클 것이다.

결론

멘탈 시뮬레이션을 통한 긍정적 심상 작업은 강화된 SMART 목표의 생성과 가장 효과적인 전략과 기술이 무엇인지를 찾아내고 시도할 수 있는 내적인 실험실을 제공한다. 내담자들은 일종의 단순한 '실험실' 상황이라는 안전함을 인식하면서 그것들의 영향을 살펴보고 다른 생리적 감각들을 경험해 볼 수 있을 것이다. 이 장을 요약하자면 내담자들이 긍정적인 미래를 상상하기 위해서 멘탈 시뮬레이션을 사용할 때 세 가지 주요한 심상 과정이 있다.

1. 목표 설정에 있어서 긍정적 심상 구성이 사용된다.
2. 기술훈련에 있어서 긍정적 심상 리허설이 사용된다.
3. 문제 해결 및 세밀한 조정기술에 있어서 점검하기, 평가하기, 조정하기가 사용된다.

이 세 가지 요소 모두는 제13장에서 다루어질 '새로운 존재방식'을 생성하는 데에도 중심이 된다.

사례예시

Christine A. Padesky
Center for Cognitive Therapy, Huntington Beach, California, USA

강점에 기초한 심상 사용하기

카르멘은 스스로 다른 사람들만큼 머리가 좋고 유능하지 않다고 생각해 사회적인 상황을 회피해 왔다. 그녀는 자신의 결함이 저녁식사에서의 대화같이 친밀한 장면에서 특히 잘 드러난다고 생각했다. 그녀의 상사가 매달 열리는 비즈니스 연회에 참석하도록 요구했을 때 그녀는 극도의 불안을 느꼈다. 그녀의 예기 불안은 벡 불안척도에서 그 연회 사건 바로 전날 28점까지 올라갔다.

그녀의 강점과 인생에서 만족한 부분들을 탐색해 본 결과 카르멘은 그녀가 새들을 쳐다보고 있을 때 아주 편안하다는 것을 알게 되었다. 그녀는 '새로운 새'를 발견할 때 오랫동안 관찰하며, 그때 커다란 흥분을 경험한다. 새를 관찰하는 그녀의 장점이 만찬장에서 행동실험을 시행하는 데 어떻게 활용될 수 있을지 질문을 받았을 때, 카르멘은 테이블에 있는 각각의 사람을 새처럼 상상해 보겠다고 말했다. 이러한 심상을 마음에 두자 그녀는 연회에서 자신이 다른 사람에 의해 관찰당하는 사람이기보다는 적극적인 관찰자인 것처럼 생각하기로 했다. 이것은 바로 자신의 사회적인 불안을 극복하기 위해 고안된 행동실험에서 매우 바람직한 자세이기도 했다. 그녀는 저녁을 먹는 각 사람의 고유한 특징을 발견해 내기 위해서 다양한 방법을 사용하는 것을 상상해 보았다. 이러한 장점 기반 심상은 카르멘이 비즈니스 연회를 '매우 고통스럽게 감시당하는 시간'에서 '발견할 수 있는 즐거운 기회'로 변형시키는 데 도움이 되었다.

CREATING NEW WAYS OF BEING

긍정적 심상 :
'새로운 존재방식'의 창조

'우리가 제공하는 비전은…… 미래를 만들어 간다. 바로 이 비전이 중요하다.
비전은 자주 자기충족적인 예언이 된다. 꿈은 지도다.'

칼 세이건, **창백한 푸른 점**(1995)

서론

이 장에서는 '새로운 존재방식'을 생성하기 위한 심상 사용에 초점을 둘 것이다. 새로운 존재방식이란 새롭고도 긍정적인 지향을 뜻하는 용어로서 이전까지 끈질기게 강한 부정적 신념을 가지고 있었던 내담자들이 이 장에서 언급한 접근법들을 통해 스스로에 대해 (새로운 존재방식을) 발전시켜 나가도록 격려를 받게 된다. 새로운 존재방식은 다양한 새로운 인지와 행동ㆍ정서ㆍ생리적 반응ㆍ느껴진 감각을 포함한다. 가령 역겨움보다 친절함으로 자신을 대하는 것은 Teasdale(1997)이 함의적이라는 용어로 지칭한(제2, 3장 참조) 보다 근본적인 수준에서의 변화를 뜻한다. 이러한 변화는 체계, 즉 행동ㆍ정서ㆍ생리ㆍ이미지 등의 모든 수준에 영향을 준다. 여러 다른 저자들은 우리가 새로운 존재방식이라고 말하는 것을 가리키기 위해서 '제자리에 있는 마음'(Teasdale 1997), '사회적 사고방식'(Gilbert 2005), '새로운 체계'(Padeskey & Mooney 2005), '인지정서 네트워크'(Korrelboom et al. 2009b) 등의 용어를 사용했다.

앞의 제8장부터 제11장까지는 부정적 심상을 떠올리는 데 관련된 믿음이나 가정을 분석하는 데 주안점을 두었다. 일단 부정적 심상과 의미가 이해되면, 이미지를 변형시키기 위해 기존의 믿음이나 가정과 맞지 않는 정보들이 소개되었다. 반대로 긍정적인 심상을 다룬 앞 장에서는(목표 설정, 기술 개발, 문제 해결 등을 다루었는데), 출발점이 새로운 심상을 창조해 내는 것이었으며, 부정적 이미지나 그것을 변형시키는 시도는 하지 않았다.

이 장에서 다룰 **새로운 존재방식 기법**은 앞에서 언급한 두 가지 접근법 사이에 위치한다. 여기에서는 대안적 반응을 만드는 작업으로 옮겨가기 전에 내담자의 과거에 비추어 보았을 때 현재 역기능적인 존재방식이 나름 이해될 수 있고 적응적인 반응이라고 인정해 주는 것이 필수적이다. 하지만 새로운 존재방식이라는 치료 작업의 초점은 새로운 존재방식 혹은 바람직한 상태를 마음속에 그리는 데 있다. 이 작업의 목표는 완전히 다른 방식으로 자기, 타인, 그리고 세상과 관계를 맺는 것이다. 심상이 동일한 정보라 할지라도 언어적 사고보다는 긍정적인 정서에 보다 강한 영향을 미치기 때문에 심상적 접근법들은 긍정적인 존재양식을 만들어 내는 데 특히 효과적인 접근이 될 것이다.

이 장에서는 새로운 존재방식을 낳는 세 가지 접근법을 살펴볼 텐데, 이들 모두 심상 개입이 핵심적인 역할을 한다.

1. 자비심 훈련(Compassionate Mind Training, CMT)은 강렬한 수치심과 자기비난을 자주 경험하는 사람들에게 스스로를 자비로운 방식으로 생각하고 행동하도록 가르치는 것이다(Gilbert 2005b, 2009 ; Lee 2005).

2. Padesky와 Mooney(2005)의 **새로운 체계 접근**은 낡은 체계가 현재 상황에 적합하지 않은 내담자들에게 새로운 자기를 만들어 주기 위한 것이다.

3. Korrelboom과 동료들의 경쟁적인 기억 훈련(Competitive Memory Training, COMET ; Korrelboom et al. 2008, 2009a, 2009b, 2011)은 단순히 지적 수준에서 자신에 대해 아는 것을 정서적 수준에서 믿도록 돕는 것을 목표로 한다.

Gilbert의 접근(CMT)이 필요한 내담자는 자신에 대해서 강한 부정적 심상을 가진 내담자들이다. 이 내담자들은 종종 학대당하거나 힘든 어린 시절을 보낸 사람들이다(제2장 참조). 결과적으로 이들은 즐거운 자서전적 기억이 결핍되어 있으며, 자신에 대한 대안적인 긍정적 이미지나 인지, 태도, 감정이 결핍되어 있어서 새롭게 긍정적인 존재방식을 만들어 나가는 것이 필요하다. Padesky와 Mooney의 낡은 체계/새로운 체계 모형은 내담자가 대안적인 '새로운' 체계에 대한 신념이 전혀 없다고 가정하며, 따라서 행동실험을 통해 그러한 신념을 형성하는 방법을 다루고 있다. Korrelboom

의 COMET 훈련은 내담자가 비록 대안적인 믿음을 갖기 어렵거나 혹은 지적인 수준에서만 갖고 있다 하더라도 자신들의 정서적 신념이 정확하지 않을 수 있다는 점을 어느 정도 인식하고 있다고 가정한다. 이 세 가지 접근은 서로 다른 내담자들을 대상으로 한다. Gilbert의 방법은 높은 수준의 자기혐오 또는 자기증오를 지닌 내담자들에게, Padesky와 Mooney의 방법은 자기에 대해 대안적인 견해는 가지고 있지 않지만 Gilbert의 내담자들만큼은 자기 적대심이 있지 않은 내담자들에게, 그리고 Korrelboom의 접근은 '대안적 자기'에 대해 약간의 감각을 가지고 있는 내담자들을 대상으로 하는 것이다.

이 장에서는 자비심훈련, 새로운 체계/낡은 체계 작업, COMET을 자세히 다룰 것인데, 이 세 가지 모두에서 긍정적인 심상 작업이 중요한 역할을 차지하기 때문이다. 심상은 자비심과 COMET 훈련에서 꾸준하게 사용되는데, 종종 수개월에 걸쳐서 새로운 존재방식을 구성하고 강화시키기 위해 사용된다. 실제로 Gilbert(2005b)는 자신의 접근이 자비심훈련이라고 분명히 언급했으며, 이것이 '신경생리치료'(다시 말하면 자비로운 근조직을 배양하기 위해서는 반복적인 연습이 필요)처럼 취급되어야 한다고 제안했다. Padesky와 Mooney는 '새로운 체계'를 구성하는 단계에서 긍정적 심상을 강조했다. 이들은 새로운 존재방식 작업의 공고화/통합 단계에서는 Gilbert나 Korrelboom에 비해 심상을 덜 강조했고 행동실험을 더 많이 강조했다. COMET은 CMT와 유사한 '심상훈련' 관점을 가지고 있는데, 새로운 존재방식을 만드는 것과 통합하는 단계 모두에서 매일 지속적으로 심상을 연습하도록 권하고 있다.

우선 이 세 가지 접근 모두 주창자들에 의해서 잘 정교화되어 있지만 이 장에서는 단지 간단히 요약되었다는 점을 분명히 밝힌다. 자비심훈련, 낡은 체계/새로운 체계 작업, COMET 훈련을 효과적으로 사용하기 위해서는 이들 방법에 대한 철저한 이해가 필수적이다. 세 가지 접근 모두 심상 외의 다양한 치료 전략들을 사용하는데, 독자들이 이 각각의 접근을 완전히 이해하기 위해서는 관련 자료들을 살펴보기를 권한다(Gilbert 2005b, 2009; Gilbert et al. 2006; Gilbert & Irons 2004, 2005; Korrelboom et al. 2008, 2009a, 2009b; Kuyken et al. 2009; Lee 2005; Mooney & Padesky 2000; Padesky 1990, 1994). 여기에서는 이 장의 목적에 맞도록 세 가지 모형의 심상적인 측면에 주목할 것이며, 2개의 임상 사례도 살펴볼 것이다. 이 책의 맥락에 맞게 새로운 존재방식을 만드는 접근들에서 심상이 차지하는 주된 역할을 주로 다루게 될 것이다.

소개하기

이전의 장들, 즉 제5장부터 제11장에서는 심상 개입을 위한 준비로 소개하기와 사례 개념화의 중요성을 강조했다. 이 두 가지는 새로운 존재방식 작업에도 필수불가결한 요소이다. 우선 내담자가 자비심이나 새로운 체계를 형성하거나 또는 긍정적인 인지 정서망에 더 가까이 접근하는 데 왜 심상을 사용하는지 그 논리적인 근거를 이해할 필요가 있다. 심상 작업에 대한 논리적 근거의 일부는 제5, 6장에서 논의되었다. 자비심, 새로운 체계, COMET을 위한 보다 구체적인 근거는 다양한 자료집에서 발견할 수 있다(Gilbert 2005b, 2009; Gilbert et al. 2006; Gilbert & Irons 2004, 2005; Korrelboom et al. 2008, 2009a, 2009b, 2011; Kuyken et al. 2009; Lee 2005; Mooney & Padesky 2000; Padeskey 1990, 1994). 이들 출처 중에는 위에 언급했듯이 Gilbert의 신경생리치료 비유도 있고, Padesky의 자신에 대한 적대적인 편견과 같이 부정적 핵심 신념에 대한 가치 있는 은유도 있으며, 긍정적인 견해에 대한 접근성을 더 경쟁력 있게 만듦으로써 긍정적 자기 견해와 부정적 자기 견해 간에 더 공정한 균형을 회복하는 것에 대한 Korrelboom의 근거도 있다[Brewin(2006)의 인출경쟁 이론에 근거함].

개념화하기

치료자와 내담자는 앞에서 언급한 치료 개입의 효과적인 진행을 위해 사례 개념화에 동의할 필요가 있다. 가령 CMT에서 치료자는 수치심과 자기비난이 부모의 학대나 왕따와 같은 위협으로 인한 반응으로 형성되며, 일종의 안전전략으로 유지되었음을 말해 주는 개념화를 내담자와 함께 진행해 나가야 한다(Gilbert 2010). 확실한 기능분석과 함께 자기비난 또는 낡은 체계가 작용하는 파괴적인 방식과 이것이 심리적 안정감에 끼치는 해로운 영향을 제대로 이해하지 않고서는 변화에 대한 저항과 두려움이 생길 수 있다. 낡은 체계/새로운 체계 작업을 하는 내담자에게 새로운 체계를 발전시킬 수 있다는 아이디어는 그 자체는 매우 생소하게 보일 수 있다. CMT, 낡은 체계/새로운 체계, 그리고 COMET 훈련에서 사례 개념화에 대한 구체적인 내용은 이 장에서 다루고자 하는 범위를 벗어난다. 좀 더 자세한 내용은 위의 '소개하기'에서 언급된 주된 참고자료에서 확인할 수 있다.

이 장의 나머지 부분에서는 자비심훈련, 새로운 체계작업, COMET에서 사용되는 심상기법에 초점을 맞추려고 한다. 각 모형을 간단히 소개한 후 각 섹션에서는 긍정적 심상에 대해 이전 장에 소개되었던 심상 작업의 세 가지 요소를 제시할 것이다.

1. 심상 구성
2. 심상 연습
3. 점검하기/평가하기/조정하기[Padesky와 Mooney(2005)에서는 '주행 테스트'라고 지칭함]

자비심 훈련

CMT는 Gilbert가 출판한 일련의 저서와 논문(Gilbert 2005a, 2009, 2010; Gilbert & Irons 2004; Gilbert & Procter 2006)을 통해 발전되고 정교화되었다. 특히 부정적인 자기 대 자기의 관계(예 : 자기증오, 자기혐오, 수치심)를 가진 내담자들을 위한 정교한 모형을 제안하기 위해서 진화심리학, 인지신경과학, 실험심리학, 불교심리학, 그리고 임상정신병리학의 이론을 가지고 왔다. 이론적 근거에 대한 충분한 논의는 이 장의 범위를 넘어서는 것이다. 치료자들이 CMT를 사용하고자 한다면 Gilbert의 저서를 읽어 볼 것을 추천한다.

Gilbert(2005a)는 어떤 내담자들에게 높은 수준의 내적인 갈등이 있다고 가정했는데, 특히 비난하고 공격하는 내면적인 부분과 이런 비판으로 인해 기죽은 내면적인 부분 사이에 내적인 갈등이 있을 수 있다고 언급했다. 예를 들면, 일이 뭔가 잘못되거나 실수할 때 사람들은 "너는/나는 한심해, 바보 같아, 멍청해!"와 같은 공격적인 반응으로 반응하기 쉬운데, 한편으로는 이같은 공격은 '나는 형편없어.', '남의 눈에 띄지 않게 납작 엎드려 있어야지.'와 같은 생각과 함께 열등감, 취약감을 동반하는 저자세의 방어를 촉발시킨다. 사고의 내용이 중요한 것은 말할 것도 없고, 느껴지는 정서 또한 매우 적대적이고 공격적이며 경멸적이다. 이런 내담자들이 하기 어려운 것은 위협이나 곤란한 상황에서 자기 스스로에 대해서 이해심이 있고 지지적이며 친절하게 대하는 것이다.

Gilbert(Gilbert 2005b, 2009; Gilbert & Procter 2006)는 이러한 내담자들이 가혹한 양육, 애정결핍과 학대, 또는 왕따와 같은 개인력 때문에 자기 자비심이나 자아 친화적인 체계의 발달이 잘 이루어지지 않았다고 가정했다. 대신 이들은 자신들을 '나빠, 무가치해, 쓸모없어!'라고 부르는 잔인한 목소리를 내면화하게 되었다. 이들은 타인에게서 온정적인 관심을 별로 받아 본 적이 없기 때문에 자기를 안심시켜 주는 온정적인 심상을 만들어 내는 법을 배우지 못했다(Gilbert et al. 2006). Gilbert는 '온정적인 신호'가 뇌에서 진정시키는 체계를 촉발시킬 수 있다는 증거가 있다고 제안하였으며, 내담자가 어려움에 처할 때 불러일으켜 접근시키고자 하는 체계가 바로 이 체계라고 보았다.

자기 자비가 결여되어 있는 사람들에게는 자기 자비 · 친절함이 실제로 어떤 것인지를 경험하게 하는 것이 도움이 된다. 그런 다음 이들이 새롭게 자기 자비심을 고취시키고 발달시킬 수 있도록 훈련시키는 것이 필요하다. 자기 자비심은 온전한 존재방식 경험이다. 이것을 유발하는 것은 친절함, 돌봄, 지혜, 수용과 같은 요소를 가지고 자기 대 자기를 보는 태도와 행동을 가지는 것일 뿐 아니라, 몸으로 따뜻함과 위안을 느끼는 것이다. CMT는 다양한 수준의 인지, 행동, 정서, 생리적 기능의 변화를 목표로 하며, 이를 위해 행동실험, 심상, 대화, 게슈탈트 작업 등과 같은 다양한 치료 전략을 사용한다. 이들 중 심상은 자비로운 마음을 불러일으키는 데 중요한 역할을 한다(Lee 2005).

이미지 구성

주요한 CMT 훈련 중의 하나는 자비심의 이상적인 특징을 담고 있는 심상을 구성하는 것이다. 이때 유용한 접근은 만약에 이상적으로 생각하는 온정적 동료나 양육자를 구상한다면 "그 사람은 어떤 사람일까요?"하고 물어보는 것이다(Lee 2005). 치료자는 내담자에게 눈을 감으라고 한 다음에 "자비로운 마음을 떠올릴 때 당신 안에서 어떤 심상과 어떤 느낌이 떠오릅니까?"라고 물어본다(Gilbert 2009). 이런 식으로 내담자는 자비로운 마음에 대한 이미지를 떠올리고, 자기 자신을 향하여 자비로운 마음을 가지면서 항상 존재하는 코치 및 가이드로서 작용하게 할 수 있다. 심상은 실재하거나 상상된 존재 혹은 신화적 인물일 수 있는데, Gilbert는 종교적인 인물에 대해서는 양가적인 연상을 이미 가지고 있을 수 있기 때문에 권장하지 않는다. 또 자연세계(예 : 아름다운 장소나 산)도 효과가 있을 수 있다. Gilbert와 Irons(2004)는 '꽃이 만발한 나무'와 같은 예를 제시했다. 형태는 상대적으로 덜 중요하며, 중요한 것은 그 사람의 감정과 고통을 완벽하게 이해할 수 있는 지각이 있는 마음을 심상에 담는 것이다. 그것은 '완벽한 양육자'가 될 수도 있으며(Lee 2005) 혹은 그 내담자에게 가장 잘 맞는 다른 자비심의 요소로 가득 채워져 있는 사람일 수도 있다. 그런 다음 심상을 다양한 상황에서 떠올려 사용할 수 있다. 점진적으로 심상이 내재화되고 자기 자신에 대한 자비심이 내면화된 특성으로 나타날 수 있다.

심상은 일반적으로 다음과 같은 특성이 있다.

◆ 심상은 치료자에 의해 처방되기보다는 내담자에 의해 창조되어야 하며, 내담자에게 딱 맞는 자기 것을 만드는 것이 중요하다.

◆ 심상은 완벽한 자비심에 대한 내담자의 개인적인 이상을 상징화한다. 그것은 자기를 향해 자비심을 가지고 있는 사람의 이미지가 될 수도 있으며 혹은 사람이 아닌 존재의 이미지나 어떤 요소의 이미지일 수도 있다. 혹은 바라는 모든 특성을 가지고 있는 자신의 이미지일 수도 있다. 예를 들어, 더 나이가 들고 더 현명하며 더 친절한 이미지일 수 있다.

◆ 심상은 다양한 자비로운 마음의 자질을 지니는데, Neff(2003)는 자기-친절, 타인과 공통된 인간애 지각하기, 마음챙김 등의 특성이 자기-자비심이라고 보았다. Gilbert(2009)는 심상이 담요처럼 일시적 대상으로서 당신의 마음을 달래주는 대상이 아니라 지각이 있는 존재여야 한다고 보았다. 또한 그것은 (1) 지혜(경험으로부터 나온) (2) 강함(불굴의 용기와 인내하는 능력에 나타나는 것과 같은) (3) 인정과 친절함 (4) 자기에 대한 비판단적인 수용 등으로 되어 있다고 보았다. 치료자는 각각의 이런 자질들을 내담자와 함께 탐색하고 심상에서 어떻게 나타나게 될 것인지에 대해서도 이야기해 본다.

◆ 심상은 다감각적인데, 특히 신체에 '따뜻한' 느낌을 줄 수 있어야 한다. 타인을 위해 느꼈던 자비심, 가령 상처받은 작은 아이에게 느끼는 자비심과 비슷한 감정, 그리고 자비로운 감정(동정심이나 공감) 같은 것들이 느껴져야 한다. 치료자는 심상이 시각적으로 어떻게 보이는지 그리고 다른 감각으로는 어떻게 느껴지는지(청각, 촉각 등) 물어보아야 한다. 심상을 만들어 내는 데 유용한 질문들은 Gilbert와 Procter(2006)에 나와 있다. 예를 들어, "당신은 돌보는 존재의 이미지가 나이가 들게 혹은 젊게 느껴지거나/보여지길 원하나요?", "남자가 좋을까요, 여자가 좋을까요, 아니면 동물이나 바다나 빛이라면 어떨까요?"

마음속에 명백하게 나타나는 그림은 드물며(Singer 2006), 사람들은 보통 순간적으로 어떤 이미지를 떠올릴 수 있다(성적인 심상은 부분적이고 순간적일 수 있지만, 여전히 생리적으로 달아오르게 하는 것과 마찬가지로). 자비로운 마음의 심상 역시 '마음챙김'과 같이 충분히 자각된 마음으로 작업할 수 있다. 만약 심상이 사라지거나 형태를 잃어 느껴지기 어렵다면, 혹은 마음이 방황한다면 마음을 다시 부드럽게 돌려 잘 관찰하면서 비판단적으로 초점을 맞추도록 한다.

좀 더 흥미로운 이슈는 CMT에서 자비로운 존재로부터 자비심을 경험하게 되는지 혹은 자기 자신에게 향하는 자비심을 내면적으로 경험함에 따라 스스로 자비로워지는지, 그렇다면 어떤 시점에서 경험하는 것이 좋은지에 관한 질문이다. 자비심을 주는 심상을 관찰자 관점에서 보았을 때, 심상이 느껴지고 내면적으로 경험되는지를 어떻게 확인할 수 있을까? 아마도 처음에는 관찰자 관점을 취하는 것이 더 쉬울 테지만, 치료 후반에는 본인이 자비심을 느끼는 존재임을 상상하는 것이 더 쉬워지고 더 선호될 수 있을 것이다. 하지만 이 질문에 답하기 위해서는 경험적인 연구가 필요하다.

자비로운 마음을 유도하기 위한 단서로서 심상의 시각적인 표상을 갖는 것도 도움이 될 수 있다. 만약 내담자가 그림 그리는 것을 편안하게 여긴다면 그림도 심상을 개인화하는 데 도움이 될 수 있다(Butler & Holmes 2009). 혹은 자비로운 존재를 나타내는 그림을 잡지에서 오려서 쓸 수 있고, 어떤 대중 아이콘이나 조각상 같은 것을 사용할 수도 있다. 또는 그림이나 사진을 복사해서 여러 다른 방에 붙여 두어 깨우칠 수도 있다. Lee(2005)는 내담자들이 이상적인 자비로운 심상을 구상했다면, 글로 이 자질들을 잘 기술해 놓는 것이 좋다고 제안했다. 아래 사례에서 '내부조력자'의 예를 살펴보자.

> 헤더는 아주 강한 완벽주의적 신념을 가지고 있는 35세의 영업부장이다. 그녀는 직장이나 인간관계나 취미 선택에서조차 자신이 형편없다고 끊임없이 자신을 질타했다. 그녀는 CMT에 대한 논리를 빨리 이해했고, 숙제로 자비심을 지닌 존재(내부조력자라고 이름 붙임)를 그렸다. 다음 회기에 그녀는 자신이 그린 그림을 가지고 왔는데, '쓰레기'(그림 13.1 참조) 같다고 이야기했다. 이 말로 인해 치료자도 이 생각을 했는지 검증해 보는 자발적인 행동실험을 하게 되었다. 다음 주에 헤더와 치료자는 내부조력자를 불완전하게 그리는 행동실험(그림 13.2 참조)을 설계해서 시행했다. 헤더는 "그림의 눈이 잘못되었지만 괜찮아요!"라고 기뻐했다. 헤더는 내부조력자가 다음과 같은 특징을 가지고 있다고 보았다.

그림 13.1 '쓰레기' 내부조력자

- ◆ 나는 그녀가 바다 옆에 있는 것을 그렸는데, 바다는 내가 언제나 좋아하고 살아
  있다는 느낌을 주는 곳이다.
- ◆ 그녀는 내가 되고 싶은 그런 사람으로서 나보다 더 나이가 들고 더 지혜롭다.
- ◆ 그녀는 친절하며 다정하고 너그러운 사람이다.
- ◆ 그녀는 편안하고 타고난 자기 신념에서 나온 강인함과 자유를 지니고 있다.
- ◆ 그녀는 인간으로서의 약점을 허용하고 판단하지 않는다.
- ◆ 그녀는 분별력 있고 논리적이지만 결코 잘난 척하지 않는다.
- ◆ 그녀는 감정을 잘 표현하고 나를 자랑스러워한다고 말한다.
- ◆ 그녀는 언제나 진정한 미소를 짓고 힘차게 포용할 준비가 되어 있다.
- ◆ 그녀의 안정감 때문에 그녀는 나를 따뜻하게 느끼게 해주고 안정되어 있으며 무
  엇보다 수용된다는 느낌을 준다.

그림 13.2 수용할 수 있는 불완전한 내부조력자

심상 리허설

Gilbert(2005b)는 CMT의 목적이 진정시키는 정서를 관장하는 신경생물학적 체계에 더 잘 접근하도록 만드는 것이라고 이야기했다. 자기진정은 심한 자기비난에 빠지기 쉬운 자기에게 새로운 자비로운 '사회적 사고방식'을 가져다준다. 수년간 자기비난을 해온 사람에게 새로운 신경통로를 촉진시키기 위해서는 상당한 인내와 연습을 요구한다.

따라서 자비로운 마음 심상은 다양한 책략을 통하여 여러 다른 상황에서 규칙적으로 연습될 필요가 있다. 이 맥락에서 '규칙적으로'가 무엇을 의미하는지에 대한 경험적 연구는 거의 없지만, Gilbert(개인적인 교류, 2007. 2)는 CMT의 집단원들이 매 회기에 연습을 하고 또한 가상으로 자비로운 존재의 관점에서 자비로운 편지를 작성해 보는 등 집에서도 연습하도록 권장한다고 했다. 자비로운 심상을 연습하는 상황들의 예는 다음과 같다.

- ◆ 자기 공격적일 때 "나의 자비로운 존재는 나에게 뭐라고 말을 할까?"라고 질문해 보기

◆ 학대 기억과 같은 감각적인 기억을 다룰 때 나의 자비로운 심상이나 완벽한 양육자는 나에 대해서 어떻게 느끼고 무슨 말을 하거나 어떤 행동을 할까?

◆ 자비로운 존재가 나에게 편지 쓰게 하기. 치료자는 안내자의 역할을 하면서 글에 자비로운 따뜻함이 묻어 나오도록 하기

◆ 자동적 사고기록지를 작성할 때 평소의 관점에서 한 것과 자비로운 존재의 관점에서 한 것을 비교해 보기

◆ 자비로운 심상을 사용해서 치료자와 함께 자비 녹음을 만든 후 들어 보거나 자비 명상 CD 듣기를 시도해 보기

자비로운 심리 상태를 촉발하기 위해서 환경의 어떤 단서(예 : 작은 향수병을 놓아 두거나 식사를 준비하는 것)를 예비해 두는 것은 특히 유용하다. 내담자들은 CMT를 훈련할 때 자비로운 자질들을 마음속에 품는 것뿐 아니라 몸으로도 그런 감각들이 느껴지도록 할 필요가 있는데, 다음에 몇 가지 예가 있다.

◆ 존은 새 시계를 샀는데(그 행동 자체가 자비로운 행동임), 자비로운 감정을 그 시계에 연결해 놓았다. 그 결과 시계를 볼 때마다 자비로운 마음이 우러나는 것을 느낄 수 있었다.

◆ 제인은 그녀의 부정적인 자동적 사고에 대해 새로운 조망을 만드는 데 있어서 자신의 자비로운 존재를 사용했다(그림 13.3 참조).

◆ 샐리는 자신에 대해 부정적으로 느끼고 있다는 것을 알아차릴 때마다 그녀의 자

상황	기분	자동적 사고	자비로운 마음의 관점	재평가
우울한 아들에게 막 전화를 하려던 순간	슬픔 80%	나는 언제나 잘못된 말을 한다. 나는 언제나 잘못된 행동을 한다. (핵심 신념 : 나는 실패자야.) 지지하는 증거 : 때때로 나의 부정적인 태도가 자기충족적인 예언을 하게 만든다. 종종 나의 이런 부정적인 측면이나 부정성 때문에 다른 사람들에게 나쁜 영향을 주거나 화나게 만든다.	'언제나'라는 것은 사실이 아니다. 만일 어떤 친구가 이런 감정을 느낀다면 이건 순전히 과장된 것이라고 진심을 담아 이야기할 것이다.(만약 다른 사람이 슬프다면 일반적으로 내 잘못이 아니다.) 비록 내가 때때로 실패를 하고 잘못된 것을 말하기는 하지만, 자신감이 높아지면서 이런 일이 덜 일어날 것이다.	슬픔 30%

그림 13.3 자비로운 이미지를 사용하여 작성한 자동적 사고기록지

애로운 존재를 도구로 사용했다. "만약에 내가 친구에게 얘기한다면 나는 그들에게 뭐라고 말을 할까? 나의 자비로운 존재는 나에게 뭐라고 말을 할까?"

◆ 헤더는 그녀의 자비로운 존재의 그림을 담뱃갑 뒤에 붙일 수 있는 크기로 복사해 담뱃갑에 붙였다. 담배를 피울 때마다(하루에 약 20번) 자기-자비심 감정이 생겼다(이것이 담배를 끊도록 했는지는 알려져 있지 않음).

점검하기, 평가하기, 조정하기

일단 심상을 형성한 후에는 다양한 환경에서 점검할 필요가 있다. 예를 들어, 내담자가 스트레스를 받는다거나 혹은 어려운 동료나 가족과 시간을 보내는 환경 등에서 심상이 잘 작용하는지 점검해 보아야 한다. 만약에 필요하다면 심상은 조절될 수 있는데, 내담자에게 물어볼 수 있는 몇 가지 유용한 질문들은 다음과 같다.

◆ 심상을 떠올리기가 얼마나 쉬웠습니까?
◆ 자신에게 친절하고 지지적이 되는 것은 잘 되었습니까?
◆ 어떤 것은 잘 되고 어떤 것은 잘 안 되었나요?
◆ 당신의 자비로운 존재를 스스로 떠올리기 위해서는 무엇을 해야 할까요?
◆ 당신이 어려운 상황에서 어떻게 심상을 유지할 수 있었습니까?
◆ 당신에게 보다 효과적으로 작용하도록 심상에서 변화될 필요가 있는 것은 무엇이 있을까요?

어떤 것이 잘 작용하는지 살펴보고 그 효과에 대해서 요약해 보는 것이 도움이 된다.

존은 형제들과 같이 있을 때 자기를 공격하는 자기 공격자가 아주 강력하게 작용한다는 것을 알게 되었다. 형제들과 자기를 비교하면서 자기가 커리어에서 성공하지 못한 것에 초점을 맞추었다. "너는 한심한 실패자야."라는 말로 크게 자책했다. 그래서 '자비심의 단서'로 시계를 사용하지 못했고, 자비로운 존재를 상상하는 것도 큰 도움이 되지 않았다. 가족모임이 가까워졌을 때, 존과 그의 치료자는 처음에 자신과 비슷하게 느끼는 사랑하는 여동생 홀리를 상상했다. 그리고 그녀에 대해서 자비로운 마음을 10점 중에 9점, 또 자기 자신에 대해서는 10점 중에 6점을 느끼게 되었다. 존의 치료자는 이전 회기들에서 그의 자비로운 존재에 의해 발견된 긍정적인 특성들을 떠올리는 작업을 했다.

존과 치료자는 존이 형제들과 함께 있을 때 힘들게 만드는 촉발 상황이 무엇인지 모두 찾아낸 후(예 : 형제들이 최근에 성공적인 거래를 해서 돈을 벌어들인 것을 자랑하는 상황) 각각의 상황을 차례대로 검토했다. 치료자는 존의 긍정적인 자질에 대해서 강한 신념과 자랑스러움을 느낄 수 있도록 해주면서 자기 연민도 발휘하게 해주었다. 동시에 존은 그의 형제들이 자기를 과장해서 말하는 상태에 있는 것처럼 상상했다. 이러한 시나리오를 연습한 다음에 존은 아주 차분해지는 것을 느꼈고, 자기 마음의 중심이 잡힌 상태로 행동하는 자신을 볼 수 있었으며, 또 자기가 어떻게 반응하는 것이 좋은지 알 수 있었다. 그래서 존에게 어떻게 '그럭저럭 지내는지'를 묻는 형제들의 날카로운 질문은 더 이상 그에게 상처를 주지 못했다. 그는 더 이상 두려움을 느끼지 않았고, 결국 가족모임은 지난 몇 년 동안 그랬던 것보다는 훨씬 더 행복하게 잘 지나갔다.

몇 달 후에 그는 좋아진 부분을 정리하면서 "저는 저 자신에 대해 덜 엄격해졌어요. 제가 잘하고 있다는 것을 인정하기가 훨씬 쉬워졌어요. 저의 실수에 대해서도 더 잘 받아들여요. 감정적으로 속상한 일도 잘 다룰 수 있게 되었고, 부정적인 생각에 덜 빠지고 전보다 훨씬 더 객관적으로 상황을 볼 수 있게 되었어요."라고 이야기했다.

CMT는 아직 초기 단계에 있기 때문에 CMT로 작업할 때는 신중하게 접근하는 게 필요하다. 현재 경험적인 연구결과는 거의 없다. 현재까지의 보고서들은 내담자가 CMT의 심상 요소에 대해 꽤 다양한 경험을 하는 것으로 나타났다(Gilbert & Procter 2006). 어떤 내담자들은 그들의 자비로운 존재들을 발달시키는 데 몇 주가 걸렸다고 하고, 또 다른 내담자들은 자비로운 마음을 갖도록 노력하는 게 힘들다고도 한다. 때때로 외견상 자비로운 심상이 다시 고통스러운 심상으로 돌아갈 수 있다고도 한다(Gilbert & Irons 2004). 또 다른 경우에는 자비로운 존재가 강한 감정적 혹은 카타르시스적인 반응을 촉발시키기 때문에 치료자가 과거에 대한 애도 작업을 할 필요가 있기도 하다. 이것은 상당히 보람 있는 작업이 될 수 있지만, 관련된 감정이 강력하기 때문에 복잡하기도 하다. 치료자들은 신중하게 자기 자신이나 다른 사람들에 대해 자비로운 마음으로 진행해 나가야 하며 또 슈퍼비전을 잘 받는 것이 필요하다.

오래된 체계/새로운 체계

Padesky와 Mooney는 지속되는 문제들을 바꾸기 위해 오래된 체계/새로운 체계 접근을 개발했다(Greenberger & Padesky 1995; Kuyken et al. 2009; Mooney & Padesky 2000; Padesky 1994, 2005a, 2005b; Padesky & Mooney 2005). 이 접근은 표준적인 인지행동 치료 프로토콜에 반응하지 않는 성격장애 진단을 받은 사람들이나 만성적인 어려움을 가진 사람들을 다루는 것을 주요 목표로 한다. 우리가 이해하기에 Padesky와 Mooney의 새로운 체계라는 의미는 새로운 핵심 신념, 새로운 가정, 새로운 환경 책략, 그리고 오래된 체계보다 훨씬 적응적인 새로운 어떤 감정들과 느껴진 감각들을 포함한다. Padesky와 Mooney(2005)는 워크숍에서 심상이 새로운 신념과 가정 그리고 책략을 만드는 데 핵심적인 역할을 한다고 제시했다.

　Padesky와 Mooney는 성격장애를 다룰 때 먼저 축 1의 문제들을 다루고, 그다음에 오래된 성격 체계를 자비로운 마음으로 개념화하면서 그것이 존재하는 이유(우리는 언제나 충분한 이유가 있어서 그렇게 한다)를 인정하도록 하고 있다. 그러나 부정적인 신념에 초점을 두는 보다 정통적인 인지행동치료와는 대조적으로, 오래된 체계는 새로운 체계를 협력적으로 창조해 내기 위한 출발점으로 삼고 있다. 최근에 Padesky는 오래된 체계를 해체하고 변환하는 것보다는 새로운 체계를 발달시키는 것이 더 가치 있다고 강조하였다(Kuyken et al. 2009; Padesky 2005a, 2005b). 이 접근에서 치료자는 내담자로 하여금 일이 어떻게 되었으면 좋겠는지, 자기 자신은 어떻게 되었으면 좋겠는지를 탐색하여 완전히 '새로운 체계'를 창조하고 강화하는 작업으로 이끈다.

이미지 구성

심상은 새로운 체계를 창조하는 데 중요한 역할을 한다. 원래의 속성상 새로운 체계는 상상력의 도약을 요구한다. Mooney와 Padesky(2000)는 내담자들이 다른 사람들(실제 인물이건 상상의 인물이건), 영화, 동화, 이야기, 아이콘 등을 사용하여 창의력을 발휘하고 새로운 신념과 규칙들을 영감적으로 만들어 낼 수 있다고 제안했다. 또 새로운 신념과 규칙들을 만들어 내는 데 영감을 줄 수 있다고 제안했다. 내담자들은 심상이나 운동감각적 자각, 그리고 다른 비언어적인 과정들을 사용해서 그들이 그려낼 수 있는 가장 좋은 결과를 상상하도록 격려를 받는다. 저자들은 이러한 접근이 내담자의 동기를 높이고 변화를 위해 더 많은 잠재력을 만들어 낸다고 주장한다.

　새로운 체계를 구성하는 데 있어서 치료자는 처음에 내담자들에게 지속적으로 어려움을 경험하는 영역에서 그들 자신과 다른 사람들이 어떻게 되었으면 좋겠는지를 물어본다(예 : 성격장애 특성을 변화시키고자 하는 내담자들은 대인관계에서). 치료자는 이상적인 모습을 찾은 다음에 내담자에게 눈을 감고 본인이 어떻게 되고 싶은지 상상해 보라고 한다. 즉, "당신은 어떤 사람이 되고 싶어요? 무엇을 하고 있어요? 어떻게 보이고 어떠한 냄새가 나고 어떻게 들리고 느껴지나요?" 특별히 치료자는 내담자의 운동감각적인 경험에 초점을 둘 수 있다. "이것은 어떻게 느껴지나요? 몸의 어디에서 그런 것을 느끼고 있죠? 그것은 어떤 것과 비슷한가요?" 이런 질문을 통해 내담자의 치료 목표와 새로운 체계가 자리 잡을 때 어떻게 느껴질지 등과 연관지어 볼 수 있다.

점검하기, 평가하기, 조정하기 : 새로운 체계의 '주행 테스트'

이 과정을 시작할 때 내담자들은 새로운 체계를 개발하는 것에 대한 자신의 능력에 대해서 신뢰하지 않거나 자신감이 적을 수 있다. 그러나 심상 속에서 핵심 신념, 가정, 행동 전략에 대한 새로운 체계가 만들어지면, 치료자와 내담자는 이를 확인해 보기 위한 행동실험을 계획할 수 있다(Bennett-Levy et al. 2004). 새로운 체계를 강화하기 위하여 연속체나 긍정적 데이터 일지(Padesky 1994)와 같은 스키마 변화를 위한 전략들을 사용할 수 있는 것이다.

　Padesky와 Mooney는 새로운 체계의 주행 테스트라고 불리는 점검-평가-조정을 위해 행동적이고 체험적인 방법들을 사용하는 것을 중요시했지만, 이 장에서 다룬 두 접근에 비해서는 심상 리허설을 덜 강조했다. 그렇지만 새로운 체계에 문제가 발생하면 치료자와 내담자는 문제를 어떻게 다르게 접근할 수 있을지를 보기 위해 상상적으로 주행 테스트를 하는 심상기법을 쓸 수도 있다. 새로운 체계를 강화시키는 데는 시간이 걸려서 종종 수개월이나 수년이 걸리기도 한다. 이 시기 동안 새로운 체계에 대한 신념과 자신감을 모니터해야 할 필요가 있다.

　비록 이 모델을 지지하는 임상적인 연구가 아직까지 부족하기는 하지만 이러한 아이디어들은 강력한 안면 타당도가 있는 것 같다. 이에 더해 지속적인 문제들을 작업할 때 임상가와 내담자의 열정을 증가시키는 것으로 나타났다.

COMET 개입법

COMET은 심상이 중요한 역할을 하는 새로운 존재방식을 증진시키기 위한 간결한 인지행동치료 개입방법이다(Korrelboom et al. 2008, 2009a, 2009b, 2011). 이것은 독자적인 치료법으로 설계된 것이 아니고 다른 개입방법의 보조 치료로 개발되었다. 예비연구를 통해 이 방법은 낮은 자존감(성격장애 진단을 받은 사람들을 상당수 포함)이나 섭식장애 혹은 강박장애를 겪는 내담자들에게 효과가 있는 것으로 밝혀졌다(Korrelboom et al. 2008, 2009a, 2009b, 2011).

Brewin의 인출경쟁이론은 COMET 치료의 이론적 틀을 제공한다(Brewin 2006). Brewin은 인지행동치료가 특정 기억 내의 부정적인 정보를 직접적으로 수정하지는 않는다고 가정했다. 주어진 상황에서 긍정적인 표상과 부정적인 표상을 포함하는 많은 가능한 표상들 사이의 인출경쟁이 존재한다. COMET 개입의 목적은 긍정적·부정적 인지표상들의 상대적 현저성에 영향을 미쳐서 좀 더 긍정적인 정서 반응으로 편향되도록 돕는 것이다.

COMET을 떠받치는 두 번째 이론적 틀은 Lang의 인지정서적 네트워크이다(Lang 1985, 1994). Lang은 장기기억의 정서적 네트워크가 **자극표상**(예 : 촉발요인), **반응표상**(예 : 회피), 그리고 **의미표상**(예 : 위험)을 가지고 있다고 제안하였다. COMET 개입의 이론적인 근거는 내담자가 이미 알고 있는 것을 실제로 느끼게 하는 것인데, 이것은 정서적 네트워크가 활성화되어야 한다는 것이다. 머릿속으로는(지적인 수준에서는) 어떤 때 친구들이 나를 좋아한다고 알고 있지만, 내담자가 여러 명의 친구들과 같이 있을 때(자극표상)는 완전히 자기가 사랑스럽지 않다고 느끼고(의미표상), 아무 말도 하지 않을 수 있다는 것이다(반응표상). 또 강박장애가 있는 내담자는 머릿속으로는 반복적인 점검이 불필요하다는 것을 알고 있지만, 반복적인 점검을 통하여 다른 사람을 위험으로부터 보호해야 한다는 중압감을 가지고 있을 수 있다. COMET은 아는 것과 느낌이 일치하도록 만드는 것이다.

COMET은 보통 7~10회기로 되어 있으며, 때로는 집단으로 때로는 개인으로 운영된다. 또 효과적인 기능을 저해하는 부정적인 신념(예 : 나는 사랑받을 만하지 않다)이나 정서적인 주제를 찾아낸 다음, 내담자로 하여금 그것들과 양립하기 어려운 긍정적인 신념이나 주제를 찾도록 한다. 즉, 현재 그 믿음대로 느껴지지는 않지만 자신에 대해 믿을 법한 신념을 찾는 것이다. 치료 목적은 이런 긍정적인 표상을 더 잘 감지하고 잘 인출되도록 함으로써 부정적인 표상을 '이겨낼' 수 있기 위함이다. 치료자는 내담자에게 대안적인 신념의 증거가 있는 긍정적인 상황의 예를 과거에서 찾아서 기술하고, 상상하며, 써보게 한다. 이러한 예들은 새로운 예와 함께 긍정적인 신념에 대한 증거로 사용된다. 심상, 자기대화, 자세와 얼굴 표정, 음악이 기분에 긍정적인 영향을 미친다는 실험연구에 기초하여 긍정적 반응표상을 강화하는 네 가지 주요 전략이 사용된다.

1. 긍정적 심상
2. 긍정적 자기대화
3. 힘을 북돋워 주는 음악
4. 긍정적인 신체 자세와 얼굴 표정 짓기

일단 새로운 존재방식이 확립된 후에는 그것이 제대로 작용하는지 점검해 본다. 내담자는 문제 상황(부정적인 자극표상)을 상상한 후, 새로운 의미를 지니는(의미표상) 새로운 긍정적인 전략을 시행함으로써(반응표상), 역조건화를 형성한다.

심상 개입을 위해 COMET은 하루에 5분씩 6번, 총 30분 정도 긍정적인 심상을 떠올려 보라고 한다. 내담자들은 긍정적인 행동이나 신념의 예를 시각화해 보고, 긍정적인 신체 자세(예 : 당당하게 보이거나, 어깨를 활짝 펴는 등)를 만들어 긍정적인 행동을 강화한다. 그런 다음 이미지와 음악을 짝짓는데, 이때 음악은 새로운 존재방식을 상징하는 힘을 불어넣어 주는 음악으로 선택한다. 또한 이런 개입과 함께 긍정적인 자기진술을 같이 사용한다. 심상이 잘 확립되면 내담자는 이전에 부정적인 반응을 이끌어 냈던 힘든 상황을 예상해 보면서 이 상황에서 새로운 긍정적 심상, 자기진술, 신체적 반응과 음악을 연습해 본다. 이러한 역조건화를 통해 새로운 신념이 더 뚜렷해지고, 어려운 상황과도 확고하게 연합이 이루어지게 된다. 따라서 새로운 신념은 인출경쟁에서 '이길' 가능성이 높아진다.

COMET 모델은 그 개입법에서 심상을 핵심에 놓고 있으며, 집에서 연습하는 데 많은 시간을 할애하도록 한다. 특히 Brewin의 인출경쟁이론(Pedesky와 Mooney의 모델에도 적용될 수 있는)과 연관되어 있다는 점이 강력하다.

이미지 구성

COMET이나 오래된 체계/새로운 체계 접근에서 보이는 것과 같이 이미지 구성은 새로운 존재방식의 발달에 있어 핵심 전략이다. 상상을 통해 내담자는 현재 경험하는 실제에서 자신을 '떼어낼' 수 있게 되는데, 실제는 종종 매우 고정된 것으로 보여 아마도 가능성을 보는 정도까지만 바뀔 수도 있다. 그렇지만 이것은 잠재적인 가능성을 열어 주게 되며, 앞으로 나아가는 움직임을 만들어 낼 수 있다.

이미지 구성에 대한 COMET 접근(Korrelboom et al. 2008, 2009a, 2009b)은 내담자로 하여금 부정적인 자기 이미지에 반대되는 것을 찾아내게 한다. 그것은 처음에는 잘 믿어지지 않지만 적어도 근본적으로는 믿을 만한 것이라고 본다. 다음으로 내담자는 긍정적인 자기 이미지를 매우 구체적으로 나타내 주는 예들을 체계적으로 모으도록 요청받는다. 그다음에 이것들을 짧은 이야기로 만든다. COMET은 자기 이미지의 잘못된 부분을 수정하는 것과 부정적인 자기 이미지의 영향을 최소화해 주는 보상적인 긍정적 특성을 구별한다(예 : 내가 심각하게 과체중이더라도 나는 다른 사람에게 매력적인 사람으로 보이게 할 수 있는 호기심과 친절함 같은 특성을 가지고 있다). 이미지 구성 과정에서 매일 체계적이고 규칙적인 숙제를 하는 것이 핵심이다.

다음 사례에는 COMET과 오래된 체계/새로운 체계의 접근에서 사용하는 심상 원리가 잘 나타나 있다. 그렇지만 이 예가 두 가지 접근의 대표적인 예라고 말할 수는 없을 것이다. 심상기법 외에 다양한 인지행동치료적 개입(예 : 행동실험, 긍정적 자료일지, 목표 설정 등)이 사용되었지만, 이 사례는 개입에서 심상의 요소에 우선적으로 초점을 맞추고 있다.

> 질은 청소년기부터 반복적인 우울증과 낮은 자존감으로 고통받는 35세의 사서이다. 그녀는 자해의 역사를 가지고 있으며, 자기 자신을 가치 없고, 어리석고, 쓸모없는 실패자라고 여기고 있다. 그래서 그녀는 어떻게 해서든지 비판으로 이어질 수도 있는 다른 사람과의 교류를 피했다. 그녀는 자기 의견은 아무 가치가 없다고 생각했다. 첫 회기에서 그녀와 치료자는 치료목표에 초점을 맞추어 단기목표와 전략을 세우고, 그녀의 문제를 개념화하기 위해서 오래된 존재방식을 살펴보았다. 이것은 새로운 존재방식을 만들어 내는 것에 대한 근거를 제공하였다. 이미지 구성은 4단계의 과정을 거쳤다.
>
> 1. 8회기에서 치료자와 질은 그녀의 새로운 존재방식을 개발하기 위하여 심상회

기를 가졌다. 치료자는 질에게 긴장을 풀고 그녀가 어떤 사람이 되고 싶은지에 대해서 상상해 보라고 하였다. 그런 다음 어려움을 느끼고 있는 다양한 상황에서 구체적으로 어떤 사람이 되기를 원하는지 상상해 보라고 했다. 이 회기는 녹음되었다.

2. 질은 녹음 테이프를 집으로 가져갔다. 그녀의 숙제는 테이프를 듣고 그녀의 새로운 존재방식에 대해서 좀 더 자세하게 써보는 것이었다. 예컨대 어떤 새로운 신념, 가정, 행동 전략을 세울 때 그녀가 새로운 방식으로 행동할 수 있는지를 구체화하도록 하였다. 또한 새로운 존재방식의 예를 조금이라도 찾아보도록 하였다. 치료자는 이런 작업이 마치 새로운 캔버스에 그림을 그리는 것과도 같아서 이후에 이것을 검증해 볼 수 있는 것이라고 하였다. 만일 어떤 부분이 도움이 되지 않는다면 새로운 페인트로 그림 위에 다시 칠하듯이 수정해 나갈 수 있다.

3. 다음 회기에 치료자와 질은 새로운 신념과 규칙에 대해서 이야기했고, 그것들을 정교화했다. 그녀의 새로운 신념은 다음과 같은 것이었다. "나는 존중받고 가치 있다고 여겨지는 존재이다, 나는 잘 조직화된 사람이다, 나는 똑똑한 사람이다, 사람들은 너그럽고 합리적이다." 새로운 가정들은 다음과 같다. "내 의견이 맞지 않다고 해도, 그것이 내 본질적인 가치에 영향을 주는 것은 아니다, 나는 (실수할 수밖에 없는) 인간이다, 사람들도 또한 인간이다." 그녀의 이미지에 이러한 요소가 도입된 것은 새로운 방식으로 행동한다는 것을 의미한다. 예컨대 문제에서 도망가기보다는 직면하며, 그녀의 의견이 묵살될 때 그것에 도전하고 실수로부터 배우고 재빨리 다시 일어서는 것 등을 의미한다.

4. 심상회기를 한 번 더 했는데, 이번에는 어려운 상황에 초점을 맞추었다. 그녀는 새로운 전략을 강구했고, 그녀나 다른 사람에 대한 신념과 새로운 규칙을 연결시켰다. 질은 이 회기도 녹음해서 집으로 가져갔다.

심상 리허설

질은 집에서 혼자 조용히 있을 때 이완을 한 후 눈을 감고 '새로운 존재방식' 테이프를 들어 보라는 충고를 받았다. 그런 다음에 새로운 행동방식을 취하는 동안 자신을 '바라보고' 자신의 신체적 느낌과 정서에 주목해 보라는 권유를 받았다. 테이프에는 그녀의 '새로운 존재방식'을 사용할 수 있는 시나리오를 스스로 만들어 보도록 공백을 두었다. 질은 다음 2주 동안 이 테이프를 5번 들으라는 요청을 받았다. 또한 새로운 전략을 실제로 시험해 보는 행동실험도 시행하였다. 2주 후에 그녀는 자신감이 높아졌고, 신념의 변화도 나타났다고 보고했다.

점검하기, 평가하기, 조정하기

4주 후에 어려운 상황이 발생했다. 질은 파트너와 언쟁한 이후 자신의 오래된 신념인 '나는 바보야.'라는 생각에 빠져드는 것을 발견했다. 그녀는 좌절했고 무가치하게 느껴졌다. 다음과 같은 오래된 규칙들이 다시 표면 위로 떠올랐다. "내가 제대로 하지 않는다는 것은 내가 얼마나 못났고 경멸당할 만한 사람인가를 보여준다. 내가 심하게 좌절했을 때는 다른 사람에게 소리 질러도 괜찮다." 이러한 생각들로 인해 그녀는 그녀의 파트너에게 심한 말을 했고 그 결과 비참하고 끔찍하다고 느끼게 되었다.

점검, 평가, 조정하기는 다음과 같이 이루어졌다.

1. 새로운 존재방식 검토해 보기

치료시간에 치료자와 질은 이러한 맥락에서 새로운 존재방식에 어떤 신념과 가정이 도움이 될지를 살펴보았다. "나는 똑똑하다, 내 의견은 타당하다, 모든 것을 다 잘하지 않더라도 나의 본질적인 가치는 변하지 않는다." 그런 다음 새로운 존재방식이 제대로 작동하고 있었다면 어떻게 말했을까를 생각해 보았다. 질은 그 상황에 대해 역할연기를 위해 새로운 존재방식에 대한 그녀의 생각을 사용하여 상상으로 그 상황을 다시 돌려보았다.

2. 심상 개입

치료자가 '상황을 설정하였다'. 질은 속상하고 화가 나 있었는데, 그녀의 파트너는 그 일이 그만큼 중요한 것은 아니라고 반응하였다. 그런 다음 치료자와 질은 새로운 존재방식을 가지고 그 상황을 다시 한 번 재현하였다. 새로운 시나리오에서 질은 왜 속상했는지에 대한 이유를 말하고 파트너에 대한 생각에도 귀를 기울였다. 상상 속의 장면에서 그녀의 의견은 파트너와 달랐지만, 질은 자신의 의견이 타당하더라도 파트너의 의견도 존중되어야 한다는 생각을 가지고 다른 의견을 말할 수 있었다. 치료자는 각 단계에서 질이 자신의 몸이 어떻게 느꼈는지와 그녀의 감정은 어떠했는지 물어보았다.

질은 이렇게 했으면 훨씬 더 기분이 좋았을 것이라고 말했다. 그래서 이 경험에 새로운 규칙을 추가했다. "나는 단지 실수할 수밖에 없는 인간이다, 사람들도(실수할 수밖에 없는) 인간이다."와 다른 사람을 용서하는 것처럼 나 자신을 용서하는 것도 괜찮다. 그녀는 새로운 존재방식을 자기 것으로 만들고 좀 더 어려운 상황에서도 새로운 존재방식을 구현할 수 있도록 집에서 규칙적으로 테이프를 다시 여러 번 들었다.

'새로운 존재방식' 작업에서의 쟁점이나 어려움

치료자가 새로운 존재방식을 형성하도록 도울 때 마음속에 유념해야 할 중요한 여러 가지 이슈가 있다. 첫 번째, 치료자와 내담자는 아무것도 없는 상태에서부터 새로운 방식을 형성해야 한다. 자비로운 마음이나 새로운 체계나 새로운 인지정서 네트워크를 시작하기 전에 이것이 왜 필요한가에 대한 개념화와 근거를 제시해야 하며, 충분한 신뢰관계를 구축하는 데 상당한 시간이 걸릴 수 있다는 것을 알아야 한다.

두 번째, 이런 작업의 본질상, 과거의 존재방식이 내담자에게 깊이 배어들어 있어서 이를 변화시킨다는 것은 상당한 시간이 걸릴 뿐만 아니라 기분의 변화가 일어나면 다시 옛날 것들이 고개를 쳐들 수 있다. 그래서 새로운 존재방식을 발전시키는 것은 꾸준히 해야 하고, 인내와 일관성이 있어야 하며, 일이 잘못되더라도 너그럽고 자비롭게 대하는 마음이 필요하다.

세 번째, 이러한 작업에는 시간이 필요하기 때문에 치료자와 내담자는 이런 필요한 작업들을 시도하는 데 충분한 시간을 쓸 수 있는 여유가 있어야 한다. COMET은 비교적 단기 훈련이지만 이는 새로운 개입방법이라기보다는 보조 치료방법으로 간주되고 있다. 즉, 오랫동안 효과가 지속될 수 있도록 고안된 강력한 촉매 프로그램으로 볼 수 있는 것이다. 아직까지는 이러한 새로운 존재방식으로 변화하는 데 얼마나 많은 시간이 필요한지에 대한 경험적인 연구가 부족하지만, Padesky는 어떤 주어진 핵심 신념이 변화하는 데는 적어도 6개월이 걸린다고 말한 바 있다. 여러 개의 핵심 신념을 바꾸기 위해서는 훨씬 더 장기간이 요구될 것이다. 따라서 이런 종류의 작업이 효과적으로 나타나기 위해서는 치료자와 내담자 모두에게 장기적인 헌신이 필요하다고 할 수 있다.

네 번째, 다시 기분이 저조해지거나 어떤 심각한 부정적인 사건이 일어나면 이전의 존재방식이 아주 강력한 힘을 가지고 재출현할 수 있어서 새로운 존재방식의 힘이 떨어질 수 있다. 이러한 조건하에서 내담자들은 매우 낙심하여 치료에 대한 동기가 떨어질 수 있다. 치료자는 이러한 변동이 있을 수 있음을 감수하고, 이러한 현상이 일어났을 때 어떻게 전략적으로 다룰 것인가에 대한 개입을 만들어 놓을 필요가 있다. 즉,

"과거 체계가 다시 등장한다면 어떻게 해야 될까요? 뭘 해야 될까요? 만약 당신이 하는 일이 정말 다 틀렸다고 느끼고 당신 자신을 엄청나게 질책하게 된다면 어떻게 해야 될까요? 다시 자기 자신에 대해서 자비로운 마음이 전혀 느껴지지 않을 때 어떻게 자비로운 마음을 불러일으킬 수 있을까요?"와 같은 작업을 해야 한다.

다섯째, 어느 정도 또 어떤 종류의 심상 작업이 최적인지는 아직까지 알려져 있지 않기 때문에 현재로서는 추정할 수밖에 없다. 치료자가 회기 중에 녹음한 것이 매우 가치 있는 것처럼 보이지만, 이를 여러 번 시도해 보면 예측 가능한 것이 된다. 그래서 다시 녹음하고 그것을 새로운 경험(때로는 성공 경험)에 비추어 최신 것으로 만드는 작업을 하는데, 이를 통해 내용이 참신해지고 계속적으로 연습하게 만들 수 있다. 그래서 "일주일에 얼마만큼 심상 녹음을 들어야 하는가? 또 시간은 언제 해야 하는가?"의 이슈는 (특히 새로운 체계를 처음 개발할 때) 계속 살펴보아야 할 부분이다. 심상훈련은 스트레스를 받는 상황에서도 긍정적인 인지정서 네트워크가 상당 부분 신뢰할 만큼 접근 가능할 때까지 지속적으로 필요하다. 목표는 이러한 네트워크가 이전의 부정적인 네트워크보다 더 빨리 접근 가능하고 더 빨리 인출되어야 하는 것이다.

결론

요약해 본다면 심상은 자비로운 마음훈련이나 새로운 체계 작업 혹은 COMET 훈련에서 창의성을 불붙게 하거나 새로운 존재방식을 만들어 내는 데 매우 중요한 역할을 한다. 어떤 때는 이것이 보람 있고 활력을 주는 작업이지만, 상당히 힘이 많이 드는 작업이기도 하다. 보통은 둘 다이기도 하다. 심상 작업은 이 장에서 논의한 것과 같은 깊은 변화를 일으키는 데 핵심적인 역할을 한다(Holmes et al. 2006; Teasdale 1997; Torey 1999). 그래서 아주 강하게 지속되어 온 부정적인 자기 스키마를 가지고 있는 사람과 작업할 때 심상을 사용하지 않고 작업한다는 것은 매우 불리할 수 있으며, 아마도 더 창조적이고 놀랄 만한 작업을 할 기회를 놓치는 것일 수도 있다.

수치심 기반의 기억과 작업할 때 완벽한 양육자 심상 사용하기

Deborah Lee

University College London and Berkshire Traumatic Stress Service,
UK

피터는 PTSD와 우울증을 겪고 있었다. 그는 어린 시절의 많은 고통스러운 기억들에 시달리고 있었는데, 이런 기억들은 그로 하여금 수치심을 느끼게 만들었고 자기혐오를 촉발시켰다. 이 괴로운 심상에 대처하기 위해서 피터는 심한 경우에는 자신의 몸을 칼로 긋는 습관을 갖게 되었다. 피터는 치료자가 자신의 생각과 심상에 대해 질문하면 안절부절못하고 불편해했다. 그는 수치스러운 느낌을 견뎌내지 못했고, 그럴 때 자기 몸을 칼로 긋고 싶다는 욕구는 감당할 수 없을 만큼 커졌다. 얼마 안 되어 피터에게 이런 고통스러운 정서적 경험을 끝내기 위해서는 자해하는 것 외에는 다른 방법이 없다는 것이 분명해졌다.

치료자는 어린 시절의 기억을 보다 직접적으로 다루기 전에 자비로운 마음을 발달시키고 돌봄과 따뜻함의 느낌에 접근하는 것이 필요하다고 판단했다. 피터는 완벽한 양육자의 심상을 만들었고, 이것이 그의 불편감과 초조함을 줄이는 데 매우 도움이 되었다. 피터가 자신을 진정시키는 용도로 심상에 정기적으로 접근하게 되자 치료자는 심상을 어린 시절의 기억 속으로 가져가 보자고 제안했다. 피터는 어린 시절의 기억을 견딜 수 있었고, 스스로에 대한 온정과 돌봄의 느낌에 집중할 수 있었다. 시간이 지나면서 어린 시절의 기억은 덜 강력해졌고, 덜 위협적이 되었다.

피터는 완벽한 양육자 심상을 사용함으로써 정서적으로 느껴진 감각을 통해 심리적인 안정감에 더 잘 접근할 수 있었다. 이 기법은 온정과 돌봄의 느낌에 더 쉽게 접근하게 해줌으로써 현재 느끼는 심리적 위협감(수치심)을 줄일 수 있게 해주며, 수치심에 기반한 기억을 가지고 있는 사람들에게 그들의 경험을 잘 처리할 수 있게 해준다.

5

결론

14장

인지치료에서 심상 작업을 위한 미래 방향

'상상은 단지 우리에게 여흥을 주기 위한 부차적인 정신 영역이 아니라 우리가 인간으로서의 삶을 살아나가는 데 있어서 가장 필수적인 시스템이다.'

테드 휴즈, **신화와 교육**(1970)

미래를 생각할 때 과거를 생각해 보는 것은 유용한 측면이 있다. 사실 우리가 미래를 그릴 때의 대뇌 기제는 우리가 과거를 기억하고 회상할 때의 대뇌 기제와 동일하다(Schacter et al. 2007). 마지막 장에서 우리는 이 책 각 장에 담겨 있는 미래 방향에 대해 살펴보려고 한다.

이 책은 인지치료의 창시자인 아론 벡(Aaron T. Beck)의 글로 시작되었다. 벡은 내담자의 머릿속에서 벌어지고 있는 인지적 내용들을 알고 그것과 의사소통하는 것을 촉진하는 데 심상이 큰 역할을 했었다고 진술했다. 사실 벡의 초기 학술논문 중 하나는 심상과 꿈에 관한 주제였다(Beck and Ward 1961). 앞으로 우리가 할 수 있는 매우 흥미로운 주제 중 하나는 내담자의 심상 평가를 통해 그들의 머릿속에서 일어나는 내적 인지와 완전히 의사소통할 수 있는지에 대해 확신하는 것이다. 내담자의 마음속에서 그려지고 있는 심상에 대한 질문을 하지 않는다면 내담자 정신 세계의 핵심 특징을 놓치게 될 것이고, 이는 결국 심리치료 효과에 영향을 주게 될 것이다. 이에 대한 명백한 예는 자살에 대한 플래시-포워드(flash-forward) 심상을 생각해 보면 쉽게 이해가 갈 것이다(Holmes et al. 2007b). 누군가가 묻지 않는다면 내담자는 말하지 않는다.

David Edwards의 초청 에세이는 심리치료에서 심상과 작업하는 데 필요한 역사적 배경을 소개하고 있다. 1세기 전 심리치료 형태로 사용되었던 심상 기반 기법의 핵심 특징(예 : Janet의 작업)은 현재 사용하고 있는 심상기법(Hackmann 1998; Hackman and Holmes, 2004; Holmes et al. 2007a)들과 유사하다. 그러나 심상은 지난 1세기 동안 다양한 형태의 이름과 의미로 전달되었다(예 : 시각화, 판타지, 능동적 심상, 꿈, 환상, 환각). 미래 목표는 이 용어들을 명확히 정의하는 것과 심상기법들을 구체화시켜 가는 것이다. 우리는 제4장에서 심상에서 사용하고 있는 기본적 용어들에 대해 설명했다. 다음 목표는 현존하는 용어를 넘어서서 새로운 심상기법들을 설명할 수 있는 새로운 용어가 더 많이 나오는 것이다.

제1장에서는 벡 인지치료의 전통에 기반하여 심상에 대해 살펴보았다. 벡은 이론을 넘어서는 새로운 기법들을 취하였고, 매우 명민한 임상가였다. 그가 보여주었던 임상 관찰들은 인지치료에서의 심상 작업을 위한 토대를 마련해 놓았다. 직접적이든 간접적이든 그의 전통을 이어나가는 것은 심상 작업을 포함하는 어떤 형태의 치료적 개입이 그리고 언제, 어떤 대상을 위해 좋은 결과를 낼 수 있을지에 대한 우리의 이해를 도모하는 데 필요한 작업을 할 준비가 되어 있음을 의미한다. 이러한 탐색은 또한 인지 처리 과정에 기저하는 본질들을 밝히는 데 도움이 된다.

제2장에서 우리는 다양한 정신장애에 대한 연구들을 살펴보았다. 현재 한창 발전하고 있는 연구들은 임상 현장에서의 심상 현상학에 초점을 두고 있다. 여기에는 장애별로 나타나는 심상의 구체적인 내용, 그리고 일반적 특징 및 메타인지적 중요성에 대한 것들이 포함되어 있다. 심상의 내용을 검토해 보는 것은 종종 내담자의 마음에 기저해 있는 가정들과 핵심 믿음들에 대한 추가 정보를 얻을 수 있기 때문에 사례 개념화에 도움이 된다. 미래 방향은 다양한 장애들에서 발견되는 각기 다른 이미지 유형들을 계속 발견하고 설명해 가는 것이다.

제3장에서 우리는 심상에 대한 실험연구 결과를 살펴보고 임상 실무 장면에서 가지게 될 의의에 대해 탐색해 보았다. 심상에 대한 연구는 매우 중요하고, 과학적 증거 기반의 치료적 혁신을 이루기 위한 기반을 다지는 데 필수적이다. 제3장에서 다루어진 핵심 요점 중 하나는 심상이 우리의 정서와 특별한 관계가 있다는 점이다(Holmes and Mathews, 2010). 정서는 심리치료에 핵심적인 구성요소이다. 우리는 단지 심상연구의 표면만을 본 것이고 이것은 아직도 탐구되어야 할 것이 엄청나게 많이 남아 있다는 뜻이며, 더 많은 심상연구가 이루어질 필요가 있다는 것을 말해 준다. 미래에 관심을 가져야 할 핵심 연구 주제는 심상에 기저해 있는 인지처리 과정에서의 기본적 메커니즘이 무엇인가에 대한 것이다. 두 번째 주제는 지금까지 심상이 주로 외상후 스트레스

장애 및 사회불안장애에 국한되어 진행되어 왔는데, 다른 장애에 대한 심상의 영향력에 대해서도 연구해 보는 것이다. 가령 어떤 연구자들은 조증이나 자살에서의 '긍정'(단지 부정에만 초점을 맞추기보다는) 심상의 역할과 기능에 관심을 가지고 연구를 진행하고 있다. 인지치료에서 심상 작업을 하는 데 있어 두 가지를 강력하게 권고하고 있는데, 심상이 만약 언어적 생각보다 정서에 더 강력한 효과를 미친다면 그다음에는 (1) 부정적 심상이 존재하는지에 대해 평가하고 (2) 긍정적 변화를 일으키고 싶을 때 긍정적 심상을 사용해 보는 것이다.

심상 개입에서 임상적으로 효과적일지도 모르는 어떤 것이 있을까? 제4장에서 심상 개입에 있어 효과적인 요소를 세 가지, 즉 적합한 메타인지적 견지를 취하고 유지하기, 정서가가 담긴 심상에 대해 심사숙고하기(또는 정서가 부재한 심상), 심상적·언어적 또는 행동적 기법을 사용해서 의도적으로 변화 촉진하기로 요약했다. 다른 상황에서 이 요소 각각이 얼마나 중요하게 다루어지고 요구될 필요가 있는지에 대해서는 추후 연구와 임상 경험을 통해 좀 더 명확해질 것이다. 다른 심상기법들의 상대적인 효과성에 대해서는 아직 알려져 있지 않다. 최근 관심을 가지고 연구가 되고 있는 분야는 마음챙김 인지치료, 다른 메타인지적 전략들, 심상 경쟁 과제들 그리고 긍정해석훈련과 같은 좀 더 '간접적인 심상기법'들이다.

제5장은 임상 실무 장면에서 심상을 사용하는 데 필요한 기본 원리들을 제공함으로써 심상 개입을 위한 플랫폼을 마련했다. 중요한 안건으로 심상 개입 계획하기, 심상 개입 경험하기, 심상 개입의 추적관리, 그리고 마지막으로 문제 해결이었다. 이 장은 어떤 형태의 심상 개입에서도 적용이 되는 기본 지식들을 제공하고 있기 때문에 여러 번 돌아가 볼 수 있는 장이다. 임상가가 한 가지 명심해야 할 것은 개인 간 엄청난 차이가 있을 수 있다는 것이다. 동일하게 설명하고 동일한 기법을 적용할 때에도 한 내담자와는 잘 진행이 되는 반면, 다른 내담자와는 적응하는 데 시간이 오래 걸릴 수도 있을 것이다. 보편적인 언어를 찾는다든가 심상에 대한 정의를 명확히 한다든가 하는 기본적인 이슈들은 새로운 내담자들과 함께 그들에 대한 호기심과 보살핌으로 접근해야 할 주제가 될 것이다.

제6장은 심상 평가를 어떻게 할 것인지에 대해 제7장에서는 심상의 '미니 사례 개념화'에 대해 살펴보았다. 우리는 전체 사례 개념화를 고려하는 인지치료에 더 익숙해져 있기 때문에 미니 사례 개념화는 이 책에서만 사용되는 참신한 용어이다. 미니 사례

개념화를 통해 우리는 심상을 탐색하고 심상이 인지 과정의 어느 수준에 위치하는지 (이 경우 사례 개념화의 중심에 이미지를 두는 것)를 찾아내는 방법에 목표를 두고 작업을 한다. 미니 사례 개념화를 사용하기 위한 미래 방향은 그림 7.4에 제시된 이미지 틀 템플릿을 사용하여 내담자와 공동으로 완성해 가는 것이다. 또 다른 흥미로운 미래 방향은 템플릿의 유용성을 극대화하기 위해 치료자 각자가 이미지 틀 자체를 더 확장하고 발전시켜 가는 것이다. 말하자면 고정불변의 어떤 것을 제시하기보다는 그것을 계속 발전시켜 나갈 필요가 있다는 것이다. 이번에 제시한 이미지 틀 템플릿은 목표 이미지, 이미지의 출처, 인지 평가들과 정서, 영향력, 유지 요소 및 인지적 결과로 구성되어 있다. 여기에 추가해야 할 새로운 요소들을 찾을 수도 있을 것이다. 우리는 또한 심상 기반의 미니 사례 개념화 개요를 표면화하고 구현하기 위해 내담자와 공동으로 이미지 틀 템플릿을 그려나갈 수 있는 새로운 방법을 찾을 수도 있다(예 : 컴퓨터에서 작업/화이트보드 이용/스케치 등).

평가와 사례 개념화 후 초점은 치료 개입으로 옮겨간다. 부정적 심상의 변형에 대해서는 제8 · 9 · 10 · 11장에서 소개되었다. 제8장과 9장에서는 이미지와 기억을 구분하는 방법에 대해서 소개했는데, 제8장에서는 기억으로써 인지하는 것이 아닌 현재 또는 미래에 대한 어떤 것을 표상하는 것으로써 내담자가 경험하는 이미지들을, 제9장에서는 내담자가 명백히 기억으로 인지하는 이미지들을 구분할 수 있는 유용한 방법을 소개했다. 현재와 미래를 표상하는 것으로 대변되는 이미지들과 작업하는 방법들이 제8장에서 기술되었다. 여기에서 다룬 것은 의식하에 이미지를 마음속에 유지하면서 그것에 대해 심사숙고해 보기, 이미지를 조작해 보기, 이미지와 현실 간 차이점 인식하기, 현실적인 관점이 반영되도록 이미지 변형해 보기, 이미지에 대한 가능한 근원지를 밝혀내기 위해 과거와 정서적 연결고리를 만들어 보기이다. 이 전략들의 상대적인 효과성에 대해 살펴보는 것은 미래에 해야 할 중요한 연구 주제이기도 하다.

기억으로 인지되어 온 심상 또한 동일한 소제목 아래(제9장) 유사한 방식으로 다루어질 수 있다. 수많은 치료 프로토콜을 통해 기억의 의미들을 변형하는 것이 가능하고 그들의 정서적 영향을 약화시킬 수 있다. 미래 연구로는 언어적 논의와 소크라테스식 질문이 얼마나 많이 필요하고 부정적 기억들에 얼마만큼 노출되는 것이 가장 최상일까 그리고 어떤 사람들을 위해 이런 작업이 필요할까 등이 주제로 포함될 수 있다.

꿈과 악몽을 포함하여 낮 시간대 심상을 작업할 때 사용했던 유사한 기법들을 밤 시간대 심상과 기억을 작업하는 데 사용할 수 있다. 악몽에 대한 심상 재구성법은 특정 장애에서 신뢰할 만한 증거 기반의 결과들을 보여주고 있는데, 가령 심상 재구성 후 일상생활에서의 행동 및 정서에 변화가 나타나는 점 등이다. 메타포 심상은 인지치료 에서의 절차들을 사용하여 설명할 수 있다(제11장). 내담자와 치료자들 모두 메타포 심상이 정서적 경험의 의미를 결정할 수 있다는 것에 그리고 심상 변형이 참신한 관점 을 볼 수 있게 한다는 점에 신기해한다. 그러나 인지치료 틀 안에서 메타포의 효과성 에 대한 연구결과가 부족하기 때문에 이에 대해서는 미래 연구에서 관심을 가져볼 만 한 흥미로운 주제이다(Stott et al. 2010 참조).

치료 개입에 계속 초점을 둔 제12장에서는 부정적 심상에서 긍정적 심상으로 관심 을 옮겨갔다: 목표 설정하기, 기술 개발하기, 그리고 문제 해결하기. 말하자면 부정 적 심상을 떠올리고 변형하기보다는 내담자가 바로 긍정적 심상을 만들어 낼 수 있도 록 격려했다. 긍정 변화를 일으키려고 할 때 긍정적 심상을 사용해 보라는 제안은 제3 장에서 설명했던 실험적 · 임상적 연구 및 관련 문헌(스포츠 심리학)에 기반을 두고 있 다. '멘탈 시뮬레이션'은 긍정 심상의 생성을 위해 종종 사용되었던 용어이며 임상 사 례는 목표 설정을 위해 사용된다. 미래 방향으로는 긍정 심상을 치료 장면에서 좀 더 일상적으로 활용하는 것 그리고 이 분야가 발전해 감에 따라 다른 문헌들도 탐색해 보 고 학습해야 할 것들이 있는지 찾아보는 것이다.

제13장에서는 계속 긍정적 심상에 초점을 두고 살펴보았는데, '새로운 존재방식'을 창조하기 위해 치료 개입의 지평과 영역을 넓히는 시간을 가져보았다. 이것은 매우 흥 미로운 분야다. 여기서 우리는 '존재방식'을 변화시키기 위해 심상을 사용하는 다양한 치료 개입법에 대해 논의했다. 심상은 특히 복합적, 만성적 그리고 공병장애를 겪고 있는 사람들을 위한 치료 기법을 발전시키고 향상시키는 데 필요한 창의성을 촉진시 킬 수 있다.

미래 연구를 위해 던져볼 만한 흥미로운 질문 중 다음과 같은 것들이 또한 포함될 수 있다. 내담자의 심상뿐 아니라 치료자의 심상 또한 고려할 필요가 있을까? 심상에 대한 치료자의 좀 더 일반적인 호기심과 열정(한 개인의 내적인 심상을 알아차리는 데 예술을 개입시키는 것과 같은)이 임상 장면에서 치료자가 심상을 활용하여 치료기법 을 계속 발전시켜 나가는 데 도움이 될까? Bennett-Levy와 Thwaites(2007)가 치료적 관 계의 어려움에 대해 그들의 슈퍼비전 모델에서 제안했던 것처럼 심상을 슈퍼비전 장면에서도 사용할 수 있을까?

우리가 연구자의 관점에서 보든 임상가의 관점에서 보든 심상은 인지치료에서 창의적인 혁신 분야 중 하나다. 우리의 희망은 이 책이 지난 10~15년간 심상에 대해 쌓은 진정한 진보와 성과물들을 잘 요약하여 전달하는 것이다. 그러한 진보는 미래 내담자와 치료자들이 잠재적인 혜택을 받을 수 있도록 연구자와 임상가가 우리의 지식에 생긴 간극을 탐색할 수 있는 방법에 대해 알려주고 있다. 가령 가상현실(Powers and Emmelkamp 2008)과 같은 새로운 기법들은 이러한 노력의 선상에서 도움을 주고 있다.

50년 전, 행동주의가 한창 성행하던 때 심상은 실험적 연구 주제로서의 가치는 물론 연구를 진행하기에 적합하지 않은 것으로 고려되었다. 흥미롭게도 심상이 체계적 둔감화와 같은 행동치료에서 포함되어 사용되기는 했지만 말이다. 이제 심상에 대한 실증적 연구들은 치료 장면에서 심상 기반 치료적 개입의 충분한 잠재력을 강력하게 제안하는 임상연구, 인지심리학, 신경과학 그리고 임상치료에 활발히 적용되고 있다.

심상 재구성 : 위협감 줄이기

Jonathan Wheatley

University College London, London, UK

이 사례는 심상 작업이 잘 일어날 수 있는 것을 발견하기 전에 다른 많은 심상 변형 작업이 실험될 필요가 있음을 보여준다. 주디는 가해자가 그녀를 공격하기 직전에 보여주었던 얼굴에 대해서, 특히 '광기로 쨰려보는 눈'에 대한 외상 이미지를 가지고 있었다. 이미지에 대한 침습 경험은 강력한 정서와 연합이 되어 있었는데, 주디는 이런 정서를 '패배감'으로 그리고 작고 취약해지는 신체 감각 같은 것으로 기술했다. 이 기억에 대한 의미를 탐색했을 때, 주디는 스스로를 약하고 무력하며 가치 없는 사람으로 기술하였다.

처음 주디와 심상 재구성을 할 때 그녀를 강력한 존재로 그리는 작업을 했는데, 잘 진행되지 않았다. 이 이유에 대해 주디는 만일 자신이 그 당시에 방어 태세를 취했다면 가해자가 더 폭력적으로 변할 수 있기 때문이라고 말했다. 주디는 자신을 보호할 수 있는 그들 사이에 철문이 내려오는 상상 또는 그녀를 보호해 줄 힘의 장력 등 다양한 방법을 시도해 보았다. 그러나 그녀는 여전히 그의 눈을 볼 수 있었기 때문에 이 방법은 전혀 효과적이지 않았다. 그다음에 그녀는 그의 눈에 선글라스를 씌워 주었는데, 이 이미지는 그녀를 웃게 만드는 효과가 있었다. 그녀는 가해자를 우스꽝스럽게 만드는 방법에 대해 시도해 보기 시작했고, 마침내 '절망적인 단(Desperate Dan)' 만화에 나오는 것처럼 그를 만화 캐릭터로 만들어 난쟁이가 되어 부엌을 열심히 뛰어다니는 상상을 했다. 가해자는 여전히 화가 나 있지만 그녀를 해칠 수 없었고, 그녀에게 위협적으로 소리를 지르고 모욕을 주었지만, 그녀가 들을 수 있었던 건 고작 하이톤의 꺅꺅거리는 소리뿐이었다. 주디는 이 이미지에 완전 몰입할 수 있었고 긍정 정서를 느끼기 시작하는 등 유의한 변화가 나타나기 시작했다. 그녀는 가해자가 그녀를 잡기 위해 찬장으로 올라오려고 안간힘을 쓰지만 올라오지 못하는 상상을 했다. 그녀는 고양이가 부엌에서 그를 뒤쫓는 상상을 했다. 이런 장면을 몇 분 시각화한 뒤 주디는 안전감을 느낀다고 했다. 그러나 그녀는 가해자가 더 이상 집에 있는 것을 원하지 않는다고 했고, 곧 가해자를 쓰레받기에 담아 청소부가 치워버리도록 쓰레기통에 넣어 버렸다. 이 설정은 2년 전 주디가 가해자와의 학대 관계를 끝낸 현실을 반영하는 것이기도 했다.

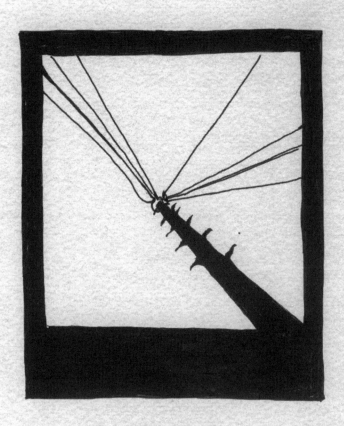

TELEGRAPH POLE : MANY WAYS OF SEEING

Achterberg, J. (1985). *Imagery in Healing: Shamanism and Modern Medicine*. Boston: Shambhala.

Aleman, A., Böcker, K. B., Hijman, R., Kahn, R. S., and De Haan, E. H. F. (2002). Hallucinations in schizophrenia: imbalance between imagery and perception? *Schizophrenia Research, 57*, 315–16.

American Psychiatric Association. (1994). *Diagnostic and Statistical Manual of Mental Disorders* (4th ed.). Washington D.C.: American Psychiatric Association.

Andrade, J., Kavanagh, D. J., and Baddeley, A. (1997). Eye-movements and visual imagery: A working memory approach to the treatment of post-traumatic stress disorder. *British Journal of Clinical Psychology, 36*, 209–23.

Arbuthnott, K. D. and Arbuthnott, D. W. (2001). Guided imagery and memory: Implications for psychotherapists. *Journal of Counseling Psychology, 48*, 123–32.

Arntz, A., Tiesema, M., and Kindt, M. (2007). Treatment of PTSD: A comparison of imaginal exposure with and without imagery rescripting. *Journal of Behavior Therapy and Experimental Psychiatry, 38*, 345–70.

Arntz, A. and Weertman, A. (1999). Treatment of childhood memories: Theory and practice. *Behaviour Research and Therapy, 37*, 715–40.

Assagioli, R. (1965). *Psychosynthesis*. New York: The Viking Press.

Baddeley, A. D. and Andrade, J. (2000). Working memory and the vividness of imagery. *Journal of Experimental Psychology: General, 129*, 126–45.

Bandura, A. (1986). *Social Foundations of Thought and Action: A Social-Cognitive Theory*. Englewood Cliffs, NJ: Prentice-Hall.

Bandura, A., Adams, N. E., and Beyer, J. (1977). Cognitive processes mediating behavioural change. *Journal of Personality and Social Psychology, 35*, 125–39.

Barlow, D. H., Hayes, S. C., and Nelson, R. O. (1984). *The Scientist Practitioner: Research and Accountability in Clinical and Educational Settings*. New York: Pergamon Press.

Barnard, P. J. (1999). Interacting Cognitive Subsystems: Modelling working memory phenomena within a multi-processor architecture. In A. Miyake and P. Shah (eds.): *Models of Working Memory: Mechanisms of Active Maintenance and Executive Control*, pp. 298–339. Cambridge, UK: Cambridge University Press.

Barnes, G. (ed.) (1977). *Transactional Analysis after Eric Berne*. New York: Harper and Row.

Beck, A.T. (1967). *Depression: Clinical, Experimental and Theoretical Aspects*. New York: Hoeber Medical Books.

Beck, A. T. (1970). Role of fantasies in psychotherapy and psychopathology. *Journal of Nervous and Mental Disease, 150*, 3–17.

Beck, A. T. (1971). Cognitive patterns in dreams and day dreams. In J. H. Masserman (ed.): *Dream Dynamics: Science and Psychoanalysis*, Vol. 19, pp. 2–7. New York: Grune and Stratton.

Beck, A.T. (1976). *Cognitive Therapy and the Emotional Disorders*. New York: Penguin.

Beck, A.T. (1991). Cognitive therapy as the integrative therapy. *Journal of Psychotherapy Integration, 1*, 191–8.

Beck, A.T., Emery, G., and Greenberg, R. (1985). *Anxiety Disorders and Phobias: A Cognitive Perspective*. New York: Basic Books.

Beck, A.T., Freeman A., and Associates (1990). *Cognitive Therapy of Personality Disorders*. New York: Guilford.

Beck, A. T. and Hurvich, M. S. (1959). Psychological correlates of depression. *Psychosomatic Medicine, 21*, 50–5.

Beck, A. T. and Ward, C. H. (1961). Dreams of depressed patients. Characteristic themes in manifest content. *Archives of General Psychiatry, 5*, 462–7.

Beck, J. S. (1995). *Cognitive Therapy: Basics and Beyond*. New York: Guilford.

Beck, J. S. (2005). *Cognitive Therapy for Challenging Problems*. New York: Guilford.

Beer, R. (2004). *Encyclopedia of Tibetan Symbols and Motifs* (2nd ed.). London: Serindia Publications.

Bennett-Levy, J., Butler, G., Fennell, M., Hackmann, A., Mueller, M., and Westbrook, D. (eds.): (2004). *Oxford Guide to Behavioural Experiments in Cognitive Therapy*. Oxford: Oxford University Press.

Bennett-Levy, J. and Marteau, T. M. (1984). Fear of animals: What is prepared? *British Journal of Psychology, 75*, 37–42.

Bennett-Levy, J. and Thwaites, R. (2007). Self and self-reflection in the therapeutic relationship: A conceptual map and practical strategies for the training, supervision and self-supervision of interpersonal skills. In P. Gilbert and R. Leahy (eds.): *The Therapeutic Relationship in the Cognitive Behavioural Psychotherapies*, pp. 255–81. Hove: Routledge.

Bennett-Levy, J., Thwaites, R., Chaddock, A., and Davis, M. (2009). Reflective practice in cognitive behavioural therapy: The engine of lifelong learning. In R. Dallos and J. Stedmon (eds.): *Reflective Practice in Psychotherapy and Counselling*, pp. 115–35. Maidenhead: Open University Press.

Bennett-Levy, J., Turner, F., Beaty, T., Smith, M., Paterson, B., and Farmer, S. (2001). The value of self-practice of cognitive therapy techniques and self-reflection in the training of cognitive therapists. *Behavioural and Cognitive Psychotherapy, 29*, 203–20.

Bentall, R. P. (1990). The illusion of reality: A review and integration of psychological research on hallucinations. *Psychological Bulletin, 107*, 82–95.

Bettleheim, B. (1976). *The Uses of Enchantment: The Meaning and Importance of Fairy Tales*. New York: Knopf.

Birrer, E., Michael, T., and Munsch, S. (2007). Intrusive images in PTSD and in traumatised and non-traumatised depressed patients: A cross-sectional clinical study. *Behaviour Research and Therapy, 45*, 2053–65.

Bishay, N. (1985). Therapeutic manipulation of nightmares and the management of neuroses. *British Journal of Psychiatry, 147*, 67–70.

Blackwell, S. E. and Holmes, E. A. (2010). Modifying interpretation and imagination in clinical depression: A single case series using cognitive bias modification. *Applied Cognitive Psychology, 24*, 338–50.

Borkovec, T. D. (2008). Cognitive behavior therapy for generalized anxiety disorder. Workshop presented at the *European Association of Behavioural and Cognitive Therapy Conference*, Helsinki, Finland, September.

Borkovec, T. D., Alcaine, O. M., and Behar, E. (2004). Avoidance theory of worry and generalized anxiety disorder. In R. G. Heimberg, C. L. Turk, and D. S. Mennin (eds.): *Generalized Anxiety Disorder: Advances in Research and Practice*, pp. 77–108. New York: Guilford.

Borkovec, T. D. and Inz, J. (1990). The nature of worry in generalized anxiety disorder: A predominance of thought activity. *Behaviour Research and Therapy, 28*, 153–8.

Borkovec, T. D., Ray, W. J., and Stober, J. (1998). Worry: A cognitive phenomenon intimately linked to affective, physiological, and interpersonal behavioural processes. *Cognitive Therapy and Research, 22*, 561–76.

Bourne, C., Frasquilho, F., Roth, A. D., and Holmes, E. A. (2010). Is it mere distraction? Peri-traumatic verbal tasks can increase analogue flashbacks but reduce voluntary memory performance. *Journal of Behavior Therapy and Experimental Psychiatry, 41*, 316–24.

Brandon, S., Boakes, J., Glaser, D., and Green, R. (1998). Recovered memories of childhood sexual abuse. Implications for clinical practice. *British Journal of Psychiatry, 172,* 296–307.

Brewin, C. R. (2006). Understanding cognitive behaviour therapy: A retrieval competition account. *Behaviour Research and Therapy, 44,* 765–84.

Brewin, C. R., Dalgleish, T., and Joseph, S. (1996). A dual representation theory of posttraumatic stress disorder. *Psychological Review, 103,* 670–86.

Brewin, C. R. and Holmes, E. A. (2003). Psychological theories of posttraumatic stress disorder. *Clinical Psychology Review, 23,* 339–76.

Brewin, C. R., Hunter, E., Carroll, F., and Tata, P. (1996). Intrusive memories in depression: An index of schema activation? *Psychological Medicine, 26,* 1271–6.

Brewin, C. R. and Lennard, H. (1999). Effects of mode of writing on emotional narratives. *Journal of Traumatic Stress, 12,* 355–61.

Brewin, C. R. and Patel, T. (2010). Auditory pseudohallucinations in United Kingdom war veterans and civilians with posttraumatic stress disorder. *Journal of Clinical Psychiatry, 71,* 419–25.

Brewin, C. R., Watson, M., McCarthy, S., Hyman, P., and Dayson, D. (1998). Intrusive memories and depression in cancer patients. *Behaviour Research and Therapy, 36,* 1131–42.

Brewin, C. R., Wheatley, J., Patel, T., et al. (2009). Imagery rescripting as a brief stand-alone treatment for depressed patients with intrusive memories. *Behaviour Research and Therapy, 47,* 569–76.

Brown, G. and Kulik, J. (1977). Flashbulb memories. *Cognition, 5,* 73–99.

Brown, W. (1921). The revival of emotional memories and its therapeutic value. *British Journal of Psychology, 1,* 16–19.

Butler, G., Fennell, M. J. V., and Hackmann, A. (2008). *Cognitive-behavioral Therapy for Anxiety Disorders: Mastering Clinical Challenges.* New York: Guilford.

Butler, G. and Hackmann, A. (2004). Social anxiety. In J. Bennett-Levy, G. Butler, M. J. V. Fennell, A. Hackmann, M. Mueller, and D. Westbrook (eds.): *Oxford Guide to Behavioural Experiments in Cognitive Therapy,* pp. 141–60. Oxford: Oxford University Press.

Butler, G. and Holmes, E. A. (2009). Imagery and the self following childhood trauma: Observations concerning the use of drawings and external images. In L. Stopa (ed.): *Imagery and the Threatened Self: Perspectives on Mental Imagery and the Self in Cognitive Therapy,* pp. 166–80. Hove: Routledge.

Carlin, J. (2006). The boy done good. *Observer Sports Monthly,* June, pp. 20–3.

Carroll, J. S. (1978). The effect of imagining an event on expectations for the event: An interpretation in terms of the availability heuristic. *Journal of Experimental Social Psychology, 14,* 88–96.

Cautela, J. R. (1966). Treatment of compulsive behavior by covert sensitization. *Psychological Record, 16,* 33–41.

Cautela, J. R. (1967). Covert sensitisation. *Psychological Reports, 20,* 459–68.

Cautela, J. R., and McCullough, L. (1978). Covert conditioning: A learning-theory perspective on imagery. In J. L. Singer and K. S. Pope (eds.): *The Power of Human Imagination: New Methods in Psychotherapy,* pp. 227–53. New York: Plenum.

Celluci, A. J. and Lawrence, P. S. (1978). The efficacy of systematic desensitization in reducing nightmares. *Journal of Behavior Therapy and Experimental Psychiatry, 9,* 109–14.

Clark, D. M. and Wells, A. (1995). A cognitive model of social phobia. In R. G. Heimberg, M. Liebowitz, D. Hope, and F. R. Schneier (eds.): *Social Phobia: Diagnosis, Assessment and Treatment,* pp. 69–93. New York: Guilford.

Clark, L. P. (1925). The phantasy method of analysing narcissistic neuroses. *The Psychoanalytic Review, 11–12,* 225–32.

Close, H. and Schuller, S. (2004). Psychotic symptoms. In J. Bennett-Levy, G. Butler, M. J. V. Fennell, A. Hackmann, M. Mueller, and D. Westbrook (eds.): *Oxford Guide to Behavioural Experiments in Cognitive Therapy,* pp. 245–66. Oxford: Oxford University Press.

Conway, M. A. (2001). Sensory-perceptual episodic memory and its context: Autobiographical memory. *Philosophical Transactions of the Royal Society of London Series B-Biological Sciences, 356,* 1375–84.

Conway, M. A. and Holmes, E. A. (2005). Autobiographical memory and the working self. In N. R. Braisby and A. R. H. Gellatly (eds.): *Cognitive Psychology,* pp. 507–38. Oxford: Oxford University Press.

Conway, M. A., Meares, K., and Standart, S. (2004). Images and goals. *Memory, 12,* 525–31.

Conway, M. A. and Pleydell-Pearce, C. W. (2000). The construction of autobiographical memories in the self-memory system. *Psychological Review, 107,* 261–88.

Cooper, M., Todd, G., and Turner, H. (2007). The effects of using imagery to modify core emotional beliefs in bulimia nervosa: An experimental pilot study. *Journal of Cognitive Psychotherapy, 21,* 117–22.

Crampton, M. (1969). The use of mental imagery in psychosynthesis. *Journal of Humanistic Psychology, 9,* 139–53.

Cumming, J. and Ramsey, R. (2008). Sport imagery interventions. In S. Mellalieu and S. Hanton (eds.): *Advances in Applied Sports Psychology: A Review,* pp. 5–36. London: Routledge.

Dadds, M. R., Bovbjerg, D. H., Redd, W. H., and Cutmore, T. R. H. (1997). Imagery in human classical conditioning. *Psychological Bulletin, 122,* 89–103.

Dadds, M. R., Hawes, D., Schaefer, B., and Vaka, K. (2004). Individual differences in imagery and reports of aversions. *Memory, 12,* 462–6.

Day, S. J., Holmes, E. A. and Hackmann, A. (2004). Occurrence of imagery and its link with early memories in agoraphobia. *Memory, 12,* 416–27.

de Silva, P. (1986). Obsessional-compulsive imagery. *Behaviour Research and Therapy, 24,* 333–50.

de Silva, P. and Marks, M. (1999). The role of traumatic experiences in the genesis of obsessive-compulsive disorder. *Behaviour Research and Therapy, 37,* 941–51.

Decety, J. and Grezes, J. (2006). The power of simulation: Imagining one's own and other's behavior. *Brain Research, 1079,* 4–14.

Denis, M., Mellet, E., and Kosslyn, S. M. (2004). *Neuroimaging of Mental Imagery.* Hove: Psychology Press.

Desoille, R. (1945). *Le Rêve Éveillé en Psychotherapie.* Paris: Presses Universitaires de France.

Desoille, R. (1965). The directed daydream. Downloaded 12th August 2010 from http://www.synthesis-center.org/articles/0118.pdf

Dowd, E. T. (2000). *Cognitive Hypnotherapy.* Northvale, NJ: Jason Aronson.

Edwards, D. J. A. (1989). Cognitive restructuring through guided imagery: Lessons from Gestalt therapy. In A. Freeman, K. M. Simon, L. E. Beutler, and H. Arkowitz (eds.): *Comprehensive Handbook of Cognitive Therapy,* pp. 283–97. New York: Plenum.

Edwards, D. J. A. (1990). Cognitive therapy and the restructuring of early memories through guided imagery. *Journal of Cognitive Psychotherapy: An International Quarterly, 4,* 33–50.

Edwards, D. J. A. (2007). Restructuring implicational meaning through memory-based imagery: Some historical notes. *Journal of Behavior Therapy and Experimental Psychiatry, 38,* 306–16.

Ehlers, A. and Clark, D. M. (2000). A cognitive model of posttraumatic stress disorder. *Behaviour Research and Therapy, 38,* 319–45.

Ehlers, A., Clark, D. M., Hackmann, A., et al. (2003). A randomized controlled trial of cognitive therapy, a self-help booklet, and repeated assessment as early interventions for posttraumatic stress disorder. *Archives of General Psychiatry, 60,* 1024–32.

Ehlers, A., Clark, D. M., Hackmann, A., McManus F., and Fennell, M. (2005). Cognitive therapy for post-traumatic stress disorder: Development and evaluation. *Behaviour Research and Therapy, 43,* 413–31.

Ehlers, A., Hackmann, A., and Michael, T. (2004). Intrusive re-experiencing in posttraumatic stress disorder: Phenomenology, theory, and therapy. *Memory, 12,* 403–15.

Ehlers, A., Hackmann, A., Steil, R., Clohessy, S., Wenninger, K., and Winter, H. (2002). The nature of intrusive memories after trauma: the warning signal hypothesis. *Behaviour Research and Therapy, 40,* 995–1002.

Ellenberger, H. F. (1970). *The Discovery of the Unconscious: The History and Evolution of Dynamic Psychiatry.* New York: Basic Books.

Espie, C. A., Brooks, D. N., and Lindsay, W. R. (1989). An evaluation of tailored psychological treatment of insomnia. *Journal of Behavior Therapy and Experimental Psychiatry, 20,* 143–53.

Eyck, L. L. T., Labansat, H. A., Gresky, D. M., Dansereau, D. F., and Lord, C. G. (2006). Effects of directed thinking on intentions to engage in beneficial activities: Idea generation or mental simulation? *Journal of Applied Social Psychology, 36,* 1234–62.

Ferenczi, S. (1924/1950). On forced phantasies. In J. Rickman (ed.): *Further Contributions to the Theory and Technique of Psycho-Analysis,* pp. 68–77. New York: Brunner/Mazel.

Ferenczi, S. (1930/1955). The principle of relaxation and neocatharsis. In M. Balint (ed.): *Final Contributions to the Problems and Methods of Psycho-analysis,* pp. 108–25. New York: Brunner/Mazel.

Foa, E. B. and Kozak, M. J. (1986). Emotional processing of fear: exposure to corrective information. *Psychological Bulletin, 99,* 20–35.

Foa, E. B., Molnar, C., and Cashman, L. (1995). Change in rape narratives during exposure therapy for posttraumatic stress disorder. *Journal of Traumatic Stress, 8,* 675–90.

Foa, E. B. and Rothbaum, B. O. (1998). *Treating the Trauma of Rape: Cognitive-Behavior Therapy for PTSD.* New York: Guilford.

Foa, E. B., Rothbaum, B. O., Riggs, D. S., and Murdock, T. B. (1991). Treatment of posttraumatic stress disorder in rape victims: A comparison between cognitive-behavioral procedures and counseling. *Journal of Consulting and Clinical Psychology, 59,* 715–23.

Foa, E. B., Steketee, G., Turner, R. M., and Fischer, S. C. (1980). Effects of imaginal exposure to feared disasters in obsessive-compulsive checkers. *Behaviour Research and Therapy, 18,* 449–55.

Forbes, D., Phelps, A., McHugh, A. F., Debenham, P., Hopwood, M., and Creamer, M. (2003). Imagery rehearsal in the treatment of posttraumatic nightmares in Australian veterans with chronic combat-related PTSD: 12-month follow-up data. *Journal of Traumatic Stress, 16,* 509–13.

Forbes, D., Phelps, A., and McHugh, T. (2001). Treatment of combat-related nightmares using imagery rehearsal: A pilot study. *Journal of Traumatic Stress, 14,* 433–42.

Freeman, A. (1981). The use of dreams and images in cognitive therapy. In G. Emery, S. Hollon, and R. Bedrosian (eds.): *New Directions in Cognitive Therapy: A Casebook,* pp. 224–38. New York: Guilford.

Freeman, A. and White, B. (2002). Dreams and the dream image: Using dreams in cognitive therapy. *Journal of Cognitive Psychotherapy: An International Quarterly, 16,* 39–53.

Freeston, M. (1999). Images and obsessions. Paper presented at the *British Association of Behavioural and Cognitive Psychotherapy Conference,* Bristol, UK, July.

Fromm, E. (1968). Dissociative and integrative processes in hypnoanalysis. *The American Journal of Clinical Hypnosis, 10,* 174–7.

Garry, M., Manning, C. G., Loftus, E. F., and Sherman, S. J. (1996). Imagination inflation: Imagining a childhood event inflates confidence that it occurred. *Psychonomic Bulletin and Review, 3,* 208–14.

Gendlin, E. T. (1978). *Focusing.* New York: Everest House.

Gerard, R. (1961). Symbolic visualization—A method of psychosynthesis. Downloaded 12th August 2010 from http://www.synthesiscenter.org/articles/0112.pdf

Germain, A., Krakow, B., Faucher, B., et al. (2004). Increased mastery elements associated with imagery rehearsal treatment for sexual assault survivors with PTSD. *Dreaming, 14,* 195–206.

Giesen-Bloo, J., van Dyck, R., Spinhoven, P., et al. (2006). Outpatient psychotherapy for borderline personality disorder: A randomized clinical trial of schema-focused therapy versus transference-focused psychotherapy. *Archives of General Psychiatry, 63,* 649–58.

Gilbert, P. (ed.) (2005a). *Compassion: Conceptualisations, Research and Use in Psychotherapy.* Hove: Routledge.

Gilbert, P. (2005b). Compassion and cruelty: A biopsychosocial approach. In P. Gilbert (ed.): *Compassion: Conceptualisations, Research and Use in Psychotherapy,* pp. 9–74. Hove: Routledge.

Gilbert, P. (2009). *The Compassionate Mind.* London: Constable.

Gilbert, P. (2010). *Compassion-focused Therapy: Distinctive Features.* Hove: Routledge.

Gilbert, P., Baldwin, M. W., Irons, C., Baccus, J. R., and Palmer, M. (2006). Self-criticism and self-warmth: An imagery study exploring their relationship to depression. *Journal of Cognitive Psychotherapy: An International Quarterly, 20,* 183–200.

Gilbert, P. and Irons, C. (2004). A pilot exploration of the use of compassionate images in a group of self-critical people. *Memory, 12,* 507–16.

Gilbert, P. and Irons, C. (2005). Focused therapies and compassionate mind training for shame and self-attacking. In P. Gilbert (ed.): *Compassion: Conceptualisations, Research and Use in Psychotherapy,* pp. 263–325. Hove: Routledge.

Gilbert, P. and Procter, S. (2006). Compassionate mind training for people with high shame and self-criticism: Overview and pilot study of a group therapy approach. *Clinical Psychology and Psychotherapy, 13,* 353–79.

Gillespie, K., Duffy, M., Hackmann, A., and Clark, D. M. (2002). Community based cognitive therapy in the treatment of post-traumatic stress disorder following the Omagh bomb. *Behaviour Research and Therapy, 40,* 345–57.

Goodwin, G. M. and Holmes, E. A. (2009). Bipolar anxiety. *Revista de Psiquiatria Y Salud Mental, 02,* 95–8.

Goulding, M. M. and Goulding, R. L. (1979). *Changing Lives Through Redecision Therapy.* New York: Brunner/Mazel.

Greenberg, L. S. (2004). Emotion–focused therapy. *Clinical Psychology and Psychotherapy, 11,* 3–16.

Greenberger, D. and Padesky, C. A. (1995). *Mind over Mood: Change how You Feel by Changing the Way You Think.* New York: Guilford.

Greitemeyer, T. and Würz, D. (2006). Mental simulation and the achievement of health goals: The role of goal difficulty. *Imagination, Cognition and Personality, 25,* 239–51.

Grey, N. and Holmes, E. A. (2008). 'Hotspots' in trauma memories in the treatment of post-traumatic stress disorder: A replication. *Memory, 16,* 788–96.

Grey, N., Holmes, E. A., and Brewin, C. R. (2001). Peritraumatic emotional "hot spots" in memory. *Behavioural and Cognitive Psychotherapy, 29,* 367–72.

Grey, N., Young, K., and Holmes, E. (2002). Cognitive restructuring within reliving: a treatment for peritraumatic emotional "hotspots" in posttraumatic stress disorder. *Behavioural and Cognitive Psychotherapy 30,* 37–56.

Grey, S. and Mathews, A. (2000). Effects of training on interpretation of emotional ambiguity. *The Quarterly Journal of Experimental Psychology A, 53,* 1143–62.

Grunert, B. K., Smucker, M. R., Weis, J. M., and Rusch, M. D. (2003). When prolonged exposure fails: adding an imagery-based cognitive restructuring component in the treatment of industrial accident victims suffering from PTSD. *Cognitive and Behavioral Practice, 10,* 333–46.

Grunert, B. K., Weis, J. M., Smucker, M. R., and Christianson, H. F. (2007). Imagery rescripting and reprocessing therapy after failed prolonged exposure for post-traumatic stress disorder following industrial injury. *Journal of Behavior Therapy and Experimental Psychiatry, 38,* 317–28.

Hackmann, A. (1998). Working with images in clinical psychology. In A. S. Bellack and M. Hersen (eds.): *Comprehensive Clinical Psychology,* Vol. 6, pp. 301–17. Amsterdam: Elsevier.

Hackmann, A. (2005). Sleep and PTSD. Paper presented at the *British Association for Behavioural and Cognitive Psychotherapy Conference*, University of Canterbury, Canterbury, UK, July.

Hackmann, A., Clark, D. M., and McManus, F. (2000). Recurrent images and early memories in social phobia. *Behaviour Research and Therapy, 38*, 601–10.

Hackmann, A., Ehlers, A., Speckens, A., and Clark, D. M. (2004). Characteristics and content of intrusive memories in PTSD and their changes with treatment. *Journal of Traumatic Stress, 17*, 231–40.

Hackmann, A. and Holmes, E. A. (2004). Reflecting on imagery: A clinical perspective and overview of the special issue on mental imagery and memory in psychopathology. *Memory, 12*, 389–402.

Hackmann, A., Holmes, E. A., and Day, S. J. (2009). Imagery and the vulnerable self in agoraphobia. In L. Stopa (ed.): *Imagery and the Threatened Self: Perspectives on Mental Imagery and the Self in Cognitive Therapy*, pp. 112–36. Hove: Routledge.

Hackmann, A., Surawy, C., and Clark, D. M. (1998). Seeing yourself through others' eyes: a study of spontaneously occurring images in social phobia. *Behavioural and Cognitive Psychotherapy, 26*, 3–12.

Hagenaars, M. A., Brewin, C. R., van Minnen, A., Holmes, E. A., and Hoogduin, K. A. (2010). Intrusive images and intrusive thoughts as different phenomena: Two experimental studies. *Memory, 18*, 76–84.

Hannah, B. (1981). *Encounters With the Soul: Active Imagination as Developed by C.G. Jung*. Boston: Sigo Press.

Haraguchi, J. (2009). *Imitatio sanctorum* through devotional performance for rich and poor girls in seventeenth-century Florence. Downloaded on 22 March 2010 from http://www.newbury.org/conf-inst/2009proceedings.pdf

Hardy, L. and Callow, N. (1999). Efficacy of external and internal visual imagery perspectives for the enhancement of performance of tasks in which form is important. *Journal of Sport and Exercise Psychology, 21*, 95–112.

Harper Collins (1995). *Collins English Dictionary*. London: HarperCollins.

Harvey, A. G., Clark, D. M., Ehlers, A., and Rapee, R. M. (2000). Social anxiety and self-impression: cognitive preparation enhances the beneficial effects of video feedback following a stressful social task. *Behaviour Research and Therapy, 38*, 1183–92.

Heron, J. (1974). *Co-Counselling*. London: British Postgraduate Medical Federation.

Heron, J. (1978). *Co-Counselling Teachers Manual*. London: British Postgraduate Medical Federation.

Heron, J. (1998). *Co-Counselling* (3rd ed.). Downloaded 5th July 2010 from http://www.human-in-quiry.com/98manual.htm

Hirsch, C. R., Clark, D. M., Mathews, A., and Williams, R. (2003). Self-images play a causal role in social phobia. *Behaviour Research and Therapy, 41*, 909–21.

Hirsch, C. and Holmes, E. A. (2007). Mental imagery in anxiety disorders. *Psychiatry, 6*, 161–5.

Hirsch, C., Meynen, T., and Clark, D. M. (2004). Negative self-imagery in social anxiety contaminates social interactions. *Memory, 12*, 496–506.

Hoffart, A., Sexton, H., and Hackmann, A. (2006). Interpersonal fears among patients with panic disorder with agoraphobia. *Behavioural and Cognitive Psychotherapy, 34*, 359–63.

Holmes, E. A., Arntz, A., and Smucker, M. R. (2007a). Imagery rescripting in cognitive behaviour therapy: Images, treatment techniques and outcomes. *Journal of Behavior Therapy and Experimental Psychiatry, 38*, 297–305.

Holmes, E. A., Brewin, C. R., and Hennessy, R. G. (2004). Trauma films, information processing, and intrusive memory development. *Journal of Experimental Psychology: General, 133*, 3–22.

Holmes, E. A., Coughtrey, A. E., and Connor, A. (2008a). Looking at or through rose-tinted glasses? Imagery perspective and positive mood. *Emotion, 8*, 875–9.

Holmes, E. A., Crane, C., Fennell, M. J. V., and Williams, J. M. G. (2007b). Imagery about suicide in depression - 'Flash-forwards'? *Journal of Behavior Therapy and Experimental Psychiatry, 38*, 423–34.

Holmes, E. A., Creswell, C., and O'Connor, T. G. (2007c). Posttraumatic stress symptoms in London school children following September 11th 2001: An exploratory investigation of peri-traumatic reactions and intrusive imagery. *Journal of Behavior Therapy and Experimental Psychiatry, 38*, 474–90.

Holmes, E. A., Geddes, J. R., Colom, F., and Goodwin, G. M. (2008b). Mental imagery as an emotional amplifier: Application to bipolar disorder. *Behaviour Research and Therapy, 46*, 1251–8.

Holmes, E. A., Grey, N., and Young, K. A. D. (2005). Intrusive images and "hotspots" of trauma memories in posttraumatic stress disorder: An explanatory investigation of emotions and cognitive themes. *Journal of Behaviour Therapy and Experimental Psychiatry, 36*, 3–17.

Holmes, E. A., James, E. L., Coode-Bate, T., and Deeprose, C. (2009a). Can playing the computer game 'Tetris' reduce the build-up of flashbacks for trauma? A proposal from cognitive science. *PLoS ONE, 4*, e4153 doi:4110.1371/journal.pone.0004153

Holmes, E. A., Lang, T. J., and Deeprose, C. (2009b). Mental imagery and emotion in treatment across disorders: Using the example of depression. *Cognitive Behaviour Therapy, 38*, 21–8.

Holmes, E. A., Lang, T. J., Moulds, M. L., and Steele, A. M. (2008c). Prospective and positive mental imagery deficits in dysphoria. *Behaviour Research and Therapy, 46*, 976–81.

Holmes, E. A., Lang, T. J., and Shah, D. M. (2009c). Developing interpretation bias modification as a 'cognitive vaccine' for depressed mood: Imagining positive events makes you feel better than thinking about them verbally. *Journal of Abnormal Psychology, 118*, 76–88.

Holmes, E. A. and Mathews, A. (2005). Mental imagery and emotion: A special relationship? *Emotion, 5*, 485–97.

Holmes, E. A. and Mathews, A. (2010). Mental imagery in emotion and emotional disorders. *Clinical Psychology Review, 30*, 349–62.

Holmes, E. A., Mathews, A., Dalgleish, T., and Mackintosh, B. (2006). Positive interpretation training: Effects of mental imagery versus verbal training on positive mood. *Behavior Therapy, 37*, 237–47.

Holmes, E. A., Mathews, A., Mackintosh, B., and Dalgleish, T. (2008d). The causal effect of mental imagery on emotion assessed using picture-word cues. *Emotion, 8*, 395–409.

Holmes, E. A. and Steel, C. (2004). Schizotypy: A vulnerability factor for traumatic intrusions. *Journal of Nervous and Mental Disease, 192*, 28–34.

Holmes, P. S. and Collins, D. J. (2001). The PETTLEP approach to mental imagery: A functional equivalence model for sports psychologists. *Journal of Applied Sports Psychology, 13*, 60–83.

Horowitz, M. J. (1970). *Image Formation and Cognition*. New York: Appleton-Century-Crofts.

Hughes, T. (2007). *The Spoken Word: Ted Hughes: Poetry in the Making (Audiobook)*. BBC: British Library.

Hunt, M., Bylsma, L., Brock, J., et al. (2006). The role of imagery in the maintenance and treatment of snake fear. *Journal of Behavior Therapy and Experimental Psychiatry, 37*, 283–98.

Hunt, M. and Fenton, M. (2007). Imagery rescripting versus in vivo exposure in the treatment of snake fear. *Journal of Behavior Therapy and Experimental Psychiatry 38*, 329–44.

Hyman, I. E. and Pentland, J. (1996). The role of mental imagery in the creation of false childhood memories. *Journal of Memory and Language, 35*, 101–17.

Jackson, S. W. (1990). The imagination and psychological healing. *Journal of the History of Behavioral Sciences, 26*, 345–58.

Janet, P. (1903). *Les Obsessions et la Psychestemie*, Vol. 1, Paris: Alcan.

Janet, P. (1914). Psychoanalysis. *Journal of Abnormal Psychology, 9*, 1–35.

Jaycox, L. H. and Foa, E. B. (1998). Post-traumatic stress disorder. In A. S. Bellack and M. Hersen (eds.): *Comprehensive Clinical Psychology*, Vol. 6, pp. 499–517. Amsterdam: Elsevier.

Jellinek, A. (1949). Spontaneous imagery: A new psychotherapeutic approach. *American Journal of Psychotherapy*, 3, 372–91.

Johles, L. (2005). How to use drawings within a CBT-framework: Workshop presented at the *5th International Congress of Cognitive Psychotherapy*, Gotenburg, Sweden, June.

Johnson, M. K. (1983). A multiple-entry, modular memory system. In G. H. Bower (ed.): *The Psychology of Learning and Motivation: Advances in Research and Theory*, Vol. 17, pp. 81–123. New York: Academic Press.

Johnson, M. K. (1997). Source monitoring and memory distortion. *Philosophical Transactions of the Royal Society of London Series B-Biological Sciences*, 352, 1733–45.

Johnson, M. K. and Multhaup, K. S. (1992). Emotion and MEM. In S. A. Christianson (ed.): *Handbook of Emotion and Memory*, pp. 33–66. Hillsdale, NJ: Lawrence Erlbaum Associates.

Jones, L. and Stuth, G. (1997). The uses of mental imagery in athletics: An overview. *Applied and Preventive Psychology*, 6, 101–15.

Jung, C. G. (1916/1960). The transcendent function. *The Collected Works of C. G. Jung, volume 8: The Structure and Dynamics of the Psyche*, (2nd ed.), pp. 67–91. London: Routledge and Kegan Paul.

Jung, C. G. (1935). *Analytical Psychology: its Theory and Practice (The Tavistock Lectures, delivered 1935, Reprinted 1990)*. London: ARK Routledge.

Jung, C. G. (1977). *Memories, Dreams, Reflections*. Glasgow: Collins Fount.

Kamphuis, J. H. and Telch, M. J. (2000). Effects of distraction and guided threat appraisal on fear reduction in exposure-based treatments for specific fears. *Behaviour Research and Therapy*, 38, 1163–81.

Kavanagh, D. J., Andrade, J., and May, J. (2005). Imaginary relish and exquisite torture: The elaborated intrusion theory of desire. *Psychological Review*, 112, 446–67.

Kavanagh, D. J., Freese, S., Andrade, J., and May, J. (2001). Effects of visuospatial tasks on desensitization to emotive memories. *British Journal of Clinical Psychology*, 40, 267–80.

Kellner, R., Neidhardt, J., Krakow, B., and Pathak, D. (1992). Changes in chronic nightmares after one session of desensitization or rehearsal instructions. *American Journal of Psychiatry*, 149, 659–63.

Kelly, G. (1955). *The Psychology of Personal Constructs (Vols. 1 and 2)*. New York: Norton & Co.

Kennerley, H. (1996). Cognitive therapy of dissociative symptoms associated with trauma. *British Journal of Clinical Psychology*, 35, 325–40.

Kennerley, H. (2000). *Overcoming Childhood Trauma*. London: Constable Robinson.

Kennerley, H. (2009). Cognitive therapy for post-traumatic dissociation. In N. Grey (ed.): *A Casebook of Cognitive Therapy for Traumatic Stress Reactions*, pp. 93–110. Hove: Routledge.

Kimball, M. (2000). From 'Anna O.' to Bertha Pappenheim: Transforming private pain into public action. *History of Psychology*, 3, 20–43.

Kline, M. V. (1952). Visual imagery and a case of experimental hypnotherapy. *The Journal of General Psychology*, 46, 159–67.

Kline, M. V. (1968). Sensory hypnoanalysis. *International Journal of Clinical and Experimental Hypnosis*, 16, 86–100.

Kline, M. V. (1976). Emotional flooding: A technique in sensory hypnoanalysis. In P. Olsen (ed.): *Emotional Flooding*, pp. 96–124. New York: Human Sciences Press.

Kolb, D. (1984). *Experiential Learning: Experience as the Source of Learning and Development*. Englewood Cliffs, NJ: Prentice Hall.

Kopp, R. (1995). *Metaphor Therapy: Using Client-Generated Metaphors in Psychotherapy*. New York: Brunner/Mazel.

Korrelboom, K., de Jong, M., Huijbrechts, I., and Daansen, P. (2009). Competitive memory training (COMET) for treating low self-esteem in patients with eating disorders: A randomized clinical trial. *Journal of Consulting and Clinical Psychology, 77*, 974–80.

Korrelboom, K., Marissen, M., and van Assendelft, T. (2011). Competitive memory training (COMET) for low self-esteem in patients with personality disorders: A randomized effectiveness study. *Behavioural and Cognitive Psychotherapy, 39*, 1–19.

Korrelboom, K., van der Gaag, M., Hendriks, V. M., Huijbrechts, I., and Berretty, E. W. (2008). Treating obsessions with competitive memory training: A pilot study. *The Behavior Therapist, 31*, 29–35.

Korrelboom, K., van der Weele, K., Gjaltema, M., and Hoogstraten, C. (2009b). Competitive memory training (COMET) for treating low self-esteem: A pilot study in a routine clinical setting. *The Behavior Therapist, 32*, 3–9.

Kosslyn, S. M. (1980). *Image and Mind.* Cambridge, MA: Harvard University Press.

Kosslyn, S. M. (1994). *Image and Brain: The Resolution of the Imagery Debate.* Cambridge, MA: MIT Press.

Kosslyn, S. M., Ganis, G., and Thompson, W. L. (2001). Neural foundations of imagery. *Nature Reviews: Neuroscience, 2*, 635–42.

Kosslyn, S. M., Thompson, W. L., Kim, I. J., and Alpert, N. M. (1995). Topographical representations of mental images in primary visual-cortex. *Nature, 378*, 496–8.

Koster, E. H. W., Fox, E., and MacLeod, C. (2009). Introduction to the special section on cognitive bias modification in emotional disorders. *Journal of Abnormal Psychology, 118*, 1–4.

Krakow, B., Germain, A., Warner T., et al. (2001a). The relationship of sleep quality and posttraumatic stress to potential sleep disorders in sexual assault survivors with nightmares, insomnia and PTSD. *Journal of Traumatic Stress, 14*, 647–65.

Krakow, B., Hollifield, M., Johnston, L., et al. (2001b). Imagery rehearsal therapy for chronic nightmares in sexual assault survivors with posttraumatic stress disorder: A randomized controlled trial. *Journal of the American Medical Association, 286*, 537–45.

Krakow, B., Kellner, R., Pathak, D., and Lambert, L. (1995). Imagery rehearsal treatment for chronic nightmares. *Behaviour Research and Therapy, 33*, 837–43.

Krakow, B., Kellner, R., Pathak, D., and Lambert, L. (1996). Long-term reduction of nightmares with imagery rehearsal treatment. *Behavioural and Cognitive Psychotherapy, 24*, 135–48.

Krakow, B. and Zadra, A. (2006). Clinical management of chronic nightmares: Imagery rehearsal therapy. *Behavioural Sleep Medicine, 4*, 45–70.

Kuyken, W. and Brewin, C. R. (1994). Intrusive memories of childhood abuse during depressive episodes. *Behaviour Research and Therapy, 32*, 525–8.

Kuyken, W. and Howell, R. (2006). Facets of autobiographical memory in adolescents with major depressive disorder and never-depressed controls. *Cognition and Emotion, 20*, 466–87.

Kuyken, W., Padesky, C. A., and Dudley, A. (2009). *Collaborative Case Conceptualization: Working Effectively with Clients in Cognitive-behavioral Therapy.* New York: Guilford.

Lakoff, G. and Johnson, M. (1980). *Metaphors We Live By.* Chicago: University of Chicago Press.

Lang, P. J. (1979). A bio-informational theory of emotional imagery. *Psychophysiology, 16*, 495–512.

Lang, P. J. (1985). The cognitive psychophysiology of emotion: Fear and anxiety. In A. H. Tuma and J. Maser (eds.): *Anxiety and the Anxiety Disorders*, pp. 131–70. Hillsdale, NJ: Lawrence Erlbaum Associates.

Lang, P. J. (1994). The motivational organization of emotions: Affect-Reflex connections.. In S. van Goozen, N. E. van de Poll, and J. A. Sergeant (eds.): *Emotions: Essays on Motion Theory*, pp. 61–93. Hillsdale, NJ: Lawrence Erlbaum Associates.

Lang, T. J., Moulds, M. L., and Holmes, E. A. (2009). Reducing depressive intrusions via a computerized cognitive bias modification of appraisals task: Developing a cognitive vaccine. *Behaviour Research and Therapy, 47*, 139–45.

Layden, M. A., Newman, C. F., Freeman, A., and Morse, S. B. (1993). *Cognitive Therapy of Borderline Personality Disorder*. Boston: Allyn and Bacon.

Lazarus, A. (1977). *In the Mind's Eye: The Power of Imagery for Personal Enrichment*. New York: Guilford.

Lazarus, A. A. (1968). Learning theory and the treatment of depression. *Behaviour Research and Therapy, 6*, 83–9.

Lee, D. A. (2005). The perfect nurturer: A model to develop compassionate mind within the context of cognitive therapy. In P. Gilbert (ed.): *Compassion: Conceptualisations, Research and Use in Psychotherapy*, pp. 326–51. Hove: Routledge.

Lemogne, C., Piolion, P., Friszer, S., et al. (2005). Episodic autobiographical memory in depression: Specificity, autonoetic consciousness, and self-perspective. *Consciousness and Cognition, 15*, 258–68.

Leuner, H. (1969). Guided affective imagery (GAI): A method of intensive psychotherapy. *American Journal of Psychotherapy, 23*, 4–21.

Leuner, H. (1978). Basic principles and therapeutic efficacy of guided affective imagery (GAI). In J. L. Singer and K. S. Pope (eds.): *The Power of Human Imagination: New Methods in Psychotherapy*, pp. 126–66. New York: Plenum.

Levis, D. J. (1980). Implementing the technique of implosive therapy. In A. Goldstein and E. B. Foa (eds.): *Handbook of Behavioral Interventions*, pp. 92–151. New York: Wiley.

Lewin, K. (1946). Action research and minority problems. *Journal of Social Issues, 2*, 34–46.

Libby, L. K., Shaeffer, E. M., Eibach, R. P., and Slemmer, J. A. (2007). Picture yourself at the polls–visual perspective in mental imagery affects self-perception and behavior. *Psychological Science, 18*, 199–203.

Lichstein, K. L. and Rosenthal, T. L. (1980). Insomniacs' perceptions of cognitive versus somatic determinants of sleep disturbance. *Journal of Abnormal Psychology, 89*, 105–7.

Lilley, S. A., Andrade, J., Turpin, G., Sabin-Farrell, R., and Holmes, E. A. (2009). Visuospatial working memory interference with recollections of trauma. *British Journal of Clinical Psychology, 48*, 309–21.

Lyubomirsky, S. (2007). *The How of Happiness*. London: Sphere.

Lyubomirsky, S. and Nolen-Hoeksema, S. (1995). Effects of self-focused rumination on negative thinking and interpersonal problem-solving. *Journal of Personality and Social Psychology, 69*, 176–90.

MacLeod, A. K., Coates, C., and Hetherton, J. (2008). Increasing well-being through teaching goal-setting and planning skills: Results of a brief intervention. *Journal of Happiness Studies, 9*, 185–96.

MacLeod, C., Koster, E. H. W., and Fox, E. (2009). Whither cognitive bias modification research? Commentary on the special section articles. *Journal of Abnormal Psychology, 118*, 89–99.

Madewell, J. and Shaughnessy, M. F. (2009). An interview with John Wymore: Current practice of Gestalt therapy. *North American Journal of Psychology* [online]. Downloaded 13 August 2009 from http://findarticles.com/p/articles/mi_6894/is_3_11/ai_n42379454/

Marks, I. M. (1978). Rehearsal relief of a nightmare. *British Journal of Psychiatry, 133*, 461–5.

Marks, I. M., Lovell, K., Noshirvani, H., Livanou, M., and Thrasher, S. (1998). Treatment of post-traumatic stress disorder by exposure and/or cognitive restructuring: A controlled study. *Archives of General Psychiatry, 55*, 317–25.

Martin, M. and Williams, R. (1990). Imagery and emotion: clinical and experimental approaches. In P. Hampson, P. J. Marks, F. David, and J. T. E. Richardson (eds.): *Imagery: Current Developments*, pp. 268–306. Florence, KY: Routledge.

Mathews, A. and Mackintosh, B. (2000). Induced emotional interpretation bias and anxiety. *Journal of Abnormal Psychology, 109*, 602–15.

Mathews, A. and MacLeod, C. (2002). Induced processing biases have causal effects on anxiety. *Cognition and Emotion, 16*, 331–54.

May, J., Andrade, J., Kavanagh, D., and Penfound, L. (2008). Imagery and strength of craving for eating, drinking and playing sport. *Cognition and Emotion, 22*, 633–50.

May, J., Andrade, J., Panebokke, N., and Kavanagh, D. (2004). Images of desire: Cognitive models of craving. *Memory, 12*, 447–61.

May, J., Andrade, J., Panebokke, N., and Kavanagh, D. (2010). Visuospatial tasks suppress craving for cigarettes. *Behavior Research and Therapy, 48*, 476–85.

Mazzoni, G. and Memon, A. (2003). Imagination can create false autobiographical memories. *Psychological Science, 14*, 186–8.

McDougall, W. (1921). The revival of emotional memories and its therapeutic value (III). *British Journal of Psychology, 3*, 23–9.

Meier, D. (2003). *Healing Dream and Ritual: Ancient Incubation and Modern Psychotherapy* (3rd ed.). Einsiedeln: Am Klosterplatz.

Miller, G. A., Levin, D. N., Kozak, M. J., Cook, E. W., McLean, A., and Lang, P. J. (1987). Individual differences in imagery and the psychophysiology of emotion. *Cognition and Emotion, 1*, 367–90.

Mohlman, J. and Zinbarg, R. E. (2000). What kind of attention is necessary for fear reduction? An empirical test of the emotional processing model. *Behavior Therapy, 31*, 113–33.

Mooney, K. A. and Padesky, C. A. (2000). Applying client creativity to recurrent problems: Constructing possibilities and tolerating doubt. *Journal of Cognitive Psychotherapy: An Intenational Quarterly, 14*, 149–61.

Moreno, J. L. (1939). Psychodramatic shock therapy: A sociometric approach to the problem of mental disorders. *Sociometry, 2*, 1–30.

Morrison, A. P. (2004). The use of imagery in cognitive therapy for psychosis: A case example. *Memory, 12*, 517–24.

Morrison, A. P., Frame, L., and Larkin, W. (2003). Relationships between trauma and psychosis: A review and integration. *British Journal of Clinical Psychology, 42*, 331–53.

Morrison, A. P., Haddock, G., and Tarrier, N. (1995). Intrusive thoughts and auditory hallucinations: A cognitive approach. *Behavioural and Cognitive Psychotherapy, 23*, 265–80.

Morrison, A. P., Wells, A., and Nothard, S. (2002). Cognitive and emotional predictors of predisposition to hallucinations in non-patients. *British Journal of Clinical Psychology, 41*, 259–70.

Morrison, N. and Westbrook, D. (2004). Obsessive-compulsive disorder. In J. Bennett-Levy, G. Butler, M. J. V. Fennell, A. Hackmann, M. Mueller, and D. Westbrook (eds.): *Oxford Guide to Behavioural Experiments in Cognitive Therapy*, pp. 101–20. Oxford: Oxford University Press.

Murphy, S., Nordin, S. M., and Cumming, J. (2008). Imagery in sport, exercise and dance. In T. Horn (ed.): *Advances in Sport and Exercise Psychology*, 3rd ed., pp. 297–324. Champagne, IL: Human Kinetics.

Murray-Jobsis, J. (1986). Hypnosis with the borderline patient. In E. T. Dowd and J. M. Healy (eds.): *Case Studies in Hypnotherapy*, pp. 254–73. New York: Guilford.

Muse, K., McManus, F., Hackmann, A., Williams, M., and Williams, M. (2010). Intrusive imagery in severe health anxiety: Prevalence, nature and links with memories and maintenance cycles. *Behaviour Research and Therapy, 48*, 792–8.

Nayani T. H. and David, A. S. (1996). The auditory hallucination: a phenomenological survey. *Psychological Medicine, 26*, 177–89.

Neff, K. (2003). Self-compassion: An alternative conceptualization of a healthy attitude towards oneself. *Self and Identity, 2*, 85–101.

Neidhardt, E. J., Krakow, B., Kellner, R., and Pathak, D. (1992). The beneficial effects of one treatment session and recording of nightmares on chronic nightmare sufferers. *Sleep, 15*, 470–3.

Nelson, J. (2001). *An Investigation of Imagery in Insomnia*. M.Sc. Thesis, Oxford University.

Neuner, F., Schauer, M., Klaschik, C., Karunakara, U., and Elbert, T. (2004). A comparison of narrative exposure treatment, supportive counselling, and psycho-education for treating posttraumatic stress disorder in an African refugee settlement. *Journal of Consulting and Clinical Psychology, 72*, 579–87.

Nigro, G. and Neisser, U. (1983). Point of view in personal memories. *Cognitive Psychology, 15*, 467–82.

O'Craven, K. M. and Kanwisher, N. (2000). Mental imagery of faces and places activates corresponding stimulus-specific brain regions. *Journal of Cognitive Neuroscience, 12*, 1013–23.

Oberhelman, S. M. (1983). Galen, on diagnosis from dreams. *The Journal of the History of Medicine and Allied Sciences, 38*, 36–47.

Obsessive-Compulsive Cognitions Working Group (1997). Cognitive assessment of obsessive-compulsive disorder. *Behaviour Research and Therapy, 35*, 667–81.

Öhman, A. and Mineka, S. (2001). Fears, phobias, and preparedness: Toward an evolved module of fear and fear learning. *Psychological Review, 108*, 483–522.

Osman, S., Cooper, M., Hackmann, A., and Veale, D. (2004). Spontaneously occurring images and early memories in people with body dysmorphic disorder. *Memory, 12*, 428–36.

Öst, L. G. (1989). One-session treatment of specific phobias. *Behaviour Research and Therapy, 27*, 1–7.

Ottaviani, R. and Beck, A. T. (1987). Cognitive aspects of panic disorders. *Journal of Anxiety Disorders, 1*, 15–28.

Padesky, C. A. (1990). Schema as self-prejudice. *International Cognitive Therapy Newsletter, 5/6*, 16–17.

Padesky, C. A. (1993). Socratic questioning: Changing minds or guided discovery? Paper presented at the *European Congress of Behavioural and Cognitive Therapies*, London, September.

Padesky, C. A. (1994). Schema change processes in cognitive therapy. *Clinical Psychology and Psychotherapy, 1*, 267–78.

Padesky, C. A. (2005a). The next phase: Building positive qualities with cognitive therapy. Paper presented at the *5th International Congress of Cognitive Psychotherapy*, Gotenburg, Sweden, May.

Padesky, C. A. (2005b). Constructing a new self: A cognitive therapy approach to personality disorders. Workshop presented at the *Institute of Education*, London, UK, May.

Padesky, C. and Mooney, K. (2000). Applying client creativity to recurrent problems: constructing possibilities and tolerating doubt. Workshop presented at *Camp Cognitive Therapy*, Palm Springs, CA, February.

Padesky, C. A., and Mooney, K. A. (2005). Cognitive therapy for personality disorders: Constructing a new personality. Workshop presented at the *5th International Congress of Cognitive Psychotherapy*, Gotenburg, Sweden, May.

Paivio, A. (1971). *Imagery and Verbal Processes*. New York: Holt, Rinehart, and Winston.

Parkinson, L. and Rachman, S. J. (1981). The nature of intrusive thoughts. *Advances in Behaviour Research and Therapy, 3*, 101–10.

Pennebaker, J. W. (1997). Writing about emotional experiences as a therapeutic process. *Pyschological Science, 8*, 162–6.

Perls, F. S. (1969). *A life chronology*. Retrieved 3 October 2007 from http://www.gestalt.org/fritz.htm

Perls, F.S. (1971). *Gestalt Therapy Verbatim*. New York: Bantam.

Perls, F. S. (1973). *The Gestalt Approach and Eye Witness to Therapy*. New York: Bantam Books.

Pillemer, D. (1998). *Momentous Events, Vivid Memories*. Cambridge, MA: Harvard University Press.

Pinkola Estés, C. (1998). *Women who Run with the Wolves: Contacting the Power of the Wild Woman*. London: Random House.

Pintar, J. and Lynn S. J. (2008). *Hypnosis: A Brief History*. Chichester: Wiley-Blackwell.

Pitman, R. K. (1993). Posttraumatic obsessive-compulsive disorder: A case study. *Comprehensive Psychiatry 34*, 102–7.

Porter, K. (2003). *The Mental Athlete: Inner Training for Peak Performance in all Sports*. Champaign, IL: Human Kinetics.

Power, M. J. and Dalgleish, T. (1997). *Cognition and Emotion: From Order to Disorder*. Hove: Psychology Press.

Powers, M. B. and Emmelkamp, P. M. G. (2008). Virtual reality exposure therapy for anxiety disorders: A meta-analysis. *Journal of Anxiety Disorders, 22*, 561–9.

Pratt, D., Cooper, M. J., and Hackmann, A. (2004). Imagery and its characteristics in people who are anxious about spiders. *Behavioural and Cognitive Psychotherapy, 32*, 165–76.

Prince, M. (1909). The unconscious, chapters 4 and 5. *Journal of Abnormal Psychology, 3*, 391–426.

Rachman, S. (1980). Emotional processing. *Behaviour Research and Therapy, 18*, 51–60.

Rachman, S. (2001). Emotional processing, with special reference to post-traumatic stress disorder. *International Review of Psychiatry, 13*, 164–71.

Rachman, S. J. (2006). *The Fear of Contamination; Assessment and Treatment*. Oxford: Oxford University Press.

Rachman, S. J. (2007). Unwanted intrusive images in obsessive compulsive disorders. *Journal of Behavior Therapy and Experimental Psychiatry, 38*, 402–10.

Rachman, S. J. and Hodgson, R. J. (1980). *Obsessions and Compulsions*. Engelwood Cliffs, NJ: Prentice Hall.

Ree, M. and Harvey, A. (2004). Insomnia. In J. Bennett-Levy, G. Butler, M. J. V. Fennell, A. Hackmann, M. Mueller, and D. Westbrook (eds.): *Oxford Guide to Behavioural Experiments in Cognitive Therapy*, pp. 287–308. Oxford: Oxford University Press.

Resick, P. A. and Calhoun, K. S. (2001). Posttraumatic stress disorder. In D. H. Barlow (ed.): *Clinical Handbook of Psychological Disorders: A Step-by-Step Treatment Manual* (3rd ed.), pp. 60–113. New York: Guilford.

Resick P. A. and Schnicke M. K. (1993). *Cognitive Processing Therapy for Rape Victims: A Treatment Manual*. Newbury Park, CA: Sage.

Reyher, J. (1963). Free imagery: An uncovering procedure. *Journal of Clinical Psychology, 19*, 454–9.

Reyher, J. (1978). Emergent uncovering psychotherapy: The use of imagoic and linguistic vehicles in objectifying psychodynamic processes. In J. L. Singer and K. S. Pope (eds.): *The Power of Human Imagination: New Methods in Psychotherapy*, pp. 51–93. New York: Plenum.

Roediger, H. L. and McDermott, K. B. (1993). Implicit memory in normal human subjects. In H. Spinnler and F. Boller (eds.): *Handbook of Neuropsychology*, Vol. 8, pp. 63–131. Amsterdam: Elsevier.

Rosner, R. I. (2002). Aaron T. Beck's dream theory in context: An introduction to his 1971 article on cognitive patterns in dreams and daydreams. *Journal of Cognitive Psychotherapy: An International Quarterly, 16*, 7–21.

Rosner, R. I., Lyddon, W. J., and Freeman, A. (2002). Cognitive therapy and dreams: Introduction to the special issue. *Journal of Cognitive Psychotherapy: An International Quarterly*, 3–6.

Rosner, R. I., Lyddon, W. J., and Freeman, A. (2004). *Cognitive Therapy and Dreams*. New York: Springer.

Rothschild, B. (2000). *The Body Remembers: The Psychophysiology of Trauma and Trauma Treatment*. New York: Norton.

Salkovskis, P. M. (2002). Empirically grounded clinical interventions: Cognitive-behavioural therapy progresses through a multi-dimensional approach to clinical science. *Behavioural and Cognitive Psychotherapy, 30*, 3–9.

Salkovskis, P. M., Clark, D. M., Hackmann, A., Wells, A., and Gelder, M. G. (1999). An experimental investigation of the role of safety-seeking behaviours in the maintenance of panic disorder with agoraphobia. *Behaviour Research and Therapy, 37*, 559–74.

Salkovskis, P. M., Hackmann, A., Wells, A., Gelder, M. G., and Clark, D. M. (2007). Belief disconfirmation versus habituation approaches to situational exposure in panic disorder with agoraphobia: A pilot study. *Behaviour Research and Therapy, 45,* 877–85.

Samuels, M. and Samuels, N. (1975). *Seeing with the Mind's Eye: The History, Techniques and Uses of Visualization.* New York: Random House.

Sanders, D. and Wills, F. (2005). *Cognitive Therapy: An Introduction* (2nd ed.). London: Sage.

Schacter, D. L., Addis, D. R., and Buckner, R. L. (2007). Remembering the past to imagine the future: The prospective brain. *Nature Reviews Neuroscience, 8,* 657–61.

Segal, Z. V., Teasdale, J. D., and Williams, J. M. G. (2002). *Mindfulness-Based Cognitive Therapy for Depression: A New Approach to Preventing Relapse.* New York: Guilford.

Shamdasani, S. (2005). 'Psychotherapy' The invention of a word. *History of the Human Sciences, 18,* 1–22.

Shapiro, F. (1996). Eye movement desensitization and reprocessing (EMDR): Evaluation of controlled PTSD research. *Journal of Behavior Therapy and Experimental Psychiatry, 27,* 209–18.

Shapiro, F. (2001). *Eye Movement Desensitization and Reprocessing: Basic Principles, Protocols, and Procedures* (2nd ed.). New York: Guilford.

Sheikh, A. A. (ed.) (1984). *Imagination and Healing.* Amityville, NY: Baywood.

Sherman, S. J., Cialdini, R. B., Schwarztman, D. F., and Reynolds, K. D. (1985). Imagining can heighten or lower the perceived likelihood of contracting a disease: The mediating effect of ease of imagery. *Personality and Social Psychology Bulletin, 11,* 118–27.

Shorr, J. E. (1983). *Psychotherapy through Imagery* (2nd ed.). New York: Thieme-Stratton.

The Shorter Oxford English Dictionary (1973). (3rd ed.). Oxford: Oxford University Press.

Shulman, B. and Mosak, H. (1988). *Manual for Life Style Assessment.* New York: Accelerated Development.

Silberer, H. (1909/1951). Report of a method of eliciting and observing certain symbolic hallucination-phenomena [trans.]. In D. Rapaport (ed.): *Organization and Pathology of Thought: Selected Sources,* pp. 195–207. New York: Columbia University Press.

Silverman, L. H. (1987). Imagery as an aid in working through unconscious conflicts: A preliminary report. *Psychoanalytic Psychology, 4,* 45–64.

Singer, J. L. (1974). *Imagery and Daydream Methods in Psychotherapy and Behavior Modification.* New York: Academic.

Singer, J. L. (2006). *Imagery in Psychotherapy.* Washington, D.C.: American Psychological Association.

Singer, J. L. and Pope, K. S. (eds.) (1978). *The Power of Human Imagination: New Methods in Psychotherapy.* New York: Plenum.

Slade, P. D. and Bentall, R. P. (1988). *Sensory Deception: Towards a Scientific Analysis of Hallucination.* Croom Helm: London.

Smucker, M. R. and Dancu, C. (1999). *Cognitive-behavioral Treatment for Adult Survivors of Childhood Trauma: Imagery Rescripting and Reprocessing.* Northvale, NJ: Jason Aronson.

Smucker, M. R., Dancu, C., Foa, E. B., and Niederee, J. L. (1995). Imagery rescripting: A new treatment for survivors of childhood sexual abuse suffering from post-traumatic stress. *Journal of Cognitive Psychotherapy: An International Quarterly, 9,* 3–17.

Smucker, M. R. and Niederee, J. L. (1995). Treating incest-related PTSD and pathogenic schemas through imaginal exposure and rescripting. *Cognitive and Behavioral Practice, 2,* 63–92.

Somerville, K., Cooper, M., and Hackmann, A. (2007). Spontaneous imagery in women with bulimia nervosa: An investigation into content, characteristics and links to childhood memories. *Journal of Behavior Therapy and Experimental Psychiatry, 38,* 435–46.

Speckens, A., Ehlers, A., Hackmann, A., and Clark, D. M. (2006). Changes in intrusive memories associated with imaginal reliving in posttraumatic stress disorder. *Journal of Anxiety Disorders, 20,* 328–41.

Speckens, A., Ehlers, A., Hackmann, A., Ruths, F., and Clark, D. M. (2007). Intrusive memories and rumination in patients with posttraumatic stress disorder: A phenomenological comparison. *Memory, 15,* 249–57.

Speckens, A., Hackmann, A., Ehlers, A., and Cuthbert, B. (2007). Intrusive images and memories of earlier adverse events in patients with obsessive compulsive disorder. *Journal of Behavior Therapy and Experimental Psychiatry, 38,* 411–22.

Stampfl, T. and Levis, D. J. (1967). Essentials of implosive therapy: A learning theory based on psychodynamic behavioural therapy. *Journal of Abnormal Psychology, 72,* 496–503.

Starr, S. and Moulds, M. (2006). The role of negative interpretations of intrusive memories in depression. *Journal of Affective Disorders, 93,* 125–32.

Steel, C., Mahmood, M., and Holmes, E. A. (2008). Positive schizotypy and trait dissociation as vulnerability factors for post-traumatic distress. *British Journal of Clinical Psychology, 47,* 245–9.

Steel, C., Wykes, T., Ruddle, A., Smith, G., Shah, D. M., and Holmes, E. A. (2010). Can we harness computerized cognitive bias modification to treat anxiety in schizophrenia? A first step highlighting the role of mental imagery. *Psychiatry Research, 178,* 451–5.

Stott, R., Mansell, W., Salkovskis, P., Lavender, A., and Cartwright-Hatton, S. (2010). *Oxford Guide to Metaphors in CBT: Building Cognitive Bridges.* Oxford: Oxford University Press.

Stuart, A. D. P., Holmes, E. A., and Brewin, C. R. (2006). The influence of a visuospatial grounding task on intrusive images of a traumatic film. *Behaviour Research and Therapy, 44,* 611–19.

Suler, J. R. (1989). Mental imagery in psychoanalytic treatment. *Psychoanalytic Psychology, 6,* 343–66.

Swan, W. (2008). C.G. Jung's Psychotherapeutic technique of active imagination in historical context. *Psychoanalysis and History, 10,* 185–204.

Tarrier, N., Pilgrim, H., Somerfield, C., et al. (1999). A randomized trial of cognitive therapy and imaginal exposure in the treatment of chronic posttraumatic stress disorder. *Journal of Consulting and Clinical Psychology, 67,* 13–18.

Taylor, E. (2000). Psychotherapeutics and the problematic origins of clinical psychology in America. *American Psychologist, 55,* 1029–33.

Taylor, S. E. and Pham, L. B. (1999). The effect of mental simulation on goal-directed performance. *Imagination, Cognition and Personality, 18,* 253–68.

Taylor, S. E., Pham, L. B., Rivkin, I. D., and Armor, D. A. (1998). Harnessing the imagination: Mental simulation, self-regulation, and coping. *American Psychologist, 53,* 429–39.

Teasdale, J. D. (1993). Emotion and two kinds of meaning: Cognitive therapy and applied cognitive science. *Behaviour Research and Therapy, 31,* 339–54.

Teasdale, J. D. (1997). The relationship between cognition and emotion: The mind-in-place in mood disorders. In D. M. Clark and C. G. Fairburn (eds.): *The Science and Practice of Cognitive Behaviour Therapy,* pp. 67–93. Oxford: Oxford University Press.

Teasdale, J. D. (1999). Emotional processing, three modes of mind and the prevention of relapse in depression. *Behaviour Research and Therapy, 37,* 53–77.

Teasdale, J. D. and Barnard, P. J. (1993). *Affect, Cognition and Change: Re-modelling Depressive Thought.* Hove: Lawrence Erlbaum Associates.

Thorpe, S. J. and Salkovskis, P. M. (1995). Phobic beliefs: Do cognitive factors play a role in specific phobias? *Behaviour Research and Therapy, 33,* 805–16.

Torey, Z. (1999). *The Crucible of Consciousness: A Personal Exploration of the Conscious Mind.* Melbourne: Oxford University Press.

Van der Hart, O. (1985a). Metaphoric and symbolic imagery in the hypnotic treatment of an urge to wander: A case report. *Australian Journal of Clinical and Experimental Hypnosis, 13*, 83–95.

Van der Hart, O. (1985b). Metaphoric hypnotic imagery in the treatment of functional amenorrhea. *American Journal of Clinical Hypnosis, 27*, 159–65.

Van der Hart, O. and Brown, P. (1992). Abreaction re-evaluated. *Dissociation, 5*, 127–40.

Van der Hart, O., Brown, P., and Van der Kolk, B. A. (1989). Pierre Janet's treatment of post-traumatic stress. *Journal of Traumatic Stress, 2*, 379–95.

Van der Hart, O. and Horst, R. (1989). The dissociation theory of Pierre Janet. *Journal of Traumatic Stress, 2*, 397–412.

Van der Hart, O. and Van der Velden, K. (1987). The hypnotherapy of Dr. Andries Hoek: Uncovering hypnotherapy before Janet, Breuer, and Freud. *American Journal of Clinical Hypnosis, 29*, 264–71.

Van der Kolk, B. (1994). The body keeps the score: Memory and the evolving psychobiology of post-traumatic stress. *Harvard Review of Psychiatry, 1*, 253–65.

Vijselaar, J. and Van der Hart, O. (1992). The first report of hypnotic treatment of traumatic grief: A brief communication. *The International Journal of Clinical and Experimental Hypnosis, 11*, 1–6.

Vrana, S. R., Cuthbert, B. N., and Lang, P. J. (1986). Fear imagery and text processing. *Psychophysiology, 23*, 247–53.

Ward, C. H., Beck, A. T., and Roscoe, E. (1961). Typical dreams: Incidence among psychiatric patients. *Archives of General Psychiatry, 5*, 606–15.

Watkins, J. G. (1971). The affect bridge: A hypnoanalytic technique. *International Journal of Clinical and Experimental Hypnosis, 19*, 21–7.

Watkins, J. G. (1978). *The Therapeutic Self*. New York: Human Sciences Press.

Watkins, J. G. (1992). *Hypnoanalytic Techniques: The Practice of Clinical Hypnosis*, Vol 2. New York: Irvington.

Watkins, J. G. and Johnson, R. J. (1982). *We, The Divided Self*. New York: Irvington.

Watkins, M. (2003). *Waking Dreams* (3rd ed.). Putnam, CT: Spring Publications.

Watkins, M. M. (1984). *Waking Dreams*. Dallas, TX: Spring Publications.

Watts, F. N. (1997). Thoughts and Images. In J. M. G. Williams, F. N. Watts, C. MacLeod, and A. Mathews (eds.): *Cognitive Psychology and Emotional Disorders:* (2nd ed.), pp. 169–89. Chichester: Wiley.

Weertman, A. and Arntz, A. (2007). Effectiveness of treatment of childhood memories in cognitive therapy for personality disorders: A controlled study contrasting methods focusing on the present and methods of focusing on childhood memories. *Behaviour Research and Therapy, 45*, 2133–43.

Wegner, D. M. (1994). Ironic processes of mental control. *Psychological Review, 101*, 34–52.

Weitzman, B. (1967). Behaviour therapy and psychotherapy. *Psychological Review, 74*, 300–17.

Wells, A. (1997). *Cognitive Therapy of Anxiety Disorders: A Practice Manual and Conceptual Guide*. Chichester: Wiley.

Wells, A. (2000). *Emotional Disorders and Metacognition: Innovative Cognitive Therapy*. Chichester: Wiley.

Wells, A. and Clark, D. M. (1997). Social phobia: a cognitive approach. In G.C.L. Davey (ed.): *Phobias: A Handbook of Theory, Research and Treatment*, pp. 3–26, Chichester, UK: Wiley.

Wells, A. and Hackmann, A. (1993). Imagery and core beliefs in health anxiety: Content and origins. *Behavioural and Cognitive Psychotherapy, 21*, 265–73.

Westbrook, D., Kennerley, H., and Kirk, J. (2007). *An Introduction to Cognitive Behaviour Therapy: Skills and Applications*. London: Sage.

Wheatley, J., Brewin, C. R., Patel, T., et al. (2007). 'I'll believe it when I can see it': Imagery rescripting of intrusive sensory memories in depression. *Journal of Behavior Therapy and Experimental Psychiatry, 38,* 371–85.

Wheatley, J., Hackmann, A., and Brewin, C. R. (2009). Imagery rescripting for intrusive sensory memories in major depression following traumatic experiences. In N. Grey (ed.): *A Casebook of Cognitive Therapy for Traumatic Stress Reactions,* pp. 78–92. Hove: Routledge.

Wheeler, M. A., Stuss, D. T., and Tulving, E. (1997). Toward a theory of episodic memory: The frontal lobes and autonoetic consciousness. *Psychological Bulletin, 121,* 331–54.

Wild, J., Hackmann, A., and Clark, D. M. (2007). When the present visits the past: Updating traumatic memories in social phobia. *Journal of Behavior Therapy and Experimental Psychiatry, 38,* 386–401.

Wild, J., Hackmann, A., and Clark, D. M. (2008). Rescripting early memories linked to negative images in social phobia: A pilot study. *Behavior Therapy, 39,* 47–56.

Williams, M., Teasdale, J., Segal, Z., and Kabat-Zinn, J. (2007). *The Mindful Way through Depression: Freeing Yourself from Chronic Unhappiness.* New York: Guilford.

Witztum, E., Van der Hart, O., and Friedman, B. (1988). The use of metaphors in psychotherapy. *Journal of Contemporary Psychotherapy, 18,* 270–90.

Wolpe, J. (1958). *Psychotherapy by Reciprocal Inhibition.* Stanford, CA: Stanford University Press.

Young, J. E. (1999). *Cognitive Therapy for Personality Disorders: A Schema-focused Approach* (3rd ed.). Sarasota, FL: Professional Resource Press.

Young, J. E., Klosko, J. S., and Weishaar, M. E. (2003). *Schema Therapy: A Practitioner's Guide.* New York: Guilford.

찾아보기

권정혜

서울대학교 심리학과를 졸업하고 동 대학원에서 석사 학위를 받은 후, 미국 UCLA에서 임상심리학으로 박사학위를 받았다. 한국임상심리학회장과 한국인지행동치료학회장을 역임하였고, 현재 아시아인지행동치료학회장을 맡고 있으며, 고려대학교 심리학과 교수로 재직하고 있다. 지은 책으로는 **수줍음도 지나치면 병, 심리학자들이 쓴 행복한 결혼의 심리학**, 재난과 외상의 심리적 응급처치 등이 있다. 심상 재구성법에 대한 연구와 워크숍을 활발하게 하고 있으며, 심상을 활용한 인지치료를 널리 알리는 데 힘쓰고 있다.

이종선

고려대학교 심리학과를 졸업하고 동 대학원에서 석사 학위를 받은 후, 영국 King's College London, Institute of Psychiatry에서 임상심리학 박사 학위를 받았다. 한국 과학기술원 의과학대학원 연구교수 및 고려대학교 심리학과 BK 연구교수를 거쳐 현재 강원대학교 심리학과 조교수로 재직하고 있다. 우울 및 불안의 인지치료 기제를 밝히는 데 관심을 가지고 심상을 활용한 인지편향수정법(Cognitive Bias Modification, CBM)에 대한 연구를 진행하고 있다.

Ann Hackmann

지난 15년 동안 정신병리 심상연구 분야를 이끌어 온 선구자 중 한 사람이다. 그녀는 Jon Wheatley Chris Brewin과 우울증의 침습기억, Anke Ehlers와 외상후 스트레스 장애, Jennifer Wild와 David Clark과 사회공포증의 초기 기억들에 대해 연구했다. 2004년에는 Emily Holmes와 함께 저널 *Memory*의 심상에 관한 특별호 편집을 맡았다. Hackmann 박사는 David Clark, Anke Ehlers와 함께 치료자로서 다양한 무선 할당 통제 연구에 참여하였고, 최근에는 Mark Williams와 함께 '마음챙김'을 기반으로 한 우울증과 기타 정신장애의 인지치료를 연구하고 있다. Hackmann 박사는 *Oxford Guide to Behavioral Experiments in Cognitive Therapy*(Bennett-Levy, Butler, Fennell, Hackmann, Mueller, and Westbrook, 2004)의 공동 편집자이며, *Cognitive Therapy for the Anxiety Disorders: Mastering Clinical Challenges*(Gillian Butler and Melanie Fennell. Ann Hackmann, 2008)의 공동 저자이다.

James Bennett-Levy

시드니대학교의 농촌보건을 위한 대학센터의 부교수이다. *Oxford Guide to Behavioral Experiments in Cognitive Therapy*(Bennett-Levy, Butler, Fennell, Hackmann, Mueller, and Westbrook, 2004)와 *Oxford Guide to Low Intensity CBT Interventions*(Bennett-Levy, Richards, Farrand et al., 2010)을 공동 편집하는 데 앞장섰다. 그는 CBT 치료자들을 위한 필수 치료기법들의 교육과 보급 전문가이며, 지난 10년 동안 CBT 수련을 위한 실험적·이론적 논문들을 발표해 왔다. 그는 내담자들이 체험적 개입을 통해 삶의 방향과 자아에 대한 인지가 변화하는 것을 목격하고 체험적 개입의 위대함을 깨달으며 심상과 행동학적 실험들에 대해 관심을 갖게 되었다.

Emily A. Holmes

옥스퍼드대학교의 정신과에서 인지신경과학 박사 학위를 받은 임상심리전문가다. Holmes 박사는 정신적 심상 중에서도 외상기억에 대한 임상전문가이자 연구자이며, 현재는 우울증과 조울증으로 영역을 확대하여 연구하고 있다. 그녀의 실험정신병리학 연구는 정신적 심상에 초점을 두고 정신장애의 정서적 고통감에 기저해 있는 인지적 메커니즘을 이해하는 데 초점을 두고 있다. Holmes 박사는 Welcome Trust의 임상 펠로우 선임연구원과 옥스퍼드, 케임브리지대학교의 정신의학 및 심리학과의 리더를 거쳐 현재는 스웨덴 Karolinska Institutet의 임상신경과학부 교수로 재직중이다. 2010년에는 영국 심리학회 Spearman Medal을 수상했으며, Welcome Trust, Royal Society, Economic and Social Research Council(ESRC), John Fell OUP Resarch Fund, Lupina Foundation에서 연구 지원금을 받았다. 옥스퍼드대학교에서 실험정신병리학과 인지치료 연구팀을 구성하여 연구를 진행하고 있다. 자세한 사항은 웹사이트(www.psychiatry. ox. ac.uk/epct/publications/index)를 참조하기 바란다.